内 容 简 介

中亚地区具有丰富的资源禀赋、多元的经济结构、众多跨区域的交通运输走廊，其在国际上的经济、安全、能源战略地位日益重要。本书系统梳理了中亚地区生态环境基础、生态环境退化实情和经济社会发展格局，解析了资源利用、生态演变、经济社会及城镇化发展演进与特征；在此基础上定量辨识了影响中亚城镇化进程的自然资源环境因素和人文经济社会因素，阐明了关键要素对城镇化的驱动机理，揭示了生态环境、能源资源开发利用等重要因素对城镇化建设的约束与影响程度，并预估了中亚未来城镇化的演变趋势。

本书可供地理学、区域发展等相关领域的研究人员和管理人员阅读参考，也可供高等院校相关专业师生作为辅助资料学习参考。

审图号：GS（2022）2638 号

图书在版编目（CIP）数据

中亚城镇化进程及其资源环境影响/刘毅等著. —北京：科学出版社，2023. 12
ISBN 978-7-03-072143-3

Ⅰ．①中…　Ⅱ．①刘…　Ⅲ．①城市化–研究–中亚　Ⅳ．①F299. 36

中国版本图书馆 CIP 数据核字（2022）第 073884 号

责任编辑：杨逢渤　张　菊 / 责任校对：何艳萍
责任印制：徐晓晨 / 封面设计：无极书装

科 学 出 版 社 出版
北京东黄城根北街 16 号
邮政编码：100717
http://www.sciencep.com
北京中科印刷有限公司印刷
科学出版社发行　各地新华书店经销

*

2023 年 12 月第 一 版　开本：787×1092　1/16
2023 年 12 月第一次印刷　印张：19
字数：450 000
定价：248. 00 元
（如有印装质量问题，我社负责调换）

前　　言

　　全球化背景下发展中国家城镇化的研究越来越受到重视，中亚地区作为世界主要资源供给地，其自身特有的城镇化发展规律与模式可为丰富发展中国家城镇化研究提供重要的经验。与此同时，中亚地区地处亚洲腹地生态脆弱地区，地缘政治复杂，其城镇化与生态环境问题是共建"一带一路"国家和地区可持续发展与地区稳定的重要议题。探索中亚地区城镇化和生态环境交互胁迫的机理，不仅有利于本地区的可持续发展，也可为其他生态脆弱地区的城镇化和可持续发展提供借鉴。

　　本书以人类活动最强烈的城镇化为主线，以城镇化进程的资源环境效应与调控为目标，结合中亚大湖区生态环境脆弱、能源丰富、国际合作地位重要等鲜明的区域特征，从数据库建设、演化过程模拟、未来趋势预测、交互胁迫耦合等角度开展城镇化与生态环境交互胁迫的远近程关键因素识别及综合评估研究，力图为中国与中亚地区在城镇化、区域发展、资源环境保护、基础设施建设等方面的合作提供科学依据。具体来看：①本书分析了中亚地区资源开发利用现状及生态环境演变过程，基本摸清了中亚地区生态环境基础"家底"。在此基础上刻画城镇化对中亚地区生态环境的影响，并从关键要素出发研究了生态环境对城镇化的制约效应，为指导这些地区选择与生态环境容量相一致的绿色城镇化发展模式与道路提供参考或指导。②通过城市地理学、城市经济学和城市生态学等多学科的交叉研究，分析了中亚地区城镇化的时空演变过程及演变趋势，辨识驱动城镇化变迁的自然资源环境因素和人文经济社会因素，揭示了关键驱动要素对城镇化的驱动机理。③摸清了中亚地区能源开发利用状况，研究了中亚地区石油、天然气等能源的地缘配置格局、开发利用与国际贸易的时空分异及其演化特征，评估中亚地区能源开发对我国未来能源利用的保障程度、保障风险与影响后效，提出了中亚与中国构建互利共赢的资源安全保障格局的政策保障机制与可行的合作模式。

　　本书是中国科学院 A 类战略性先导科技专项"泛第三极环境变化与绿色丝绸之路建设"子课题"中亚地区城镇化的资源环境影响与调控策略"（项目编号 No. XDA20040402）的研究成果。本书由刘毅整体策划和组织，框架由刘毅和杨宇设计，撰写分工如下：第一章由刘毅、周强、王云撰写，第二章由马海涛、孙湛撰写，第三章由张新焕撰写，第四章由康蕾、刘毅撰写，第五章由谈明洪、闫紫燕、刘浩、段倩雯撰写，第六章由马海涛、孙湛撰写，第七章由黄金川、娜英撰写，第八章由张新焕、马海涛撰写，第九章由毛汉英、包少勇撰写，第十章由杨宇、周彦楠、何则撰写。全书由刘毅、杨宇负责统稿，康蕾负责协调和组织校稿工作。在此对各位老师和同学付出的辛勤劳动表示最诚挚的感谢！

　　衷心期望本书能够有助于地理学、区域发展等相关领域的研究人员和管理人员拓展国际视野。本书在成文过程中，参考了许多专家学者的论著或科研成果，也融入了前往中亚国家调研过程中所获取的一手数据及资料，但仍恐有不足之处，诚请多加包含，竭诚希望阅读本书的同仁提出宝贵意见！

著　者

2022 年 6 月于中国科学院奥运村科技园区

目　　录

|第一章|　中亚城镇化的地缘环境背景

中亚的城镇化具有特殊的地缘环境背景。从地理上看，中亚国家处在欧亚大陆的"十字路口"，麦金德（2013）在其著作《历史的地理枢纽》中将这片土地描述为"心脏地带"。1991 年苏联解体，中亚各国独立，一体化地缘政治被打破，中亚成为国际格局中新的地缘战略空间。独立之后的中亚各国不仅要解决国内的政治、经济、民族、宗教和安全问题，并且要应对和处理与外部世界的关系。中亚的城镇化亦是在这样多维度的背景下推进的，因此，有必要系统总结梳理中亚城镇化的地缘环境背景，更加全面地认识中亚城镇化进程。

本书将中亚的空间范围界定为吉尔吉斯斯坦、乌兹别克斯坦、塔吉克斯坦、土库曼斯坦和哈萨克斯坦五个国家。

第一节　中亚的地理与区位

中亚地区以稀树草原、沙漠、高山为特征的自然地理条件成了中亚民族游牧文化的根基，阿姆河（Amu Darya）和锡尔河（Syr Darya）之间的"河中地区"则孕育了中亚古老的农耕文明和商业文明。中亚地区自然资源禀赋优越，对资源的争夺与利用是中亚地区国家发展与对外战略的重要砝码。"枢纽"与"内陆"则长久以来是中亚所处地缘位置的两大关键词，其独特的地理位置使其成为东西方贸易和文化交流的通道，但中亚地区的内陆性特征在一定程度上限制了其政治和经济发展的走向。一方面，在保持主权独立的前提下，中亚国家着力于打破封闭，寻求广泛的合作和支持；另一方面，中亚国家的经济发展受到地理位置的严重制约，需要加强与外部的连通性，充分释放中亚欧亚大陆桥的区位潜力。

一、中亚的自然地理

中亚由哈萨克斯坦、吉尔吉斯斯坦、塔吉克斯坦、土库曼斯坦和乌兹别克斯坦组成，总面积约为 400 万平方千米，其中哈萨克斯坦领土面积最大，为 272.49 万平方千米（表 1-1）。中亚东部以西天山的南脉为界，南部以阿姆河中游及其上游喷赤河为界，北部越过哈萨克草原，深入西西伯利亚南缘的额尔齐斯河流域，西部是里海的东岸。在自然地理风貌上，其南部以荒漠、绿洲和山区为主，北部是草原、平原和丘陵。

表 1-1　中亚五国地理基本概况

项目	哈萨克斯坦	吉尔吉斯斯坦	塔吉克斯坦	土库曼斯坦	乌兹别克斯坦
总面积/平方千米	2 724 900	199 951	144 100	488 100	447 400
与边境国家的边界长度/千米	中国 1 765 吉尔吉斯斯坦 1 212 俄罗斯 7 644 土库曼斯坦 413 乌兹别克斯坦 2 330	中国 1 063 哈萨克斯坦 1 212 塔吉克斯坦 984 乌兹别克斯坦 1 314	阿富汗 1 357 中国 477 吉尔吉斯斯坦 984 乌兹别克斯坦 1 312	阿富汗 804 伊朗 1 148 哈萨克斯坦 413 乌兹别克斯坦 1 793	阿富汗 144 哈萨克斯坦 2 330 吉尔吉斯斯坦 1 314 塔吉克斯坦 1 312 土库曼斯坦 1 793

注：根据 IHS Markit、世界银行资料整理

从地形上看，中亚整体呈东南高、西北低。哈萨克斯坦、乌兹别克斯坦和土库曼斯坦大多地势平坦，属于低地–丘陵地区，塔吉克斯坦和吉尔吉斯斯坦属于高山盆地地区。尤其是塔吉克斯坦境内多山，约占国土面积的 90%，有"高山国"之称。天山和帕米尔山脉在该地区东南部，基本上阻挡了印度洋富含水分的风进入中亚内陆地区。因此，中亚大部分地区的降水量很低且不规则，且西北部太阳辐射太高，导致湿度相对较低而形成干旱。

二、中亚的地缘位置

欧亚大陆占地球面积的 35%，是生活在 90 多个不同国家的 50 亿人口的家园，占全球GDP 的 65%[①]。中亚的地理位置使其成为"战略支点"，中亚地区也是连接东西方最方便的过境路线之一。有数据测算，中国的大部分货物通过海洋运输，航程需要 40～45 天，但通过哈萨克斯坦的陆路可以减少约 2/3 的运输时间。历史已证明了中亚作为欧亚大陆过境路线的价值。历史上著名的古丝绸之路横穿中亚，货物在中亚中转到东西南北不同方向的国家。麦金德（2013）在《历史的地理枢纽》中将这个区域描述为"心脏地带"，提出谁控制了心脏地带谁就能控制世界岛，进而控制世界。

中亚虽然处于欧亚大陆中间地带，能够为东西南北的国家提供过境路线，但在全球化时代，中亚的战略重要性在于它作为"陆桥"的位置，但是中亚要发挥"陆桥"价值存在众多地理障碍。首先，中亚所有国家都是内陆国家，无法直接进入公海。哈萨克斯坦和土库曼斯坦与里海接壤，而里海不是开阔海域。如表 1-2 所示，中亚国家首都都与海洋距离甚远，港口通道需要跨越额外的国际边界，这样的地理位置事实上增加了通过海洋贸易路线进出口货物的成本。经验证，内陆地区的贸易运输成本增加了 50% 以上，世界上内陆地区的中等经济体的贸易量不到中等沿海经济体的 1/3（Limao et al., 1999）。哈萨克斯坦是世界上最大的内陆国家，而乌兹别克斯坦则是双重内陆国家，完全被内陆国家包围，意味着存在更多的边境成本。

---

① 来源于 World Economic Forum（世界经济论坛）。

表 1-2　中亚五国首都至最近海岸线的距离　　　　（单位：千米）

首都	太平洋（上海）	印度洋（卡拉奇）	黑海（诺沃罗西斯克）
阿斯塔纳	4400	3300	3000
阿什哈巴德	5400	1600	1600
比什凯克	4000	2300	2800
杜尚别	4400	1700	2400
塔什干	4400	2100	2400

资料来源：杨恕，2005

对于哈萨克斯坦地区外部经济环境，首先要考察它在国际市场上的区位条件，中亚的区位条件在相当大的程度上决定了它与国际市场的联系程度。哈萨克斯坦北邻俄罗斯，东邻中国，南部是乌兹别克斯坦、塔吉克斯坦和吉尔吉斯斯坦，西部为里海。吉尔吉斯斯坦是山地国家，93% 的国土面积为山地，平均海拔为 2750 千米，其地理环境相当封闭，被四个邻国包围，即中国、哈萨克斯坦、塔吉克斯坦、乌兹别克斯坦。塔吉克斯坦是位于中亚东南部的内陆国家，境内山地和高原约占 90%，其中约一半在海拔 3000 米以上，其主要邻国之一为多年战乱的阿富汗，对塔吉克斯坦的安全稳定造成影响。土库曼斯坦是中亚西南部的内陆国，地缘环境较为优越，向西经过里海可以很方便地进入黑海和欧洲。乌兹别克斯坦是中亚中部的内陆国家。总的来看，中亚五国处在一个十分封闭的环境中，打破封闭，寻求更广阔的合作与支持，是它们的共同目标（杨恕，2005）。

除身处内陆外，中亚地区位于地球上最大的陆地中心，给国际贸易带来的另一个障碍就是远离世界经济活动的主要中心，包括北美、西欧、东亚和东南亚等。根据距离衰减原理，就国际贸易而言，随着出口国与进口国之间距离的增加，空间相互作用（出口或进口的流动）将下降。联合国贸易和发展会议也测算过从美国运送货物到达中亚地区的成本，在相同距离的情况下，进入中亚国家的成本远高于其他国家（表 1-3）。

表 1-3　从美国到不同国家的货运成本比较

目的地国家		目的地城市	成本/美元	进入港口城市	进入国家	从美国到目的地距离/千米
I. 内陆国家	塔吉克斯坦	杜尚别	13 000.00	布雷斯特	法国	10 711.00
	土库曼斯坦	阿什哈巴德	13 000.00	布雷斯特	法国	10 290.00
	乌兹别克斯坦	塔什干	13 000.00	布雷斯特	法国	10 458.00
	哈萨克斯坦	阿拉木图	12 000.00	圣彼得堡	俄罗斯	10 490.00
	吉尔吉斯斯坦	比什凯克	12 000.00	圣彼得堡	俄罗斯	10 478.00

续表

	目的地国家	目的地城市	成本/美元	进入港口城市	进入国家	从美国到目的地距离/千米
Ⅱ. 沿海国家	印度	新德里	6 000.00	孟买	印度	12 058.85
	俄罗斯	莫斯科	6 000.00	圣彼得堡	俄罗斯	7 827.60
	南非	开普敦	2 000.00	开普敦	南非	12 702.00
	肯尼亚	内罗毕	1 000.00	蒙巴萨	肯尼亚	12 152.58

资料来源：Stone J I. 2001. Infrastructure Development in Landlocked and Transit Developing Countries：Foreign Aid, Private Investment and the Transport Cost Burden of Landlocked Developing Countries [C]. Geneva：United Nations Conference on Trade and Development。数据按照 1999 年某航运公司从马里兰州巴尔的摩将 40 英尺[①]集装箱运送到目的地港口和城市的运费成本测算

此外，中亚地区还是一个孤立的自然地理区域，远离世界主要市场。中亚五国这一区域南部与阿富汗和伊朗相邻，东部与中国接壤，北部和西北部被俄罗斯环绕，西部毗邻里海。在几乎所有方向上，中亚均存在着较大的地理障碍，对区域对外贸易造成较大影响。里海位于中亚西部，哈萨克斯坦、土库曼斯坦的出口港口和俄罗斯、阿塞拜疆、伊朗的入境港口都需要建立相应的集散设施。西南方是土库曼斯坦的卡拉库姆沙漠和科佩特山脉，将土库曼斯坦与伊朗相分离。在东部，天山山脉将吉尔吉斯斯坦和哈萨克斯坦与中国相分离。在东北部，阿尔泰山脉大致与哈萨克斯坦—中国和哈萨克斯坦—俄罗斯边界重合。中亚的北部和西北地区的地形是对对外贸易阻力最小的。哈萨克斯坦与俄罗斯的边界基本上与进入西伯利亚的过渡区相吻合。这样的自然地理条件，决定了中亚修建基础设施的难度，也说明要让中亚的地理位置变得有利，运输和贸易的软硬基础设施需要升级，尤其是需要开展区域合作以促进过境便利化，以刺激区域内和区域外贸易（Pomfret，2010）。

地理位置在很大程度上决定了中亚的经济方向。在苏联经济体系中，运输未被视为成本因素，在资源分配决策中忽略了运输成本。然而，苏联解体后，中亚国家再次处于经济劣势，主要是缺乏基础设施和远离主要经济市场，中亚处于内陆的劣势凸显，并在贸易和未来发展方面受到负面影响（Raballand，2003）。在欧亚大陆连通的背景下，亚欧之间贸易和经济关系的发展在很大程度上取决于中亚五个国家之间的交通质量。中亚与其他国家缺乏连通性仍然是贸易和经济发展的主要障碍，不利的贸易环境阻碍了过境运输并降低了其产品的竞争力和区域经济的竞争力（Norling and Swanströom，2007）。为了释放经济发展潜力，中亚各国在不同程度上推行了自己的基础设施建设计划，然而，整个地区的预算、技术等限制意味着各国本身无法满足国内对基础设施的需求。要让中亚发挥充当"陆桥"和过境区域的潜力，就需要加强中亚地区的基础设施建设，提升外部连通性。

第二节 中亚的政治与战略

自苏联解体后，中亚国家依据各国的现实情况和历史文化传统，分别建立了权力相对

---

① 1 英尺 ≈0.3048m。

集中的"总统制"国家政体。与此同时,中亚地区的安全形势也成为中亚各国当局和国际社会特别是周边国家关注的焦点。面对复杂的内外部局势,五个国家采取了多种地缘战略,广泛建立双边与多边合作关系。

一、中亚现代国家的构建与治理

　　中亚虽然被称为单一地区,但由五个文化和种族多样化的国家组成,这些国家在独立以来的 30 多年中遵循了不同的政治和经济转型路径。

　　中亚国家在民主程度、政治环境等方面有一些共同点(Rumer,2016)。根据世界银行发布的全球治理指标(WGI),中亚在话语权和责任、政治稳定性和不存在暴力、政府效率、规管质量、法治、腐败控制六个方面的全球排名都严重落后(图 1-1)。作为国际贸易的障碍,过境点的腐败可能增加贸易交易所需的成本和时间,并导致实际海关和税收的不透明,腐败已被证明极大地阻碍了全球的国际贸易(Anderson and Marcouiller,2002),导致过境困难和运输成本增加(Raballand et al.,2005)。

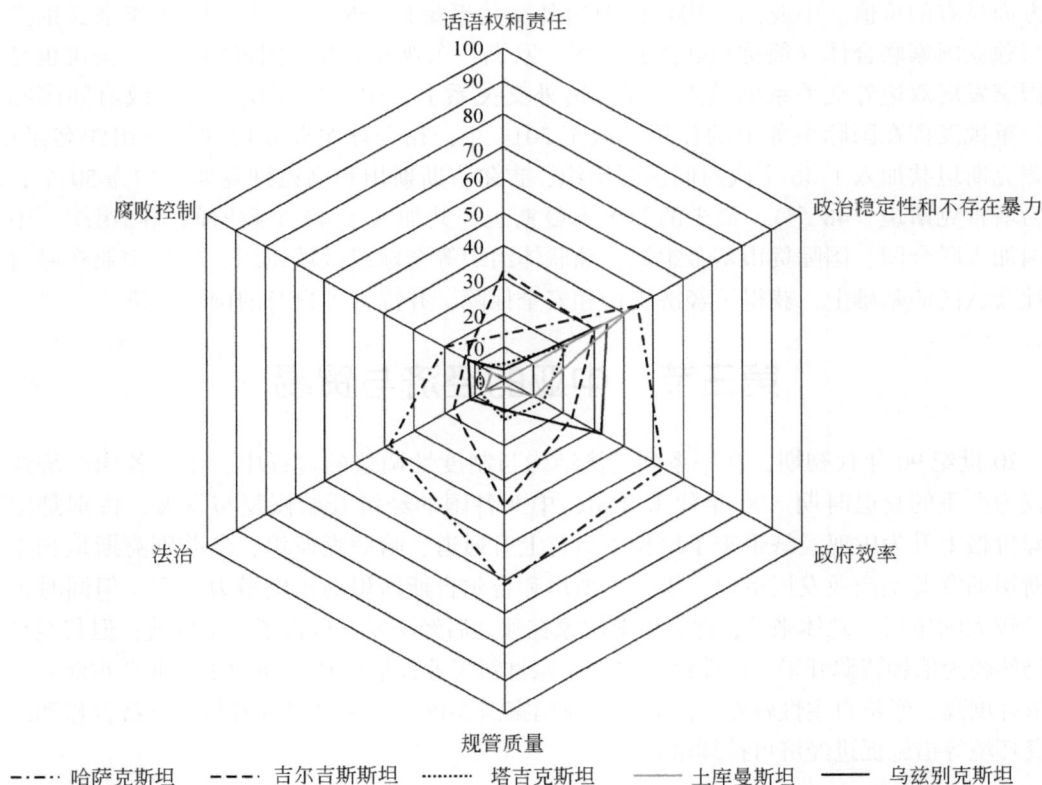

－·－·－ 哈萨克斯坦 　　－－－－ 吉尔吉斯斯坦 　　·········· 塔吉克斯坦 　　———— 土库曼斯坦 　　———— 乌兹别克斯坦

图 1-1　中亚全球治理排名

资料来源:全球治理指标(www.govindicators.org)

全球治理指标收录了 1996~2017 年全球 215 个国家和地区六大治理维度方面的数据,

所有国家范围按 0(最低)~100(最高)排名

二、区域稳定与安全

中亚由五个文化和民族多样化的国家组成，这些国家自独立以来，经历了不同的政治和经济转型道路，国家间的差异性表现得更加明显，国家间的发展更显不平衡，内部之间并未形成具有凝聚力的区域事务合作平台。从经济环境看，中亚国家都尚未建立具有足够竞争力、多样化和开放的经济体制。由于内陆国家在整体发展和对外贸易方面往往落后于沿海国家，国家对外发展依赖邻国的基础设施、健全的跨境政治关系、和平与稳定发展环境及行政行为（Faye et al., 2004）。尽管中亚的基础设施建设及运输技术有所改善，但深处内陆的中亚国家仍然面临进入世界市场的结构性挑战。

三、对外关系与地缘战略

中亚位于东西方的主要贸易路线上，特殊的地理位置强化了中亚在经济、能源、安全等方面具有的价值。中亚国家构建的双边外交关系聚焦于欧亚大陆，30 多年来其重点发展与独立国家联合体（简称独联体）组织、欧洲、东亚和伊斯兰国家的关系，美国也是中亚国家发展双边外交关系的重点。在多边外交关系上，中亚国家积极参与政府间国际组织，重视发挥在国际事务上的作用。截至 2014 年，在全球主要政府间国际组织名录中，哈萨克斯坦共加入了 56 个政府间国际组织，吉尔吉斯斯坦和乌兹别克斯坦均为 50 个，之后为塔吉克斯坦（48 个），最少的为土库曼斯坦，共加入了 40 个政府间国际组织。中亚五国加入联合国、国际货币基金组织、独联体组织等全球或区域组织，使得中亚在赢得国际社会认同的基础上，获得了经济支持和安全保障，并提升了自身的国际地位。

第三节　中亚的经济与贸易

20 世纪 90 年代初期，在一系列经济结构与制度性调整的过程中，中亚各国经济经历了较为严重的衰退时期。90 年代末开始，中亚各国的经济开始恢复与发展，特别是国际能源价格上升为中亚经济带来了增长动力与上升通道，哈萨克斯坦、乌兹别克斯坦和土库曼斯坦的资源型产业发展迅速，塔吉克斯坦和吉尔吉斯斯坦的水电潜力巨大，但同时也引来了较大的争议。总体来看，尽管中亚国家在独立后经济发展取得了一定成就，但其经济发展仍然较为依赖资源开采，产业结构单一，原材料工业发展较快，而加工工业严重滞后，对外依存度高，经济自主性较差。因此，中亚国家需要进一步通过对外开放、经济合作和改善投资环境等措施促进经济可持续增长。

一、中亚经济发展形势

1991 年底苏联解体，中亚国家的经济体制开始由计划经济向市场经济转型。从经济转型的基本条件看，中亚五国经济曾在苏联中央计划体制下实现了跳跃式的发展，建立了现代工业基础和许多大中型企业，特别是重工业和军事工业（杨恕，2005）。但是转型引起了产业结构剧烈变化，包括制造业的急剧收缩，这让中亚在 20 世纪 90 年代前半期经历了一个痛苦的过程：一方面是纠正从苏维埃时代遗留下来的巨大的宏观经济失衡和结构扭曲，另一方面还必须适应失去苏联市场的部分损失（特别是在军事工业部门），以及终止俄罗斯的直接和间接转移，使中亚所有国家的 GDP 增长率和人均国民总收入急剧下滑，在 1991 ~ 1995 年，各国的 GDP 增长率在-15% 左右（图 1-2）。20 世纪 90 年代末，中亚各国开始从市场改革中获益，经济迎来了前所未有的增长期，特别是随着国际能源、金属和资源价格的大幅增长，各国经济进入上升通道，1999 ~ 2017 年，中亚所有国家的 GDP 增长显著（图 1-3）。然而，由于全球商品价格的波动，中亚各国 GDP 年增长率仍然不稳定。

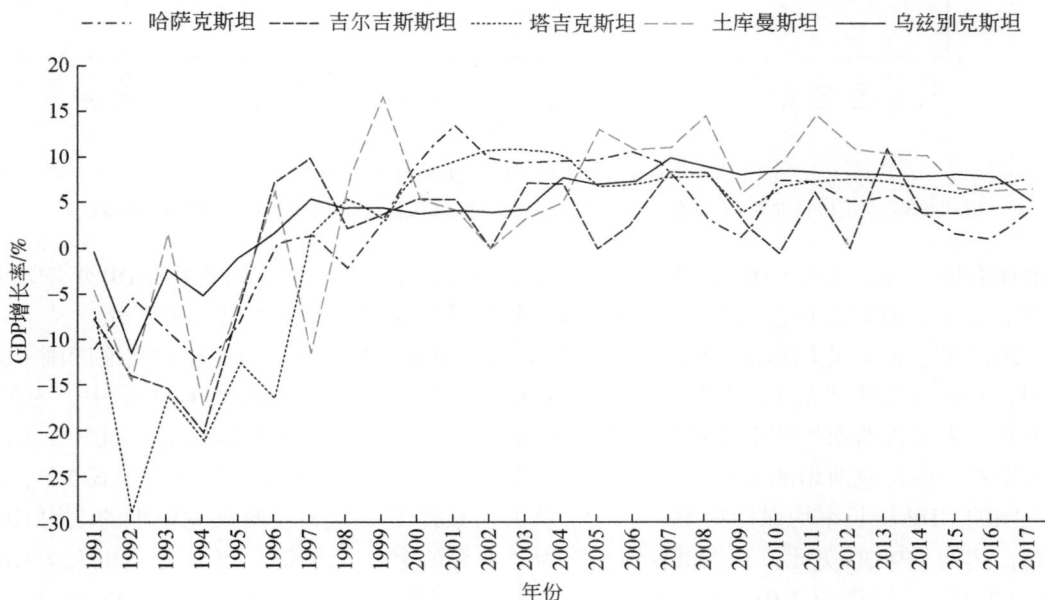

图 1-2　中亚五国 GDP 增长率

资料来源：世界银行世界发展指标（https：//data. worldbank. org/indicator/NY. GDP. MKTP. KD. ZG）

　　根据世界银行数据，1999 ~ 2017 年，哈萨克斯坦的 GDP 年均增长率为 6. 71%。其经济增长受国际形势影响较大，在 1999 ~ 2007 年保持较快增长，但 2008 年和 2009 年的国际金融危机对其造成了较大冲击；近年来经济形势一般，2014 ~ 2017 年 GDP 年增长率保持在 5% 以下，哈萨克斯坦是五个国家中经济增长速度最慢的国家。土库曼斯坦 1999 ~ 2017 年的 GDP 年均增长率为 8. 20%，但波动较大，近年来 GDP 年均增长率保持在 6. 5% 左右。吉尔吉斯斯坦在 1999 ~ 2017 年的 GDP 年均增长率为 4. 43%，波动较大，多个年份（2002 年、2005 年、2010 年、2012 年）GDP 增长率接近 0，这对国家经济发展造成不利影响。塔吉克斯坦的 GDP 年均增长率为 7. 73%，其中进入 21 世纪的最初几年塔吉克斯坦的经济迅速发展，2005 ~ 2008 年 GDP 增速保持在 6. 5% ~ 8. 0%，2009 年受全球金融危机影响经

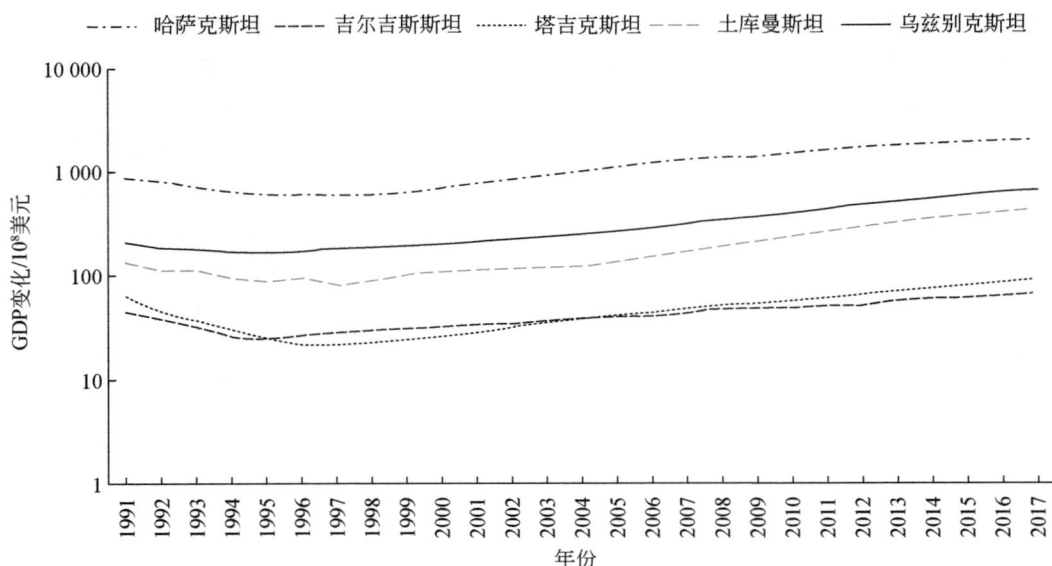

图 1-3　中亚五国 GDP 变化（2000 年不变价格）

资料来源：世界银行世界发展指标（https：//data. worldbank. org/indicator/NY. GDP. MKTP. KD. ZG）

济增速有所放缓，之后 GDP 年均增长率稳定在 7% 左右。乌兹别克斯坦的 GDP 年均增长率为 7.05%，并且大体上保持平稳，但 2017 年乌兹别克斯坦经济增速有所下滑。

2017 年，哈萨克斯坦的 GDP 达 1629 亿美元，排名中亚五国第一，超过其他四国 GDP 之和；其次为乌兹别克斯坦，其 GDP 达到了 592 亿美元；土库曼斯坦的 GDP 居中，为 379 亿美元；吉尔吉斯斯坦和塔吉克斯坦的 GDP 较低，分别为 77 亿美元和 72 亿美元。从 GDP 增长率看，塔吉克斯坦的 GDP 增长率最高，为 7.6%，第二名为土库曼斯坦的 6.5%，其余三国的 GDP 增长率均保持在 4% ~5%。从人均 GDP 的角度看，哈萨克斯坦的人均 GDP 最高，达到了 9030 美元，其被世界银行归为"中等偏上收入国家"；土库曼斯坦人均 GDP 为 6587 美元，同样为"中等偏上收入国家"；乌兹别克斯坦的人均 GDP 为 1827 美元，吉尔吉斯斯坦的人均 GDP 则为 1243 美元，这两个国家都被归为"中等偏下收入国家"；塔吉克斯坦人均 GDP 仅为 806 美元，为"低收入国家"（表 1-4）。

表 1-4　2017 年中亚五国经济整体情况

国家	国民总收入（GNI）/亿美元	GDP/亿美元	GDP 增长率/%	人均 GDP/美元
哈萨克斯坦	1447	1629	4.1	9030
吉尔吉斯斯坦	73	77	4.7	1243
塔吉克斯坦	82	72	7.6	806
土库曼斯坦	364	379	6.5	6587
乌兹别克斯坦	604	592	4.5	1827

资料来源：世界银行世界发展指标（https：//data. worldbank. org/indicator/NY. GDP. MKTP. KD. ZG）

总体来看，在 20 世纪 90 年代上半期产出下降后，所有中亚国家的人均 GDP（按购买力平价计算的当前国际美元）均有所增加（图 1-4）。其中，哈萨克斯坦的人均 GDP 在五个国家当中处于最高水平，之后依次为土库曼斯坦、乌兹别克斯坦、塔吉克斯坦和吉尔吉斯斯坦。塔吉克斯坦在 2009 年超过了吉尔吉斯斯坦的人均 GDP 水平，并有轻微的扩大差距的趋势。

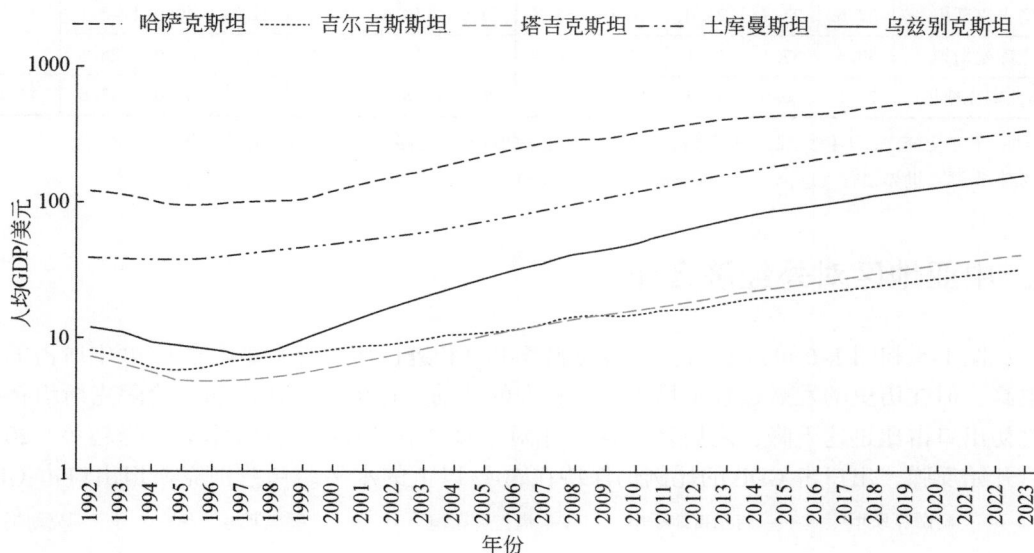

图 1-4　中亚五国按购买力平价计算的人均 GDP

资料来源：IMF 世界经济展望数据库，2018 年 10 月（https：//www.imf.org/external/pubs/ft/weo/2018/02/weodata/index.aspx）

从产业结构看，独立以来中亚地区的三次产业结构经历了较大的变化。中亚国家在苏联高度集中的计划经济体制下长期实行产业分工，主要作为原材料供应基地而存在。例如，哈萨克斯坦重点发展粮食和有色金属的开采、冶炼与初级加工；乌兹别克斯坦重点发展有色金属（主要是黄金、钨等）、部分机器制造业和棉花种植；土库曼斯坦重点发展石油、天然气开采、养羊业和棉花种植业；塔吉克斯坦重点发展棉花种植业、畜牧业和水电工业；吉尔吉斯斯坦与塔吉克斯坦三次产业结构相似。正是这种分工导致中亚各国经济结构不合理，产业结构单一，原材料工业发展较快，而加工工业严重滞后，对外依赖性较强，多种工业产品依靠进口（杨恕，2005）。经过多年的经济调整，中亚经济的主要结构也发生了改变。现如今，采矿业和非贸易型服务业成为中亚五国经济增长的核心驱动力与最大的产业，尤其是服务业几乎占到了 GDP 增加值的一半。农业作为中亚国家核心经济产业和吸收就业的主力军的重要性日益下降，农业增加值在各国 GDP 中的占比下降，但是农业依然是中亚农村人口重要的生活来源（表 1-5）。中亚五国蕴藏大量石油、天然气、锑、铝、金、银、煤、铀等矿产资源，能源业对经济发展贡献良多。除矿产储量丰富外，农业也是重要的经济推动力量，主要出口的农产品有棉花、肉类、烟草、羊毛和葡萄等。

表 1-5　中亚五国的生产结构　　　　　　　　　　（单位：%）

国家	工业增加值（占 GDP 的比例）				农业增加值（占 GDP 的比例）				服务业增加值（占 GDP 的比例）			
	1995 年	2005 年	2010 年	2015 年	1995 年	2005 年	2010 年	2015 年	1995 年	2005 年	2010 年	2015 年
哈萨克斯坦	30.0	37.6	40.6	30.9	12.3	6.4	4.5	4.7	54.0	52.0	51.7	59.3
吉尔吉斯斯坦	18.1	20.0	26.3	25.1	40.7	28.5	17.4	14.1	35.6	42.4	49.3	52.1
塔吉克斯坦	37.6	27.4	25.0	24.4	36.7	21.2	19.6	21.9	21.2	40.6	45.1	42.5
土库曼斯坦	59.3	37.1	59.1	57.0	16.3	18.5	11.3	9.3	19.1	42.9	28.1	
乌兹别克斯坦	24.1	26.0	30.3	30.1	28.0	26.3	18.0	16.7	34.7	37.0	42.6	44.5

注：不完全统计，不包括批发和零售业、汽车和摩托车的修理、陆路运输和管道运输等行业

资料来源：世界银行（https：//data.worldbank.org.cn/）

二、中亚地区对外经济合作

从图 1-5 和图 1-6 可以看出，货物与服务出口和进口在所有中亚国家 GDP 中所占的比例很高，但在历史的发展过程中均出现了较大的波动。在出口占比方面，哈萨克斯坦在独立之初出口占比迅速下降，之后基本保持相对平稳，在 2011 年后整体呈下降趋势，2015 年后开始反弹，出口占 GDP 的比例仍保持在 30% 以上的水平。乌兹别克斯坦出口占 GDP

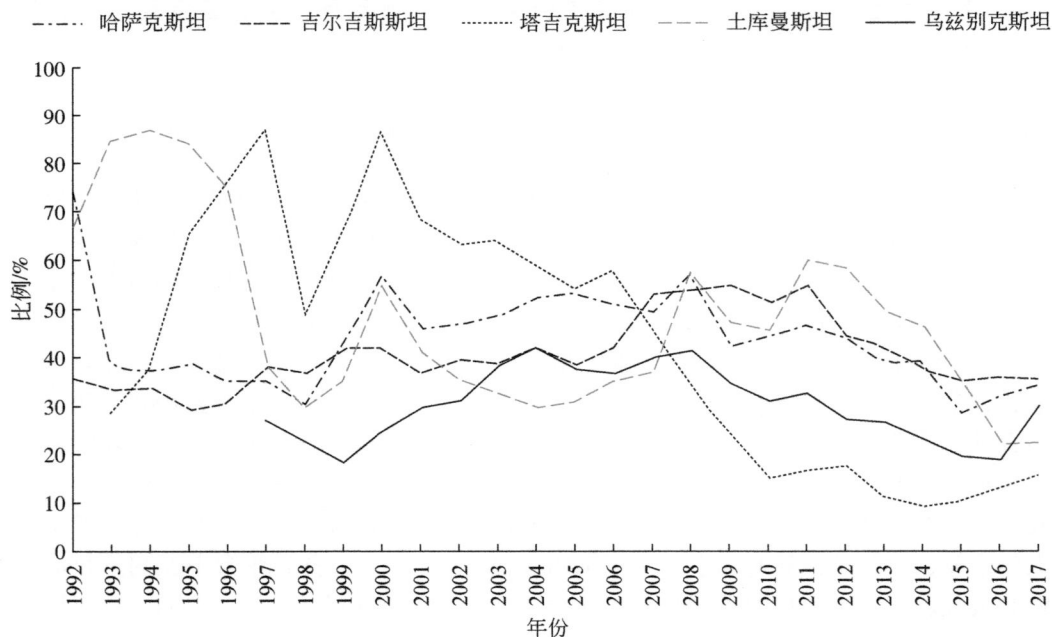

图 1-5　1992~2017 年货物与服务出口占 GDP 的比例

资料来源：世界银行国民经济核算数据，以及经济合作与发展组织国民经济核算数据文件

（https：//data.worldbank.org.cn/indicator/NE.EXP.GNFS.ZS）

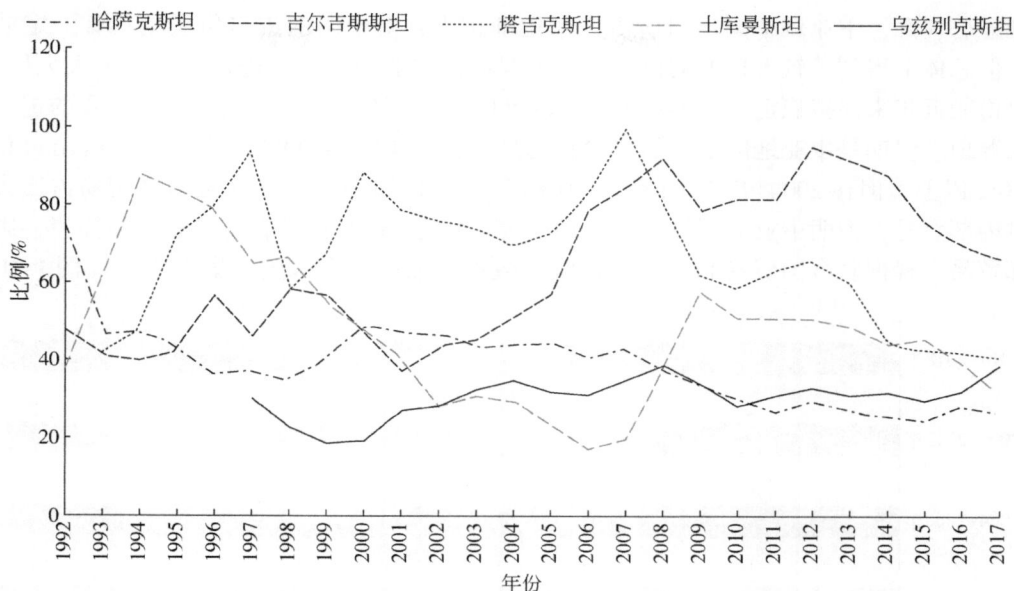

图 1-6 1992 ~ 2017 年货物与服务进口占 GDP 的比例

资料来源：世界银行国民经济核算数据，以及经济合作与发展组织国民经济核算数据文件

（https：//data. worldbank. org. cn/indicator/NE. EXP. GNFS. ZS）

的比例从 1999 年开始提升，在 2004 ~ 2008 年曾一度突破 40%，之后此比例持续下降，到 2017 年实现反弹，占比达到了 30% 左右，低于吉尔吉斯斯坦和哈萨克斯坦，位于中亚五国的第 3 位。吉尔吉斯斯坦的出口占比相对保持稳定，1992 ~ 2011 年整体上呈稳步提升的态势，此后开始迅速下降。塔吉克斯坦由于经济体量小，对外经济合作受国际和国内局势的影响较大，出口占 GDP 的比例波动幅度明显。从 1993 年的低于 30%，一度在 1997 年达到了近 90%，从 2000 年开始，该比例大幅度下降，直到 2014 年开始小幅度回升，到 2017 年出口占 GDP 的比例仅为 15% 左右。土库曼斯坦的出口依存度同样呈现较大的波动趋势，自 2011 年开始大幅度下降，到 2017 年出口占 GDP 的比例略超 20%。

在进口依存度方面，哈萨克斯坦 1992 ~ 2017 年整体处于平稳下降的趋势，到 2017 年该比例处于 20% ~ 30%；乌兹别克斯坦 1999 ~ 2008 年进口依存度整体上小幅度提升，之后开始下降并小幅度波动，从 2015 年开始实现增长，到 2017 年增长至 40% 左右；土库曼斯坦的进口依存度 1995 ~ 2007 年总体上保持下降趋势，2008 年快速反弹后该比例平稳下降，到 2017 年土库曼斯坦的进口依存度在五个国家中处于第 4 位，仅高于哈萨克斯坦；塔吉克斯坦在 1999 ~ 2007 年进口依存度始终是最高的，2007 年后开始大幅度下降，到 2017 年下降为 40% 左右，仅次于吉尔吉斯斯坦，位于五个国家中的第 2 位；吉尔吉斯斯坦 2001 ~ 2008 年进口占 GDP 的比例快速提升，2008 ~ 2012 年进口依存度出现波动，但始终处于非常高的水平，2012 年的进口占 GDP 的比例甚至达到了 90% 以上，2013 年后该比例开始下降，到 2017 年仍处于 60% 以上的水平，吉尔吉斯斯坦是五个国家中进口依存度最高的国家。

就出口和进口的地理结构而言（图 1-7 和图 1-8），中国在中亚地区贸易关系中的地位得到显著提升，中亚对中国出口所占份额逐渐扩大，对中国的进口份额则具有一定波动性，但总体上得到了较大程度的提升。而俄罗斯占中亚地区贸易进口的份额被大大压缩，出口份额近年来保持稳定。美国在中亚的进出口贸易并不是很多，欧盟是最主要的进口商品来源地。伊朗是中亚地区重要的出口目的地，曾在 1994～1998 年占中亚地区出口总额的 50% 以上，但在 2004 年以后下降至 30% 以下。如图 1-9 所示，中亚对外贸易占比大大超过内部贸易，说明中亚五国虽然属于同一地缘板块，但是内部存在诸多贸易障碍，影响内部贸易。根据联合国贸易和发展会议统计数据，在产品出口国家集中度上（图 1-10），

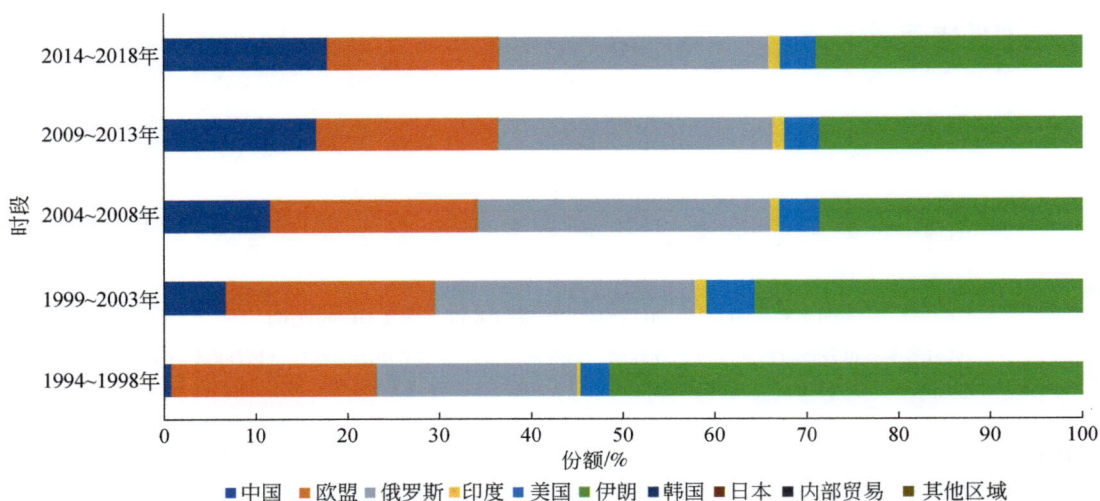

图 1-7 中亚主要贸易伙伴在出口总额中的份额

资料来源：国际货币基金组织（http://data.imf.org/regular.aspx?key=61013712）

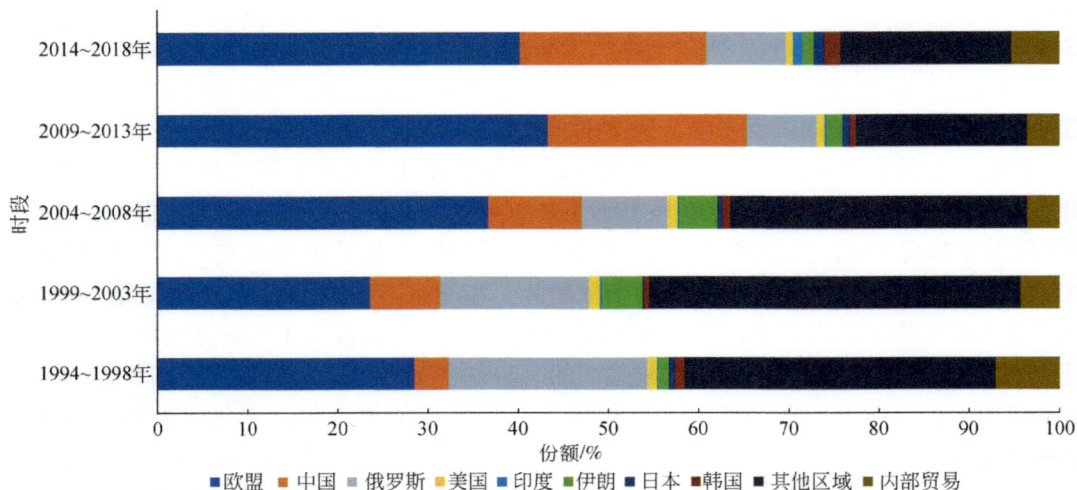

图 1-8 中亚主要贸易伙伴在进口总额中的份额

资料来源：国际货币基金组织（http://data.imf.org/regular.aspx?key=61013712）

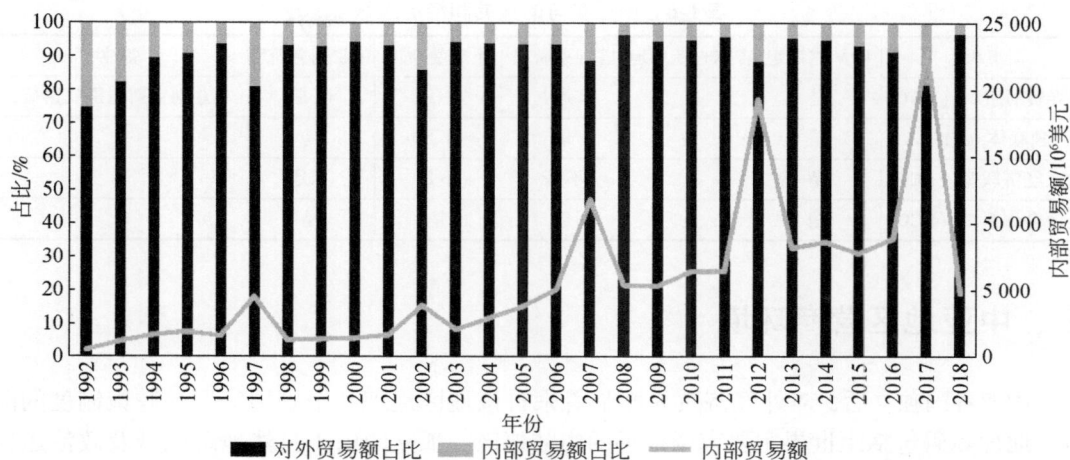

图 1-9　中亚对外贸易和内部贸易占比变化（1992~2018 年）

资料来源：国际货币基金组织（http：//data. imf. org/regular. aspx? key=61013712）

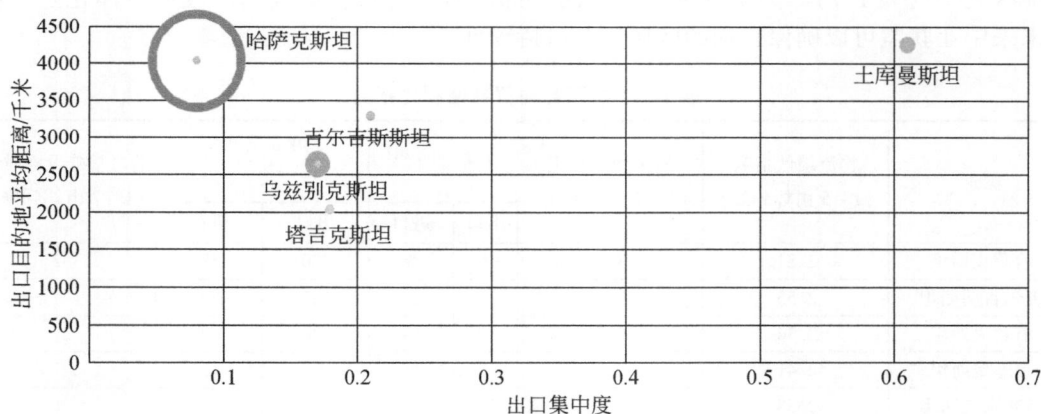

图 1-10　中亚国家出口集中度与出口目的地平均距离（2018 年）

资料来源：ITC calculations based on UN COMTRADE and ITC statistics（https：//www. trademap. org/countrymap/）

2018 年，土库曼斯坦排名第一（0.61），说明土库曼斯坦对个别国家出口依赖较为严重，哈萨克斯坦最低（0.08）。在出口目的地平均距离上，土库曼斯坦排名第一（4251 千米），塔吉克斯坦最低（2033 千米），中亚五国平均距离为 3250 千米，侧面说明中亚在突破地理距离开展贸易方面仍有很大提高空间。

　　如表 1-6 所示，中亚五国都加入了经济合作组织（ECO）；除土库曼斯坦外，其他四国均加入了独联体（CIS）；吉尔吉斯斯坦（自 1998 年起）、塔吉克斯坦（自 2013 年起）和哈萨克斯坦（自 2015 年起）三个国家加入了世界贸易组织（WTO）。但 ECO 和 CIS 在经济合作上并未取得显著成绩。近年，俄罗斯发起并主导创建了欧亚经济联盟（EEU），目前哈萨克斯坦和吉尔吉斯斯坦加入。

表 1-6　中亚参与的贸易和经济组织

组织	哈萨克斯坦	吉尔吉斯斯坦	塔吉克斯坦	土库曼斯坦	乌兹别克斯坦	备注
世界贸易组织（WTO）	是	是	是	不是	不是	乌兹别克斯坦是观察员
独联体（CIS）	是	是	是	不是	是	
欧亚经济联盟（EEU）	是	是	不是	不是	不是	
经济合作组织（ECO）	是	是	是	是	是	

三、中亚地区营商环境

中亚各国独立后，对外经济贸易面临着来自该地区地理和个别国家贸易政策制度的障碍。地理障碍包括距世界主要市场很远的内陆地区、孤立的内生自然地理区域及政治边界划分的复杂性。政策障碍通常源于限制性贸易政策。政治边界本身也成为可贸易商品流动的障碍（White，2010）。根据世界银行贸易便利化指数，中亚地区成为世界上贸易最昂贵的地区之一（表 1-7）。为了改善该地区的一部分地理劣势，更大的区域内一体化及可能的未来中亚联盟可以确保长期的区域经济可持续性。

表 1-7　中亚各国贸易便利化指数

国别	物流绩效指数（1~5 由坏到好）	海关程序负担（1~7 由坏到好）	交货时间/天		单证合规/美元		港口基础设施质量（1~7 由坏到好）
			出口	进口	出口	进口	
哈萨克斯坦	2.81	3.9	3	3	200	0	3.2
吉尔吉斯斯坦	2.55	3.6	1	2	145	200	1.4
塔吉克斯坦	2.34	4.2	14	14	330	260	2
土库曼斯坦	2.41	..	..	..	..	..	..
乌兹别克斯坦	2.58	..	18	20	292	292	..
世界平均水平	2.87	4.2	4.1	4.9	126.1	161.5	4.1

资料来源：世界银行，贸易便利化指数

.. 表示无相关统计

根据美国传统基金会经济自由度指数（图 1-11），多数中亚国家在财产权、司法效力、政府诚信等方面得分低。司法体系薄弱不利于吸引外国投资者，由此难以形成具有较强竞争力的经济体。总体而言，中亚地区营商环境发展情况仍不乐观，对其经济产业多样化发展造成了较大阻碍。

根据美国传统基金会 2019 年经济自由度指数的报告，哈萨克斯坦位列第 59 位，吉尔吉斯斯坦位列第 79 位，两国属于中等自由的国家；塔吉克斯坦（第 122 位）和乌兹别克斯坦（第 140 位）属于很不自由的国家；土库曼斯坦（第 164 位）属于经济"受压制"国家（表 1-8）。

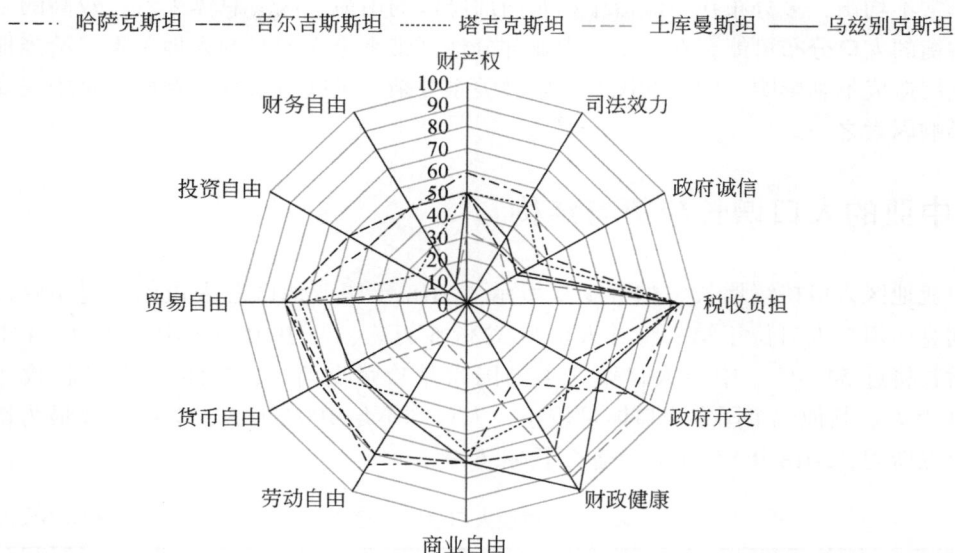

图 1-11　中亚五国经济自由度指数

资料来源：美国传统基金会，https：//www.heritage.org/index/ranking。经济自由度指数由 12 个定量和定性因素来衡量，分为经济自由的四大类或支柱：法治（财产权、政府诚信、司法效力）；政府规模（政府开支、税收负担、财政健康）；监管效率（商业自由、劳动自由、货币自由）；开放市场（贸易自由、投资自由、财务自由）。这 12 种经济自由因素中的每一种都按 0~100 的等级进行分级。一个国家的总体得分是通过平均这 12 种经济自由因素得出的，每种经济自由因素的权重相等。表1-8 同

表 1-8　中亚五国 2019 年经济自由度指数（部分指标）

国家	世界排名	2019 年得分	司法效力	政府诚信	税收负担	商业自由	劳动自由	货币自由	贸易自由	投资自由	财务自由
哈萨克斯坦	59	65.4	56.1	40.3	93.4	73.9	86.2	70.9	80.0	50	50
吉尔吉斯斯坦	79	62.3	27.9	27.2	94.1	73.4	79.8	74.4	78.6	60	50
塔吉克斯坦	122	55.6	52.1	36.4	91.8	67.3	49.2	68.5	73.6	25	30
乌兹别克斯坦	140	53.3	34.3	25.2	91.3	72.5	58.7	58.9	62.6	10	10
土库曼斯坦	164	48.4	29.8	20.3	95.9	30.0	20.0	73.4	76.0	10	10

　　从经济角度看，哈萨克斯坦是经济最繁荣的中亚国家，其次是乌兹别克斯坦和土库曼斯坦。哈萨克斯坦现在被归类为中等收入国家，但许多哈萨克斯坦公民并没有感受到这种经济发展的好处。财富不均匀分配、腐败对人们的日常生活产生负面影响。同时，哈萨克斯坦繁荣的城镇（主要是阿斯塔纳和阿拉木图）与该国其他地区之间也存在巨大差距。

第四节　中亚的人口、民族与宗教

　　中亚地区总人口超过 7300 万人，并保持着较高的增长率，总体人口密度较小，人口

分布非常不均衡,多分布在河流沿岸和东南部肥沃的山麓地区。总体来看,较高的生育率和不均衡的人口分布可能会在未来给中亚部分地区带来更为紧张的人地关系,给当地的可持续发展造成不利影响。中亚的民族与宗教关系复杂,民族与宗教问题始终是中亚安全形势的影响因素之一。

一、中亚的人口增长趋势与结构

中亚地区人口持续增长,如表 1-9 所示,2018 年中亚地区总人口已超过 7000 万人,乌兹别克斯坦总人口位于第一,其人口为 3236.5 万人,与 1991 年相比增加了 1141.4 万人,增长将近 54.5%。中亚人口第二多的国家是哈萨克斯坦,2018 年人口总数达到了 1840.4 万人。其他三个国家人口体量较小,人口均不足 1000 万人,其中增长最为快速的是塔吉克斯坦,2018 年较 1991 年增长了 68.6%。

表 1-9　中亚人口总数及变化　　　　　　　　　　　　(单位:10^3 人)

区域	1991 年	1995 年	2000 年	2005 年	2010 年	2015 年	2018 年	2020 年	2025 年	2030 年
中亚	51 101	53 437	55 559	58 737	63 156	68 705	71 860	73 821	78 223	81 971
哈萨克斯坦	16 540	16 035	15 057	15 541	16 399	17 750	18 404	18 777	19 610	20 301
吉尔吉斯斯坦	4 420	4 566	4 921	5 075	5 422	5 865	6 133	6 302	6 675	6 997
塔吉克斯坦	5 401	5 765	6 216	6 854	7 642	8 549	9 107	9 475	10 360	11 194
土库曼斯坦	3 789	4 208	4 516	4 755	5 087	5 565	5 851	6 031	6 431	6 767
乌兹别克斯坦	20 951	22 863	24 849	26 512	28 606	30 976	32 365	33 236	35 147	36 712

资料来源:United Nations, Department of Economic and Social Affairs, Population Division. 2017. World Population Prospects:The 2017 Revision. custom data acquired via website. https://population. un. org/wpp/DataQuery/

尽管过去 20 年中亚的生育率有所下降,但出生人数在早期上升意味着这些国家的人口继续增长的速度较高。联合国统计数据估计塔吉克斯坦生育率每年增长 2% 以上。这种爆炸式增长意味着年轻人的比例高(表 1-10 和图 1-12)。总体而言,中亚 40 岁以下人口的高比例和人口的持续增长(在一些国家迅速增长),使未来几十年青年劳动力供应较充足。中亚人口预计将继续增长,特别是在塔吉克斯坦,但是这也会带来许多自然或社会经济影响,如有限的就业机会、水资源争议等。

表 1-10　中亚国家总人口年平均变动率　　　　　　　(单位:%)

区域	1990 ~ 1995 年	1995 ~ 2000 年	2000 ~ 2005 年	2005 ~ 2010 年	2010 ~ 2015 年	2015 ~ 2020 年	2020 ~ 2025 年	2025 ~ 2030 年
中亚	1.19	0.78	1.11	1.45	1.68	1.44	1.16	0.94
哈萨克斯坦	-0.62	-1.26	0.63	1.07	1.58	1.13	0.87	0.69
吉尔吉斯斯坦	0.86	1.50	0.62	1.32	1.57	1.44	1.15	0.94
塔吉克斯坦	1.74	1.51	1.95	2.18	2.24	2.06	1.79	1.55

续表

区域	1990 ~ 1995 年	1995 ~ 2000 年	2000 ~ 2005 年	2005 ~ 2010 年	2010 ~ 2015 年	2015 ~ 2020 年	2020 ~ 2025 年	2025 ~ 2030 年
土库曼斯坦	2.66	1.41	1.03	1.35	1.80	1.61	1.28	1.02
乌兹别克斯坦	2.22	1.67	1.30	1.52	1.59	1.41	1.12	0.87

资料来源：United Nations, Department of Economic and Social Affairs, Population Division. 2018. World Urbanization Prospects：The 2018 Revision. custom data acquired via website

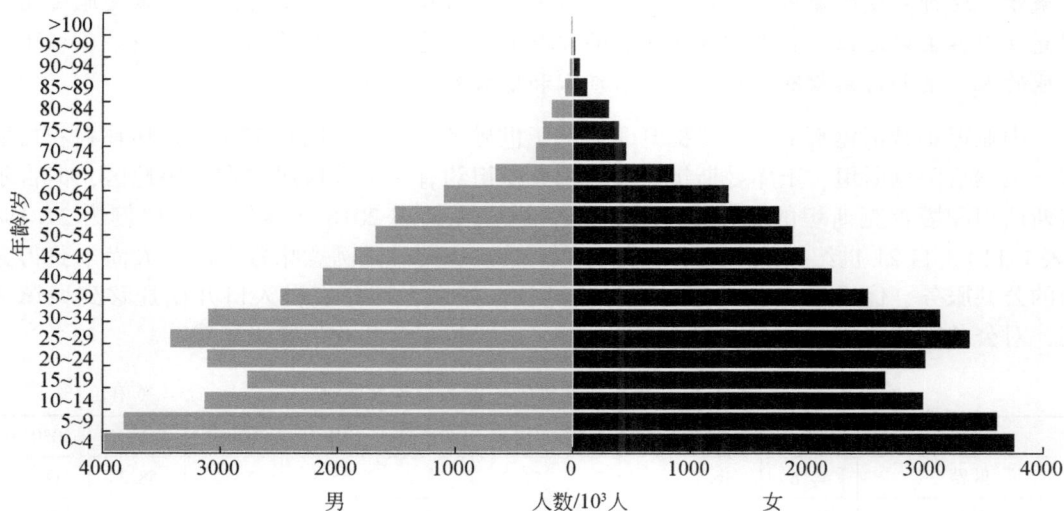

图 1-12　中亚按年龄和性别分的人口结构图

资料来源：United Nations, Department of Economic and Social Affairs, Population Division. 2018. World Urbanization Prospects：The 2018 Revision. custom data acquired via website

二、中亚人口分布情况

中亚的地形、地貌和经济发展等因素影响人口分布及构成。首先，人口密度小。以2020 年人口数据计算，中亚平均每平方千米约 18 人，其中哈萨克斯坦和土库曼斯坦平均每平方千米分别约为 7 人和 12 人，乌兹别克斯坦和塔吉克斯坦人口相对较密，分别达到约 74 人和 66 人。其次，人口分布不均衡。中亚地区的水资源总量较丰富，但大部分淡水都以高山冰川和深层地下水的形式存在，且分布极不均匀，导致了非常不均衡的人口分布，大多数人生活在肥沃的河流岸边或东南部肥沃的山麓，相对较少的人生活在广阔干旱的中西部地区。中亚大部分人口位于相对较小的区域，特别是阿姆河、锡尔河、扎拉夫尚河谷等，其他集中区域是咸海以南的阿姆河山谷下游，阿姆河和咸海之间及塔吉克斯坦的瓦赫什河山谷。在卡拉库姆沙漠、克孜勒库姆沙漠及哈萨克斯坦中部的荒漠，大片领土无人居住或人口稀少。

专栏 1-1 费尔干纳盆地

费尔干纳盆地（Fergana Valley）是中亚的一个山间洼地，位于北部天山山脉系统和南部吉萨尔阿莱山脉之间。该盆地长约 300 千米（190 英里①），宽达 70 千米（43 英里），面积达 22 000 平方千米（8500 平方英里②）。它的位置使它成为一个独立的地理区域。费尔干纳盆地是中亚人口最稠密的地区，也是中亚地区地理位置的核心，其面积仅占中亚陆地面积的 0.5%，人口占中亚人口的 20%。在费尔干纳盆地，每 70~80 千米就有一个主要城镇。这种密度所带来的生产力使其成为一个政治和经济上重要的区域。该盆地由乌兹别克斯坦占主导地位，其占该地区面积的 80% 以上，包含该盆地大部分的人口。费尔干纳盆地的人口主要由乌兹别克人、吉尔吉斯人和塔吉克人组成。

中亚近年城镇化水平在逐步提升，但低于世界平均水平，仍有 52% 人口居住在农村地区。虽然哈萨克斯坦、土库曼斯坦、乌兹别克斯坦约有一半人口居住在城镇地区，但吉尔吉斯斯坦和塔吉克斯坦的城镇化水平较低，塔吉克斯坦 2018 年城镇人口比例为 27.1%（表 1-11），自 21 世纪初以来几乎没有变化。低城镇人口比例意味着大部分人尚未获得充分的公共服务、优质教育和医疗保健等。另外，如果大部分农村人口开始迁移到城镇地区，对公共服务造成的压力可能会增加，并可能导致社会和政治紧张局势。

表 1-11　居住在城镇的中亚人口年度比例 （单位:%）

地区	1995 年	2000 年	2005 年	2010 年	2015 年	2018 年	2020 年	2025 年	2030 年
世界	44.8	46.7	49.2	51.7	53.9	55.3	56.2	58.3	60.4
中亚	45.2	45.7	46.8	48.0	48.1	48.2	48.3	49.1	50.5
哈萨克斯坦	55.9	56.1	56.5	56.8	57.2	57.4	57.7	58.6	60.0
吉尔吉斯斯坦	36.3	35.3	35.3	35.3	35.8	36.4	36.9	38.6	40.9
塔吉克斯坦	28.9	26.5	26.5	26.5	26.7	27.1	27.5	28.8	30.8
土库曼斯坦	44.8	45.9	47.1	48.5	50.3	51.6	52.5	55.1	57.9
乌兹别克斯坦	43.7	46.1	48.5	51.0	50.8	50.5	50.4	50.7	51.8

资料来源：联合国经济和社会事务部人口司（https://population.un.org/wpp/）

三、中亚民族、宗教与安全形势

目前，在中亚地区生活的哈萨克族、乌兹别克族、吉尔吉斯族、塔吉克族、土库曼族五个民族集团在历史上的界限并不十分清楚。1924 年通过苏联政府在中亚进行的民族划界工作，以五个民族集团命名的加盟共和国诞生，上述五个民族集团遂有了明确的划分（张新平，2006）。20 世纪初中亚的主要民族是哈萨克族、土库曼族、乌兹别克族、吉尔吉斯

---

①　1 英里≈1.609 千米。

②　1 平方英里≈2.590 平方千米。

族、塔吉克族、普什图族等。苏联时期，随着中亚地区社会主义经济建设事业的发展，有大量俄罗斯及其他斯拉夫居民迁入，另外还有一些民族如塔塔尔人等（潘志平，2003）。苏联政府人为的划界并没有在中亚地区建立起单一的民族国家，而是不断地变更各国的疆界，这使得中亚五国主体民族跨界居住的现象更为普遍。中亚五国独立后，尽管各国都倡导主体民族回归"历史国"，但中亚五国主体民族跨界居住的状况还是保留了下来（张新平，2006）。21世纪后，中亚各国都成为多民族国家。

俄罗斯族是中亚的重要民族。到20世纪80年代末，移居中亚地区的俄罗斯族有900多万，其中在哈萨克斯坦的俄罗斯族最多，有620多万，占哈萨克斯坦全国人口的37.8%，在乌兹别克斯坦有160多万俄罗斯族，占乌兹别克斯坦全国人口的8%。俄罗斯族除在塔吉克斯坦为第三大民族外，在其余四国均为第二大民族（陈联璧，2001）。苏联解体后，数百万俄罗斯族撤出中亚并前往俄罗斯，仅在20世纪90年代，就有超过一半的俄罗斯族从中亚迁移到俄罗斯（Peyrouse，2008），俄罗斯族占各国人口的比例也在下降，如在哈萨克斯坦，俄罗斯族由顶峰时期1970年的42.8%下降到2009年的23.7%（表1-12和表1-13）。

表1-12　中亚五国主要民族比例一览表　　　　　　　　　　（单位:%）

排名	哈萨克斯坦 （2009年）	乌兹别克斯坦 （2017年）	塔吉克斯坦 （2010年）	土库曼斯坦 （2018年）	吉尔吉斯斯坦 （2017年）
1	哈萨克63.1	乌兹别克83.8	塔吉克84.3	土库曼85	吉尔吉斯73.2
2	俄罗斯23.7	塔吉克4.8	乌兹别克13.8	乌兹别克5.8	乌兹别克14.6
3	乌兹别克2.8	哈萨克2.5	吉尔吉斯0.8	俄罗斯5.1	俄罗斯5.8
4		俄罗斯2.3	俄罗斯0.5		塔吉克1.1
5			土库曼0.2		

资料来源：维基百科、乌兹别克斯坦统计局

表1-13　哈萨克斯坦1926～2009年的主要族裔人口变化

民族	人口普查 1926年		人口普查 1970年		人口普查 1989年		人口普查 1999年		人口普查 2009年	
	人数	占比/%	人数	占比/%	人数	占比/%	人数	占比/%	人数	占比/%
哈萨克	3 627 612	58.5	4 161 164	32.4	6 534 616	39.7	8 011 452	53.5	10 096 763	63.1
俄罗斯	1 275 055	20.6	5 499 826	42.8	6 227 549	37.8	4 480 675	29.9	3 793 764	23.7
乌兹别克	129 407	2.1	207 514	1.6	332 017	2	370 765	2.5	456 997	2.8

中亚人口主要信仰伊斯兰教，中亚五国穆斯林人口占比皆超过70%。中亚国家的宗教信仰以伊斯兰教逊尼派为主，但在塔吉克斯坦的部分地区存在相当一部分什叶派穆斯林。根据美国皮尤研究中心的数据，中亚地区乌兹别克斯坦的穆斯林数量最多，且占比较高，2010年共有2653.4万穆斯林，占总人口的96.7%；其次为哈萨克斯坦，共有1128.5万穆斯林，但是由于哈萨克斯坦有较多的俄罗斯族人口，穆斯林占比为中亚国家最低，仅为70.4%；土库曼斯坦和吉尔吉斯斯坦的穆斯林人口数相当，均为近470万，但是土库曼斯

坦的穆斯林占总人口的比例更高，达到 93%，而吉尔吉斯斯坦该比例为 88%；塔吉克斯坦穆斯林人口最少，仅为 68.3 万，但占比较高，达到了 96.7%。从穆斯林占比的预测数据看，哈萨克斯坦的穆斯林人口占比变化最大，由 2010 年的 70.4% 增长为 2050 年的 77.4%，增长 7 个百分点；其次为吉尔吉斯斯坦，其穆斯林人口占比，由 2010 年的 88% 增长为 2050 年的 92.4%，增长 4.4 个百分点；乌兹别克斯坦的穆斯林占比 2010～2050 年将增长 1.1 个百分点，达到 97.8%；土库曼斯坦的穆斯林人口占比则会下降 0.1 个百分点，塔吉克斯坦则会下降 0.6 个百分点；到 2050 年，乌兹别克斯坦的穆斯林人口占比将是中亚地区国家中最高的，后面依次为塔吉克斯坦、土库曼斯坦、吉尔吉斯斯坦，哈萨克斯坦的穆斯林人口占比仍将占据中亚五国中的末位（表 1-14）。

表 1-14　中亚国家穆斯林人口占比

穆斯林人口	2010 年		2030 年	2050 年
	占比/%	数量/万人	占比/%	占比/%
哈萨克斯坦	70.4	1128.5	73.7	77.4
乌兹别克斯坦	96.7	2653.4	97.4	97.8
土库曼斯坦	93.0	468.7	93.0	92.9
吉尔吉斯斯坦	88.0	469.0	90.5	92.4
塔吉克斯坦	96.7	68.3	96.3	96.1

资料来源：*The Future of World Religions：Population Growth Projections，2010-2050*

第五节　中亚的资源与产业

一、中亚资源状况

自然资源是经济发展最基本的要素，也是生产力发展的物质基础。资源的分布决定了经济发展的基本格局，资源的合理开发将会带动整个经济的发展，而资源的稀缺性又会对经济发展起到一定的制约作用（柴利，2006）。中亚五国地域辽阔，土地、森林、水、能源等自然资源丰富，尤以石油、天然气为最，是全球最具资源开发潜力的地区之一。由于拥有大量的能源资源，中亚被誉为"21 世纪的主要新兴能源供应者"（Dorian，2006）、"21 世纪的战略能源基地"（蒋新卫，2007）、"第二个中东"（胡梅兴，2010）。

中亚地区的石油和天然气资源预测储量巨大，在世界能源地缘格局中具有重要战略地位，其主要分布在哈萨克斯坦、乌兹别克斯坦和土库曼斯坦。据英国石油公司《BP 世界能源统计年鉴 2018》的统计（表 1-15），中亚地区石油储量约为 4.1×10^9 吨，占世界储量的比例达 1.7%；探明天然气储量为 2.18×10^{13} 立方米，约占世界探明天然气储量的 11.3%；煤炭储量为 2.698×10^{10} 吨，占世界探明储量的 2.6%。哈萨克斯坦拥有中亚最大的石油存储和开发能力，也是中亚煤炭资源最为丰富的国家，2017 年其石油储量为 $3.93 \times$

10^9 吨；土库曼斯坦拥有中亚最大的天然气储藏与开发能力，2017 年其天然气储量为 $1.949×10^{13}$ 立方米。乌兹别克斯坦油气资源储量相对较少，但其天然气产量仅次于土库曼斯坦，并拥有较为完备的天然气管线。

表 1-15 中亚五国能源储备情况

类别	哈萨克斯坦	土库曼斯坦	乌兹别克斯坦	吉尔吉斯斯坦	塔吉克斯坦	总计	全球总量	占世界的比例/%
石油储量/10^9 吨	3.93	0.08	0.08	—	—	4.1	239.3	1.7
天然气/10^{12} 立方米	1.14	19.49	1.21	—	—	21.8	193.5	11.3
煤/10^6 吨	25 605	—	1 375	—	—	26 980	1 035 012	2.6

资料来源：《BP 世界能源统计年鉴 2018》（https：//www.bp.com/en/global/corporate/energy-economics/statistical-review-of-world-energy.html）

中亚各国都拥有自己独特和丰富的矿产资源。哈萨克斯坦除了拥有石油、天然气、煤炭，也拥有大量的铁矿石、锰、铬、镍、钴、铜、钼、铅、锌、铝土矿、金和铀，该国的铁矿石储量居世界第 8 位，约占全球储量的 6%。哈萨克斯坦铁矿石质量很高，通常很容易开采，该国也是世界上最大的铜出口国之一，此外，还生产精炼黄金。吉尔吉斯斯坦开采和加工矿产资源，包括锑、煤、金、汞、钼、锡和钨，目前正在开发几个主要的黄金矿床，其中最大的是库姆托尔（Kumtor）。黄金占吉尔吉斯斯坦出口总额的 40% 左右，占该国工业总产值的 25%。乌兹别克斯坦拥有大量的矿藏，如金、铀、银、铜、锌、煤（其中约 1/3 是高价值的无烟煤）、铅、钨和钼。乌兹别克斯坦是世界第十大黄金生产国和重要的铜生产国（排名第 21 位）。塔吉克斯坦以有色金属（铅、锌、钨、锑、汞等）、稀有金属、煤、岩盐为主，此外还有丰富的铀矿和多种建筑材料。尤为值得一提的是，中亚的铀储量和产量都位居世界前列（图 1-13）。

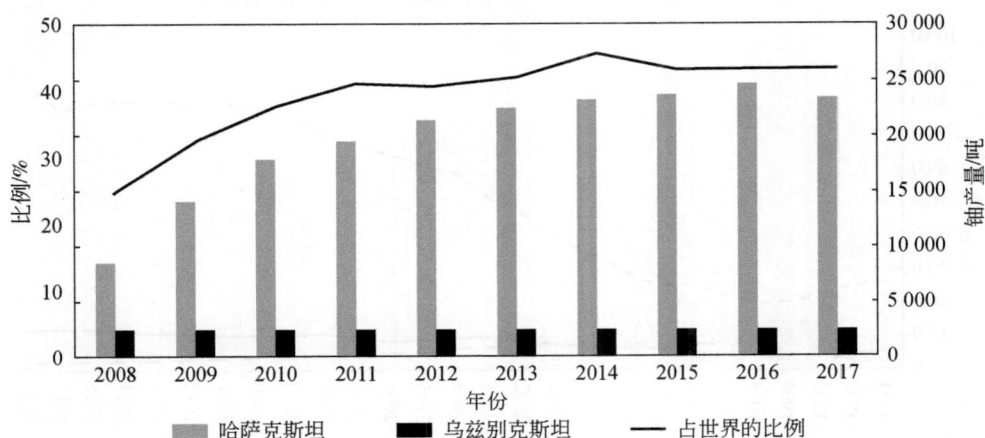

图 1-13 哈萨克斯坦和乌兹别克斯坦铀产量及占世界的比例（2008～2017 年）
资料来源：世界核协会（http：//www.world-nuclear.org）

虽然中亚拥有丰富的化石燃料和矿物，但水资源却很少，水在五个中亚国家的经济中发挥着关键作用。相比较中亚其他国家，多山的吉尔吉斯斯坦和塔吉克斯坦在水资源方面却存在巨大优势。中亚的五个主要河流流域包括乌拉尔河流域、阿姆河流域、锡尔河流域、巴尔喀什湖流域和鄂毕河流域。阿姆河和锡尔河是迄今为止中亚最大的两条河流，阿姆河起源于塔吉克斯坦帕米尔高原的一部分，而锡尔河的源头则位于吉尔吉斯斯坦的天山山脉。

二、中亚资源型产业发展

中亚国家拥有丰富的自然资源，但是中亚五国之间的能源资源分配不均，根据石油和天然气的储量，可以将五个国家分为石油、天然气出口国（哈萨克斯坦、土库曼斯坦、乌兹别克斯坦）与非石油出口国（吉尔吉斯斯坦和塔吉克斯坦）。哈萨克斯坦、土库曼斯坦和乌兹别克斯坦拥有丰富的化石燃料储备，能够满足国内能源需求并从出口中获取资金。相比之下，吉尔吉斯斯坦和塔吉克斯坦的石油与天然气很少，依赖从邻国进口能源。

哈萨克斯坦是中亚地区石油储藏与开发能力最大的国家，2017 年石油储量为 39.3 亿吨，占世界石油储量的 1.7%，居世界第 12 位。原油和成品油的收入约占哈萨克斯坦经济收入的 62.3%，中国的采购量约占该国石油经济的 25%。土库曼斯坦是中亚地区天然气储藏与开发能力最大的国家，2017 年其天然气储量为 1.95×10^{13} 立方米，占世界天然气储量的 11.3%，居世界第 4 位。乌兹别克斯坦油气资源储量略逊一筹，但其天然气产量仅次于土库曼斯坦，并拥有较为完备的天然气管线。

在石油产量方面，1994 年以来，哈萨克斯坦的石油生产量快速增长，2017 年石油产量超过 8000 万吨；近年来，土库曼斯坦的石油产量超过 1000 万吨；乌兹别克斯坦的石油产量则有所下降，2017 年，该国的石油产量下降了 6.1%，达到 250 万吨（图 1-14）。在

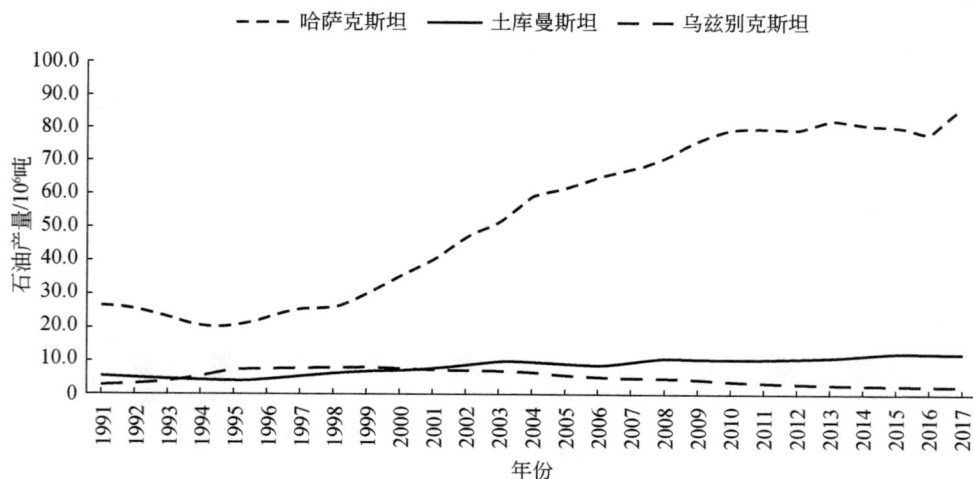

图 1-14　中亚国家石油生产情况（1991～2017 年）

资料来源：《BP 世界能源统计年鉴 2018》（https：//ww. bp. com/en/global/corporate/energy-economics/statistical-review-of-world-energy. html）

天然气产量方面，2009~2015 年土库曼斯坦的天然气产量持续增长，2010 年后，土库曼斯坦的天然气产量基本保持在 600 亿立方米以上，最高是 2015 年的 720 亿立方米。2016年后产量出现下滑，到 2017 年，土库曼斯坦天然气产量位居世界第 11 位，出口量位居世界第 10 位（图 1-15）。

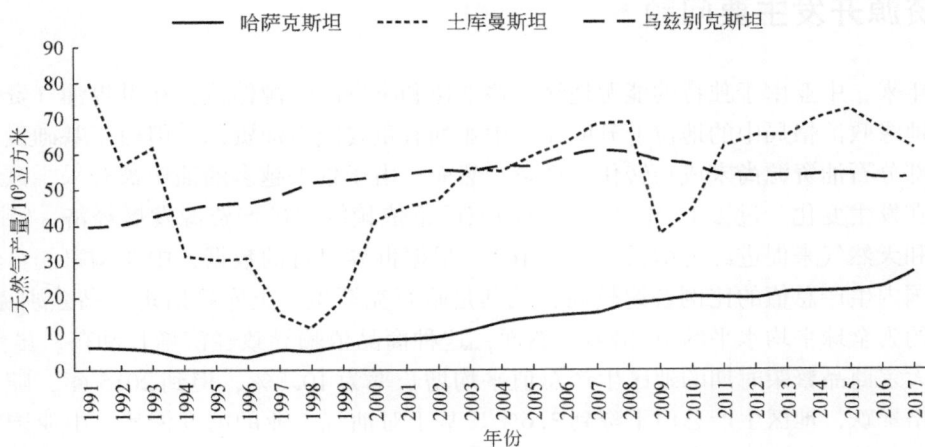

图 1-15　中亚国家天然气生产情况（1991~2017 年）
资料来源：《BP 世界能源统计年鉴 2018》
（https://www.bp.com/en/global/corporate/energy-economics/statistical-review-of-world-energy.html）

　　由于拥有充足的山脉和水资源，吉尔吉斯斯坦和塔吉克斯坦拥有巨大的水电潜力。吉尔吉斯斯坦有大量的大中型河流，具有显著的水电潜力，估计为 140~170 太瓦时，其中只有 10% 被开采，该国的能源结构高度依赖于水电（图 1-16），产量对季节性和年度天气变化敏感。根据国际水电协会数据（2018 年），截至 2017 年底，托克托古尔水电站的水

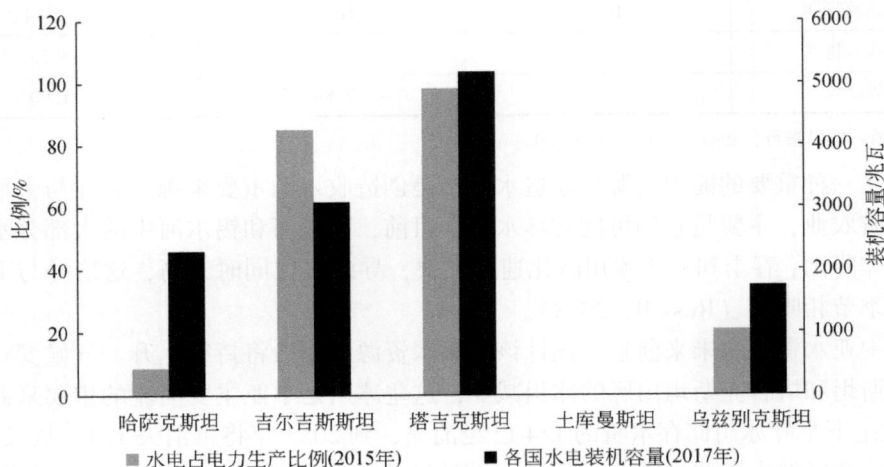

图 1-16　中亚国家水电情况
资料来源：世界银行世界发展指标（http://wdi.worldbank.org/table/3.7#）；世界能源理事会
（https://www.worldenergy.org/data/resources/region/south-central-asia/hydropower/）

量接近 187.5 亿立方米，比 2016 年高出 12%。塔吉克斯坦的水电潜力居世界第 8 位，有效利用这些资源将为该地区提供廉价和绿色电力。塔吉克斯坦的水电资源存在高度季节性变化，导致夏季供应过剩和冬季严重短缺。

三、资源开发主要问题

近年来，中亚由于独特的能源地缘战略地位和丰富的能源储藏，在世界油气资源供需和能源地缘政治格局中的地位上升明显。中亚拥有重要的石油资源，但由于基础设施不发达，大部分石油资源尚未成功转化为产量。然而，由于越来越多的油田被开采，该地区的前景正在发生变化。过去 15 年来，中亚国家严重依赖能源矿产资源发展经济，特别是依赖石油和天然气来促进经济增长（表 1-16）。根据世界银行的数据，中亚国家的自然资源租金占国内生产总值的比例普遍较高，尤其是哈萨克斯坦、土库曼斯坦、乌兹别克斯坦，其比例约为全球平均水平的 10 倍多。然而，这种商品依赖导致经济增长动荡。虽然 2005 年全球大宗商品繁荣时期的地区生产总值平均增长率为 10.8%，但到 2015 年，随着全球商品价格暴跌，地区生产总值下降到 3.6%。基于对油气工业的高度依赖，中亚国家实行了高度垄断的油气资源开发政策（杨宇等，2018）。

表 1-16　中亚国家自然资源租金占国内生产总值的比例　　　　（单位：%）

国别	2010 年	2013 年	2016 年
哈萨克斯坦	23.01	18.03	15.04
吉尔吉斯斯坦	11.29	9.05	8.40
塔吉克斯坦	1.32	1.72	3.03
土库曼斯坦	20.68	32.14	16.70
乌兹别克斯坦	16.71	21.26	11.44
中上收入国家	7.83	6.80	3.23
世界平均	3.67	3.88	1.90

资料来源：世界银行，https：//data.worldbank.org

水电是一种重要的能源资源，建造水电站是创造收入的重要来源。农业与大型水电大坝影响下游农业，主要是它们可能破坏水流。目前，阿姆河和锡尔河中的大部分水来自冰川融化而非降雨；春季和夏季冰川融化速度加快，导致水位同时升高，这恰好与下游农作物的生长季节相吻合（Russell，2018）。

关于中亚水资源的未来前景，预计该地区水资源的压力将持续上升。气候变化正在使吉尔吉斯斯坦和塔吉克斯坦山区的冰川减少，这些冰川是中亚主要河流的主要来源。据估计，20 世纪下半叶冰川储存水量的 1/4 已经消失，到 2025 年将再消失 1/4。从长远看，这意味着该地区的水资源将减少。另外，该地区快速增长的人口将扩大对水资源的需求。根据世界银行的数据，如果人口增长继续保持目前每年 1.5% 的水平，那么到 2050 年，人均可用水量将降至 1700 立方米以下，到 2080 年将降至 1000 立方米，到 2120 年将降至

500 立方米；换句话说，21 世纪，供水量将只是当前平均消费量的 1/4。世界银行预测，到 2050 年，与目前的用水模式持续不变的情景相比，更有效地用水对该地区经济增长的贡献超过 1/5。

第六节 小 结

本章从中亚的地理与区位，政治与战略，经济与贸易，人口、民族与宗教，资源与产业等方面对中亚的地缘环境与地缘战略价值进行了解构和刻画。尽管中亚国家有着共同的历史，但它们的政治和经济发展水平、文化和种族构成及其与外部世界的关系各不相同。中亚拥有约 7300 万人口，是重要的自然资源生产地区，也是连接欧洲、东亚和中东的重要通道，毫无疑问中亚地区的区位具有重大的经济、安全、能源等战略意义。中亚拥有良好的自然基础条件和社会经济发展基础，这为中亚更加紧密地融入区域贸易网络和开展更广泛的全球经济提供了一些机会。随着中国和其他大国扩大基础设施投资并创建新的贸易路线，中亚在地缘经济战略上的重要性将会增加。

当前，世界体系正在发生新的变革，中亚丰富的资源禀赋、多元的经济结构、众多跨区域的交通运输走廊等影响国际分工的要素存在，使内陆区的中亚日渐"全球化"（Akaev and Pantin，2018）。新的地缘政治发展和基础设施联系可能改变中亚地区的地位，关键问题是该地区是否已准备好迎接日益增长的全球联系所带来的转型。

|第二章|　中亚城镇化与生态环境研究趋势与热点

中亚地区的城镇化问题因其独特的地理位置、丰富的资源禀赋和复杂的政治关系受到国内外学者的特别关注。中亚五国的城镇化进程对地区经济社会发展和产业结构调整都具有较强的推动作用，也与能源资源开发、地缘政治局势和生态环境状态紧密关联。然而，目前对中亚城镇化的研究比较分散，缺少系统梳理和总结，难以把握中亚城镇化研究的热点及其变化，难以为"一带一路"背景下中国与中亚在城镇化领域的深入合作提供支撑。基于此，以 *Web of Science* 核心合集（SCI）和中国知网（CNKI）为数据来源，检索 1980～2017 年中亚城镇化研究领域的相关文献，运用文献计量分析方法对中亚城镇化研究的文献分布特征与热点变化态势进行分析。研究认为，国内外期刊上中亚城镇化研究的文章发表数量均快速增加，国际期刊上中亚城镇化的研究者多集中在欧美发达国家和机构，国内期刊的相关研究者主要集中在新疆的大学和科研机构；国际期刊上中亚城镇化的研究热点与中亚城镇化所处阶段特征相呼应，依次关注居民生活与健康问题、资源开发与环境问题、工业发展与污染问题、国际合作与人口迁移，其中环境健康是常年关注的核心问题；国内期刊上对中亚城镇化的研究起步较晚，从 2000～2009 年对能源合作的特别关注，转向 2010～2017 年对政治、经济、社会和交通多元合作的全面关注，其中能源合作是长期关注的焦点内容，"一带一路"成为近期研究的重点领域。综合来看，国内外对中亚城镇化问题的关注面比较广，对城镇化问题的聚焦度不够，全球化和"一带一路"背景下的中亚城镇化问题将成为研究的新热点。

第一节　文献计量分析方法与检索式设定

采用文献计量分析方法，使用 SCI 和 CNKI，对 1980～2017 年有关中亚城镇化相关研究的学术论文进行文献分析，梳理中亚城镇化的关注热点，把握中亚城镇化的研究态势，为中亚城镇化领域的学术研究与国际合作提供参考。

一、分析方法与文献库选择

文献计量分析方法是运用数学与统计学的方法定量描述科学文章的增长和分布，并评价和预测学术现状与发展趋势，具有显著的客观性、定量化、模型化的宏观研究优势（Nederhof，2006；Kumar et al.，1998；雷军等，2018；钟赛香等，2014）。本研究通过设定检索式，使用 CiteSpace 软件，对符合条件的原始文献进行文献计量分析，从发表时间、国家、机构、期刊来源、关键词等方面进行分析与可视化表达，从而分析中亚城镇化相关研究的主要特征与研究趋势。其中，关键词出现的频次能够反映学科研究的热点领域与发展趋势，本研究主要通过关键词共现分析来梳理不同时期中亚城镇化的研究热点，并通过对重点文献的阅读了解具体热点内容。

所用的数据包括国内文献与国外文献两部分。英文文献信息主要来源于 *Web of Science*，中文文献信息来源于 CNKI。SCI 数据库是国际上最有影响力的数据库之一，作为如今 *Web of Science* 的核心合集数据库收录了 1900 年至今世界各国的优秀科技期刊，并把所有文献分为自然科学、社会科学、生命科学与生物医学、艺术人文和应用科学五大类156 个研究方向，可方便地对同一个主题的文献进行检索和分析。CNKI 是目前世界上最大的连续动态更新的中国期刊全文数据库，收录中国国内 8200 多种重要期刊，以学术、技术、政策指导、高等科普及教育类为主，同时收录部分基础教育、大众科普、大众文化和文艺作品类刊物，内容覆盖自然科学、工程技术、农业、哲学、医学、人文社会科学等各个领域。

本研究检索时间跨度为 1980～2017 年，检索日期为 2018 年 8 月 17 日。为保证图谱清晰度，对数据进行了筛选，设置每 5 年为一个时段，只保留每个时段中被引频次或出现频次最高的 50 个节点数据。

二、文献检索式设定

全球的城镇化进程与全球经济、社会、景观甚至环境演变都有紧密关系，持续受到国际社会的广泛关注。城镇化内涵非常丰富，包含人口城镇化、经济城镇化、空间城镇化和社会城镇化等多方面，是衡量国家或地区经济社会发展水平的重要方面，也是推进全球经济进步、人类可持续发展的重要因素，其研究内容具有综合性和复杂性的特点。考虑到中亚城镇化与生态环境交互胁迫的内容以城镇化为中心，检索式的设计以城镇化为中心涉及与其相关的生态环境的研究内容。根据 SCI 数据库和 CNKI 数据库的不同要求，分别构建中亚城镇化研究的检索式。在检索式构建时若只将"中亚"和"城镇化"作为检索式，检索到的文章数量较少，究其原因，国外对中亚地区的城镇化研究尚未形成体系，对城镇化的概念研究较少。故本研究将"城镇化"这一关键词拆分为"城镇化进程""城镇化问题""城镇体系"描述性关键词+"中亚国家""中亚重点城市""中亚自然地理单元"地域限制进行检索（图 2-1）。根据下列检索式在各数据库中分别进行检索，在 SCI 数据库中检索获得 1262 篇论文，在 CNKI 数据库中检索获得 580 篇论文。以这些文献为基础，力图通过文献计量分析对中亚城镇化研究进行一次综合评估，以从整体上了解和认识相关的研究情况与进展。

SCI 检索式为：TS = （（（（（（（（（"urban" * OR （（"population" OR "land" OR "economy" OR "social" OR "oasis"） AND "urbanization"） OR （（"urban" OR "non-agricultural" OR "agricultural transfer"） AND "population"） OR "population flow" OR （"urban" AND （"sprawl" OR "expansion" OR "size distribution" OR "scale structure" OR "ank-size hierarchy" OR "functional structure" OR "spatial structure" OR "landscape" OR "per

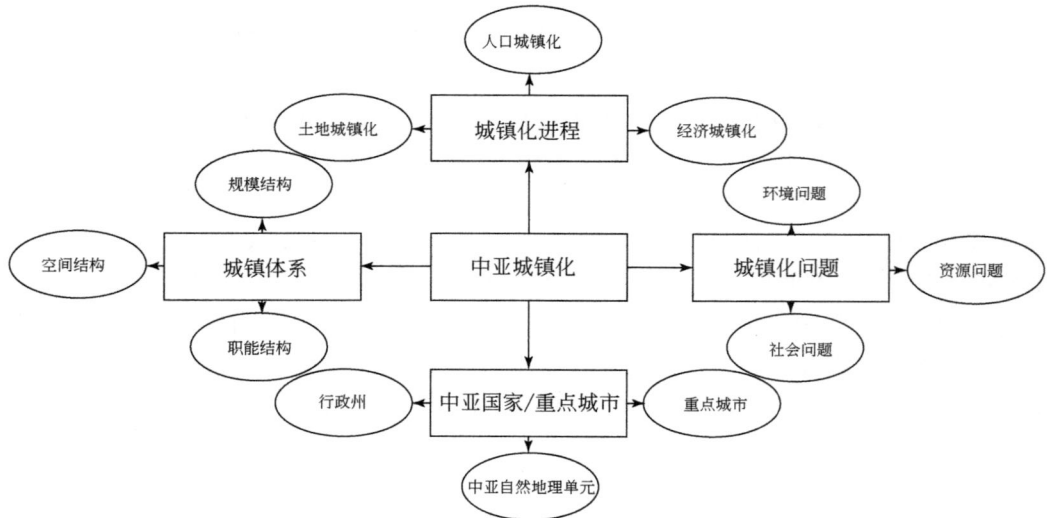

图 2-1　中亚城镇化文献检索思路导图

capita disposable income" OR "innovation" OR "education" OR "park *" OR "green space" OR "heat island" OR "water shortage" OR "ecology" OR "agglomeration *" OR "pension" OR "crime problem *")) OR (("construction" OR "industrial" OR "urban") AND "land") OR "industr *" OR "per capita GDP" OR "infrastructure" OR "investment in fixed assets" OR "water pollution" OR "industrial pollution" OR "landfill *" OR ("resource" AND ("depletion" OR "development" OR "utilization" OR "recycling")) OR "new energy" OR " * energy utilization" OR "geothermal energy development" OR "aging issue *" OR "ethnic communit *" OR "urban village *" OR "informal employment" OR "income gap between urban and rural area *" OR "traffic congestion" OR "megacit *" OR (("big" OR "medium" OR "small" OR "resource-based" OR "industry *" OR "service-oriented" OR "comprehensive" OR "tourism" OR "innovative" OR "transport *") AND "city") OR "metropolitan *" OR "city net-work")))))))) AND ("Astana" OR "Almaty" OR "Akmola" OR "Aktube" OR "Atyrau" OR "Aktobe" OR "Aktau" OR "Ashgabat" OR "Anau" OR "Ahal" OR "Aral Sea" OR "Amu Darya" OR "Andijon" OR " * -Abad" OR "Batken" OR "Bishkek" OR "Balkhash" OR "Buxoro" OR "Bukhara" OR "Caspian Sea" OR "Chuy" OR "Dushanbe" OR "Daşoguz" OR "Fergana" OR "Guliston" OR "Gorno-Badakhshan" OR "Jambyl" OR "Jizzakh" OR "Jalal *" OR "Karakol" OR "Kazakh *" OR "Kokshetau" OR "Karag *" OR "Kostanay" OR "Kyzylorda" OR "Khujand" OR "Khorugh" OR "Khatlon" OR "Kyrgyzstan" OR "Karakalpakstan" OR "Lebap" OR "Mary" OR "Navoiy" OR "Namangan" OR "Nukus" OR "Naryn" OR "Oskemen" OR "Ural" OR "Osh" OR "Pavlodar" OR "Petropavl" OR "Pamirs" OR "Qazaqstan" OR "Qaraghandy" OR "Qyzylorda" OR "Qurghonteppa" OR "Qarsh *" OR

"Shymkent" OR "Samar * and" OR "Surxondaryo" OR "Sirdarya" OR "Sughd" OR "Syr Darya" OR "Taldykorgan" OR "Taraz" OR "Tajikistan" OR "Turkmen *" OR "Talas" OR "Tashkent" OR "Termez" OR "Turan" OR "Urgench" OR "Uzbekistan" OR "Xorazm" OR "Ural River *" OR "Ysyk-Kol"))。

 CNKI 检索式为：SU=("城镇化"+"城镇人口"+"市民化"+("非农业"+"农业转移"+"流动")*"人口"+("蔓延"+"扩张"+"用地"+"景观"+"创新"+"公园"+"教育"+"医疗"+"绿地"+"养老"+"卫生"+"环境污染"+"人均可支配收入"+"热岛"+"缺水"+"垃圾"+"生态"+"犯罪"+"工业型"+"资源型"+"服务型"+"综合型"+"旅游型"+"交通枢纽"+"职能结构"+"空间结构"+"规模结构"+"网络")*"城市"+"建设用地"+"工业用地"+"不透水地表"+"工业化"+"农业产业化"+"服务业"+"人均 GDP"+"基础设施"+"公共服务"+"固定资产投资"+"水污染"+"工业污染"+"垃圾填埋场"+"湿地公园"+"资源枯竭"+"资源开发"+"资源利用"+"资源循环利用"+"新能源"+"太阳能利用"+"风能利用"+"地热能开发"+"老龄化问题"+"民族聚居区"+"城中村"+"非正规就业"+"城乡收入差距"+"交通拥堵"+"特大城市"+"大城市"+"中等城市"+"小城市"+"小城镇"+"城市群"+"城镇连绵带"+"都市区"+"城镇体系")*(("中亚"+"哈萨克斯坦"+"阿斯塔纳"+"阿拉木图"+"阿特劳"+"卡拉干达"+"奇姆肯特"+"乌拉尔"+"塔吉克斯坦"+"杜尚别"+"土库曼斯坦"+"阿什哈巴德"+"吉尔吉斯斯坦"+"塔拉斯"+"奥什"+"贾拉拉巴德"+"纳伦"+"比什凯克"+"塔什干"+"安集延"+"布哈拉"+"撒马尔罕"+"锡尔河"+"费尔干纳"+"纳沃伊"+"咸海"+"巴尔喀什湖"+"里海"+"阿姆河")+"亚硝酸盐")。

第二节 中亚城镇化与生态环境研究的文献分布

 从中亚城镇化研究论文数量的时间分布，论文产生的国家分布、机构分布、学科分布，以及论文发表的期刊分布，对 1980～2017 年 SCI 数据库和 CNKI 数据库的相关论文进行分析，理解中亚城镇化研究的总体分布及结构特征。

一、论文数量的时间分布

 从国内外期刊中关于中亚城镇化研究论文的数量变化看，国际期刊关注较早，但国内期刊增长较快。通过比较两个数据库 1980～2017 年发表的中亚城镇化论文的数量变化，发现 SCI 数据库所收录的中亚城镇化的研究论文在 1990 年后开始呈现快速增长态势，在 2017 年发文量达到峰值（128 篇），约占总样本量的 10%；而 CNKI 数据库所收录的中亚城镇化的研究论文在 2002 年才开始呈现快速增长的态势，在 2016 年发文量达到峰值（100 篇）（图 2-2）。整体上看，两个数据库对中亚城镇化的关注时间有所差异，CNKI 数据库相比 SCI 数据库晚了约 10 年。中亚五国在 20 世纪 90 年代早期独立，这或许是国际上对中亚城镇化关注提升的重要原因。中国在 2001 年加入世界贸易组织，同国际的合作联系大幅度增加，因此中亚作为中国近邻也在 2002 年后开始受到中国学者关注。两个数据库中的中亚城镇化研究论文均呈现出增长的态势，近年来国内论文的增长速度超过国际期刊，反映出国内对中亚城镇化的关注度较高。

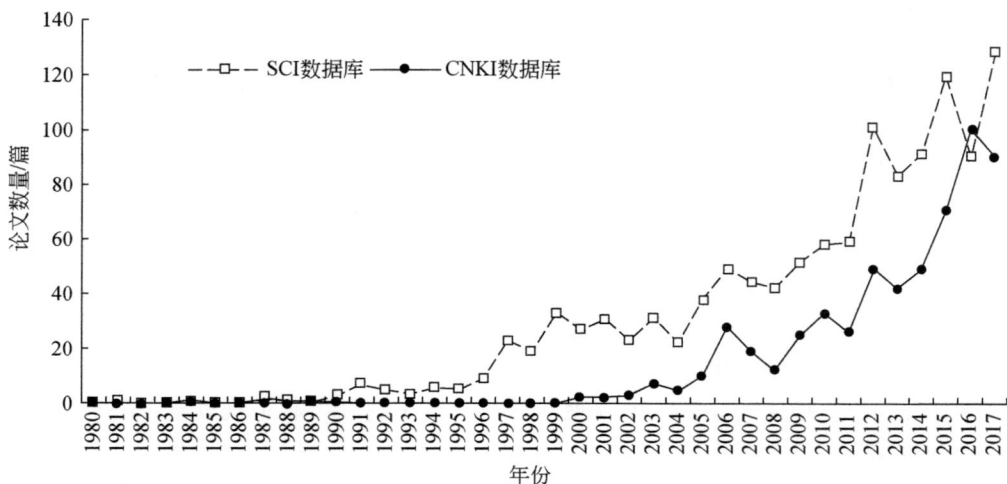

图 2-2　中外文献数据库中中亚城镇化研究论文数量变化曲线图

从 SCI 数据库中筛选出被引量较高的前 10 篇文献，其简要信息如表 2-1 所示。

表 2-1　SCI 数据库被引量较高的前 10 篇文献

引文数	初现年份	被引文献
8	2011	DUKHOVNY VA, 2011, WATER CENTRAL ASIA P, V0, P0
8	2011	BINDI D, 2011, SOIL DYN EARTHQ ENG, V31, P521, DOI 10.1016/J. SOILDYN. 2010. 08. 009
8	2009	ABDULLAEV I, 2009, INT J WATER RESOUR D, V25, P47, DOI 10.1080/07900620802517533
7	2007	MICKLIN P, 2007, ANNU REV EARTH PL SC, V35, P47, DOI 10.1146/ANNUREV. EARTH. 35. 031306. 140120
7	2009	KOZLOV MV, 2009, ENVIRON POLLUT SER, V15, P1, DOI 10.1007/978-90-481-2467-1
7	2007	HAGG W, 2007, J HYDROL, V332, P40, DOI 10.1016/J. JHYDROL. 2006. 06. 021
7	2009	LIOUBIMTSEVA E, 2009, J ARID ENVIRON, V73, P963, DOI 10.1016/J. JARIDENV. 2009. 04. 022
6	2004	FALKINGHAM J, 2004, SOC SCI MED, V58, P247, DOI 10.1016/S0277-9536（03）00008-X
6	2007	HUGENHOLTZ NIR, 2007, IND HEALTH, V45, P13, DOI 10.2486/INDHEALTH. 45. 13
6	2007	SCHAAFSMA F, 2007, SCAND J WORK ENV HEA, V33, P368, DOI 10.5271/SJWEH. 1156
6	2008	HUGENHOLTZ NIR, 2008, INT ARCH OCC ENV HEA, V82, P107, DOI 10.1007/S00420-008-0315-3
6	2001	ROWLAND RH, 2001, POST-SOV GEOGR ECON, V42, P571
6	2007	KARBASSI AR, 2007, INT J ENVIRON RES, V1, P66
6	2009	HUGENHOLTZ NIR, 2009, BMC HEALTH SERV RES, V9, P0, DOI 10.1186/1472-6963-9-18

二、论文产生的国家分布

从国际期刊中关于中亚城镇化研究论文的空间分布上看，欧美仍是中亚城镇化研究的重要基地，中国在国际上的发文量不高。发文量较多的国家集中在欧洲、北美洲和中亚地区，其中美国的发文量为269篇，居世界各国之首；紧随其后的是哈萨克斯坦，发文量为172篇；随后是俄罗斯、德国、英国等，其发文量为150篇左右。中国以56篇的发文量位列第8位，乌兹别克斯坦和吉尔吉斯斯坦分别位于第7位和第10位。与此同时，其他一些距中亚地区较远的国家，如荷兰、瑞士、加拿大、瑞典对中亚城镇化也有所研究。整体上看，美国、哈萨克斯坦和俄罗斯是最关注中亚城镇化的国家，这三个国家的发文量占论文总量的比例在40%以上（图2-3和表2-2）。

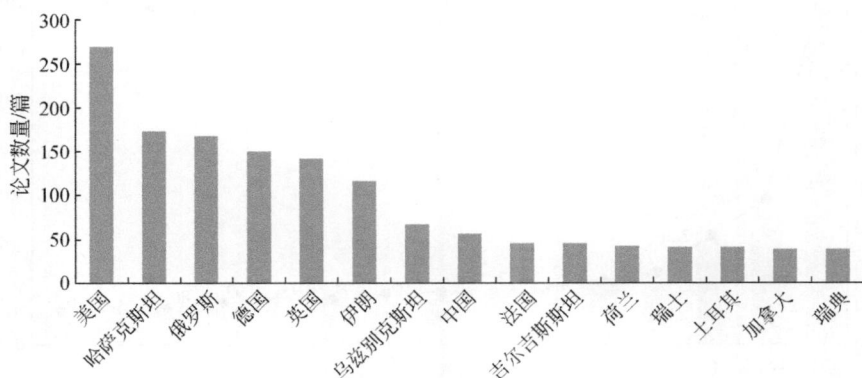

图2-3　SCI数据库中中亚城镇化研究热点国家和地区分布

表2-2　SCI数据库中中亚城镇化研究前15位国家发文量

排名	国家	国家发文量/篇
1	美国	269
2	哈萨克斯坦	172
3	俄罗斯	167
4	德国	149
5	英国	140
6	伊朗	114
7	乌兹别克斯坦	66
8	中国	56
9	法国	45
10	吉尔吉斯斯坦	45
11	荷兰	42
12	瑞士	40
13	土耳其	40
14	加拿大	38
15	瑞典	38

注：有合作论文，会有重复统计

三、论文产生的机构及大学分布

通过对 SCI 数据库的分析,获得了全球开展中亚城镇化研究排名前 15 位的机构及大学(图 2-4)。其中,欧洲和亚洲的机构各占一半,但是从发文数量看,欧洲机构研究成果更多。俄罗斯科学院的发文量遥遥领先于其他各机构,是排在第 2 位的德黑兰大学发文量的 2 倍多。中国科学院、伦敦大学、欧亚国立大学、哈萨克斯坦国立大学和乌兹别克斯坦科学院的发文量相差不大,基本保持在同一水平。从起步时间看,欧洲国家起步较早,亚洲及美洲国家中亚城镇化研究起步落后于欧洲国家。

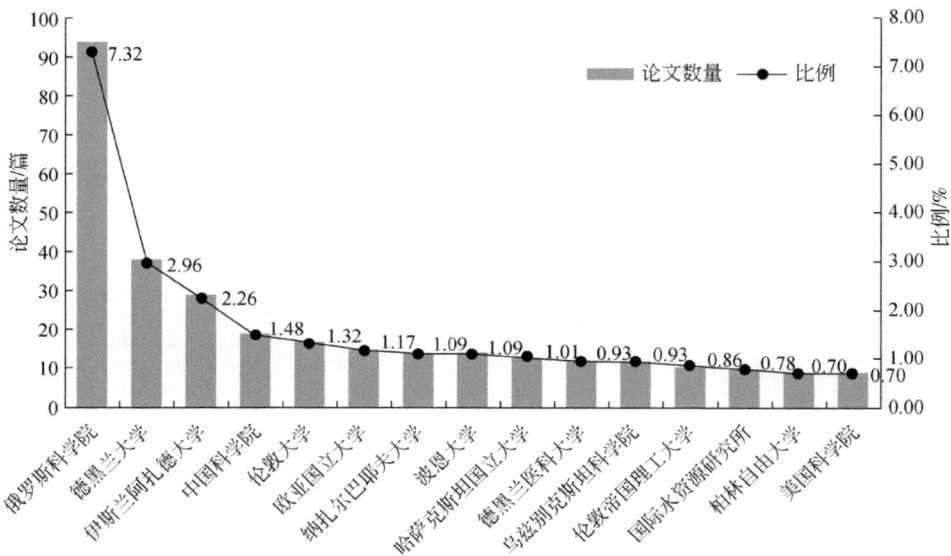

图 2-4   SCI 数据库中中亚城镇化研究前 15 位机构及大学

根据 CNKI 数据库,国内对于中亚城镇化研究比较多的研究机构有中国科学院地理科学与资源研究所、原国土资源部信息中心、新疆维吾尔自治区水利厅、中国科学院新疆生态与地理研究所等,发文量比较多的大学有新疆大学、中国科学院大学、新疆财经大学、西北大学、新疆师范大学等,主要集中在中国的西北部地区(图 2-5)。

四、论文所属的学科分布

基于 SCI 的学科分类发现,在中亚城镇化的研究中,全球学者的研究对环境科学、公共环境职业健康、经济学比较关注,其次则比较关注城市研究、水资源学、能源燃料等学科领域,同时对生态学、地理学、区域研究、气象气候科学、地球物理学等方面也有一定程度的关注(图 2-6)。这些说明国际学者对中亚城镇化的研究更着重于从环境与资源的角度关注城市的发展。

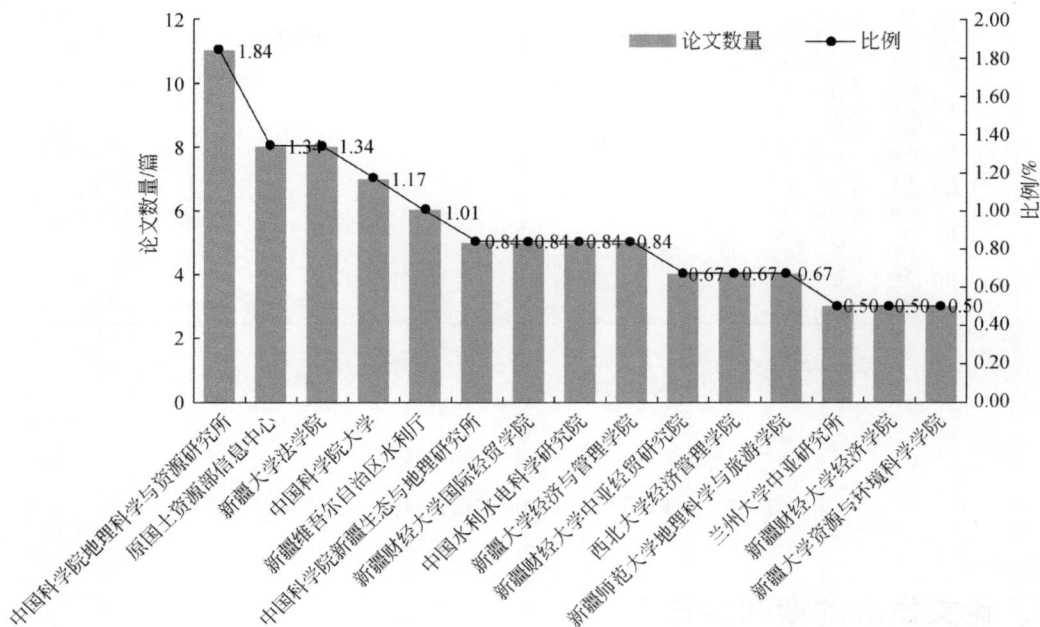

图 2-5　CNKI 数据库中中亚城镇化研究前 15 位机构及大学

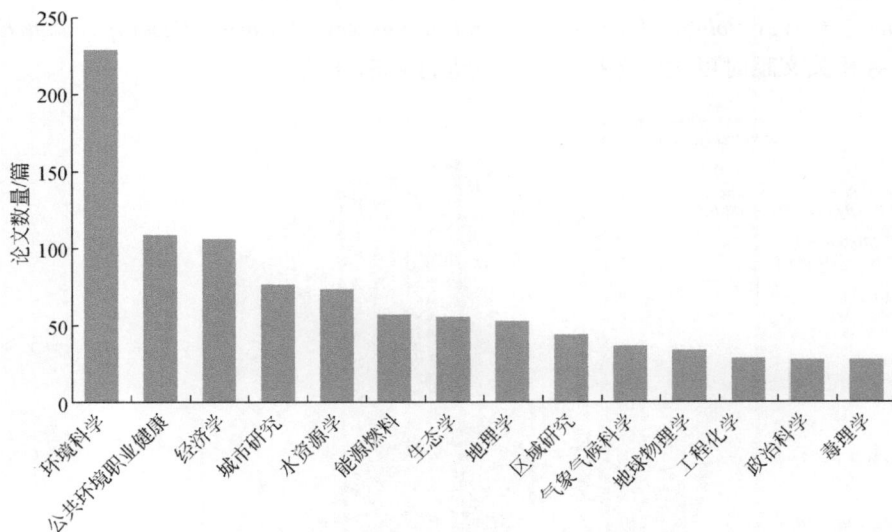

图 2-6　SCI 数据库中中亚城镇化研究的学科分类

　　从 CNKI 数据库所收录的论文的情况看，工业经济和经济体制改革是两个主要的研究方向，这两个方向的论文数量占全部论文的比例超过 40%；国内学者也比较关注中国政治与国际政治、贸易经济、动力工程、石油天然气工业和宏观经济管理等相关领域。由此可见，国内学者对中亚城镇化的社会体制及经济发展有着一定的关注，这一点同国际情况存在一些差别（图 2-7）。

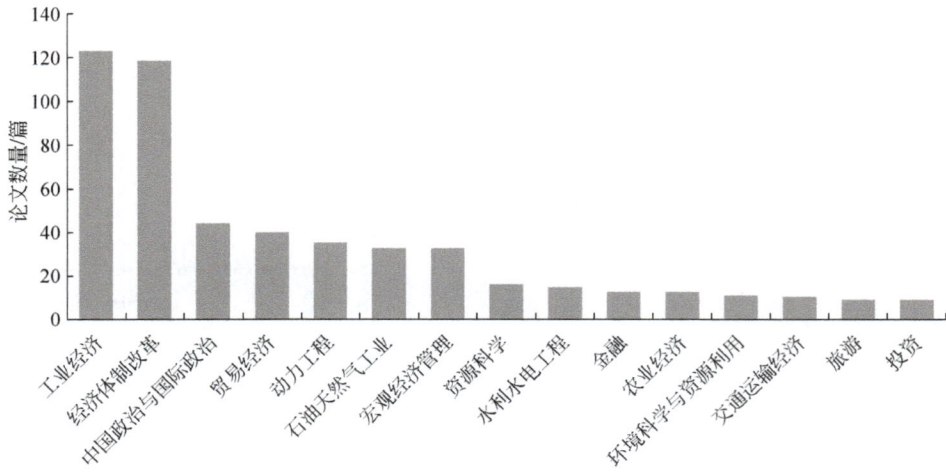

图 2-7 CNKI 数据库中中亚城镇化研究的学科分类

五、论文发表的期刊分布

在中亚城镇化研究领域的主要国际期刊包括 *Russian Journal of Ecology*、*Actual Problems of Economics*、*Energy Policy*、*Environmental Earth Sciences*、*Eurasian Geography and Economics* 等，在找寻相关文献时可优先选择这些期刊进行筛选（图 2-8）。

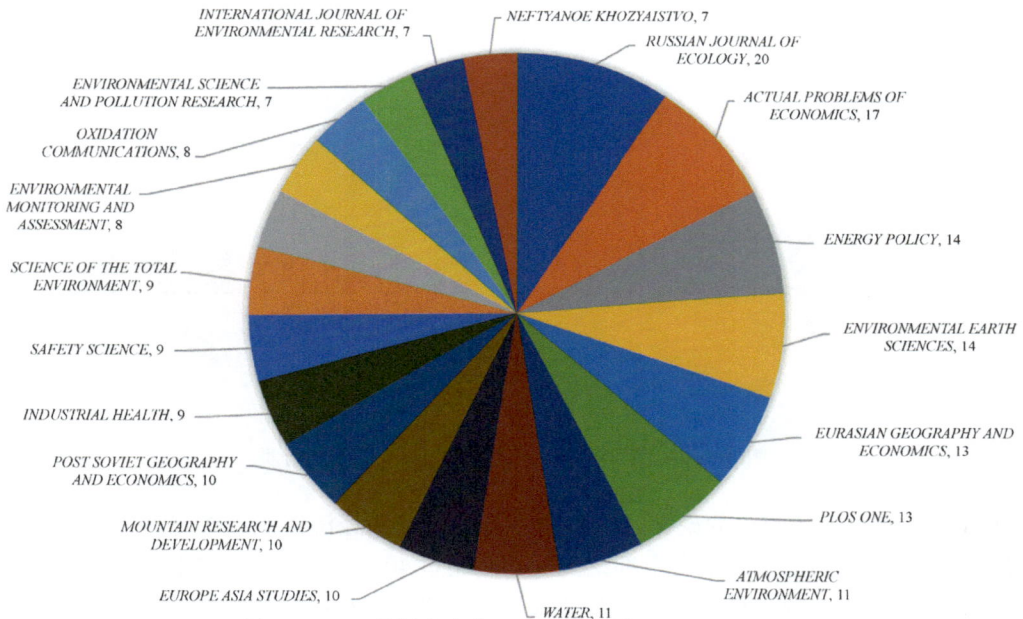

图 2-8 SCI 数据库中中亚城镇化领域主要国际期刊

期刊后的数字代表所对应的期刊在中亚城镇化研究领域发表的文章数量（篇）

第三节　中亚城镇化与生态环境研究的热点演变

对 1980～2017 年 SCI 数据库和 CNKI 数据库中关于中亚城镇化研究的论文关键词分别进行文献计量分析与关键词频次统计分析，梳理各阶段中亚城镇化研究的热点，发现国际期刊上中亚城镇化的研究热点与中亚城镇化所处阶段特征相呼应，依次关注居民生活与健康问题、资源开发与环境问题、工业发展与污染问题、国际合作与人口迁移，其中环境健康是常年关注的核心问题；国内期刊上对中亚城镇化的研究起步较晚，从2000～2009 年对能源合作的特别关注，转向 2010～2017 年对政治、经济、社会和交通多元合作的全面关注，其中能源合作是长期关注的焦点内容，"一带一路"成为近期研究的重点领域。

一、国际期刊研究的热点演变

对 1980～2017 年 SCI 数据库中关于中亚城镇化研究的论文关键词进行文献计量分析，发现共现程度最高的关键词中有 5 个是国家或区域名称，除中亚与吉尔吉斯斯坦外，还有苏联、东南亚和伊朗，它们都是与中亚有着紧密关系的国家或区域；有 6 个关键词是研究关注的重点内容，包括重金属、血压、信息搜寻、空气污染、癌症和羔羊，多涉及环境与健康领域（图 2-9）。从关注中亚这一主题区域的文章看，从 1998 年开始研究数量持续快速增加，其中对水（涵盖咸海、水资源、水管理和灌溉）、外资、资源、管理、风险和可持续的研究是热点内容。所有文献中，仅在对苏联的研究文献中出现了较多的城镇化和城市增长的内容，可见对中亚城镇化的直接研究并不多，多数研究仅涉及了城镇化过程中社会经济的某方面，或者在研究中关注了城镇化的某方面。为了便于梳理研究热点的变化，依据中亚政治经济形势将研究时期划分为四个时段，对不同时段内的论文关键词进行频次统计（表 2-3），结合共现分析梳理研究热点的变化情况。

（一）1980～1991 年关注居民生活与健康问题

中亚地区在苏联解体前，其城镇化进程是在苏联地域生产综合体分工协作的基础上发展的，其城市的建设受到苏联总体城市体系建设的影响，城市的主要功能是服务苏联计划经济大系统，中亚各地区之间及其与苏联其他地区之间的经济联系比较紧密，但中亚各地区的功能较为单一，这就使得中亚在独立后其城镇化进程受到严重阻碍。统计发现，此时段的热点关键词有乌兹别克斯坦（Uzbekistan）、俄罗斯/苏联（USSR）、疾病（disease）、羔羊（lamb）等，说明在苏联解体前的这一时段，国际学者主要关注中亚地区的居民生活与健康问题。例如，Turaeva 等（1991）研究了城镇化水平对土库曼斯坦城镇人口死亡率的影响，发现土库曼斯坦城镇人口的基因遗传病比农村更为明显。

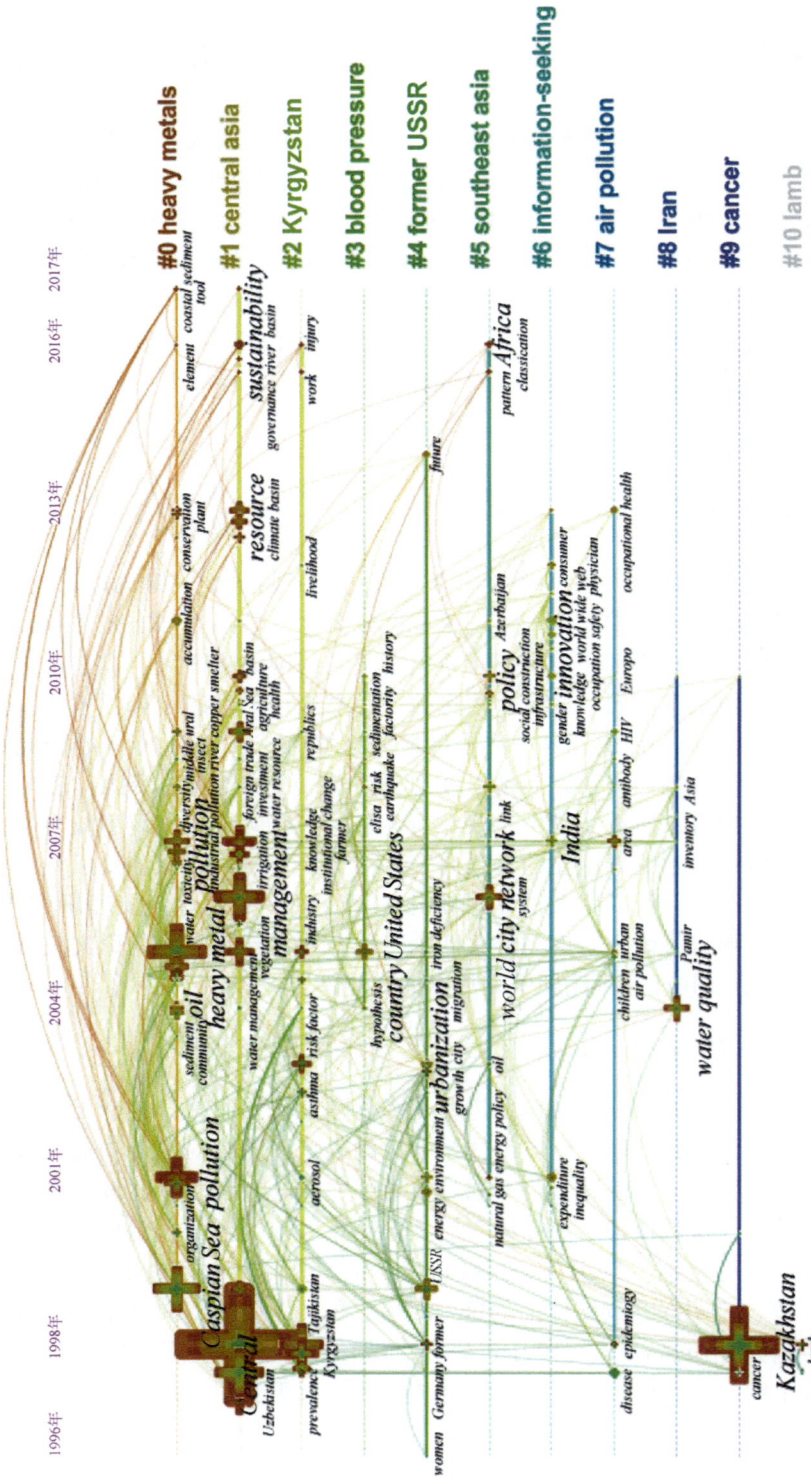

图2-9　SCI数据库中中亚城镇化研究的知识图谱与热点变化

表 2-3　不同时段 SCI 数据库中中亚城镇化研究的热点关键词

序号	1980～1991 年		1992～2000 年		2001～2010 年		2011～2017 年	
	关键词	频次	关键词	频次	关键词	频次	关键词	频次
1	Uzbekistan	13	Kazakhstan	10	Kazakhstan	9	Central Asia	6
2	USSR	13	aerosol	8	heavy metal	5	Kazakhstan	3
3	disease	8	Caspian Sea	6	Central Asia	5	China	3
4	Central Asia	8	pollution	6	Tajikistan	5	management	3
5	lamb	8	Russia	4	Uzbekistan	5	Kyrgyzstan	2
6	—	—	growth	4	Caspian Sea	4	impact	2
7	—	—	Central Asia	4	water	4	climate change	2
8	—	—	Uzbekistan	4	pollution	2	heavy metal	2
9	—	—	crisis	4	economic	2	basin	2
10	—	—	Kyrgyzstan	3	oil	2	irrigation	2

（二）1992～2000 年关注资源开发与环境问题

中亚国家拥有较好的资源禀赋，能源资源开发是中亚城镇化发展的重要动力之一。苏联解体后至 20 世纪末这一时段，经济体制向市场经济转型，旧的城市体系和职能分工瓦解重构。转型过程中，中亚国家的产业结构发生剧烈变化，经济下挫。这一时段的热点关键词有哈萨克斯坦（Kazakhstan）、气溶胶（aerosol）、里海（Caspian Sea）、污染（pollution）、增长（growth）和危机（crisis）等，哈萨克斯坦和里海是中亚能源资源富集的国家和地区，污染和气溶胶则多是在能源资源开发利用过程中产生的。相关文献主要集中在资源的开发与勘探领域，中亚五国对里海资源的开发与争夺问题在当时引起了国际学者的关注。

（三）2001～2010 年关注工业发展与污染问题

进入 21 世纪，中亚国家经历了调整后，经济开始复苏，城市发展加快，试图转变前一时段单纯资源驱动的城镇化模式，大力发展以资源为基础的加工制造业，用工业化推进城镇化。这一时段的热点关键词涉及哈萨克斯坦、中亚、里海等国家和区域，内容涉及重金属（heavy metal）、水（water）、污染（pollution）、经济（economic）和石油（oil）等，可见在研究中亚工业化的同时，水和空气的污染问题也引发关注。工业化发展带来的里海污染问题也受到持续关注。

（四）2011～2017 年关注国际合作与人口迁移

这一时段，中亚国家在全球化进程加速的大背景下，积极发展同周边国家的关系，特别是在中国提出共建"丝绸之路经济带"后，同中国的政治经济联系日益密切。中亚国家通过建立和疏通外部通道，获取外部资金、资源、商品和信息，达到了推动本地区社会经济发展和城镇化的目的（Elbassel et al., 2016；Koch, 2013）。这一时段的高频关键词中的中国（China）和管理（management）并列排在第二的位置，可见中国在中亚城镇化研究中具有重要地位。此外，人口的区域和国际迁移也受到关注，如 An 和 Becker（2013）分析了 1999~2007 年哈萨克斯坦人口向俄罗斯迁移的过程，认为个人安全、就业以及民族等因素是哈萨克斯坦城市中俄罗斯人流失的影响因素；Aldashev 和 Dietz（2014）从经济和空间的角度分析了 2008~2010 年哈萨克斯坦区域人口迁移过程，指出人口有向阿斯塔纳和阿拉木图集中的态势。

二、国内期刊研究的热点演变

对 1980~2017 年 CNKI 数据库中关于中亚城镇化相关研究的论文关键词进行文献计量分析，发现 2000 年前国内对中亚的研究相当少，大量研究出现在 2000 年后，而且关注度不断提升。通过关键词的共现分析，发现中国研究者更加关注"哈萨克斯坦""里海"两个地区，研究内容多涉及"能源""合作"。"能源合作"在关键词共现排名中位列第一，"能源""合作"分别位列第四和第七，相关研究涉及"能源安全""能源外交""多元化战略""上海合作组织""地缘政治"等内容。"哈萨克斯坦"位列第二，相关研究除能源外，还涉及"基础设施""互联互通"等内容。同时发现"新疆"一词在中亚城镇化研究中得到关注，新疆地区的城镇化进程和条件与中亚地区有较多类似之处，而且交通基础设施在新疆地区与中亚地区无缝对接，可见新疆地区在"丝绸之路经济带"向西同中亚地区建立合作关系中的重要性（图 2-10）。由图 2-10 可见，关键词分布在 2010 年前后有明显变化，从以"能源""油气资源"为核心内容转向以"一带一路""丝绸之路经济带"为核心内容，因此对 2000~2009 年和 2010~2017 年两个时段的论文关键词进行统计，结合共现分析来梳理研究热点的变化情况（表 2-4）。

（一）2000~2009 年在中国能源安全关切下注重能源合作研究

这一时段中亚国家谋求经济发展，同其他国家建立起能源外交（特别是同中国关系密切），能源贸易（确切地说是能源出口）成为中亚国家城镇化的重要动力之一。由图 2-10 可见，2000~2009 年国内期刊出现了多个热点研究区域，如"哈萨克斯坦""中亚""中亚五国""中国""俄罗斯""乌兹别克斯坦"，这些热点研究区域持续保持热度，一直到 2010 年后还受到关注；从热点研究内容看，"优势资源""能源合作""水资源"同样受到关注并持续至今，而"能源安全""能源""能源外交""上海合作组织"等关键词主要出现在这一时段，2010 年后出现较少。表 2-4 则显示，排名前 10 位的关键词中除地名外基本上都与能源有关。可见，这一时段国内期刊更加关注国家的能源安全，围绕能源安全开展中亚地区的石油、天然气、矿产等优势资源储量及其分布的研究，同时关注与中亚有关的地缘政治关系和区域内外合作研究。中亚五国独立后，经过一段时间的调整稳定期，进入 21 世纪开始注重发展对外合作联系，在能源方面建立同中国的协作机制，因此国内学者就这些问题开展了多方面研究，为深入合作奠定了基础。

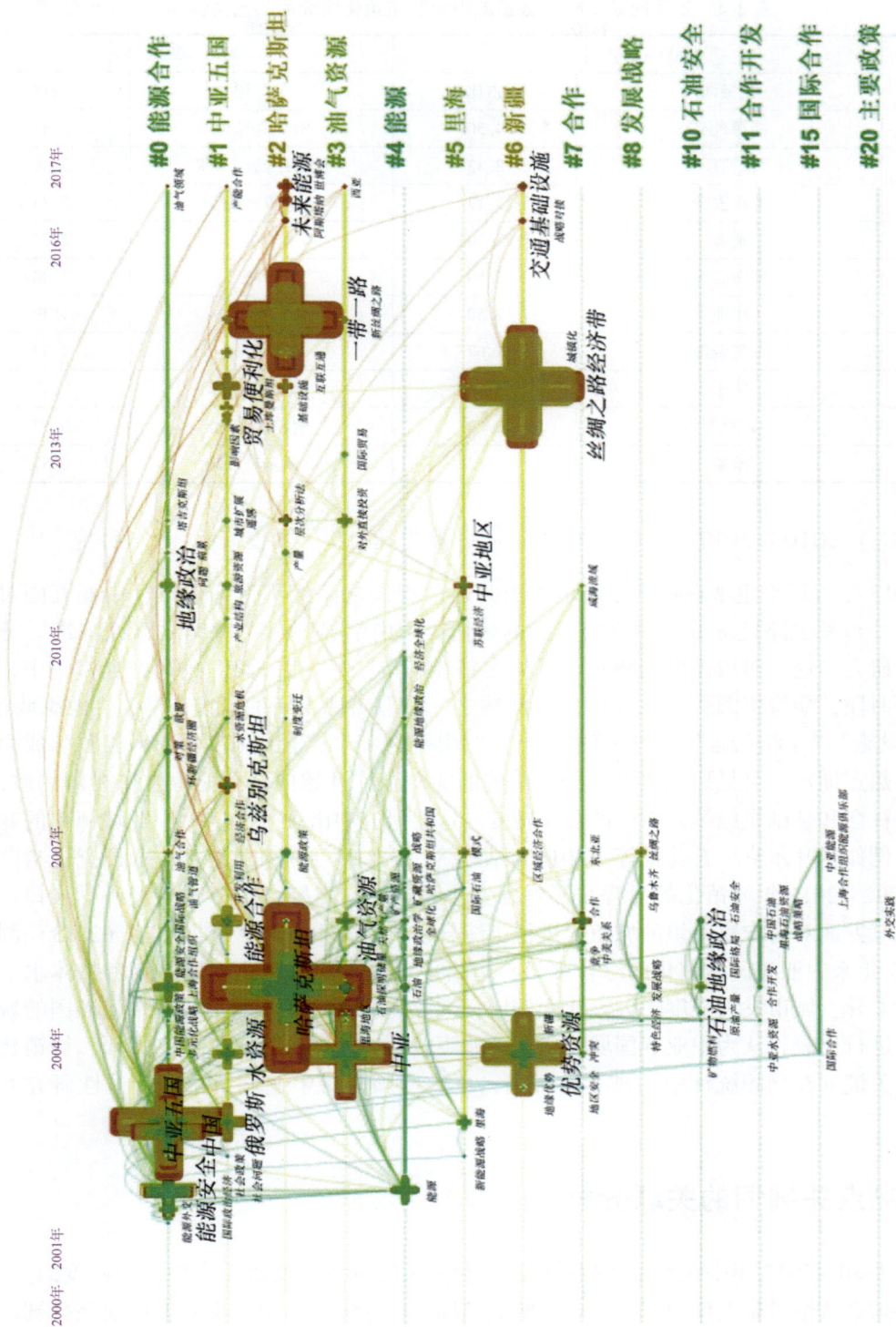

图2-10　CNKI数据库中中亚城镇化研究的知识图谱与热点变化

表 2-4　不同时段 CNKI 数据库中中亚城镇化研究的热点关键词　　（单位：%）

序号	2000～2009 年		2010～2017 年	
	关键词	占比	关键词	占比
1	能源外交	4.50	哈萨克斯坦	3.57
2	俄罗斯	3.33	丝绸之路经济带	3.39
3	能源安全	3.17	"一带一路"	2.83
4	能源	2.50	中国	2.57
5	能源合作	2.50	新疆	2.00
6	中亚	2.50	中亚	1.70
7	油气资源	1.67	能源合作	1.43
8	中国	1.50	地缘政治	0.87
9	哈萨克斯坦	0.83	贸易便利化	0.57
10	战略	0.83	交通基础设施	0.57

（二）2010～2017 年在国家"一带一路"倡议下注重多元合作研究

2013 年习近平主席在哈萨克斯坦提出共建"丝绸之路经济带"倡议，中亚五国对参与共建"丝绸之路经济带"表现出极高的热情，国内学界则对"丝绸之路经济带"开始了大量研究。这一时段国内刊物对"丝绸之路经济带""一带一路"的研究非常集中，相比上一时段，能源资源仍是关注的焦点问题之一，但出现了新的研究态势，"地缘政治""基础设施""互联互通""对外直接投资""国际贸易""产能合作""未来能源"成为新的关注热点词汇，可见研究热点已经从单纯的能源合作开始向包含能源合作在内的政治、经济、社会和基础设施等多方面的合作转变。这些研究中出现了一些对中亚城镇化的专门研究。例如，叶尔肯·吾扎提等（2014）从经济、人口、土地和社会四方面研究了哈萨克斯坦 1992～2011 年城镇化的过程与影响因素；马惠兰和张姣（2013）从经济、人口、生活质量三方面对塔吉克斯坦的城镇化进行了综合评价；阿里木江·卡斯木等（2013）测算了近 50 年来中亚五国城镇化的综合水平，指出中亚五国的城镇化发展速度和整体水平存在较大差异，城市发展强度不大，速度较慢；文亚妮和任群罗（2011）对中亚五国的城镇化水平进行比较，认为中亚五国城镇化水平差距较大、发展极为不平衡。然而，城镇化这一核心关键词在词频统计中的排名并不高，也表明国内对中亚城镇化的针对性研究并不占优。

三、热点关键词的关联分析

对 1980～2017 年中亚城镇化相关研究的热点关键词进行文献量和中介中心度的分析，其中文献量从绝对量上反映研究者对这些关键词的关注程度，中介中心度反映该关键词同时受多篇论文关注的程度。从表 2-5 可以看出，SCI 数据库中对于中亚城镇化研究的热点除中亚五国国名外，主要集中在重金属、管理、气候变化和污染等方面，"中国（China）"一词虽然文献量只有40篇，排名第八，但其中介中心度为0.26，排名第一，表明中国一词同时出现在两篇以上文献中的频率更高。从表2-6可以看出，CNKI数据库的研究热点集中在"丝绸之路经济带"、"一带一路"、能源合作、上海合作组织、贸易便利化等方面；而"中国"一词不仅文献量较高，排名第二，其中介中心度也排名第一，表明"中国"一词在国内期刊论文中得到共同关注。相比而言，国内外期刊对中亚城镇化问题直接相关的研究相对缺乏，城镇化一词并未出现在热点关键词中。

表 2-5 SCI 数据库热点关键词的文献量及中介中心度

序号	文献量/篇	中介中心度	关键词	序号	文献量/篇	中介中心度	关键词
1	107	0.19	Central Asia	29	18	0	risk
2	80	0.05	Kazakhstan	30	17	0.12	Former Soviet Union
3	55	0.15	Uzbekistan	31	17	0	basin
4	52	0.10	heavy metal	32	17	0.16	mortality
5	52	0.09	Kyrgyzstan	33	17	0.14	performance
6	52	0.12	management	34	15	0	policy
7	50	0.05	Caspian Sea	35	15	0.06	agriculture
8	40	0.26	China	36	13	0	climate
9	36	0.06	Tajikistan	37	13	0.01	Turkey
10	35	0.05	model	38	13	0.01	sediment
11	34	0.11	impact	39	12	0.04	India
12	32	0.05	climate change	40	12	0.11	migration
13	31	0.02	Iran	41	12	0.02	city
14	31	0.16	Aral Sea	42	12	0	conservation
15	29	0.05	population	43	11	0.01	quality
16	29	0.02	pollution	44	11	0.05	care
17	28	0.08	system	45	11	0.14	Kazakstan
18	27	0.09	Russia	46	11	0.02	country
19	26	0.08	health	47	11	0	urban
20	25	0.08	irrigation	48	11	0	toxicity
21	24	0.04	water	49	11	0.01	growth
22	24	0.05	United States	50	10	0.04	environment
23	23	0.05	industry	51	10	0.01	river basin
24	22	0.04	prevalence	52	10	0.03	intervention
25	21	0.08	industrial pollution	53	10	0.09	exposure
26	21	0.10	risk factor	54	10	0.06	transition
27	20	0.10	soil	55	10	0.01	disease
28	19	0.01	community	56	10	0.05	inequality

表 2-6　CNKI 数据库热点关键词的文献量及中介中心度

序号	文献量/篇	中介中心度	关键词	序号	文献量/篇	中介中心度	关键词
1	132	0.17	哈萨克斯坦	26	13	0.01	美国
2	97	0.25	中国	27	13	0.02	基础设施
3	95	0.03	"丝绸之路经济带"	28	13	0	层次分析法
4	87	0.09	"一带一路"	29	12	0.03	里海
5	80	0.10	中亚	30	12	0.03	模式
6	72	0.18	新疆	31	12	0.02	对外直接投资
7	68	0.07	能源合作	32	12	0.01	中国能源安全
8	56	0.05	能源安全	33	11	0.01	阿斯塔纳
9	54	0.06	能源外交	34	10	0.03	石油
10	53	0.06	俄罗斯	35	10	0.04	安全
11	38	0.15	中亚五国	36	10	0.01	中国新疆
12	35	0.12	能源	37	10	0.01	投资环境
13	29	0.09	上海合作组织	38	10	0	能源政策
14	26	0.06	中亚国家	39	10	0.02	引力模型
15	25	0.05	贸易便利化	40	9	0.01	世博会
16	25	0.06	水资源	41	9	0	欧盟
17	23	0.07	能源战略	42	9	0.03	互联互通
18	20	0.06	合作	43	9	0	交通基础设施
19	19	0.10	乌兹别克斯坦	44	9	0.02	塔吉克斯坦
20	19	0.12	矿产资源	45	8	0	经济全球化
21	18	0.05	中亚地区	46	8	0.07	天津
22	17	0.16	影响因素	47	8	0.02	区域经济合作
23	17	0.03	地缘政治	48	8	0.01	油气合作
24	16	0.09	油气资源	49	8	0	战略
25	15	0.12	中华人民共和国				

　　为了充分分析这些关键词之间的关联关系，并进一步发现其内在意义，对其进行了关联可视化分析。将 SCI 数据库的关键词划分为三个时段：1980～1991 年、1992～2000 年、2001～2017 年，其关键词构成的网络如图 2-11～图 2-13 所示。可以看出，在 1980～1991 年，即苏联解体前，有关中亚城镇化的关键词形成了三个小型网络：疾病（disease）-癌症（cancer）-放射微尘（fallout）-同生群（cohort）-切尔诺贝利（Chernobyl）、绵羊（sheep）-羊肉（lamb）-棉酚（gossypol）-表现（performance）、中亚（Central Asia）-乌兹别克斯坦（Uzbekistan）-防御措施（prevalence），多关注疾病健康和农牧业。1992～2000 年，中亚、哈萨克斯坦、里海、重金属、乌兹别克斯坦这几个关键词基本构成了网络的主体。其中值得注意的是，城市、城镇化、增长等关键词也出现并构成了一个小型网络，这说明在苏联解体后的一段时间，国际学者开始关注苏联解体对中亚国家及城市的影响，以及中亚城镇化进程与城市的发展。2001～2017 年，中亚五国、里海仍是网络的主体，但是值得注意的是，中国、气候变化、重金属等关键词也成为网络的核心，这说明国际学者对中国及中国提出的"丝绸之路经济带"、"一带一路"倡议十分关注。

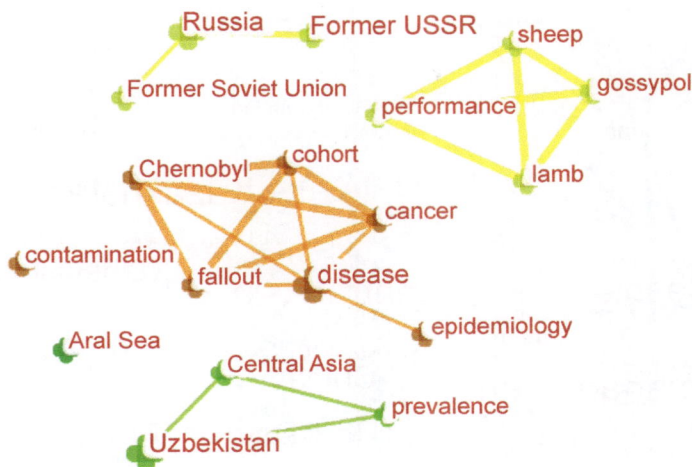

图 2-11 SCI 数据库中中亚城镇化关键词关联可视化（1980～1991 年）

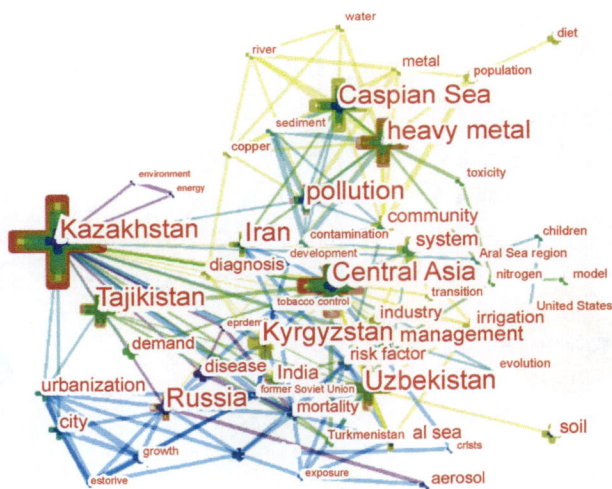

图 2-12 SCI 数据库中中亚城镇化关键词关联可视化（1992～2000 年）

同时对 CNKI 关键词的关联性进行可视化分析，发现"丝绸之路经济带"、"哈萨克斯坦"、"中国"、"中亚"和"新疆"在关键词关联网络中具有核心位置，国内学者在对中亚城镇化的研究中更多关注中国、中亚、中国新疆、哈萨克斯坦和俄罗斯等国家与地区；从研究内容上看，国内期刊非常关注能源话题，如能源外交、能源安全、能源战略、能源合作四个词构成了一个联系紧密的网络；"丝绸之路经济带""一带一路"具有明显优势，表明"一带一路"倡议引起了国内学者对中亚城镇化的更多关注；此外上海合作组织和水资源也出现在关键词网络中，也是国内关注的热点之一（图 2-14）。

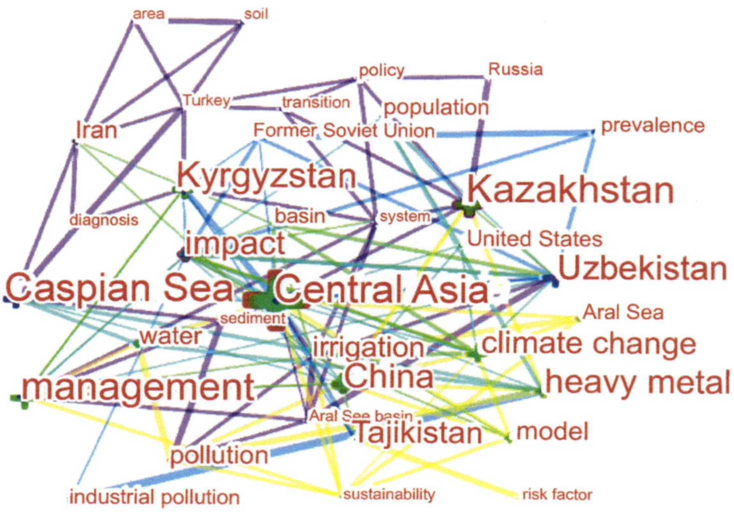

图 2-13　SCI 数据库中中亚城镇化关键词关联可视化（2001~2017 年）

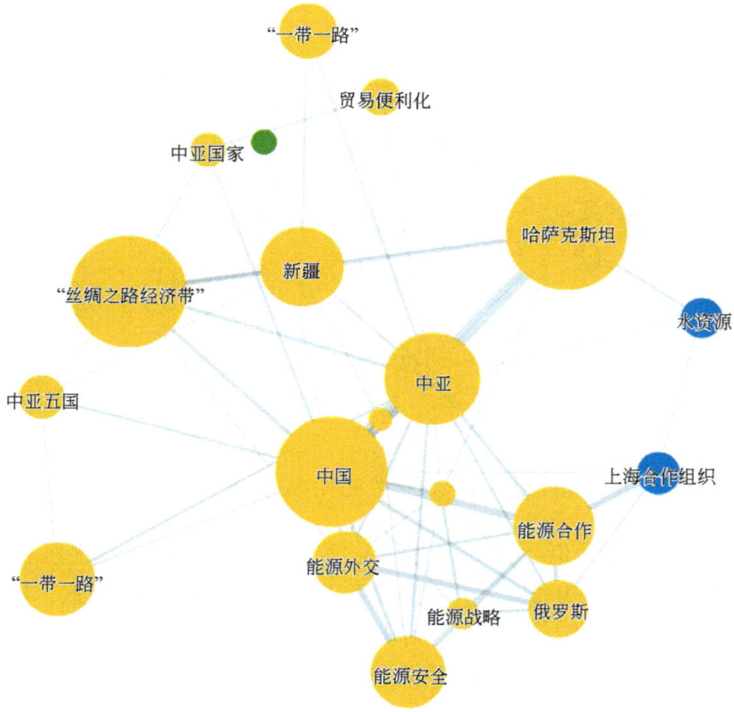

图 2-14　CNKI 数据库中中亚城镇化关键词关联可视化

第四节　中亚城镇化与生态环境研究的合作网络

运用 CiteSpace 软件，分别从国家间合作网络、研究机构间合作网络和重要作者间合作网络三方面，对 SCI 数据库和 CNKI 数据库关于中亚城镇化的研究论文进行分析，发现国际上中亚城镇化研究的论文中，国家间合作比较均匀，中国地位不突出；国际期刊的研究机构间合作网络中，俄罗斯科学院的中介中心度较高，美国科学院同其他机构的合作联系比较紧密；国内期刊的研究机构间合作比较稀疏，尚没有形成广泛的合作网络；还对重要作者间合作网络进行了可视化制图和分析，发现了一些中亚城镇化研究的小团队，但尚没有形成具有较强影响力的研究团队。

一、国家（地区）间合作网络

运用 CiteSpace 软件和 SCI 数据库，制作中亚城镇化相关研究的国家（地区）间合作网络图，如图 2-15 所示，图中节点大小与国家（地区）的发文量成比例，节点连线的粗细与国家（地区）间合作量有关，节点和连线颜色与时间条对应。在国家（地区）间合作网络图谱中，共选择出 66 个国家或地区及其之间的 254 条连线。从图 2-15 可以看出，哈萨克斯坦、法国、乌兹别克斯坦、美国、英国五个国家中介中心度高（有紫色外圈）；与其他国家（地区）之间的合作也较多。从节点分布看，欧洲国家是合作网络的主体，亚

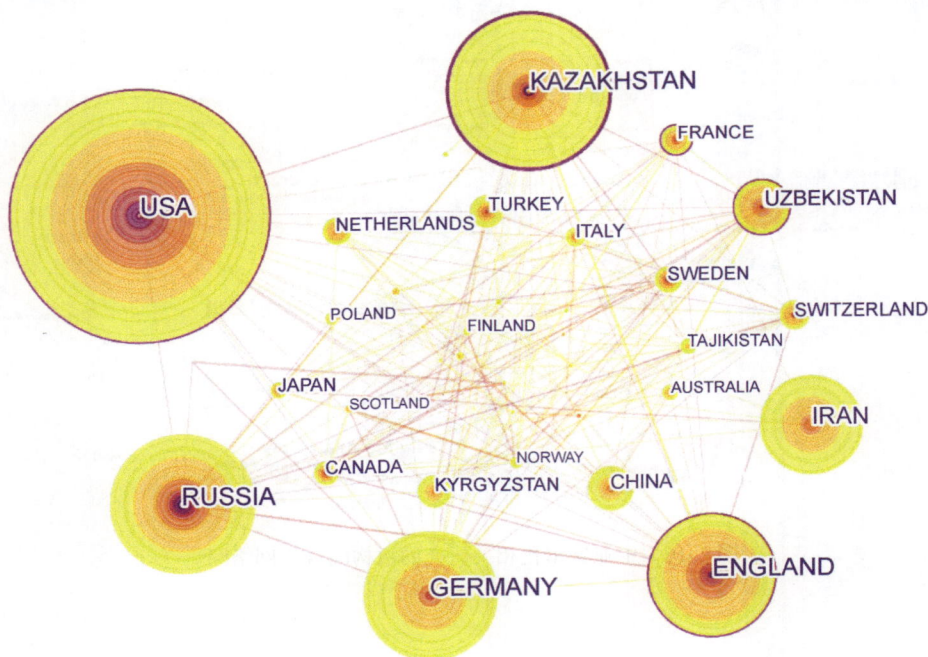

图 2-15　中亚城镇化相关研究的国家间合作网络图

洲次之（主要包括中亚国家、中国和日本）。从中介中心度看，哈萨克斯坦、法国、乌兹别克斯坦、美国、英国则处于网络的中心地位。另外，从图 2-15 中可以看出，国家间合作量较为均匀，并没有十分突出的合作关系，中国在国际期刊论文的国家（地区）间合作网络中的地位非常弱。

二、研究机构间合作网络

运用 CiteSpace 软件和 SCI 数据库，制作出中亚城镇化相关研究的机构间合作网络图，如图 2-16 所示，图中有紫色外圈的节点显示的是中介中心度高的节点，这些节点之间的连线（黄色线条），可以被视为网络中的关键路径。在机构间合作网络图谱中，共选择出 187 个机构及其之间的 203 条连线。从机构间合作网络图谱中可以看到共有 9 个紫圈节点，分别是俄罗斯科学院、德黑兰大学、伊斯兰阿扎德大学、中国科学院、伦敦大学卫生和热带医学学院、波恩大学、乌兹别克斯坦科学院、欧亚国立大学（哈萨克斯坦）、哈萨克斯坦国立大学（表 2-7），说明这 9 个节点机构处于合作网络的核心位置，在中亚城镇化研究"圈子"中的贡献较强，在很大程度上主导了各研究机构之间的交流。值得注意的是，这 9 个节点是中介中心度较高的节点，但并不代表其发文量较其他机构多。

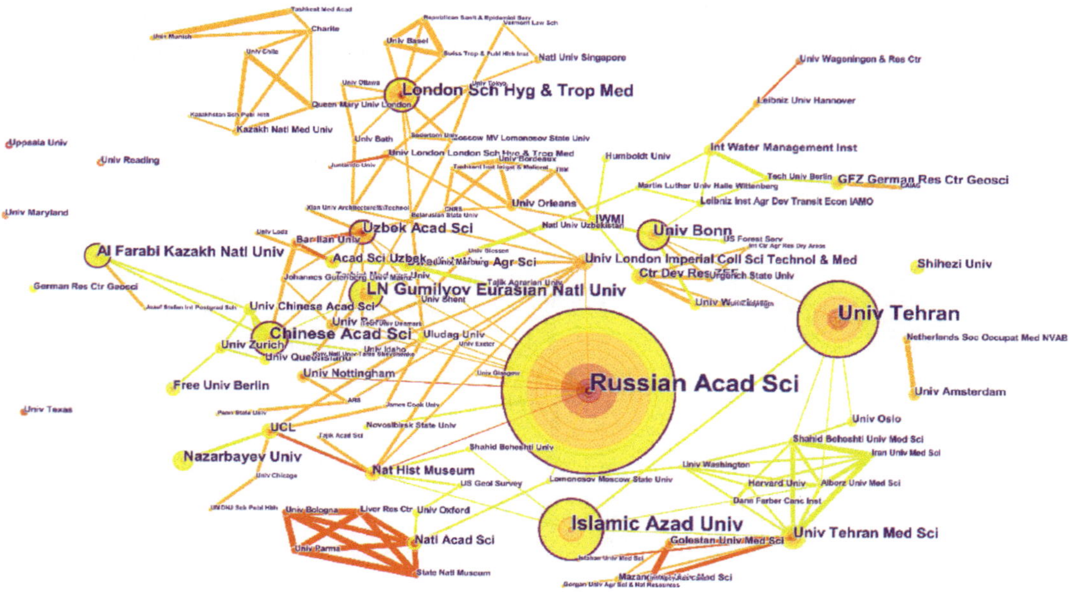

图 2-16　中亚城镇化相关研究的机构间合作网络图

表 2-7 中亚城镇化研究国际机构中心性情况

序号	中介中心度	初现年	机构
1	0.19	1997	俄罗斯科学院（Russian Acad Sci）
2	0.14	2005	德黑兰大学（Univ Tehran）
3	0.17	2007	伊斯兰阿扎德大学（Islamic Azad Univ）
4	0.12	2010	中国科学院（Chinese Acad Sci）
5	0.12	1999	伦敦大学卫生和热带医学学院（London Sch Hyg & Trop Med）
6	0.01	2012	欧亚国立大学（哈萨克斯坦）（LN Gumilyov Eurasian Natl Univ）
7	0.15	2007	波恩大学（Univ Bonn）
8	0.01	2013	哈萨克斯坦国立大学（Al Farabi Kazakh Natl Univ）
9	0.11	1999	乌兹别克斯坦科学院（Uzbek Acad Sci）

图 2-16 中欧洲国家的机构有很多，美国次之，但是随着时间推移，亚洲国家（中亚和中国）的研究机构也逐渐开展了相关工作，中国科学院（Chinese Acad Sci）已经成为热点机构。最引人注意的就是俄罗斯科学院（Russian Acad Sci），中介中心度最大，具有很高的影响力，与其他很多机构之间保持着合作关系。而以美国科学院（Nati Acad Sci）为中心节点的团体间合作最为紧密。从图 2-16 中也可以看出机构之间已经形成了一些小团体。

运用 CiteSpace 软件和 CNKI 数据库，制作出中亚城镇化相关研究的机构间合作网络图，如图 2-17 所示，图中节点代表研究机构或大学，节点大小显示的是相关研究的数量，这些节点之间的连线反映机构间的合作情况。在国内研究机构间合作网络图谱中，共选择出 86 个机构节点及其之间的 42 条连线。可以看出，国内期刊中机构间的合作研究较少，网络非常稀疏；大部分研究机构分布在新疆，新疆大学内部部门及其与其他机构之间合作较为密切。网络中介中心度相对较高的单位是中国科学院地理科学与资源研究所，其与北京师范大学地理学与遥感科学学院、中国科学院大学、新疆大学经济与管理学院等存在一些合作。

三、重要作者间合作网络

对 SCI 数据库和 CNKI 数据库关于中亚城镇化研究的论文作者进行统计分析，发现在国际期刊发文量较多的作者有 Lamers J P A、Mckee M、Parolai S、Vorobeichik E L、Wegerich K 等，国内期刊发文量较多的作者有高洋、邓铭江、阿里木江·卡斯木、宋国明、龙爱华、方创琳等（表 2-8）。对比而言，SCI 数据库论文作者的论文数量普遍高于 CNKI 数据库的论文作者。

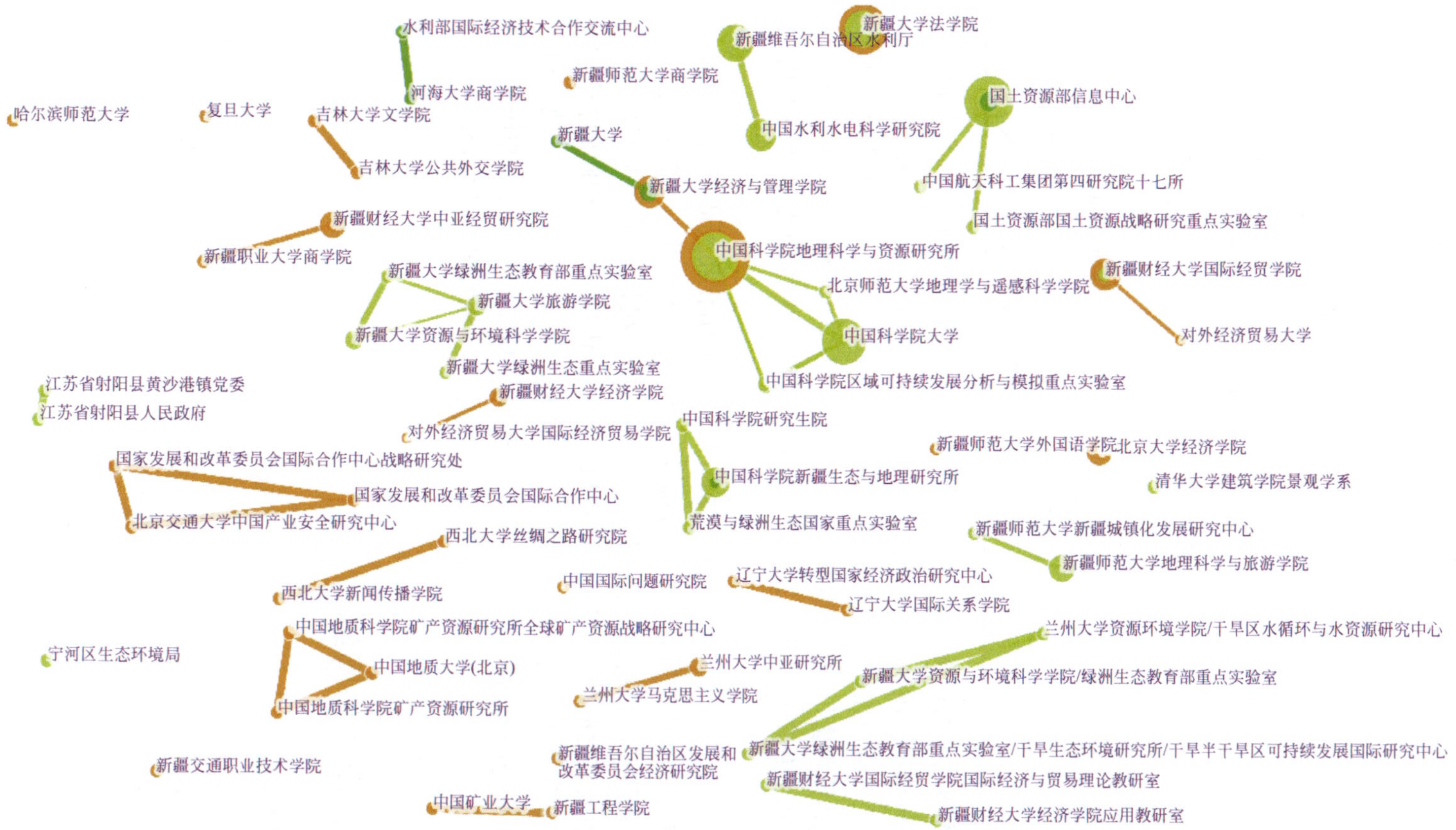

图2-17　中亚城镇化领域国内机构间合作网络

新疆大学绿洲生态教育部重点实验室和新疆绿洲生态重点实验室是同一机构，但该图是基于CNKI数据库原始条目生成的，故为了保证图的准确性不做更改

表 2-8　SCI 数据库和 CNKI 数据库中中亚城镇化研究成果较多的论文作者

SCI 数据库			CNKI 数据库		
作者	论文数量/篇	占比/%	作者	论文数量/篇	占比/%
Lamers J P A	11	0.86	高洋	9	1.51
Mckee M	10	0.78	邓铭江	7	1.17
Parolai S	10	0.78	阿里木江·卡斯木	6	1.01
Vorobeichik E L	10	0.78	宋国明	6	1.01
Wegerich K	10	0.78	龙爱华	6	1.01
Karbassi AR	8	0.62	方创琳	5	0.84
Pittore M	8	0.62	李湘权	5	0.84
Bindi D	7	0.55	王林彬	5	0.84
Gentile M	7	0.55	罗格平	4	0.67
Koch N	7	0.55	张辛雨	4	0.67
Shukurov N	7	0.55	陈亚威	4	0.67
Bekchanov M	6	0.47	章毅	4	0.67
Sovacool B K	6	0.47	刘慧	4	0.67
Zhumadilov Z	6	0.47	刘卫东	4	0.67
Bhaduri A	5	0.39	姚俊强	4	0.67

注：国内发表 4 篇论文的作者还有任群罗、喻发美、杨恕、刘洁、张文娜、张耀、杨立信、王璐、魏新、郭婷婷、王年平、张新花、文亚妮、潜旭明、王海运、刘志辉

在 SCI 数据库重要作者间合作网络图谱中，共选择出 293 个作者节点及其之间的 565 条连线，节点越大表示出现频次越大，节点内圈中的颜色及厚度表示不同时段出现频次。节点之间的连线则表示共现关系，其粗细表示共现的强度，颜色为对应节点第一次共现的时间。颜色从冷色调到暖色调的变化表示时间的变化。图中标注红星为发文量排名靠前的作者。研究发现，在中亚城镇化研究领域出现了许多相互合作的作者小团体，如 Parolai-Bindi-Pittore、Lamers、Wegerich 等。

在 CNKI 数据库重要作者间合作网络图谱中，发现国内研究者在对中亚城镇化的研究中也形成了一些小的合作网络，如方创琳–马海涛–罗奎–鲍超、刘卫东–叶尔肯·吾扎提–刘慧–李莎、阿里木江·卡斯木–安瓦尔·买买提明–高倩–唐兵等研究中亚城镇化的小团队。

第五节 小 结

通过对 1980～2017 年 SCI 数据库和 CNKI 数据库中中亚城镇化研究论文的文献计量分析，发现中亚城镇化研究文献数量呈快速增长态势，国外关注较早，主要分布在北美和西欧的国家和机构；而国内增幅较大，以新疆的大学和研究机构的研究为主；国内外学者对中亚城镇化的关注程度在增加，而近期中国的关注程度更高。此外，通过对中亚城镇化研究论文关键词的共现聚类和词频统计分析，发现国内外对中亚城镇化研究的热点及其变化存在明显差异：SCI 数据库的研究与中亚城镇化进程特征紧密关联，每个时段有比较明确的研究热点主题，而环境健康是国际学者始终关注的话题；CNKI 数据库的研究在 2000 年后才大量出现，相比前期围绕国家能源安全开展的多方面的能源主题研究，2010 年后特别是 2013 年"丝绸之路经济带"倡议提出后，国内研究者开始关注包括能源安全在内的中亚同中国的政治、经济、社会和交通等多方面的合作。对比而言，国内研究机构和学者在国际刊物上发表的中亚城镇化相关研究不多，前期在中亚城镇化研究领域的地位不高；新疆的大学和科研机构虽然在国内开展了大量中亚城镇化相关研究，但在国际刊物上发表的却不多。

从研究趋势上看，国内外文献库的研究热点都在变化。虽然各自的时段和变化内容不同，SCI 数据库表现出从居民健康向资源环境、从工业污染向国际合作的热点变化，CNKI 数据库表现出从以能源合作为中心向多元合作转变，但是国内外文献库又表现出相同的研究趋势，即都关注全球化背景下的中亚城镇化发展。例如，SCI 数据库中的世界城市网络（world city network）成为高频关键词，CNKI 数据库中的国际贸易、贸易便利化和对外直接投资成为热点词汇，两个数据库近期都关注中亚城镇化进程中的对外联系和国际关系问题。可见，中亚国家独立后，其城镇化进程不可避免地受到全球化进程和其参与全球化程度的影响，而且这种影响随着中亚国家不断打开国门、全面参与全球生产、交通连接和贸易会越来越深刻。因此，可以预见中亚城镇化的研究与全球化的联系会更加紧密。

也要看到，虽然目前中亚城镇化研究的内容非常广泛，但聚焦城镇化问题的文献并不多，如城镇化、城镇体系、城镇化问题的具体关键词在国内外文献关键词分析中没有出现或出现程度不明显，这对中国同中亚共建"丝绸之路经济带"和开展更加深入的城镇化多领域合作是不利的。此外，也要看到国内研究虽然研究主题开始走向多元化，但能源主题的痕迹仍然很重，其他主题尚未形成强大热点。

|第三章| 中亚城镇化的历史演变轨迹

第一节 城镇发展的历史演进背景

中亚地区由于特殊的地理环境以及受游牧生产生活方式的影响，历史上的国家形态以行国为主，行国无固定疆界，这导致中亚内部长期分散割据。18世纪中叶，外部势力干预中亚加之汗国内部的纷争，导致中亚地区始终处于汗国交替状态。汗国更替及部落迁徙，使得汗国之间疆界不断变化（李淑云，2013）。沙俄于1876年全面征服中亚地区，其统治一直持续到1917年十月革命胜利。苏维埃政权建立后，中亚地区建立了五个自治共和国，并成为苏联的加盟共和国，苏联计划经济的推行促使这一时期的中亚快速发展。随着苏联的解体，中亚五国先后成为独立的主权国家，进入经济全球化时代。在漫长且特殊的历史演进中，汗国都城、古丝路贸易、沙俄统治、苏联计划经济、全球化新环境对中亚城镇发展产生了显著影响。

中亚地域广阔，自然条件差异明显，地势东南高、西北低，西部是图兰低地，与卡拉库姆沙漠、克孜勒库姆沙漠相连，其北部与东北部是图尔盖台地和呈半荒漠及干枯草原面貌的哈萨克丘陵，东部和东南部是天山山脉和帕米尔高原（陈曦，2010）。自古以来，适宜人类生活和生产的空间主要集中在草原和绿洲区，包括锡尔河和阿姆河流域及泽拉夫尚河流域的河中地区，注入巴尔喀什湖的阿亚古兹河、阿克苏河、卡拉塔尔河、列普瑟河、伊犁河及没有注入巴尔喀什湖消失在沙漠中的楚河、塔拉斯河所分布的七河地区，天山和吉萨尔–阿赖山之间的费尔干纳盆地，中亚北部的哈萨克草原（图3-1）。沙俄统治前，中亚北部哈萨克草原和东北部的七河地区主要为游牧社会，南部河中地区、费尔干纳盆地为绿洲农耕社会。沙俄统治开始改变游牧社会的生产和生活方式，北部游牧社会和南部绿洲农耕社会的界限逐渐被打破，游牧社会的人口定居和城镇化开始起步。苏联时期在中亚的民族划界，使历史上形成的传统领土和边界都发生了深刻而重要的变化，游牧社会和绿洲农耕社会中的汗国消失，形成了五个民族共和国，成为后来中亚五国的雏形。独立后的中亚五国在全球化时代中，带着历史影响的烙印又面临新的地缘环境，人口聚集区叠加了国界后，再一次发生了新的变化。

图 3-1　中亚适宜人类活动的主要区域

第二节　城镇化历史驱动主因识别

文亚妮和任群罗（2011）基于对城镇人口比例、城镇化发展综合指标及城镇化阶段的分析，对中亚五国的城镇化水平进行比较，认为中亚五国城镇化水平差距较大、发展极为不平衡。其中哈萨克斯坦城镇人口比例最高，增长最快，而其他国家有略微下降趋势。同时依据城镇化进程 S 形曲线，认为中亚地区的城镇化当前基本处于中期阶段。中亚人口城镇化率在沙俄统治之前增长极其缓慢，沙俄统治导致中亚形成被动的城镇化现象，但城镇化水平依旧很低，1911 年中亚南部以农耕区为主的辖区的城镇人口比例为 16.3%，中亚北部以游牧为主的哈萨克大草原的城镇人口比例不足 10%。苏联时期，获得外部推动力的中亚城镇化加速增长，1930～1991 年人口城镇化率从 17% 增长到 42%。中亚五国独立以来，1991～2000 年其城镇化表现出停滞甚至衰退，2001 年城镇化率重新达到独立之初的水平并缓慢增长至 2017 年的 44%。沿时间轴线梳理中亚城镇化发展的历史驱动因素，有利于研究中亚城镇化当前和未来的驱动机制。

一、自然条件是城镇形成的基础

中亚是北半球大陆温带、暖温带面积最大的干旱区（陈曦等，2013）。天山山脉与帕米尔高原相接，横亘于中亚五国东部边界，同时与东北边界的阿尔泰山相连，构成一道巨大的屏障，它阻挡了太平洋和印度洋湿润气流的进入，导致区域整体干旱，微弱的湿润气流只能来自遥远的大西洋和北冰洋以及沿途的地中海，并由西风挟带至本区，在山区形成

丰富的降水 (雪)，从而构成中亚五国的水源供给基地。在这些大山系间还有诸多盆地、谷地、洼地甚至沙漠，海拔 200~400 米的干旱台地和平原上的河湖水体均来自山区河流补给 (张元明等，2013)。中亚内陆河流众多，除额尔齐斯河汇入鄂毕河注入北冰洋外，其余均为内陆河系。河流源于山区，流出山口后，除部分被用于灌溉外，大部分最后注入低地，形成大小不等、形态各异的湖泊湿地。

在沙俄统治前的 1000 年，基于山地、绿洲、荒漠共存的自然环境，中亚形成了北方哈萨克草原游牧社会和锡尔河–阿姆河河中地区农耕社会的竞争与共存格局。以游牧方式为主的哈萨克草原还未形成城镇，而河中地区的绿洲农业发展形成了剩余产品，在各汗国中心或封建地主城堡建设的基础上形成了早期的城镇，农业、手工业、贸易的发展进一步吸引手工艺人或商人集聚，河中地区、费尔干纳盆地、七河地区等孕育的绿洲成为城镇化的萌芽区域。沙俄统治过程中的移民迁入哈萨克草原北部，在建设军事堡垒线的过程中，各要塞形成了诸多草原城镇，其虽然规模不大，但是改变了草原区游牧社会难以形成城镇的格局；中亚南部自然条件优良的绿洲区在移民影响下城镇化速度加快。苏联时期，除了绿洲、草原适宜区的城镇继续发展或增加，工业化运动使得一些山区和荒漠的矿产资源富集区开始形成工矿城镇。中亚五国独立后，跨境水资源争端和局部地区生态环境退化，对下游国家的城镇化产生的资源环境约束日益明显。综上可见，自然环境是城镇形成和发展的先决条件，在人类活动的影响下，资源环境对城镇的支撑和约束作用发生着阶段性变化，并且城镇与自然环境的双向作用逐渐显著，一方面城镇开始受到区域生态、资源、环境变化的胁迫，另一方面脆弱的生态环境中城镇化又是必要路径。

二、经济发展是城镇化的直接驱动力

封建经济发展繁荣时期，农业、手工业和贸易促进了城镇化发展。农区灌溉技术得到发展，灌溉农业十分发达，生产的农产品不仅能满足自给自足的需求，而且能产生更多的剩余产品，同时草原游牧民也给定居农民提供畜产品，农牧产品的商品化水平逐步提升，促使游牧和定居接壤区形成了一些城镇。手工业在农业和采矿业的基础上发展起来，棉布、丝织品、地毯、羊毛、铁具、皮革制品、陶器和制糖等服务生活的手工业发展迅速，主要满足城镇居民需要、满足周边乡村和游牧地区需要，围绕城区的城墙之外是商人和手工艺人的聚集地 (阿西莫夫和博斯沃斯，2017)，郊区延伸了早期城镇的空间。河中地区在连接中国、西亚和欧洲的贸易中扮演重要角色，因此在古丝绸之路贸易发展中形成了布哈拉、撒马尔罕等著名的贸易城镇。

沙俄统治和苏联时期，农业和工业的快速发展未给城镇化形成持久的内生动力。作为植棉生产基地，中亚农业种植面积急速扩大，但多以原棉销售到外地，本地传统手工业却开始衰败，植棉消耗的大量水资源给区域生态环境带来影响，咸海生态危机在苏联时期凸显。外部地区的工业发展需求促进采掘业和原料工业发展，尤其是苏联时期派遣大批技术人员、搬迁大型企业、增加建设投资等，加快了原有工业城镇的发展和新兴工矿城镇的形成，但城镇产业结构过于单一、过于依赖外部区域，产业发展没有形成服务于本区域的合理经济体系。农业和工业看似繁荣发展,却是城镇化内驱力缺失的重要历史隐患。

国家独立之初,中亚各国经济震荡后初步实现了经济结构的调整,2017 年各国 GDP 中的农业占比都有所下降,工业比例也呈下降趋势,其他产业(包括服务业、建筑业等)比例有所上升(表 3-1),城镇发展需求对经济结构转型的作用开始显现,各国重视城镇化内生动力的培育。面临经济全球化环境,中亚各国加快开放步伐,资源开发和对外贸易成为经济发展的重点方向,部分工矿城镇的城镇化速度加快,部分边境城镇在对外贸易发展中形成城镇化动力,一些首都城市的规划中开始体现国际化大都市的理念。

表 3-1　中亚国家产业结构变化　　　　　　　　　　　　　　(单位:%)

国家	农业		工业		其他产业(含服务业、建筑业)	
	1995 年	2017 年	1995 年	2017 年	1995 年	2017 年
哈萨克斯坦	12.33	4.36	41.16	29.40	46.51	66.24
吉尔吉斯斯坦	40.68	12.33	18.11	6.12	41.21	81.55
塔吉克斯坦	36.69	20.38	57.62	32.80	5.69	46.82
乌兹别克斯坦	28.05	16.99	21.80	17.72	50.15	65.29

资料来源:世界银行

三、政治制度使城镇化加速或阻滞

中亚城镇化发展历程中,有五类重要的政治制度影响了城镇化发展速度或轨迹。

一是封建集权制度有利于汗国都城快速形成繁荣的城市。例如,古丝绸之路上的重要城市撒马尔罕。在公元前 5 世纪,善于经商的粟特人把撒马尔罕建造成一座繁荣的都城,其被蒙古帝国攻陷后,整个城市几乎化为废墟。而到帖木尔时期,通过加重赋税和集中能工巧匠,又将撒马尔罕建造成中世纪工艺制造、贸易、学术和文化的中心。可见,封建汗国时期,战争对城镇的破坏作用和国家集权对城镇的重塑作用都是极大的。

二是移民政策加速了城镇化发展。俄国废除农奴制后,颁布条例占用哈萨克草原土著居民土地,并大规模组织移民去中亚,1911 年中亚斯拉夫移民接近 200 万(加文·汉布里,1994),截至 1917 年,在哈萨克草原地区,俄国政府共将 4500 万公顷的土地分配给移民。

三是苏联农业集体化运动和工业化运动的影响。苏联推行的农业集体化运动,阻碍了农业生产效率的提升;同时开展的工业化运动,使中亚工业生产总值在工农业生产总值中的比例由 1928 年的 51.5% 上升到 1932 年的 70.7%(苏联科学院研究所,1982)。随着工矿业的发展,一大批新兴城镇产生,主要有哈萨克斯坦的卡拉干达、里杰尔、巴尔喀什、阿亚古兹、阿拉尔斯克等,乌兹别克斯坦的奇尔奇克、安格连、努库斯等(丁笃本,2010)。

四是苏联解体后各国移民对城镇化造成阻滞影响。苏联解体后,中亚各国内部一些非主体民族迁出(维克多·皮罗仁科和高媛,2019)。大量的俄语技术工作者撤离中亚各国,大部分的工厂停工荒废,城镇基础设施陈旧或损坏,城镇的住房、医疗、教育、社会保障等基本职能处于停滞和改革阶段,基础设施建设和就业都无法得到满足,城镇发展处于严重倒退阶段,并且一直持续到 2000 年。

五是独立国家对外开放政策的影响。中亚五国独立时,国际环境变化复杂。在经济全球化和区域经济一体化的发展背景下,中亚各国相继实施对外开放,旨在服务于国家政治稳定、经济发展(孙力,2019)。在开放环境中,城镇化发展形成新的动力途径。首先是油气资源开采产业快速发展,相关区域经济水平提升较快,资本与技术集聚最为明显,政府也加强了这些地区的城镇基础设施建设,城镇扩张明显,形成了独具特色的资源型城镇化模式。其次是对外经贸发展助力。随着区域经贸合作的不断深化,中亚地区与俄罗斯、中国接壤的边境地区及中亚内部各国之间的边境地区开放程度在加快,处于边境区域的城镇经济发展具有活力,有利于吸纳人员流动与集聚。另外,因为独立国家的国界将中亚联系紧密的生态系统和水资源分割为上、下游关系,国际水资源争端、区域生态退化问题对城镇化的约束作用凸显,各个国家面对传统城镇粗放发展方式带来的生态环境问题开始重视城镇绿色发展,下游国家还要面对国际水资源争端带来的水安全隐患,在城镇发展中更加重视集约和环保发展方式。

四、外部力量重塑城镇化空间格局

历史上,中亚地区一直是周边强大政权统治者们的争夺之地,先后有希腊、波斯、中国、阿拉伯、突厥、蒙古帝国等王朝或汗国的统治者管辖过这里,从地缘角度,中亚既是周边或外来大政治和文明体扩展的极限与终点,又是它们相互角力之地;从文明的角度,宗教演替导致中亚的文明几经变化(昝涛,2011)。外部势力多次重塑中亚的空间格局,城镇和城镇化格局随之发生变化。

13 世纪前,中亚地区北部游牧区和南部农耕区差异显著,游牧社会因其逐水草而移动的特点不利于形成城镇,农耕社会依托绿洲形成了具有早期商贸服务功能的城镇,因农牧区商品交换需求,农耕区与游牧区的接壤地带也形成了一些新的城镇,这是受外部势力影响之前中亚城镇的雏形格局。13 世纪蒙古帝国征服中亚时,虽然战争摧毁了很多辉煌的城镇,但是却重视和保护商业贸易,古丝绸之路道路畅通、商业兴盛,沿线也兴起了许多国际性的都市(张来仪,1991),从而巩固了中亚地区东西向的城镇空间格局。18 世纪上半叶到 20 世纪早期,沙俄自北向南形成了对中亚的统治,大量移民迁入,军事堡垒线和铁路干线建成的同时形成了诸多新兴城镇,中亚城镇格局突破了以往的费尔干纳盆地、河中地区和七河地区的主要分布区,开始向北部哈萨克草原和南部土库曼斯坦范围延伸,若干条南北向铁路沿线成为吸纳人口和经济集聚的增长轴。苏联时期中亚铁路网络不断完善并与整个苏联国民经济紧密相连,中亚主要城镇的空间分布和铁路网络与枢纽形成了较高的一致性。中亚五国独立时正值经济全球化时期,各国积极融入区域经济一体化进程,交通枢纽城市和边境城市得到快速发展。综上可见,由内部区域的农区和牧区交互影响,到外部不同势力的影响,再到国家独立后新地缘环境影响,中亚区域的城镇化受到显著的外力作用，形成了向南北扩张发展的空间轨迹。

五、城镇化历史驱动力演化特点

综上分析，中亚在不同的历史阶段城镇化驱动主因不同，并且同一因素在不同时期的作用过程也不同。①自然条件是绿洲城镇化的先决基础，一旦形成，其对城镇化空间格局影响深远。独特的山地-绿洲-荒漠自然地理背景，决定了中亚城镇规模偏小、城镇形成空间有限且分散，依托绿洲是这一区域城镇形成和发展的自然规律，虽然在沙俄统治和苏联时期政策影响下，城镇分布范围从绿洲向荒漠和山区延伸，但依旧受限于自然环境和资源条件，形成大分散、小集聚的分布格局。②经济发展是城镇化的持续动力，城镇发展受经济服务指向性影响明显。中亚自古以游牧经济为主，但却在农区社会最先形成了城镇和城镇化，农业发展为城镇提供了基础农产品，并催生了相关手工业和贸易，促进城镇集聚人口。古丝绸之路贸易使得沿线商贸城镇快速发展。近代以来，主要服务于中亚区外的农业和工业发展很快，也促进了城镇化，但却导致产业结构不合理而没有形成本地城镇化的内部动力。③政治制度多次改变城镇化的原有轨迹，封建集权、移民政策、计划经济和对外开放等制度或政策都在中亚城镇化进程中烙下印记，加快或减缓城镇化速度的同时，也改变了城镇化发展格局。④宗教文化深刻影响中亚城镇化，文化趋同区域的人口更易集聚于城镇，文化差异区较易引起生活或生产方式的冲突而不利于城镇化发展。不同宗教、不同文化的交融或演替时期，城镇化轨迹会受到明显的阻滞或加速变化，文化一旦影响城镇化，其烙印都具有很明显的持久性。⑤外部力量显著改变了中亚城镇空间演化格局，叠加自然基础和经济作用的城镇空间发展规律，共同作用形成了现在临水系、沿铁路、依枢纽、靠边境分布的城镇空间格局。

第三节　历史演化中的主要城镇化模式

一、按主要驱动力划分的城镇化模式

（一）农业驱动的城镇化

在中亚的河谷绿洲、冲积扇绿洲、冲积平原绿洲或三角洲绿洲上形成的城镇，多为农业驱动型城镇化模式。绿洲依水而形成，人类居住在绿洲后，随着社会生产力的发展和水利条件的改善，绿洲面积不断扩大，农业生产明显提高，农产品有所剩余，绿洲内部开始形成以商品交换和生活服务为功能的城镇；在农耕和游牧社会交界处的绿洲，由于农民和牧民交换商品的需求也逐渐形成城镇；随着手工业和贸易的发展，这些城镇对人口的吸引作用显现，萌芽状城镇化开始形成。邻水而生，依田扩展，规模有限，这类农业驱动的城镇化速度虽然不快，但是形成的时间最早并且存在的时期最长，是适应干旱、半干旱自然环境和游牧–农耕社会相互作用形成的城镇化模式，现在的锡尔河–阿姆河流域、费尔干纳盆地和七河地区的大部分城镇都属于这一类型。当前，这类城镇仍处于农业生产区腹地，传统农业升级动力不足导致城镇化发展相对滞后。

（二）贸易驱动的城镇化

古丝绸之路自中国古代都城长安始，经中亚国家、阿富汗、伊朗、伊拉克、叙利亚等而达地中海，以罗马为终点，这条路被认为是连接亚欧大陆的古代东西方文明的交汇之路，数千年来，商人们沿着这一条线路进行沿途贸易，途中所依赖的休憩和补给点慢慢发展为贸易城镇，撒马尔罕和布哈拉是古丝绸之路发展中形成的典型商贸都城。现代国际贸易的发展，也促进中亚各国形成边境贸易城镇，这些城镇主要处在中亚重要的交通线上，具有边境商贸的功能。苏联解体后，由于国家界限的产生，拥有口岸的城镇逐渐成为双边国家经贸往来的重要支点，物流、商贸以及其他服务业迅速发展，吸引周边不同民族人口的聚集，城镇面积明显扩大，从而推动城镇发展。但是边境地区的城镇化受到两国经济和对外贸易政策的影响，对外开放程度较高的国家其边境城镇化水平较高（叶尔肯·吾扎提，2015）。

（三）工业驱动的城镇化

苏联的工业化运动，产生了一大批的工业企业，采矿、冶金、军事、制造工业迅速发展，由此催生了一系列工业城镇，哈萨克斯坦的阿特劳、巴甫洛达尔、奇姆肯特等，乌兹别克斯坦的塔什干、费尔干纳、奇尔奇克等，土库曼斯坦的阿什哈巴德、内比特达格等，塔吉克斯坦的列宁纳巴德（今苦盏）等都是苏联时期工业化强劲推动城镇化发展的典型城镇。但部分工矿城镇在苏联解体后工业技术长期落后，城镇工业用水紧张，城镇人口增长非常缓慢甚至出现负增长；在新时期，虽然能源采掘及初加工仍是其经济的主要领域，但受国际市场波动影响，能源产业发展带动城镇的动力不足，以能源采掘和加工为主的城镇面临的水资源与城镇化问题日益严重。在经济体系不完善的基础上，能源产业带来短期的城镇化动力，但它不稳定不长久，需要加快非资源领域产业发展。

（四）行政力量推动的城镇化

中亚地区各国首都作为最大的城市，以国家行政中心的优势吸引人口、资本、技术和产业，具有极强的集聚能力。除了哈萨克斯坦拥有阿斯塔纳和阿拉木图两个核心城市，其他四个国家均没有第二大同规模的核心城市，这都是国家行政力量推动的城镇化模式。从哈萨克斯坦迁都可以看出，国家行政力量在推动城镇化的过程中发挥着强大的动力作用，阿克莫拉本身是1960年苏联通过移民建立起的小城镇，1998年哈萨克斯坦将首都迁于此并改名阿斯塔纳，2015年发展到83.5万人（马凤春，2015）。迁都使得该城市的规划与建设体现出鲜明的国际化和现代化，大大促进了经济发展和人口集聚，改变了原有阿克莫拉俄式小镇的城镇化发展轨迹，其一跃成为仅次于阿拉木图的第二大城市。行政力量推动的城镇化不仅能产生跃级式经济增长，而且集自然、政治、经济、区位优势于一身，具有其他城镇化模式不可比的综合发展动力。

二、按空间特点划分的城镇化模式

基于 2015 年中亚土地利用的数据，结合 2016 年夜间灯光指数数据，在同比例空间尺度下，尝试总结中亚城镇的空间特点，依据邻近城镇的空间分布、规模大小等特点，辨识出城镇化具有均点模式、团块模式、极核模式、簇群模式四类空间特点。

（一）均点模式城镇化

随着绿洲扩张和乡村居民点的增多，在绿洲内形成规模相差不大的多个城镇，没有显著的城镇极核，各城镇较为均匀地分布在绿洲内。这类城镇带动周边农村地区的人口和经济集聚较慢，无外部影响时，是绿洲内部物质、信息交流的空间，城镇化动力虽然较弱但却相对稳定。这类城镇所受的外部影响来自两方面，一是历史上古丝绸之路上的商贸发展助推了城镇化发展，二是当前绿洲外部生态环境退化影响了城镇化发展。乌兹别克斯坦的阿姆河绿洲就是均点模式城镇化的典型（图 3-2），这片绿洲是历史上中亚农耕区的核心，也是古丝绸之路必经的区域，有些城镇的形成和发展可追溯至上千年前；当前，绿洲北部咸海生态退化对绿洲内的城镇化形成一定影响，对比同比例尺度下的城镇用地斑块和夜间灯光斑块，可以看出努库斯的城镇用地斑块面积明显大于夜间灯光斑块面积，努库斯邻近咸海生态退化区，城镇受到周边恶劣生态环境的影响而人口外迁、产业衰退，由此形成建成区面积较大而灯光亮度较弱的反差结果。

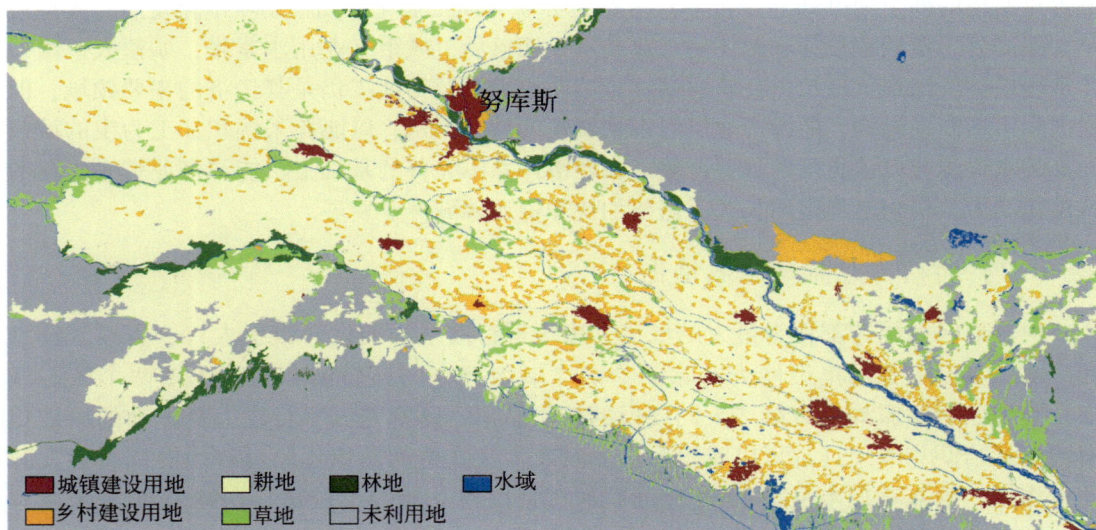

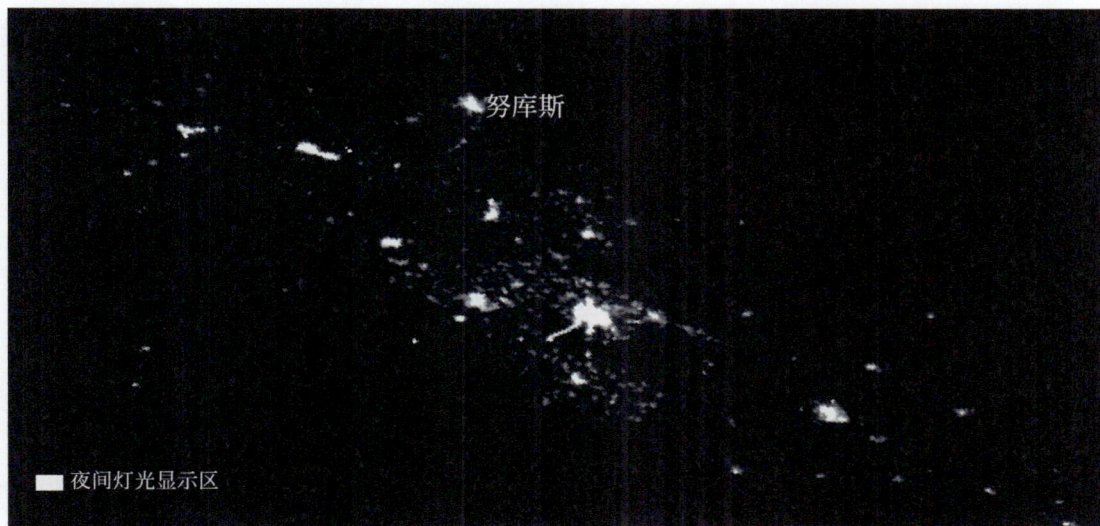

图 3-2　均点模式城镇化空间典型区（阿姆河绿洲城镇）

（二）团块模式城镇化

近代，因矿产或能源采掘与初级加工，在资源富集区快速兴起一类城镇，它们多分布于中亚北部、西部的荒漠、戈壁或草原区，邻近区域无其他城镇而较为孤立，城镇用地较快扩展成团块状（图3-3），城镇周边农田规模很小甚至没有农田，其与荒漠背景之间缺乏生态屏障易受生态环境变化影响，并且以资源开发为主的城镇发展也给脆弱环境带来一定污染。资源开发中形成的工矿城镇，由于资源开发带来人口、资金的快速集聚，城镇建设速度较快，人口规模虽然不大，但人口城镇化率较高，并且在资源开发期具有较强的城

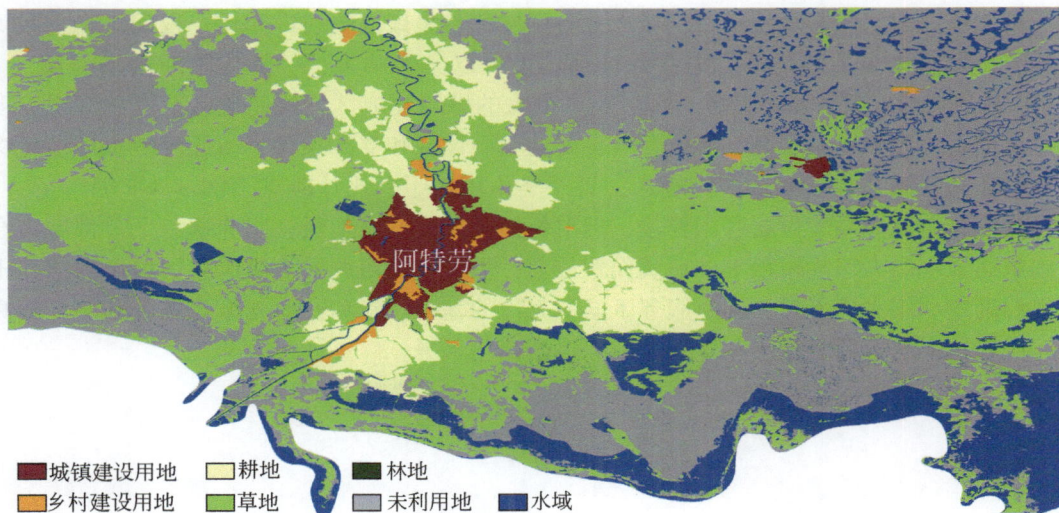

□夜间灯光显示区

图 3-3　团块模式城镇化空间典型区（哈萨克斯坦的阿特劳市）

镇化动力。但因产业结构单一、无关联城镇的支撑，这类城镇的城镇化动力不稳定，资源枯竭、市场风险、技术人员外迁、生态环境退化都会导致城镇停滞甚至衰败。哈萨克斯坦的阿特劳所在的阿特劳州人口城镇化率从 1990 年的 61.60% 下降到 2015 年的 47.43%，阿克套所在的曼格斯套州人口城镇化率从 1990 年的 89.12% 下降到 2015 年的 43.74%，相同类型的工矿型城镇的城镇化率都明显降低，显示出当前这类城镇的城镇化动力明显减弱，产业结构单一对城镇化带动作用长效不明显。

（三）极核模式城镇化

首都城市是各国最强大的城镇化极核区，城镇建成区最大、夜间灯光亮度最大、周边交通轴向或放射状等都反映出首都城市在各国发挥着集聚或辐射的作用。夜间灯光指数可以反映出城镇化水平的高低。中亚各首都城市可以分为两类，一类为阿斯塔纳 ［图 3-4（a）］ 和阿什哈巴德，虽不是各首都城市中最大的城镇建成区，但建成区范围总灯光亮度和单位面积灯光亮度都很高，城镇有着良好的基础设施和支撑条件，由此反映出城镇化综合水平较高，吸纳外来人口潜力较大；另一类为塔什干、比什凯克 ［图 3-4（b）、（c）］和杜尚别，总灯光亮度位居各国首位，但单位面积灯光亮度偏低，因为这三个首都城市在各国虽然表现出人口规模最大、城镇面积最大，但城市以粗放式扩张为主，城市内部的土地集约高效利用水平不高，同时服务于城镇人口的基础设施和产业支撑等条件薄弱，较高人口城镇化率的背后表现出相对滞后的综合城镇化水平。

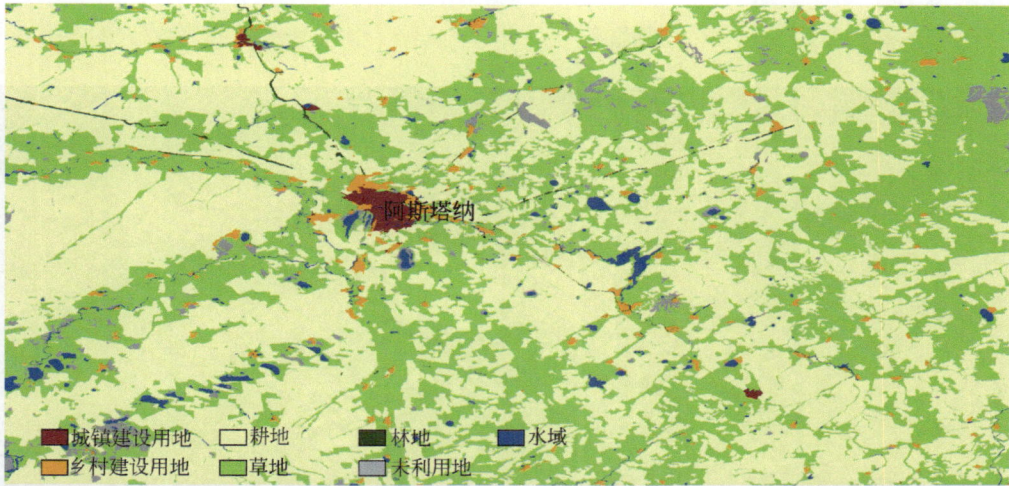

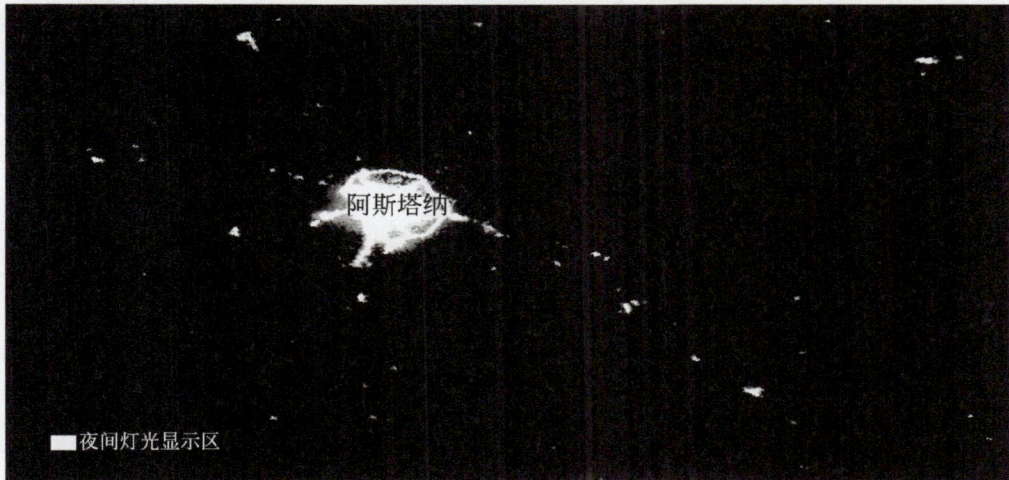

(a) 阿斯塔纳

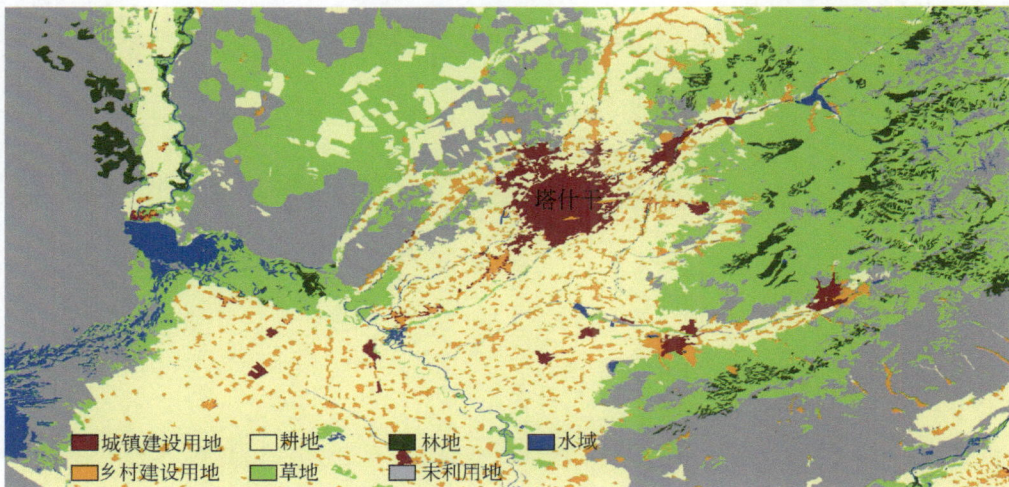

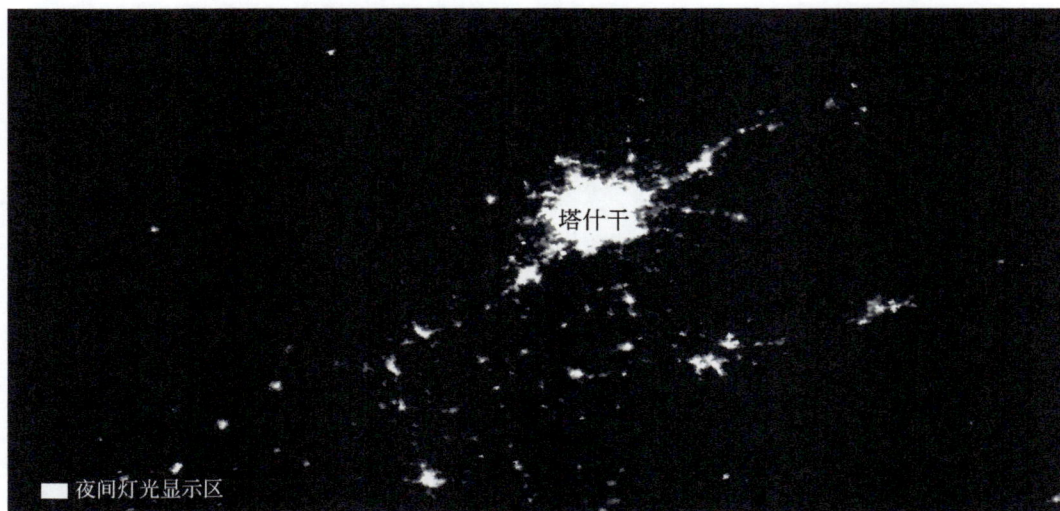

(b) 塔什干

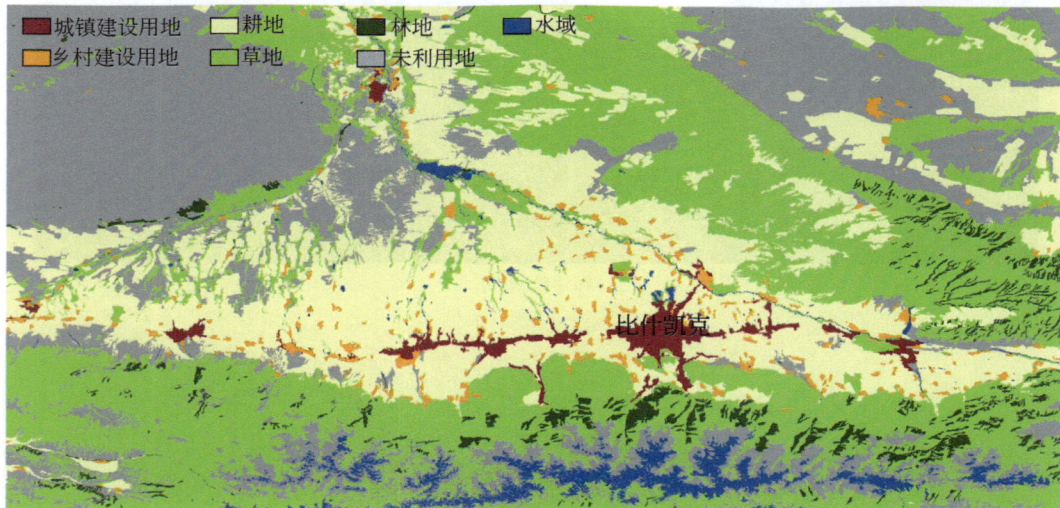

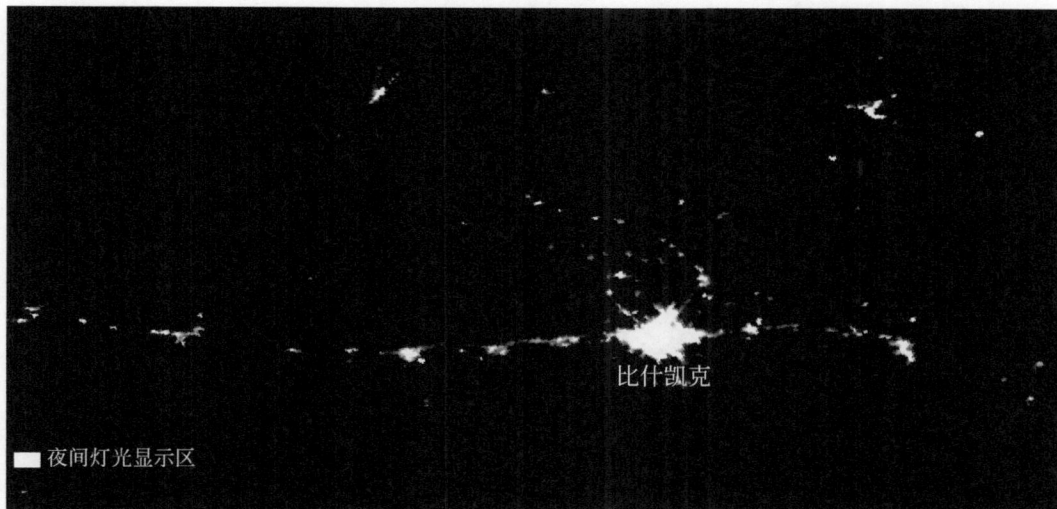

(c) 比什凯克

图 3-4　极核模式城镇化空间典型区

（四）簇群模式城镇化

中亚特定的山盆地理结构，河流出山口区域水资源相对充足，由此孕育出自然环境优良的天然绿洲而吸引人类居住和生产，在人类不断集聚和加快生产的过程中形成了一定规模的连片绿洲。由于水资源支撑力较强，连片绿洲上形成了多个城镇，各城镇相互邻近、关联紧密；各城镇规模逐渐增大的同时，城镇间形成了多中心的空间格局，各中心既在社会经济上相互关联，又在水土资源上相互竞争，因此规模在同步增长中又没有形成绝对差距，是一种在竞争与协调中相互适应的城镇簇群发展模式。费尔干纳盆地是中亚自然环境最好的区域，苏联时期以"民族识别"为基础的民族共和国的组建，导致原为整体的盆地破碎，出现三个主权共和国鼎立格局（石岚，2008），其内现有主要城镇包括塔吉克斯坦的苦盏，乌兹别克斯坦的浩罕、纳曼干、安集延、费尔干纳，吉尔吉斯斯坦的奥什等，国界限制了这些城镇跨国联系，但乌兹别克斯坦的浩罕、纳曼干、安集延、费尔干纳在空间上已成初级城镇群分布格局，由灯光指数图也可以看出城、镇、村之间的关联比其他区域更为明显（图3-5），城镇之间的相互作用成为城镇化的明显动力。

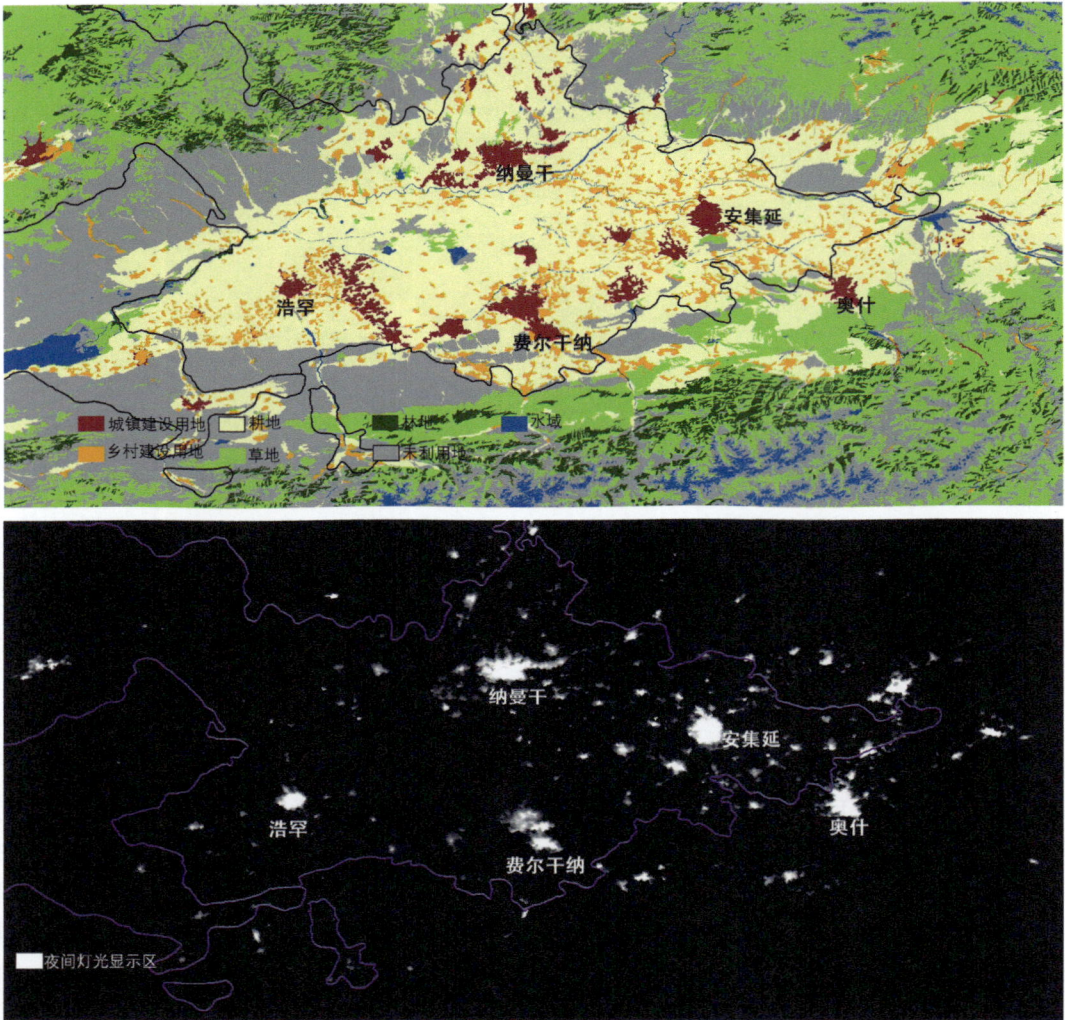

图 3-5　簇群模式城镇化空间典型区（费尔干纳盆地）

第四节　新时期城镇化发展特征

中亚城镇经历了深远而复杂的历史演化，不同的自然条件、频发的战争、多变的政治环境、全新的发展形势等因素，随时间脉络交互影响着城镇发展，有些城镇完全消亡了，有些城镇缓慢而持续发展着，有些城镇突然出现又快速衰落，有些城镇在新时期又获得新的动力快速发展着。现存的城镇带着历史的烙印，面临世界经济全球化和区域化、生态安全、社会稳定等全新的发展环境，呈现出当今的城镇化特征。

一、人口城镇化率偏低并且差异显著

中亚各国独立后经历了近 10 年的经济社会转型期，这一时期社会经济发展陷入停滞时期，人口城镇化率也受到影响。乌兹别克斯坦的城镇化率持续增长，2010 年开始略有下降，2017 年为 50.55%；土库曼斯坦城镇化率停滞期最短，1996 年就恢复到 1991 年的水平，之后稳步增长至 2017 年的 51.15%；哈萨克斯坦城镇化率 2001 年恢复增长，2017 年达到 57.34%；吉尔吉斯斯坦和塔吉克斯坦独立以来城镇化率持续下降，2017 年未恢复到独立前的水平，2017 年两国城镇化率分别为 36.14% 和 26.98%。中亚五国从苏联时期被动式城镇化向新时期主动式城镇化转变，哈萨克斯坦、土库曼斯坦和乌兹别克斯坦人口城镇化率超过 50% 并持续增长，已经通过提高城市公共服务能力和优化产业结构形成了城镇化的内生动力；吉尔吉斯斯坦和塔吉克斯坦城镇化水平仍未实现正增长，城镇化内生动力较弱。

二、城镇化和工业化不相协调

一个国家或地区城镇化与工业化和非农化之间的关系可以通过 IU 比和 NU 比来反映。IU 比是指劳动力工业化率（即工业劳动力占劳动力的比例）与城镇化率（即城镇人口占总人口的比例）的比值；NU 比是指劳动力非农化率（即非农劳动力占劳动力的比例）与城镇化率的比值。IU 比等于 1，表明工业化率和城镇化率相等；IU 比小于 1，表明工业化率低于城镇化率，城镇里存在第一、第三产业的劳动力；IU 比大于 1，表明工业化率高于城镇化率，农村中存在第二产业的劳动力。NU 比小于 1，表明城镇里存在一定的农业人口；NU 比大于 1，表明农村中存在一定的非农业劳动力。如果 IU 比明显小于 0.5，而 NU 比明显小于 1.2，则说明不仅从事工业和其他非农业生产经营的劳动力人口几乎全部集中在城镇地区，而且有相当数量的农业人口也集中在城镇地区，这种情况说明相对于工业化和非农化的发展程度而言，城镇化超前发展了，会出现过度城镇化的态势，大量农村人口涌入城镇地区，而城镇地区又无充足的非农就业机会为他们提供就业岗位。相反，如果 IU 比明显大于 0.5，而 NU 比明显大于 1.2，则说明大量从事工业和其他非农业生产经营的劳动力人口滞留于农村地区，未能向城镇地区聚集，城镇化滞后发展。

哈萨克斯坦的 IU 比和 NU 比持续上升，反映出工业化率和非农化率稳步增长，2017 年 IU 比为 0.37，NU 比为 1.48，哈萨克斯坦是最为趋近城镇化、工业化和非农化协调的国家。乌兹别克斯坦和土库曼斯坦的 IU 比和 NU 比都持续下降，但分别大于 0.5 和 1.2，工业化率和非农化率降低的同时，城镇化呈现滞后发展态势。吉尔吉斯斯坦和塔吉克斯坦的 IU 比波动变化，2010 年后稳定在 0.6 左右，NU 比持续上升，远大于 1.2，这两个国家是中亚地区城镇化最为滞后的国家（图 3-6）。由此可知，中亚五国城镇化、工业化和非农化发展仍处于不相协调的阶段，主要表现为城镇化粗放式发展，多表现为空间扩张、人口集聚，而支撑人口就业的产业体系尚不完善，城镇有效吸纳农村剩余劳动力的潜力较大。

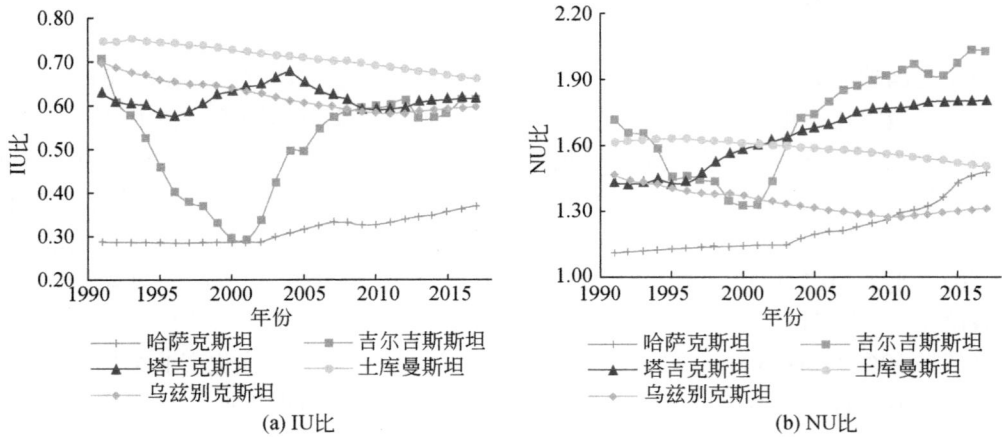

(a) IU比

(b) NU比

图 3-6　中亚五国 IU 比和 NU 比变化趋势

资料来源：世界银行

三、城镇用地增长显著但多为蔓延式扩张

中亚五国城镇用地从 1990 年的 6413.86 平方千米增长到 2015 年的 9962.88 平方千米，年均增速达 141.96 平方千米。城镇用地年均增长率和城镇人口年均增长率的比值为 1.16，土地城镇化快于人口城镇化。各国的首都城镇用地扩张都很明显（图 3-7），但城镇用地紧凑度都呈显著降低趋势，反映出城镇粗放式外延扩张特征显著。五个首都城市中，塔什干的蔓延式扩张最为明显，城镇用地规模增长最大，但紧凑度最低，仅为 0.05，城镇用地年均增长率和城镇人口年均增长率的比值最大为 1.70。

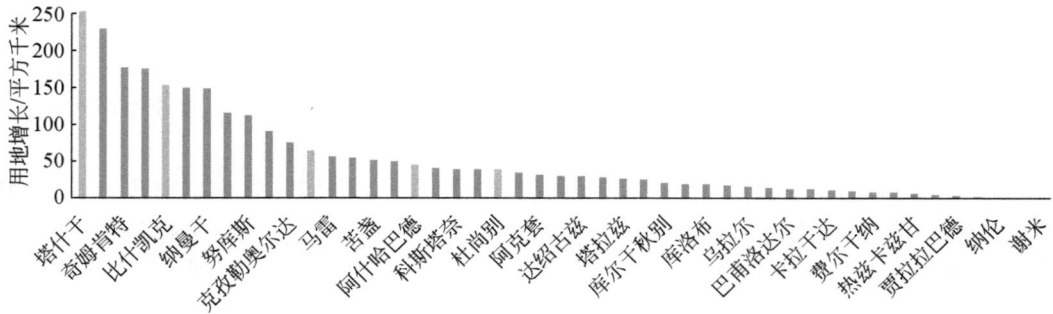

图 3-7　中亚主要城镇用地增长排序图（1990～2015 年）

资料来源：各国统计年鉴

四、城镇化与生态环境相互胁迫效应显现

中亚生态环境脆弱，决定了绿洲城镇的封闭性。2015 年中亚土地利用构成中，未利用地占 47.63%，草地占 29.68%，耕地占 14.64%，水域占 4.84%，林地占 2.16%，居民点及工矿用地仅占 1.06%，荒漠背景下水土条件优良区域形成绿洲，大部分城镇分布在绿洲上，草原和荒漠区也有少量城镇形成和发展。农田既是绿洲城镇的生态屏障，也是城镇化的潜在胁迫因素，绿洲中有农田生态屏障的城镇比荒漠上形成的矿产型城镇生态相对稳定。绿洲城镇面临着农田粗放式高耗水带来的生态环境影响。首先，农业用水占经济社会总用水量的比例较高，2016 年哈萨克斯坦这一比例为 66.71%，其他国家都高于 90%，农业高耗水与脆弱生态环境形成了矛盾。苏联时期为了支持农业大规模扩张而修建水库和渠系，水利设施的建设滋养了作物，却分走了一部分河水，平原区湖泊的进出平衡开始被打破，其中咸海消退最为明显，咸海流域生态危机已经表现出荒漠化加剧、盐尘发生等问题并进一步导致周边城镇衰落。其次，农业发展中的大量灌溉导致土地盐碱化，大水漫灌排碱洗盐，排除的水中还有大量的盐和农药及其他有害物质，沿途污染水源或地下水源，污染的水体通过不同途径进入居民饮用水系统，危害人体健康（吉力力·阿布都外力和马龙，2015）。城镇化是人口集中、产业集聚的过程。一方面通过集聚可减少中亚区域的生态环境压力，另一方面不合理的发展方式也给生态环境带来一定影响。工矿型城镇带来植被破坏、废料堆积、废水污染、水资源利用效率低等问题，阿斯塔纳、阿拉木图等大城市的交通、生活等活动导致冬季 $PM_{2.5}$、PM_{10} 等污染物浓度严重超标，城市蔓延扩张而环保设施或技术没有同步发展导致城市郊区水土环境污染加重。

|第四章| 中亚产业结构变化及经济影响

自苏联解体后中亚地区经济发展在经历了一定的动荡萧条及衰退停滞期后又取得了长足进步，与之相伴的是其产业结构在时间、空间上发生的显著变化。详细梳理中亚五国产业结构变迁特征及其对经济增长的影响，围绕中亚地区产业经济时空演变特征展开基于国别的系统研究，明晰产业发展对经济增长的影响效应，有助于更全面地了解中亚地区经济发展历程，也为中亚地区经济发展及产业结构的国际化研究奠定基础。从另一个角度看，中亚地区位于亚欧大陆的"心脏地带"，是"一带一路"倡议所覆盖的关键区域之一，同时也是中国推进丝绸之路经济带建设中应当重点加强合作的区域，加强产能合作是中国与中亚各国未来的合作重心。因此，非常有必要具体而深入地分析中亚地区及各国产业结构演进特征，摸清中亚各国的产业本底，探索中亚地区产业经济发展的规律，这对构建精准的丝绸之路经济带产业发展战略、开展深度国际合作、促进产业结构升级以实现经济共同繁荣具有重要意义。

第一节 中亚地区主要产业发展现状

一、哈萨克斯坦产业发展现状

哈萨克斯坦目前正努力向创新型工业化国家转变，工业是国民经济的命脉，农业发展水平低，服务业占 GDP 的比例较大但质量仍有待提升。2016 年哈萨克斯坦第一、第二、第三产业增加值占 GDP 的比例分别为 4.56%、37.21%、58.23%。

（一）农业

哈萨克斯坦地广人稀，全国可耕地面积超过 2000 万公顷，每年农作物播种面积约1600 万~1800 万公顷，粮食产量在 1800 万吨左右，是中亚最大的粮食生产国和全球重要的粮食出口国，农业发展潜力巨大。哈萨克斯坦种植业以粮食、棉花和油料等土地密集型农产品为主，其中粮食作物主要有小麦（占粮食作物产量的 80% 以上）、玉米、大麦、燕麦和黑麦。畜牧业在哈萨克斯坦国民经济中占有重要地位，存栏以牛、羊、猪、马、禽类和骆驼为主。近年来随着现代化科学技术的运用，哈萨克斯坦农业生产有了大幅度提升，农产品产量也大幅度提高，但相对于世界发达国家和地区来说，农业投资不足、农业基础设施落后、土地生产率低于世界平均水平等问题仍较为突出。

（二）工业

采矿业和加工制造业是哈萨克斯坦国民经济的支柱产业。2015 年采矿业总产值为 243.9 亿美元，在工业总产值中占比达到 52%。其中，石油和天然气开采是主要产业之一，其次是固定矿产资源开采，主要的大型企业有哈萨克斯坦铜业公司、米塔尔钢铁公司、哈萨克斯坦原子能工业公司等。铜、锌、铝等有色金属开采业主要集中在哈萨克斯坦南部、北部和中西部地区，煤炭工业主要在巴甫洛达尔州，铀矿开发地则在南部和北部地区。哈萨克斯坦加工制造业主要包括石油加工和石化工业，轻纺工业，建材，家用电器和汽车制造，机械设备和黑色、有色金属材料生产，烟酒和食品及制药工业。2016 年哈萨克斯坦加工制造业实际增长 0.7%，加工制造业的增长主要依靠有色和黑色金属冶炼、农机设备、食品、农药化肥、石油加工的增长。加工制造业对 GDP 的贡献率达 10.7%，在整个第二产业占比达 41.5%。但整体而言，哈萨克斯坦加工制造业薄弱，工业制品消费基本依靠国外进口，如进口占其机械产品消费总量的 92.1%，占其服装消费总量的 95%，占部分农产品的 65%。

（三）服务业

哈萨克斯坦服务业占 GDP 的比例仅在 2013~2015 年就提高了 5.2 个百分点（工业的比例下降到 13.1%，采矿业的比例则从 18.3% 下降到 11.6%）。与此同时，服务业的结构也在发生巨大变化。借助于互联网、在线服务、远程教学和远程医疗的信息技术服务的比例逐渐增加，各领域尤其是传媒领域越来越关注广告推广，社会、教育和医疗等交叉服务业更多地借助私人企业与组织，而非公共领域出现了越来越多的预算定制业务。哈萨克斯坦外国企业和组织的服务在增加。2014 年哈萨克斯坦服务业增速为 5.7%，2015 年略下降至 2.3%。增速较快的是贸易（8.1%）、信息和通信（8.1%）、行政和政府服务（7.4%）、交通和物流（7.2%）、艺术和娱乐（6.8%）。2015 年这些行业增速都没有达到上一年的水平，增速最快的是交通和物流（4.3%）、住宿和餐饮（3.9%）、教育（3.2%）、金融保险（3.1%）和医疗保健（3.1%）。

二、乌兹别克斯坦产业发展现状

产业结构方面，乌兹别克斯坦三大产业比例均衡，工业比例继续上升。其中，工业产值约 160.96 亿美元，占 GDP 的 32%；服务业产值约 179.1 亿美元，占比为 35.6%；农业产值为 162.94 亿美元，占比为 32.4%。未来，随着乌兹别克斯坦工业化进程的推动，工业产值比例将进一步提升，农业和服务业比例可能将继续呈下降趋势。

（一）农业

乌兹别克斯坦作为传统农业国，农村人口占全国总人口近一半，农业是该国经济命脉和支柱产业。在《2017—2021 年五大优先发展方向行动战略》中，乌兹别克斯坦将包括农业在内的各个领域开展的国际合作列为国家大力支持的重要内容。

乌兹别克斯坦独立以来一直致力于对农业经济进行改革，把国内市场的自给自足和粮食安全作为农业改革的优先发展方向，采取各种措施促进农业经济发展。经过二十多年的努力，其农业经济发展取得了显著的成效，逐渐呈现产业化、集约化、高效化趋势。2000～2016 年，其农业总产出稳步增加，各类主要农作物和畜产品产量大幅度增长，农业生产效率显著提高，农业生产结构不断优化调整。农作物比例上升，畜产品比例减少。粮食作物播种面积增加，经济作物和饲料作物播种面积下降。根据乌兹别克斯坦国家统计委员会数据，2016 年，乌兹别克斯坦农业产值较 2015 年增长 6.6%，其中，种植业和畜牧业增长 6.6%，林业增长 1.8%，渔业增长 21.6%。

（二）工业

乌兹别克斯坦工业以低端和中低端制造业为主，2018 年低端制造业占比从 2017 年的 49.4% 减少至 38.9%；中低端制造业和中高端制造业比例上升，其中，中低端制造业比例由 2017 年的 27% 上升至 2018 年的 29.8%，中高端制造业比例由 2017 年的 21.7% 上升至 2018 年的 29.7%；高端制造业比例同比也略有降低，由 1.9% 降至 1.6%。2017～2018 年采矿业中，煤炭开采 417.4 万吨，增长 3.4%；石油开采 74.46 万吨，下降 9.2%；天然气开采 598.4 亿立方米，增长 6.1%；天然气凝析油约 214.4 万吨，增长 9.9%。天然气和黄金等大宗商品是乌兹别克斯坦主要出口创汇商品，2018 年，天然气出口额约 26.65 亿美元，同比增长 65.8%，占出口总额的 18.7%；黄金出口约 29.1 亿美元，同比下降 10.7%，占出口总额的 20.4%。乌兹别克斯坦加工工业能力发展滞后，工业生产中原材料及其初级加工品所占比例（69%）远远高于成品比例（31%）。有色金属、能源、新鲜水果蔬菜等产品出口占出口总额的比例为 52%，80% 锌、99% 钼、88% 生丝等以未加工的原材料形式出口，甚至开采出的铜加工率仅有 25%。乌兹别克斯坦致力于深化结构改革，进一步促进工业生产多元化及现代化，其中包括逐步拓展原料加工纵深，扩大高附加值产品生产额度及种类，加速挖掘其工业潜力。在此背景下，乌兹别克斯坦加工业发展迅猛，2018 年已实现 37 个本土化生产项目。目前，其加工业对工业产值增长的贡献率已近 80%。

（三）服务业

乌兹别克斯坦服务业和小商业增势强劲，其各项旨在加速基于信息通信技术的现代化服务业发展的措施有力保证了服务业发展。2016 年服务业实现同比增长（12.1%），占 GDP 的比例也由 2015 年同期的 59.3% 上升至 59.5%。与此同时，小商业发展势头迅猛。2016 年以来，乌兹别克斯坦继续落实刺激小商业发展、进一步优化开展商业活动条件等相关措施，2016 年第一季度新增小企业 8400 家，同比增长 5.5%。自 2016 年初以来银行为小企业放贷金额达 12.6 亿美元，是 2015 年同期的 1.3 倍多。

三、塔吉克斯坦产业发展现状

1997 年后，塔吉克斯坦政府在国际社会的援助下集中精力发展经济，经济进入稳定、快速发展期。特别在 2000~2014 年经济年均增长率达 7.9%，其产业结构也在不断变化和发展。第三产业发展迅猛，其比例不断上升。其增加值占 GDP 的比例由 1991 年的 26.45% 增加到 2016 年的 53.28%，第三产业成为塔吉克斯坦第一大产业，国内生产总值一半以上来源于该产业。

（一）农 业

在中亚各国中，塔吉克斯坦是传统的农业国，农业基础地位十分突出，近年农业发展迅猛。小麦是塔吉克斯坦最主要的粮食作物，其产量占谷物产量的 72.1%，其余的谷物还包括玉米、大麦、水稻。塔吉克斯坦在经济作物种植方面具有比较优势。蔬菜水果基本自给，并且每年均有一定量的出口。棉花是塔吉克斯坦最重要的经济作物，近年来，棉花播种面积虽然呈减少趋势，但凭借其对农业产值、出口和税收的贡献以及为全国农民提供的七成左右的就业机会和收入来源，其仍在农业经济中起决定作用。塔吉克斯坦畜牧业以山区放牧为主，天然草场约占农业用地面积的 82%。饲养品种以牛、羊、猪为主，还包括部分家禽和蚕等（于敏等，2017）。从总体上看，当前塔吉克斯坦农业仍然处于缓慢的恢复阶段，粮食作物供给严重不足，进口比例较大；经济作物发展情况相对较好，蔬菜水果少量出口，棉花大量出口；在畜牧养殖方面，私有化改革推动了畜产品产量的提升。

（二）工 业

《塔吉克斯坦 2030 年前国家发展战略》中指出，近 10 年来，塔吉克斯坦工业在 GDP 中占比大幅度降低，从 2006 年的 21.3% 减少至 2015 年的 16.8%，减少 4.5 个百分点。塔吉克斯坦每个工业岗位创造的收入是农业的 9.7 倍，但由于部分工业生产耗材耗能较高，原料缺乏深加工，利润率不高，工业产品附加值低，而目前尚无国家层面的工业发展政策。总体而言，塔吉克斯坦独立至今，工业生产尚未恢复到独立前的水平。一方面，工业结构不尽合理。采掘业和能源工业所占比例大，其本身属于资本技术密集型产业，提供的就业岗位极为有限；而吸纳就业人数较多的轻工业发展比例过低，仅占工业总产值的 12.5%。另一方面，工业生产水平不高，其相应工业产品附加值低，商品竞争力弱。2014 年生产的工业制品主要是水泥（115 万吨）、建筑用砖（0.925 亿匹）、棉纤维（10.52 万吨）、棉布（0.182 亿平方米）、植物油（1.3 万吨）等简单加工的劳动密集型产品（黄群，2017）。

（三）服务业

塔吉克斯坦服务部门产值比例超过 50%，但并不能将其理解为市场经济发展成熟的结果。塔吉克斯坦服务部门发展较为落后，基本上停留在传统阶段，现代服务部门如金融保险业、现代物流业、电子商务行业等还没有发展起来。以金融行业为例，金融体系发展滞后，不能有力地促进经济增长。另外，塔吉克斯坦保险行业发展相当落后，其规模非常小，该行业资产仅占 GDP 的 0.43%，基本上对经济发展作用不大。

四、吉尔吉斯斯坦产业发展现状

吉尔吉斯斯坦耕地资源丰富，天然牧场面积大，农业呈现出一定的主导地位，其次为电力和畜牧业，水电资源和羊毛产量较高。相比较而言，工业基础薄弱，尚处于资源开采的阶段。

（一）农业

近年来，吉尔吉斯斯坦农业增加值占 GDP 的比例一直保持在 19%~22%。农业在国民经济中占有举足轻重的地位，种植业与畜牧业的发展齐头并进。吉尔吉斯斯坦种植业主要以土地密集型产品为主，粮食作物和经济作物成为农业经济主体，玉米、小麦、燕麦、棉花、烟叶和蔬菜等为其主要农作物。吉尔吉斯斯坦政府十分重视粮食生产，但是其农业综合生产能力较弱，正面临着粮食安全的问题。近年来，政府积极出台惠民政策来激励种植业的发展，初见成效，尤其是谷物的单产和总产都得到了大幅度提高。此外，畜牧业历史悠久且较为发达，近年来畜牧养殖业发展迅猛，以牛羊肉和皮、毛、蛋、奶产品等为主，动物产品表现出极强的出口优势（李志芳等，2015）。

（二）工业

吉尔吉斯斯坦工业基础薄弱，主要工业有采矿、电力、燃料、化工、有色金属、机械制造、木材加工、建材、轻工、食品等，以采矿业为主。矿业在吉尔吉斯斯坦占有重要地位，当前金、锑等金属矿产的开采和冶炼已初具规模。煤炭和铁、铜、铝等大宗性资源开发虽不具规模，但资源前景和开发潜力较大。随着地质勘查和矿业开发投资的快速增加，未来吉尔吉斯斯坦矿业发展前景向好。同时其是以黄金生产的发展促进国内经济发展效果最明显的国家。吉尔吉斯斯坦每年开采黄金约 18~20 吨，出口额最大的商品也是黄金，2016 年出口额为 7.02 亿美元，较 2015 年增长 5.4%。制造业中稍具规模的是纺织缝纫业，每年产值约 1.3 亿~1.6 亿美元，其占工业总产值的 6%，从业人口超过 15 万，其产品是吉尔吉斯斯坦第三大出口商品（仅次于黄金和农产品）。

（三）服务业

总体上吉尔吉斯斯坦整个第三产业呈现出欣欣向荣的局面。短期内吉尔吉斯斯坦仍是中国商品面向中亚地区的集散地，以集市为特色的中亚地区特殊贸易形势，决定了吉尔吉斯斯坦批发零售业保持持续增长。吉尔吉斯斯坦还是中亚著名的休闲旅游地，近几年随着入境游客的增加，宾馆服务业发展明显。吉尔吉斯斯坦在中亚五国中开放程度最高，其通信业一直发展不错，其相对健康的人口结构更是确保了通信服务业未来的发展。

五、土库曼斯坦产业发展现状

石油和天然气工业是土库曼斯坦的支柱产业。土库曼斯坦主要农作物包括棉花、小麦和稻米等。农业主要是棉花和小麦种植。土库曼斯坦 1991 年独立后，在保持经济稳定发展的同时，逐步向市场经济过渡。在油气产业快速发展的带动下，GDP 继续保持较快增长。政府在加快油气兴国和能源出口多元化战略的同时，注重经济平衡可持续协调发展，加大对建筑、农业、通信、纺织等领域的投入；扶持中小企业和私营经济；加大招商引资力度；加大对科技和创新领域的投入，提升经济增长质量。

（一）农业

土库曼斯坦独立前，是苏联棉花、羊和蚕茧的主要产地，当时土库曼斯坦的种植业约占农业总产值的一半以上，种植业又以植棉为主，棉田占耕种面积的一半。其独立后，政府制定了粮食生产发展纲要，调整了粮棉种植面积的比例，促进农业全面协调发展。现在土库曼斯坦农业以种植业为主，主要种植棉花、小麦和蔬菜，少量种植水稻、玉米和大麦（郭静利和粟若杨，2016）。畜牧业以养羊业为主，其他养殖业主要有养蚕业、家禽饲养、水产养殖等，养蚕业尤为发达。

（二）工业

土库曼斯坦矿产资源丰富，主要有石油、天然气、芒硝、碘、有色及稀有金属等，石油和天然气探明储量分别为 1 亿吨和 24.3 万亿立方米，天然气储量居世界第 4 位。土库曼斯坦主要工业部门为石油和天然气开采、石油加工、纺织、化工、建材、机械制造和金属加工、电力等部门。化工业是土库曼斯坦当前发展进口替代、提高出口能力、实现工业多元化最为重要的方向之一，土库曼斯坦对该产业寄予厚望，将其列入《2018—2024 年土库曼斯坦社会经济发展规划》等多项重要规划文件，并制定了《未来十年进一步发展油气化工产业规划》等专项规划。因此，在本国政府大力扶持下，土库曼斯坦化工业发展迅速，多种化工产品实现国产或出口，产业发展初见成效。棉纺织业是土库曼斯坦重要的出口导向型产业，其产品销售收入仅次于石油和天然气产业。土库曼斯坦对棉纺织业生产高度重视，鼓励国内棉纺织企业充分利用本国现有资源，采用最具创新性的技术，最大限度地提高国内优质原料的加工率，旨在不断挖掘国内棉纺织业的经济潜力，有效地推动棉纺织业发展。此外，电力生产和出口已成为土库曼斯坦重要的发展战略之一，电力行业的高效生产使其在保障国内城乡和工业用电的前提下，还能产生富余的电力用于出口。

总体上，土库曼斯坦的优势产业集中于石油、天然气等能源的开采加工上，棉花种植、棉纺织及电力工业也是带动其出口的主要产业。可见土库曼斯坦产业对自然资源有较强的依赖性，属于比较典型的资源型经济，产业结构单一，重工业发达而轻工业落后。

（三）服务业

近年来，土库曼斯坦加大推动经济多元化进程，通过增加公共支出加强基础设施建设，服务业发展迅速。同时，非国有经济已经进入贸易、服务、教育、旅游等多个领域，大力促进了服务业规模的增长。土库曼斯坦目前银行业规模较小，仅有 5 家国有商业银行及其 120 家分行、1 家民营商业银行、3 家股份制商业银行和 2 家外资参股银行。

第二节　中亚地区产业结构特征及变化趋势

从整个地区看，中亚五国第一产业比例都呈现下降趋势；第二产业变化趋势不同，但比例相对较高，五国都拥有丰富的矿产资源，采矿业在各个国家均占有重要的地位；第三产业（除土库曼斯坦外）占比都最大，而且表现出上升趋势。中亚五国普遍存在产业结构不合理、加工业落后的问题，具体表现为重工业发达、轻工业落后，原材料丰富、消费品缺乏，粗加工产品出口多、深层次加工品出口少，对资源和国际市场依赖严重。目前，除土库曼斯坦的三次产业结构为"第二产业、第三产业、第一产业"（简称"二三一"型）外，其他四个国家均呈现"第三产业、第二产业、第一产业"（简称"三二一"型）的产业结构特点，都是第三产业占 GDP 的比例最高。但需要注意的是，三次产业的比例是相对指标，中亚国家之所以形成此类产业结构特点，并不是因为经济已经发展到发达国家层次，而是由于中亚国家经济规模较小，第一产业和第二产业（主要是制造业）发展相对滞后，产业结构不合理。

一、哈萨克斯坦产业结构

哈萨克斯坦自 1991 年独立以来，积极实施经济体制转轨，坚持积极吸引外资的政策，国内先后经历了衰退、缓慢复苏、快速增长、平稳发展期。哈萨克斯坦是中亚五国中发展速度最快的国家，产业结构也在不断调整，但总体上长期呈现"三二一"型的产业结构特征。1990～2016 年，第一产业占比始终较低，近年来更是下降到 5% 以下。第二、第三产业始终是推动经济发展的主要力量，但自 2008 年以后第二产业产值增速减缓甚至下降，其占比从 2010 年起呈现下降态势；第三产业发展较快，2016 年占比达到 58.14%（图 4-1）。

哈萨克斯坦地广人稀，可耕种面积较大，农业发展条件相对较好，是苏联时期重要的粮食产区。该国独立后，由于农业种植结构不合理、投入不足、农业基础设施落后等，产量严重下滑，农业发展缓慢。值得注意的是，其农业虽在国民经济中占比逐年下降，但仍占用大量社会劳动力，就业结构与经济结构不匹配。近年随着经济的发展，哈萨克斯坦加大了对农业的投资力度，农业产量、质量都有了一定的提升。

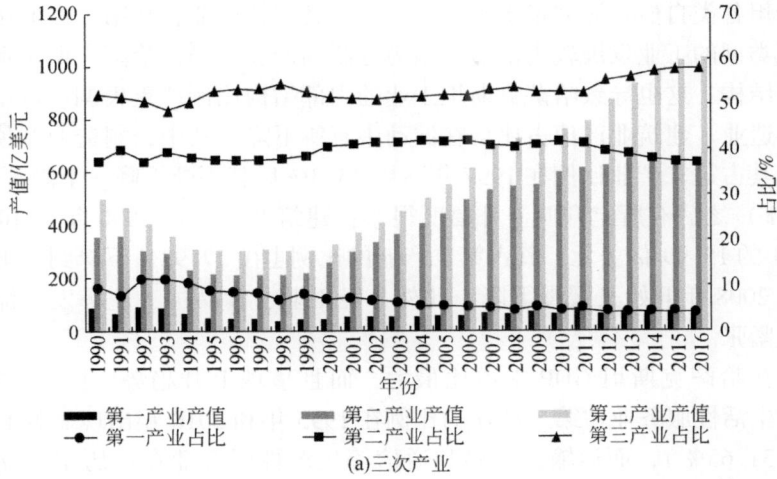

(a)三次产业

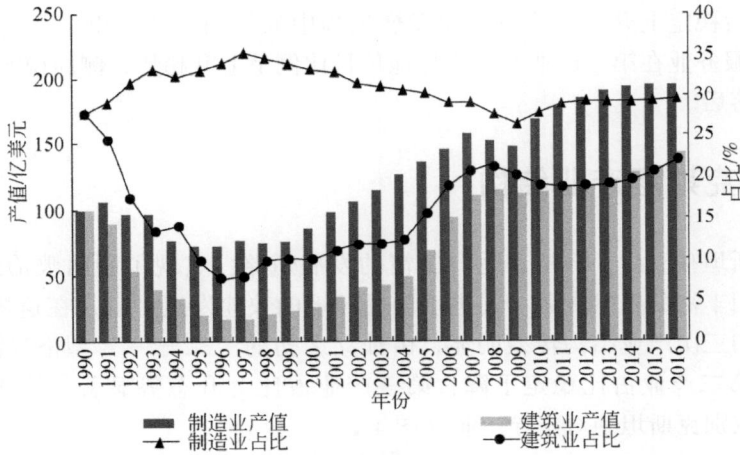

(b)制造业和建筑业

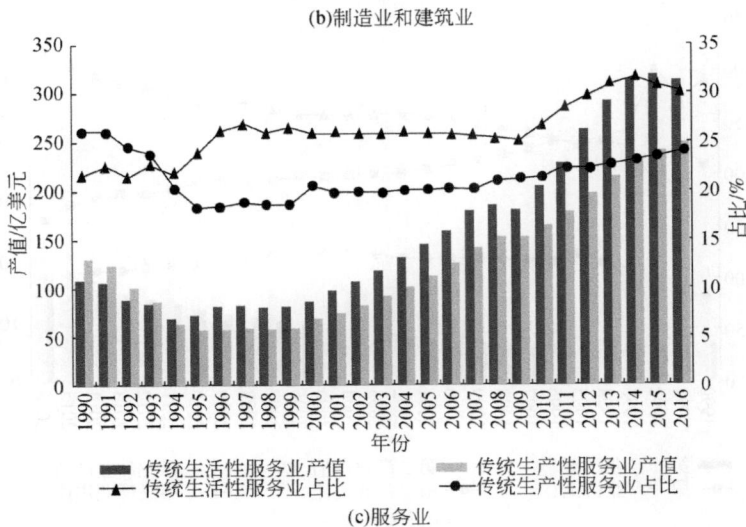

(c)服务业

图 4-1　1990~2016 年哈萨克斯坦三次产业和重点行业产值及比例变化趋势

哈萨克斯坦各类自然资源储量丰富，采矿业是其支柱产业，在第二产业中占有很高的比例，而其他类型的工业发展较为落后。因为苏联的产业布局，哈萨克斯坦形成了以重工业为主的经济结构，这也导致哈萨克斯坦工业的内部结构比例严重失调。以第二产业内部结构为例，制造业、建筑业产值占比均在波动中有所下降。其中，制造业产值虽然呈绝对增长态势，但其占第二产业比例在 1997 年达到 35.3% 后就不断下降，下降至 2009 年的最小值（26.52%）之后有所上升但上升幅度很小；建筑业产值由 1990 年的 100.39 亿美元剧减至 1996 年的 15.99 亿美元，其占第二产业的比例也由 27.92% 下降到 7.45%，之后有所回升，但自 2008 年开始又缓慢下降。此外，轻工业、食品加工业等发展滞后，居民日常消费品供应紧张。

第三产业在哈萨克斯坦 GDP 中占比最大，而且呈现上升趋势。批发、零售、贸易、旅馆和饭店等生活性服务业占第三产业的比例在 1995 年和 2010 年出现显著上升，到 2014 年达到最高（31.65%），而运输、仓储和通信等生产性服务业在经历了独立之初的萎缩后，1995 年之后稳定上升，在第三产业发展过程中的作用日益突出。总体看来，1990 ~ 2016 年，传统服务业在第三产业中占主导地位且比例呈上升趋势，侧面说明其他新兴服务业发展仍较为落后。

二、乌兹别克斯坦产业结构

乌兹别克斯坦独立后，坚持走适合国情的发展道路，实现了国内政治经济的平稳过渡，并通过利用丰富的自然资源，促进了国民经济的快速发展。也是在这样的背景之下，乌兹别克斯坦的三次产业结构转型明显，由独立之初的"二三一"型格局演变为"三二一"型，并且第二产业占比稳定下降，第三产业占比上升态势显著，从 2013 年起达到 50%，成为乌兹别克斯坦绝对主导产业（图 4-2）。

(a)三次产业

(b)制造业和建筑业

(c)服务业

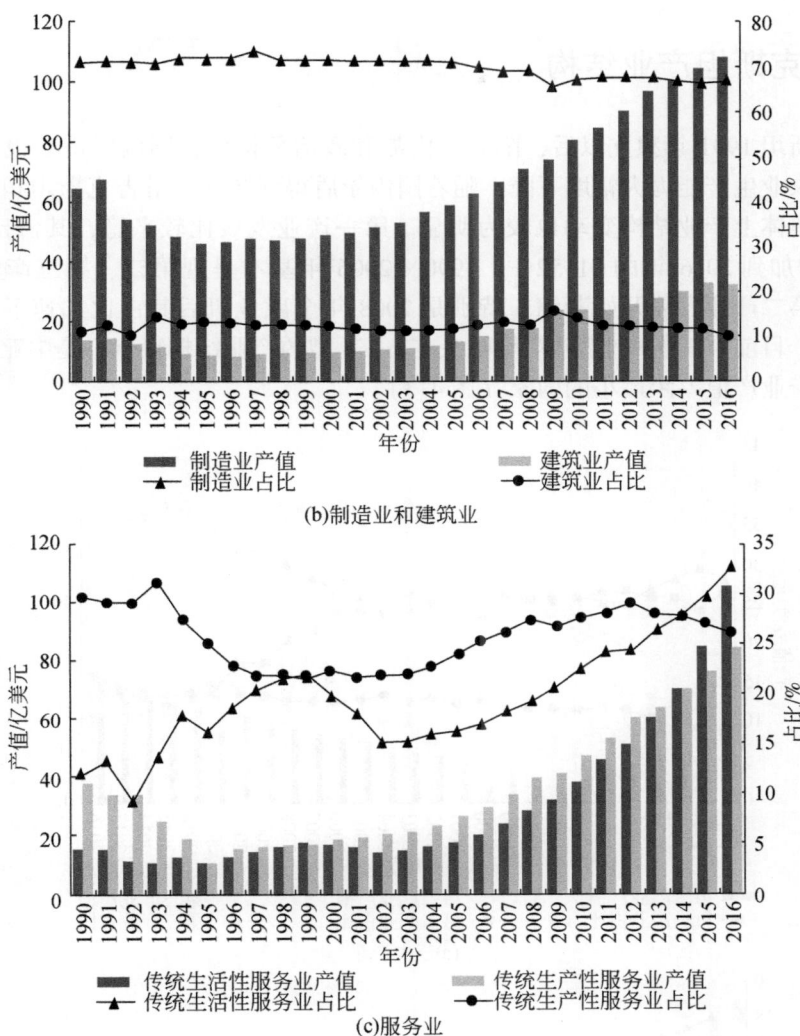

图 4-2　1990～2016 年乌兹别克斯坦三次产业和重点行业产值及比例变化趋势

从内部结构变化看，1990～2016 年第二产业内部制造业和建筑业产值都经历了先减少后增加的变化过程，但占比长期以来都较为稳定。乌兹别克斯坦的工业体系相对完整，主要有油气产业、有色金属冶炼、重型机械制造等部门，其中天然气、石油、黄金开采是乌兹别克斯坦的支柱产业，重型机械制造较为发达，以农机、汽车、飞机为主，具备一定的出口能力。但工业结构不合理，加工能力不足，出口产品多为初级产品或半成品，轻纺、食品等工业部门发展滞后。

第三产业内部结构变动显著，特别是批发、零售、贸易、旅馆和饭店等生活性服务业产值由 1990 年的 15.15 亿美元增长到 2016 年的 105.41 亿美元，增长了近 6 倍，其在第三产业中的占比也由 11.95% 上升到 32.71%，2015～2016 年超过运输、仓储和通信等生产性服务业，成为带动第三产业发展的主导力量。

三、塔吉克斯坦产业结构

塔吉克斯坦 1991 年独立以后，陷入了内战和政治危机中，国内经济建设遭到了巨大的破坏，工农业生产能力大幅度下降。随着国内矛盾得到缓和，塔吉克斯坦积极推进政治经济改革，整体上产业结构变动也较为明显。第一产业发展比较平稳，其占比由 1990 年的 14.09% 增加到 2016 年的 21.52%；1990~2006 年基本呈现第二、第三产业并重的局面，但之后第二产业发展开始萎缩，特别是 2008 年金融危机后其占比加速下降，一度低于第一产业。目前，三次产业整体呈现"三二一"型的产业结构特点，是中亚五国中第一产业和第二产业产值差距最小的国家（图 4-3）。

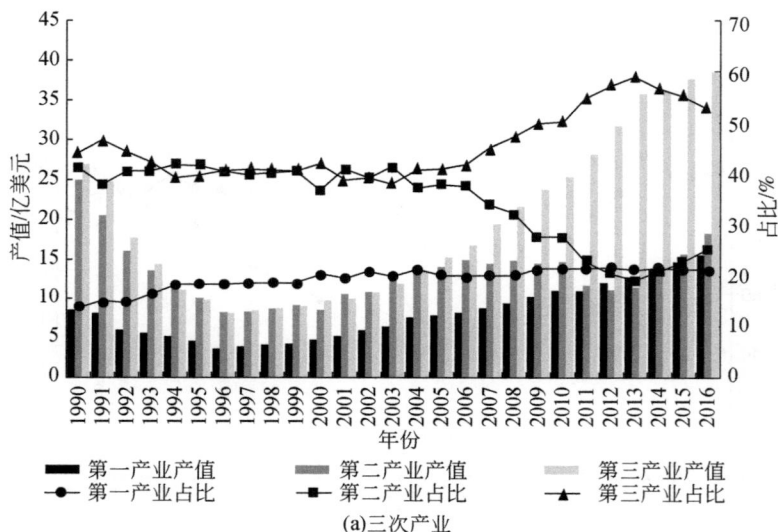

(a)三次产业

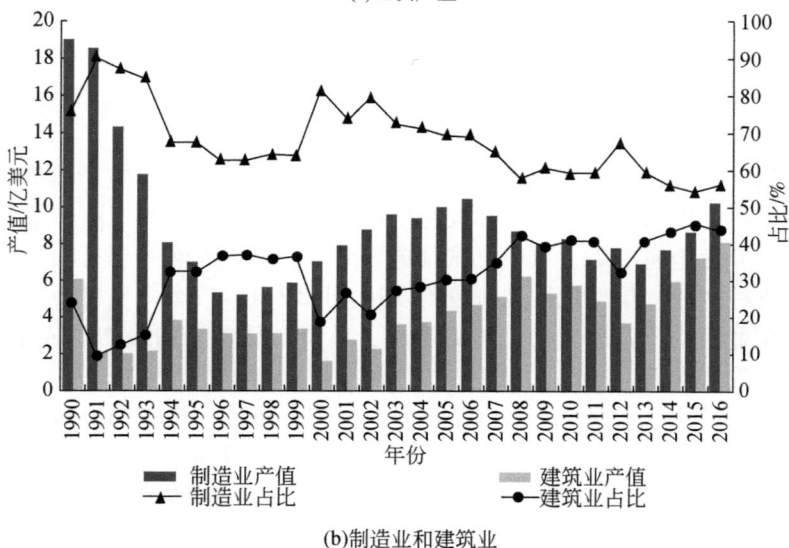

(b)制造业和建筑业

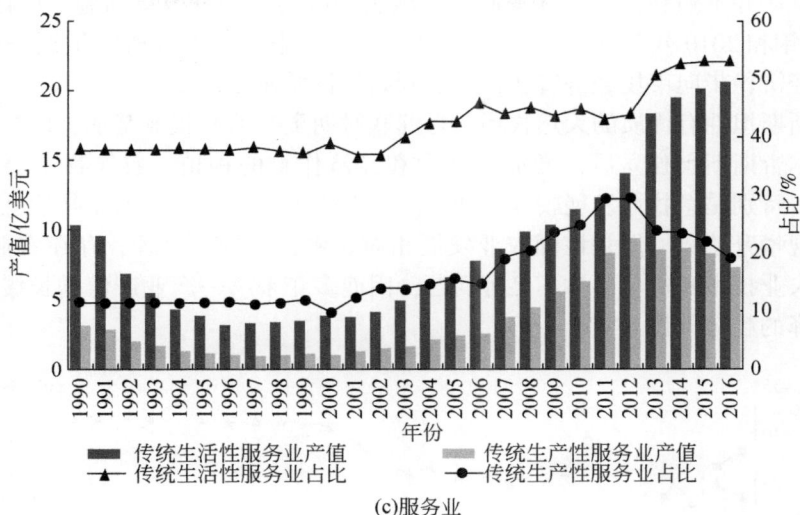

(c)服务业

图 4-3　1990～2016 年塔吉克斯坦三次产业和重点行业产值及比例变化趋势

　　塔吉克斯坦独立前，是苏联第三大产棉基地，也是畜牧产品供应地。塔吉克斯坦独立后，农业在国民经济中占据举足轻重的地位。其中种植业占较高比例，主要以棉花种植为主，畜牧业由于失去了稳定的饲料来源而遭受重创，由于可耕地面积较小，粮食供应严重不足，需要大量进口。2000 年以来，塔吉克斯坦积极推进土地改革，并向土地私有化方向转变，促进了农业的发展。

　　塔吉克斯坦独立后，由于苏联工业布局的影响，与中亚其他国家之间的工业联系被切断，对其工业产生了极大的冲击，因而第二产业产值占 GDP 的比例也逐年下降。制造业在第二产业中长期占据主导地位，而制造业产值及其占比多年来下降显著，分别由 1990 年的 18.99 亿美元和 75% 以上下降至 2016 年的 10.26 亿美元和 56.11%。建筑业产值波动显著，塔吉克斯坦的房地产业发展加快，兴建基础设施占 GDP 的比例有所上升，但尚不能有力带动第二产业的发展。总体而言，塔吉克斯坦经济基础薄弱，产业结构较为单一，制造业、加工业落后，各类工业消费品严重不足，经济发展的阻力较大。

　　塔吉克斯坦的第一产业发展缓慢，第二产业受国际经济影响较大，导致两个产业总和占 GDP 的比例不断下降，同时国内经济规模较小。第三产业则呈现较为迅猛的发展态势，这也与批发、零售等生活性服务业占比近年来增速加快密切相关，而运输、仓储和通信等生产性服务业占比经稳步上升后，自 2011 年起有所下降，并且一直显著低于生活性服务业。

四、吉尔吉斯斯坦产业结构

　　吉尔吉斯斯坦的三次产业结构总体上也呈现高级化的演进特征，目前其三次产业整体呈现出"三二一"型的产业结构特点。但第二、第三产业占比一直呈现较明显的波动状态，这与政局不稳和金融危机的双重打击导致经济波动较大密切相关。吉尔吉斯斯坦独立以后，经济发展并不顺利，由于其采取较为激进的政治、经济改革措施，国内矛盾激化，先后在 2005 年和 2010 年发生了两次政权更迭。近年来，吉尔吉斯斯坦通过调整改革方案，由计划经济稳步向市场经济转轨，经济开始保持低速增长。

吉尔吉斯斯坦拥有优质的天然牧场，是苏联时期重要的畜牧业基地，以牛、羊、马养殖为主。吉尔吉斯斯坦独立后，增加了粮食和经济作物的种植，农作物主要是小麦、烟叶、棉花等，特别是畜牧业发展较好，初级产品有较大出口能力，因而其独立后第一产业占比一度呈现攀升趋势。但是该国农业发展相对缓慢，结构不合理，存在农业设施落后、缺水严重、农业技术和资金支撑不足等问题，因而多年来第一产业产值增长缓慢，并且占比有缓慢下降的趋势（图 4-4）。

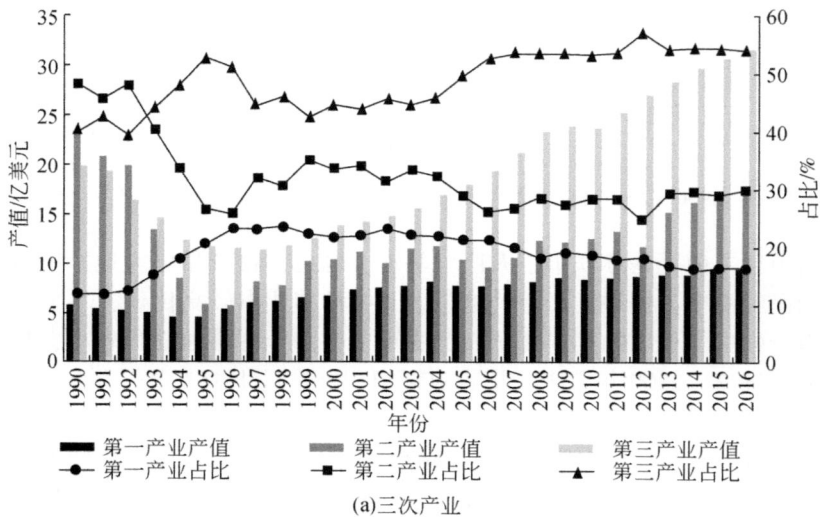
(a)三次产业

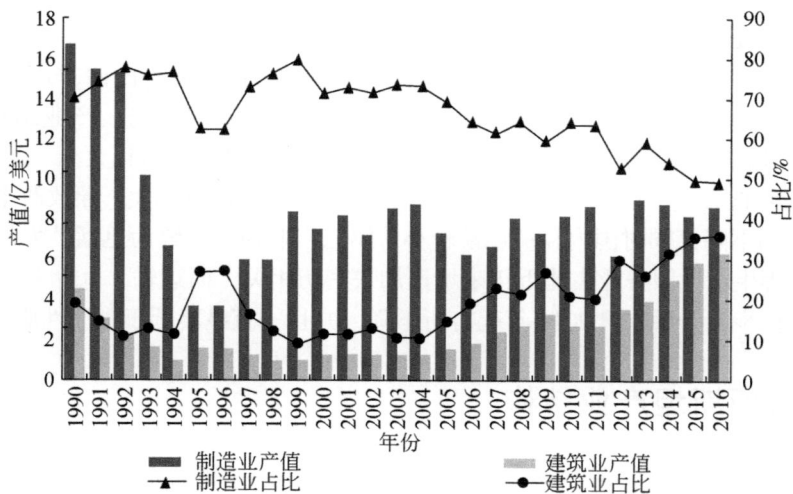
(b)制造业和建筑业

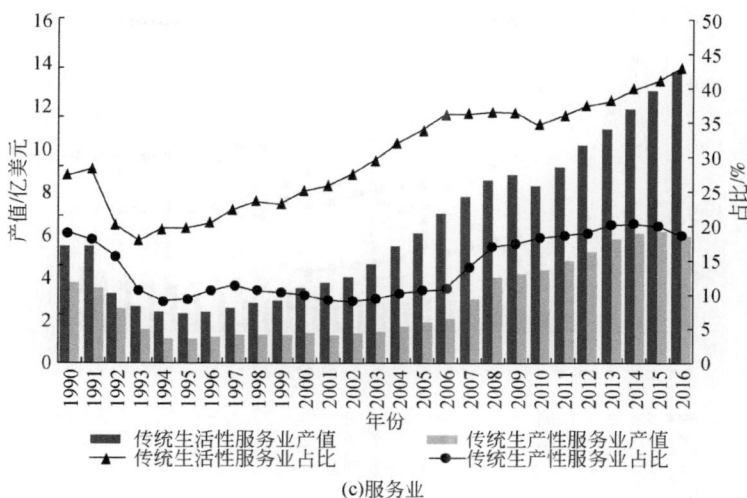

图 4-4   1990～2016 年吉尔吉斯斯坦三次产业和重点行业产值及比例变化趋势

吉尔吉斯斯坦是传统的农牧业国家，工业基础较为薄弱。多年来，其第二产业占 GDP 的比例波动较大。吉尔吉斯斯坦的工业主要以生产初级矿产品为主，容易受到国际市场矿产品价格变动的影响。制造业作为第二产业内部较重要的行业，其占比多在 60% 以上，但 2015～2016 年却下降到 50% 以下，优势有所减弱；建筑业产值及其占比均有所增加，与制造业占比差距不断缩小。但吉尔吉斯斯坦工业整体较为落后，大量工业消费品需要进口。

第三产业内部的生活性服务业和生产性服务业都取得了长足的发展，特别是生活性服务业增长更为迅速。值得注意的是，吉尔吉斯斯坦拥有独特的旅游资源，有"中亚瑞士"的美称。近年来，吉尔吉斯斯坦将旅游业列为经济发展的重要方向，带动了旅游服务业的兴起，吉尔吉斯斯坦服务业的发展与此有关。

五、土库曼斯坦产业结构

土库曼斯坦地处内陆腹地，国内多沙漠，气候较为干旱，农业部门发展相对落后。土库曼斯坦独立后，制定了农业发展计划，积极调整农业结构，将以棉花种植为主的农业结构逐步调整为棉花和小麦并举，粮食产量获得较快增长，农业结构趋于合理化。

土库曼斯坦的产业结构高级化程度在中亚五国中显著偏低，第二产业占比虽波动较大，但长期以来都是该国的主导产业，其中制造业始终在第二产业中占据绝对主导的地位，2000 年以前其产值和占比在波动中有所下降，2000 年后产值回升且占比长期保持在 78% 以上，是带动第二产业的主要动力；而建筑业发展较为缓慢，比例相对较低（图 4-5）。结合土库曼斯坦的实际情况，土库曼斯坦拥有丰富的油气资源，是苏联时期重要的天然气供应地，天然气储量位居世界第 4 位、中亚第 1 位，这也使得油气工业成为其支柱产业。此外，电力、纺织业发展较快，也是土库曼斯坦重要的工业部门。但土库曼斯坦存在产业结构单一、油气工业占比较大、轻工业发展缓慢及对国际市场依赖较大等问题。

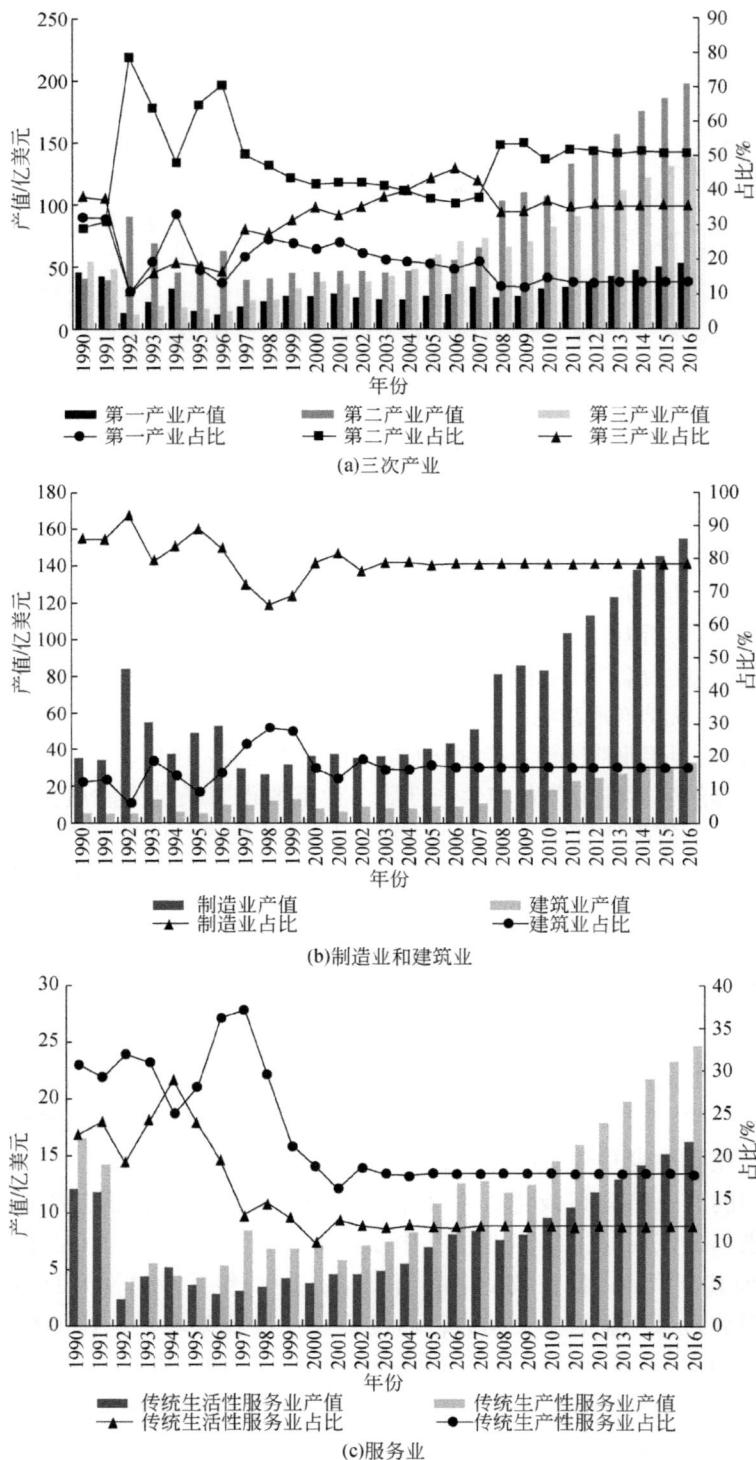

图 4-5　1990～2016 年土库曼斯坦三次产业和重点行业产值及比例变化趋势

土库曼斯坦独立以后，通过建设城市，兴建公路、铁路等基础设施，兴建旅游经济区，促进了第三产业的发展，因而第三产业占比在 2008 年前发展势头较好，但之后转而下降并低于第二产业。其中主要生活性、生产性服务业产值均先减少后增加，其占比经过剧烈下降后始终处于较低水平，这与土库曼斯坦部分基础设施发展仍然滞后直接相关。

总体上，传统制造业优势显著和服务业仍处于欠发达阶段，使得该国成为中亚地区唯一仍处于"二三一"型产业结构状态的国家。

中亚地区产业结构日趋高级化、合理化，同时不同国家的产业结构演变也呈现出一定的差异性。哈萨克斯坦、乌兹别克斯坦和塔吉克斯坦三国的产业结构高级化演进特征较明显；吉尔吉斯斯坦第二、第三产业占比波动明显，产业结构仍有待进一步优化；而土库曼斯坦可视为中亚地区的工业大国，经济发展依然主要靠第二产业拉动。深入产业内部，包括哈萨克斯坦、塔吉克斯坦、吉尔吉斯斯坦等在内的多数国家制造业优势呈现不同程度的减弱，而建筑业占比有不同程度的上升。从第三产业内部来看，多数国家日益重视生活性服务业的发展，批发、零售等生活性服务业产值和占比呈现不断上升的趋势。土库曼斯坦的产业结构明显落后于其他四国，至今仍呈现"二三一"型产业格局。

第三节　中亚地区产业结构变迁的动态过程

产业结构演进是产业发展过程中其结构和内容在数量与质量两方面的变动过程，产业结构的先进性及其演化直接影响区域经济增长效率与发展状况。本章第二节关注的是中亚五国三次产业和重点行业产值及其占经济总量比例的时序变化，重在从"数量规模"的角度反映产业结构演进的历史特征；本节则试图从"质量"角度切入，从产业结构的合理性、产业竞争力等方面，对中亚地区产业经济时空演变动态特征展开更加科学和系统的研究，揭示产业结构演进过程中存在的深层次问题，这对明确中亚地区未来产业结构调整方向、进行国际产能合作顶层设计具有重要现实意义。参考前人的研究，结合中亚经济发展历程，1990~1999 年是中亚五国独立后经历停滞萧条后又复苏的经济震荡期，2000~2009 年是中亚地区市场化改革进程加深的时期，2010 年以后是稳定发展期，因此本节设定 1990~1999 年、2000~2009 年和 2010~2016 年三个时段，对中亚五国分别进行偏离-份额分析，刻画各国产业结构的合理性和竞争力情况。

专栏 4-1：偏离-份额分析

偏离-份额法（shift-share method）是一种有效的分析结构问题的方法，其基本原理是：把区域经济的变化视为一个动态的过程，以其所在大区域的经济发展为参照系，将区域自身经济总量在某一时期的变动分解为份额分量、结构偏离分量和竞争力偏离分量，以此确定区域具有相对竞争优势的产业部门。具体模型如下。

假设在经历了时间 $[0, t]$ 后，区域和全国的经济总量均已发生变化。设初始期（基年）区域经济总规模为 b_0，末期（截止年 t）为 b_t。同时，依照一定的规则，把区域经济划分为 n 个产业部门，分别以 $b_{j,0}$、$b_{j,t}$（$j=1, 2, \cdots, n$）表示区域第 j 个产业部门在初始期与末期的规模；并以 B_0、B_t 分别表示全国在相应时期初始期与末期经济总规模，以 $B_{j,0}$、$B_{j,t}$ 分别表示全国初始期与末期第 j 个产业部门的规模，则区域和全国的任一产业部门 j 在该时段的变化率为

$$r_j = \frac{b_{j,t} - b_{j,0}}{b_{j,0}}, \ R_j = \frac{B_{j,t} - B_{j,0}}{B_{j,0}} (j = 1, 2, 3, \cdots, n)$$

以全区域各产业部门所占的份额对各地区各产业部门进行标准化：

$$b'_j = \frac{b_{j,0} \times B_{j,0}}{B_0} (j = 1, 2, 3, \cdots, n)$$

这样，在 $[0, t]$ 时段各地区第 j 产业部门的增长量 G_j 可以分解为区域份额分量 N_j、结构偏离分量 P_j 及竞争力偏离分量 D_j，表达式如下。本研究中，区域份额分量是利用整个中亚地区产业结构及增长速度对各国生产总值进行的再分配，结构偏离分量是对各国和中亚地区三次产业结构进行的比较，竞争力偏离分量是对各国和中亚地区产业增长速度的衡量。

$$G_j = N_j + P_j + D_j$$
$$N_j = b'_j \times R_j$$
$$P_j = (b_{j,0} - b'_j) \times R_j$$
$$D_j = b_{j,0} \times (r_j - R_j)$$

地区总的增长量可表示为

$$G = N + P + D = \sum_{j=1}^{n} b'_j \times R_j + \sum_{j=1}^{n} (b_{j,0} - b'_j) \times R_j + \sum_{j=1}^{n} b_{j,0} \times (r_j - R_j)$$

引入 $K_{j,0} = \dfrac{b_{j,0}}{B_{j,0}}$ 和 $K_{j,t} = \dfrac{b_{j,t}}{B_{j,t}}$ 作为地区 j 部门在初始期与末期占同期全区域相应部门的比例，则地区对于全区域的相对增长率 L 可表示为

$$L = \frac{\sum_{j=1}^{n} b_{j,t}}{\sum_{j=1}^{n} b_{j,0}} \bigg/ \frac{\sum_{j=1}^{n} B_{j,t}}{\sum_{j=1}^{n} B_{j,0}} = \frac{\sum_{j=1}^{n} K_{j,t} \times B_{j,t}}{\sum_{j=1}^{n} K_{j,0} \times B_{j,0}} \bigg/ \frac{\sum_{j=1}^{n} B_{j,t}}{\sum_{j=1}^{n} B_{j,0}}$$

$$= \left[\frac{\sum_{j=1}^{n} K_{j,0} \times B_{j,t}}{\sum_{j=1}^{n} K_{j,0} \times B_{j,0}} \bigg/ \frac{\sum_{j=1}^{n} B_{j,t}}{\sum_{j=1}^{n} B_{j,0}} \right] \times \left[\frac{\sum_{j=1}^{n} K_{j,t} \times B_{j,t}}{\sum_{j=1}^{n} K_{j,0} \times B_{j,t}} \right] = W \times u$$

式中，W 和 u 分别为结构效果指数和区域竞争效果指数。$L>1$，说明地区增长快于全区域。若 P 较大，$W>1$，说明区域经济中增长快的产业部门比例大，区域总体经济结构比较好，结构对经济增长的贡献大；反之说明产业结构需要调整。若 D 较大，$u>1$，说明各产业部门总的增长势头大，具有较强的竞争力，反之则说明产业部门竞争力弱，在经济中的地位有下降趋势。

一、中亚五国产业结构演进过程

根据哈萨克斯坦的偏离–份额分析结果（表4-1），从区域份额分量看，该国三次产业

的总增长量在第一时段均低于区域份额分量，后两个时段均高于区域份额分量，说明独立之初的经济震荡对其产业发展影响巨大，当经济恢复增长后，各产业的发展均领先于整个中亚地区。从结构偏离分量看，除第一时段各产业均为负值外，此后两个时段均为正值，说明随时间的推移各产业对经济增长的拉动作用逐渐凸显。从竞争力偏离分量看，第一、第二产业仅在第二时段为正值，在其他时段为负值，说明农业和工业对比全区域发展速度来看仅在 2000~2009 年表现出较强的竞争力；第三产业在第一、第二时段为正值，第三时段变为负值，这可能源于哈萨克斯坦第三产业发展相对较早，而 2010~2016 年增长放缓，与整个中亚地区第三产业发展速度相比竞争力不足。

表 4-1　1990~2016 年哈萨克斯坦三次产业的偏离–份额分析

时段	产业类型	G_j	N_j	P_j	D_j	$(PD)_j$
1990~1999 年	第一产业	−46.18	−4.38	−29.26	−12.54	−41.80
	第二产业	−134.86	−45.52	−77.32	−12.02	−89.34
	第三产业	−192.06	−99.03	−99.35	6.32	−93.03
2000~2009 年	第一产业	28.90	3.02	21.53	4.35	25.88
	第二产业	295.32	108.03	164.42	22.87	187.29
	第三产业	383.27	170.91	184.83	27.53	212.36
2010~2016 年	第一产业	16.15	2.38	24.17	−10.41	13.77
	第二产业	62.48	58.13	85.33	−80.98	4.35
	第三产业	271.77	182.88	179.19	−90.31	88.88

注：$(PD)_j$ 表示总偏离分量，即结构偏离分量与竞争力偏离分量之和

　　乌兹别克斯坦的偏离–份额分析结果见表 4-2。从区域份额分量看，第一产业在三个时段的总增长量均高于区域份额分量，说明该国第一产业的发展水平始终高于区域水平；第二、第三产业的总增长量在第一时段低于区域份额分量，后两个时段均高于区域份额分量，表明第二、第三产业的发展水平呈现逐步超过区域平均水平的趋势。从结构偏离分量看，三次产业在第一时段均为负值，2000 年起变为正值，说明三次产业在经济增长中的地位也是逐步上升的。从竞争力偏离分量看，第一产业三个时段均为正值，说明第一产业的竞争力一直较强，而第二、第三产业的竞争力偏离分量第二时段变为负值，第三时段又变为正值，说明第二、第三产业的竞争力经历了由强变为不足，直到 2010 年又逐渐增强、发展速度加快的动态过程。

表 4-2　1990~2016 年乌兹别克斯坦三次产业的偏离–份额分析

时段	产业类型	G_j	N_j	P_j	D_j	$(PD)_j$
1990~1999 年	第一产业	1.77	−1.68	−11.18	14.63	3.45
	第二产业	−24.31	−11.55	−19.61	6.86	−12.75
	第三产业	−49.47	−25.13	−25.21	0.87	−24.34
2000~2009 年	第一产业	27.64	2.53	18.02	7.10	25.12
	第二产业	44.27	28.11	42.78	−26.62	16.16
	第三产业	70.77	42.29	45.74	−17.26	28.48

时段	产业类型	G_j	N_j	P_j	D_j	$(PD)_j$
2010~2016年	第一产业	33.06	2.53	25.69	4.84	30.53
	第二产业	41.17	11.56	16.98	12.63	29.61
	第三产业	153.73	40.27	39.46	74.00	113.46

　　塔吉克斯坦的偏离-份额分析结果见表4-3。三次产业的总增量在第一时段均小于区域份额分量，后两个时段均高于区域份额分量，整体上三次产业的发展水平是在提高的。从结构偏离分量看，三次产业的结构偏离分量均由负值变为正值，并且第一、第三产业的分量值不断增加，说明二者对经济增长的贡献不断增大。从竞争力偏离分量看，第一、第三产业的值在第一时段为负值，后两个时段为正值，而第二产业到第三时段才变为正值，说明第二产业竞争力长期不足，直到2010年才有所提升。

表4-3　1990~2016年塔吉克斯坦三次产业的偏离-份额分析

时段	产业类型	G_j	N_j	P_j	D_j	$(PD)_j$
1990~1999年	第一产业	-4.32	-0.40	-2.66	-1.26	-3.92
	第二产业	-15.83	-3.17	-5.39	-7.26	-12.65
	第三产业	-17.97	-5.38	-5.40	-7.18	-12.58
2000~2009年	第一产业	5.55	0.31	2.21	3.03	5.24
	第二产业	4.72	3.58	5.45	-4.30	1.14
	第三产业	13.90	5.09	5.50	3.31	8.81
2010~2016年	第一产业	4.56	0.39	4.00	0.17	4.17
	第二产业	4.19	1.36	2.00	0.83	2.83
	第三产业	13.21	6.08	5.96	1.17	7.13

　　吉尔吉斯斯坦的偏离-份额分析结果见表4-4。从区域份额分量看，第一产业的总增长量始终高于区域份额分量，说明该国第一产业发展水平长期高于区域总体水平；第三产业的总增长量从2000年起开始高于区域水平，第二产业的总增长量到2010年高于区域份额分量，说明随着产业结构的演进第二、第三产业逐步开始发力。从结构偏离分量看，各产业分量值从第一时段到第二时段由负变正，表明各产业从2000年开始对经济增长产生积极影响，并且第三产业对经济增长的贡献相对更大。从竞争力偏离分量看，第一、第三产业仅在第一时段为正，第二产业在第三时段由负变正，表明第一、第三产业的竞争力不足，而第二产业的竞争力有所增强。

表4-4　1990~2016年吉尔吉斯斯坦三次产业的偏离-份额分析

时段	产业类型	G_j	N_j	P_j	D_j	$(PD)_j$
1990~1999年	第一产业	0.69	-0.27	-1.83	2.80	0.97
	第二产业	-13.56	-3.02	-5.13	-5.41	-10.54
	第三产业	-7.49	-3.95	-3.96	0.43	-3.53

时段	产业类型	G_j	N_j	P_j	D_j	$(PD)_j$
2000~2009 年	第一产业	1.81	0.44	3.13	-1.76	1.37
	第二产业	1.82	4.30	6.55	-9.03	-2.48
	第三产业	10.13	7.12	7.70	-4.70	3.00
2010~2016 年	第一产业	1.28	0.30	3.03	-2.04	0.98
	第二产业	4.90	1.22	1.79	1.90	3.69
	第三产业	7.98	5.65	5.54	-3.21	2.33

土库曼斯坦的偏离-份额分析结果见表4-5。从区域份额分量看，第一产业在第一、第二时段低于区域份额分量，第三时段发展水平显著提升；第二产业的总增长量始终显著高于区域份额分量，可见第二产业的发展水平高于区域总体水平；而第三产业的发展水平也是进入2000年后才开始超越区域总体水平。从结构偏离分量看，三次产业的结构偏离分量在第一时段均为负，之后为正，说明三次产业从2000年起开始对经济增长产生拉动作用，由结构偏离分量的大小可看出第二、第三产业对经济增长的拉动作用要大于第一产业。从竞争力偏离分量看，第二产业的竞争力偏离分量始终为正值且显著大于其他产业，说明土库曼斯坦的第二产业竞争力较强，第一、第三产业的竞争力直到2010年才有所提升。

表 4-5 1990~2016 年土库曼斯坦三次产业的偏离-份额分析

时段	产业类型	G_j	N_j	P_j	D_j	$(PD)_j$
1990~1999 年	第一产业	-19.67	-2.09	-13.95	-3.63	-17.58
	第二产业	4.00	-5.13	-8.71	17.84	9.13
	第三产业	-21.87	-10.70	-10.74	-0.43	-11.17
2000~2009 年	第一产业	0.28	1.60	11.39	-12.71	-1.32
	第二产业	64.02	18.61	28.33	17.08	45.41
	第三产业	31.71	19.50	21.09	-8.88	12.21
2010~2016 年	第一产业	20.08	1.13	11.50	7.45	18.95
	第二产业	90.87	10.23	15.02	65.62	80.64
	第三产业	56.60	19.32	18.93	18.35	37.28

二、中亚五国产业结构演进模式

表4-6列出中亚五国相对增长率、结构效果指数和区域竞争效果指数的综合测算结果。本书认为，当一个国家相对增长率大于1.0，必然是产业结构优化或竞争力提升某一方面推动的，或者是两方面共同推动的结果；相反则说明二者必然有一方面是滞后的，从而制约经济增长。

表 4-6　1990～2016 年中亚五国不同时段相对增长率 L、结构效果指数 W、区域竞争效果指数 u

国家	时段	L	W	u
哈萨克斯坦	1990～1999 年	0.97	0.99	0.98
	2000～2009 年	1.06	1.01	1.05
	2010～2016 年	0.91	1.00	0.91
乌兹别克斯坦	1990～1999 年	1.14	1.01	1.13
	2000～2009 年	0.88	0.99	0.89
	2010～2016 年	1.19	1.01	1.18
塔吉克斯坦	1990～1999 年	0.59	1.04	0.57
	2000～2009 年	1.02	1.00	1.02
	2010～2016 年	1.05	1.05	0.99
吉尔吉斯斯坦	1990～1999 年	0.94	1.04	0.91
	2000～2009 年	0.72	0.97	0.75
	2010～2016 年	0.96	1.03	0.94
土库曼斯坦	1990～1999 年	1.16	1.02	1.14
	2000～2009 年	0.95	0.98	0.97
	2010～2016 年	1.29	0.96	1.34

　　哈萨克斯坦自 2000 年以来结构效果指数都不小于 1.0，但区域竞争效果指数仅第二时段大于 1.0，2010～2016 年降至 0.91，表明竞争力在波动中有下降趋势，竞争力的下降导致相对增长率小于 1.0，属于产业结构优化推动而竞争力滞后型国家。乌兹别克斯坦 2010～2016 年相对增长率达到 1.19，结构效果指数和区域竞争效果指数都经历了先减小后增大的变化，结合前文分析这主要是由于第二、第三产业竞争力变化，乌兹别克斯坦属于产业结构优化和竞争力提升双重推动型国家。塔吉克斯坦各阶段结构效果指数均不小于 1.0，区域竞争效果指数仅在 2000～2009 年大于 1.0，但相对增长率自 2000 年起均大于 1.0，经济增长率高于整个中亚地区，属于典型的产业结构优化推动型国家。吉尔吉斯斯坦 1990～2016 年相对增长率均小于 1.0，虽然产业结构方面表现出一定的合理性，但区域竞争效果指数也均小于 1.0，是典型的竞争力滞后型国家。土库曼斯坦 2010～2016 年相对增长率达到 1.29，经济增长高于整个中亚地区，虽然结构效果指数 2000～2016 年一直小于 1.0，产业结构存在一定的不合理性，但区域竞争效果指数显著增大，竞争力有所提高，土库曼斯坦是典型的竞争力提升推动型国家。

　　经济发展的历史表明，任何地区的产业结构都将随着经济发展阶段的变化经历由不合理到合理、由低级到高级演变的客观过程（文亚妮，2011）。中亚五国的产业结构演进也呈现出不同程度的高级化趋势。但由于各个国家自然资源禀赋、产业结构发展历史、产业发展基础、经济发展战略、市场化程度等方面均存在差异性，中亚五国产业结构演进特征表现出较为明显的差异，各国在产业结构合理性、产业竞争力等方面也存在不容忽视的问题。哈萨克斯坦三次产业的发展水平领先于中亚地区总体水平，产业结构也趋向合理化，这与该国自苏联解体以来所确立的各项积极的经济发展战略及基本国策都有密切关系，如涉及轻工业、食品工业、机器制造业、技术密集型产业及交通运输、邮电通信等基础设施建设等的"进口替代型"产业计划（任群罗和伊万·沙拉法诺夫，2013），有力地带动了诸多行业的发展；然而，哈萨克斯坦三次产业依然存在竞争力相对不足的问题，其中，农业生产率低、能源资源依赖型经济结构以及第三产业尚不能有效吸纳劳动力等都是该问题出现的原因（孙莉等，2012）。乌兹别克斯坦近年来产业结构及其竞争力都表现出较显著的优势，主要得益于其自独立初期起依据本国国情实行的渐进式经济改革，强调保证国家宏观经济的稳定，从而保证了优势和特色产业的良好竞争力（杨建宏，2012）。塔吉克斯坦自1997年内战结束以后，政府在国际社会的援助下集中精力发展经济，经济稳定、快速发展，使得三次产业结构日趋合理化，但由本研究结果也不难看出，三次产业发展水平并不平衡，与相关研究指出的该国农业发展比较平稳、工业总体发展处于萎缩状态、服务业发展迅猛的现实状况是一致的（黄群，2017）。吉尔吉斯斯坦产业结构演进对经济增长的积极影响直到2000年才逐渐有所显现，但各产业的竞争力显著滞后，农业产业化程度低，粗放式经营特征明显；虽然第二产业竞争力逐渐提升，但从国民经济最重要部门之一的工业发展看，其尚未完全适应计划经济向市场经济的转变，政府也没有实施具有针对性的工业政策，服务业也仅处于初级阶段，这些都是该国产业竞争力显著不足的直接原因（Isirov和依希诺，2014）。土库曼斯坦产业区域竞争效果显著，特别是第二产业竞争力优势明显，第一产业竞争力也有所显现，这是因为该国从苏联时期开始就大力发展与原材料开采、初加工相关的重工业和棉花种植业，从而具有良好的农业、工业基础，但同时也导致了土库曼斯坦国民经济结构呈现出重工业较为发达而加工业极为落后的畸形特征（郑国富，2009）。

第四节　中亚地区主要产业对经济增长的贡献

一、主要产业对经济增长贡献的定量分析

通过分析中亚各国产业结构演进趋势，可以发现中亚地区经济增长伴随着产业结构的不断调整和一定程度的优化。除厘清中亚各国产业结构本身的演进趋势和特征外，还有必要了解不同产业对经济增长的影响。鉴于此，剖析各产业对经济增长的贡献度无疑也是一项有意义的工作，可为掌握促进中亚地区经济增长的主导产业、发现产业转型中的主要问题提供一定的科学参考。本书基于灰色关联分析方法测算了不同时期、不同产业及主要细分行业与经济增长的关联度系数，沿用上一节的时段划分方法，定量辨识各产业对经济增长的贡献度及其阶段性特征。

专栏4-2：灰色关联分析

灰色关联分析是灰色系统分析的内容之一，其实质就是通过对系统内时间序列下有关统计数据几何关系的比较，依据各因素数列曲线形状的接近程度，分析计算关联序列间的相似性或相异性，并进行发展态势的分析。采用灰色关联分析方法求出各比较序列与参考序列的灰色关联度系数并按大小排出关联序，关联度系数越大，各比较序列的发展方向和

速率与参考序列越近似，与参考序列的关系越紧密。灰色关联分析相对于传统的经济计量分析具有对数据的条件要求少的特点，即无论样本多少或样本是否有规律都可以使用。根据邓聚龙（2002）提出的灰色关联公理及计算公式，其具体步骤如下。

（1）确定作为参照的参考序列和比较序列。记参考序列为 $x_0(t)$，共采集 m 个数据，即 $x_0(t) = \{x_0(1)，x_0(2)，\cdots，x_0(m)\}$，$t = 1，2，\cdots，m$；记比较序列为 $x_i(t)$，其中有 n 个子序列，$x_i(t) = \{x_i(1)，x_i(2)，\cdots，x_i(m)\}$，$i = 1，2，\cdots，n$。

（2）为便于分析并保证各因素具有等效性和同序性，应对原始数列进行处理。本研究采用的是初值变化法，即各列除以本列第一个数，使之无量纲化。

（3）计算关联度系数：

$$\xi(x_0(t)，x_i(t)) = \frac{\min_i \min_t |x_0(t) - x_i(t)| + \rho \max_i \max_t |x_0(t) - x_i(t)|}{|x_0(t) - x_i(t)| + \rho \max_i \max_t |x_0(t) - x_i(t)|}$$

式中，$\min_i \min_t |x_0(t) - x_i(t)|$ 和 $\max_i \max_t |x_0(t) - x_i(t)|$ 分别为极差最小值和极差最大值；ρ 为分辨率，一般取值为 0.5。

（4）计算参考序列和比较序列之间的关联度系数。两者之间的关联度系数就是序列在各个时刻的关联度系数的均值，记作：

$$R_{ij} = \frac{1}{n} \sum_{i=1}^{n} \xi_i[x_0(t)，x_i(t)]$$

整体来看，中亚地区产业发展趋向于高级化演进，但农业和制造业对经济增长的贡献仍十分显著。具体结果见表4-7。

表 4-7　中亚五国主要产业与经济增长的关联度系数的测算结果

国家	时段	r_1	r_{21}	r_{22}	r_{31}	r_{32}
哈萨克斯坦	1990~1999 年	0.6867	0.7261	0.4979	0.8339	0.6476
	2000~2009 年	0.8564	0.9486	0.6224	0.9432	0.9281
	2010~2016 年	0.7919	0.9216	0.7862	0.5377	0.6307
乌兹别克斯坦	1990~1999 年	0.5679	0.8980	0.7234	0.6481	0.5063
	2000~2009 年	0.8341	0.9454	0.8018	0.7604	0.7139
	2010~2016 年	0.9659	0.9749	0.9553	0.6518	0.7973
塔吉克斯坦	1990~1999 年	0.7048	0.9056	0.5868	0.9440	0.9398
	2000~2009 年	0.9295	0.9317	0.6743	0.8610	0.6854
	2010~2016 年	0.7992	0.7179	0.6776	0.5425	0.6362
吉尔吉斯斯坦	1990~1999 年	0.5710	0.7029	0.5610	0.7750	0.6601
	2000~2009 年	0.9435	0.8492	0.7776	0.6718	0.7352
	2010~2016 年	0.9504	0.8913	0.6253	0.7485	0.8048
土库曼斯坦	1990~1999 年	0.8626	0.6875	0.5797	0.7933	0.8208
	2000~2009 年	0.6925	0.7886	0.7690	0.5699	0.8012
	2010~2016 年	0.8246	0.5236	0.5232	0.7840	0.7819

注：为了便于比较，对各产业关联度系数的变量名称进行设定。r_1 代表农业（agriculture）、狩猎业（hunting）、林业（forestry）和渔业（fishing），r_{21} 代表制造业（manufacturing），r_{22} 代表建筑业（construction），r_{31} 代表批发零售业（wholesale、retail trade）、餐饮住宿业（restaurants and hotels），r_{32} 代表运输（transport）、仓储（storage）和通信业（communication）

对于哈萨克斯坦，1990～1999 年批发零售等生活性服务业对经济增长的贡献最大，二者关联度系数达 0.8339，其次是制造业和农业。2000～2009 年，制造业、批发零售等生活性服务业和运输、仓储、通信等生产性服务业与经济增长的关联度系数都达到 0.9 以上，成为对经济增长贡献较大的几个行业。2010 年以后，制造业对经济增长的贡献依然最大，关联度系数高达 0.9216，其次是农业，关联度系数为 0.7919，表明农业对经济增长的贡献有所凸显，这可能与哈萨克斯坦经济逐渐度过了低谷期，政府拥有充足资金用于支持农业复兴密切相关。

乌兹别克斯坦在三个阶段制造业与经济增长的关联度系数都最大，分别达到 0.8980、0.9454 和 0.9749，该国经过多年的发展已形成部门较齐全的制造业体系，虽然产业结构也在不断调整，但制造业对经济增长的贡献始终保持在较高水平。此外，农业和建筑业对经济增长的贡献不断增大，2000～2009 年，两者与经济增长的关联度系数分别达到 0.8341 和 0.8018，2010～2016 年增大到 0.9659 和 0.9553。

塔吉克斯坦在 1990～1999 年，传统服务业对经济增长的贡献最大，其中批发零售等和运输等与经济增长之间的关联度系数分别为 0.9440 和 0.9398，其次是制造业。进入 2000 年以后，农业和制造业取代传统服务业成为对经济增长贡献最大的行业。特别是农业，2010～2016 年与经济增长的关联度系数为 0.7992，为各行业中最大，这主要与塔吉克斯坦政府在国家农业恢复期采取的一系列恢复措施有关。

对于吉尔吉斯斯坦，1990～1999 年对经济增长贡献较大的两个行业是批发零售、餐饮住宿等生活性服务业及制造业，测算得到的关联度系数分别为 0.7750 和 0.7029。此后，除制造业依然对经济增长保持着较大贡献外，农业对该国经济增长的贡献凸显，关联度系数达 0.9 以上，可见农业在该国国民经济中占有重要地位。

土库曼斯坦虽然服务业欠发达，但传统生活性服务业和生产性服务业对经济增长的贡献却不容忽视。农业对经济增长的贡献虽然较明显但不稳定。制造业和建筑业等传统工业虽然从产值和占比上看具有显著优势，但由于多元化的工业发展局面尚未形成，经济结构单一的大背景使其对经济增长的积极作用尚未显现。

从产业及重点细分行业发展对经济增长的贡献看，部分国家服务业对经济增长产生了积极的贡献，如哈萨克斯坦、塔吉克斯坦、吉尔吉斯斯坦等国家，传统生活性服务业日益成为国家经济增长的重要领域。服务业并非这些国家的传统经济优势所在，为了适应当前国际经济形势，中亚国家也确实在积极寻求产业结构升级，特别是近年来以交通运输业、批发零售业等为支撑的发展总体较快，统计数据也表明中亚国家服务业蓬勃发展，但多集中于传统服务业领域，现代服务业领域起步较晚（孙力，2016），这自然不利于中亚地区实现高质量的产业结构升级。

二、重点产业对经济增长贡献的实践分析

中亚地区多数国家农业和第二产业中的制造业这些传统优势产业对经济增长的贡献依然十分显著。从产业结构看，农业一直是中亚五国的传统主导产业，中亚地区光热资源丰

富，丰富的粮棉、果品、花卉等优良品种和优良畜种资源造就了中亚突出的农业产业优势（王慧敏和翟雪玲，2017）。中亚各国政府也十分重视农业的发展。例如，哈萨克斯坦实行市场改革之初便开始在农业领域进行改革（孙亚力，2001），在政府发展规划中农业也极受重视，颁布的规划中曾提出振兴农业的首要任务是"保障国家的粮食安全，保障农业贸易的切实发展，提高粮食制品的竞争力并将其销往国外市场，完善能够调节农业活动的法律基础"，同时随着经济状况的好转，政府得以拥有充足资金投入农业生产，从而为农业发展提供有力支持。塔吉克斯坦农业自然资源丰富，使得农业一直以来都是国家主要的经济部门，历年农业生产总值占全国 GDP 的 1/4。受苏联解体和国内动乱的双重打击，塔吉克斯坦农业生产也受到严重影响。面对农业几近崩溃的严峻情况，塔吉克斯坦采取了一系列有助于农业恢复的措施，其中的农业政策、种植业结构调整等都对该国农业发展起到了重要作用（牛海生等，2013）。吉尔吉斯斯坦的工业基础薄弱，尚处于资源开采的阶段，相较而言其耕地资源丰富，天然牧场面积大，种植业和畜牧业并重，农业增加值在 GDP 中占比多年来保持在 19%～22%，半数以上的人口从事农业生产和农业服务（李志芳等，2015）。因此，中亚各国第一产业产值及其占比虽然在国民经济中并不占绝对优势，但对经济增长的贡献却不容忽视。

同时，中亚地区拥有丰富的石油、天然气、煤炭、有色金属等矿产资源，为发展现代工业体系，尤其为发展制造业奠定了坚实的基础。部分国家制造业占比虽呈下滑趋势，但对经济增长的贡献度依然较高。哈萨克斯坦制造业近年来对经济增长的贡献显著，主要得益于该国政府意识到了其严重依赖油气资源的畸形经济结构，政府将经济发展重心转移到产业多样性和加工制造业的发展上，政府制定并实施了 2010～2014 年、2015～2019 年工业和创新的五年规划，很大程度上刺激了经济增长的步伐（郭辉和依马木阿吉·艾比布拉，2017）。乌兹别克斯坦在苏联时期就建立了较为齐全的工业体系，独立后又建立了一系列新的工业部门，引进了先进的生产工艺和设备。制造业产业结构也发生了明显变化，在原有重工业升级的基础上，兴建了包括棉纺、织毯、丝织等在内的轻工业企业，这可以生产高附加值产品，从而提高了制造业增加值（杨德刚等，2012），因而对经济增长也始终保持着较大的贡献。但整体上中亚制造业的特征表现为产业发展主要依托于本地优势资源基础，制造业结构相对单一，并且有进一步重型化趋势，同时存在依赖外国投资和技术支持的特征（石天戈等，2013）。进一步加快地区产业结构的调整和升级，优化国民经济结构体系，将是中亚地区产业及经济未来实现快速、高质量发展的根本保证。

第五章　中亚资源环境的演变过程与现状特征

中亚经济、文化、社会的发展正在逐步进入新的阶段，各种环境问题也浮现出来，如何协调生态环境与地区的发展也成为目前需要关注的重点。本章主要采用联合国粮食及农业组织、欧洲空间局的全球土地利用覆被数据等对中亚地区的土地资源、水资源及生态用地等状况进行了分析。研究认为：①中亚地区各类特征地物的覆盖面积多年变化较为明显，其中城市用地覆盖面积增长最快，同时农田与林地覆盖面积也有一定程度增加，而草地、裸地与水体覆盖面积都在减少，水体覆盖面积减少得最为明显，接近10%的水体退化变为裸地，而其他土地覆盖类型变化主要是在农田、林地、草地之间相互转换。②农业虚拟水的年均净出口量约为90亿立方米，远超虚拟水的年均净进口量，中亚上游国家和下游国家在作物种植方面存在差异。③生态用地主要分布在北部和东部地区，其中草地所占比例最高。2000～2015年中亚地区生态用地面积变化不大，其中林地面积增加，水体面积减少，草地面积变化不大。④农田面积增长、水体面积下降，引发了一系列环境问题，还可能会加剧中亚地区水资源短缺的状况。⑤各国城市发展水平差异巨大，2015年中亚地区城市用地面积仅占其土地总面积的0.2%，城市扩张使得中亚地区的生态用地面积损失2375平方千米，如何协调城市扩张与耕地、生态用地之间的关系尤为重要。

第一节　中亚资源环境概况

水和土是人类赖以生存的生命源泉，人类的一切活动都离不开水和土。本节根据查阅书籍资料和联合国粮食及农业组织官方网站的数据，对中亚地区的土地资源和水资源进行简要概括。

中亚地区的草地、林地及农田等土地覆盖类型多分布于哈萨克斯坦、吉尔吉斯斯坦与土库曼斯坦等国。农田、林地、草地面积分别占中亚地区土地总面积的16.02%、29.55%、24.42%。城市用地面积占比很低，仅占土地总面积的0.22%；裸地的面积为967 147.49平方千米；整个中亚地区的土地利用率为16.24%。

中亚地区地域广阔、河流众多，大都属于跨国的内陆河且多属于咸海流域。主要包括阿姆河、锡尔河、伊犁河、额尔齐斯河、乌拉尔河等，大部分起源于中亚高山，冰雪融水为主要水源。其中，阿姆河是中亚地区流量最大的河流，全长约2540千米，流域面积为46.5万平方千米，起源于帕米尔高原，流经塔吉克斯坦、阿富汗、土库曼斯坦和乌兹别克斯坦后注入咸海；锡尔河是中亚地区最长的河流，全长3019千米，流域面积为21.9万平方千米，起源于天山山脉，流经吉尔吉斯斯坦、乌兹别克斯坦、塔吉克斯坦和哈萨克斯坦并最终流入咸海。中亚的湖泊主要包括咸海、巴尔喀什湖和伊塞克湖，其中咸海曾经是世界第四大湖，也是中亚两条内陆河流阿姆河和锡尔河的终点，但是咸海萎缩严重。

一、土地资源概况

中亚指的是介于东经 46°29′57″~87°20′57″、北纬 35°8′45″~55°26′35″之间的亚洲的中部地区，主要包括哈萨克斯坦、吉尔吉斯斯坦、塔吉克斯坦、乌兹别克斯坦、土库曼斯坦五个国家（图 5-1）。

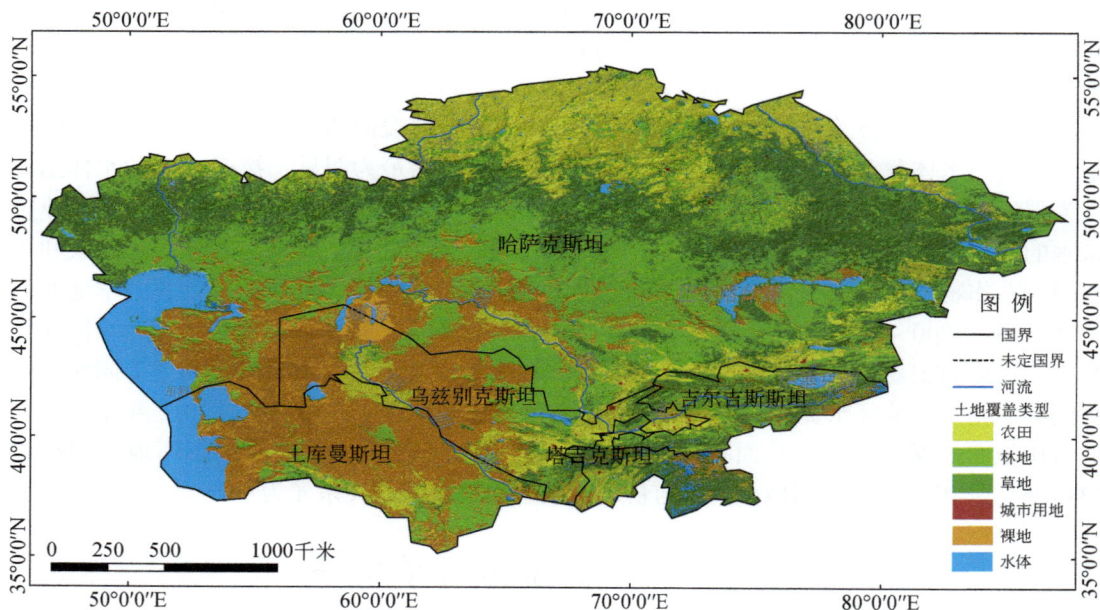

图 5-1　中亚土地覆盖图

中亚地区总面积约为 4 280 000 平方千米，如图 5-1 所示，该地区主要包含六种用地类型，其中农田面积为 685 633.60 平方千米，主要分布于哈萨克斯坦的北部地区及锡尔河与阿姆河流域等水资源较为充足的地区，农田面积占中亚地区土地总面积的 16.02%；林地面积为 1 264 770.75 平方千米，占土地总面积的 29.55%，主要分布于哈萨克斯坦的中纬度地区，从东至西贯穿整个哈萨克斯坦；草地面积为 1 045 019.73 平方千米，占土地总面积的 24.42%，草地空间分布也呈现明显的带状分布特征，主要分布于哈萨克斯坦中北部地区的平原地区与塔吉克斯坦东南部的山地地区；城市用地面积为 9498.46 平方千米，占土地总面积的 0.22%；水体的面积为 307 561.46 平方千米，占土地总面积的 7.19%，中亚地区的水资源主要分布在哈萨克斯坦西部的巴尔科什湖、哈萨克斯坦与乌兹别克斯坦交界处的咸海及哈萨克斯坦、土库曼斯坦西部的里海；裸地的面积为 967 147.49 平方千米；整个中亚地区的土地利用率为 16.24%。

图 5-2 是 2015 年中亚及各个国家的土地覆盖情况。中亚地区的草地、林地及农田等土地覆盖类型多分布在水资源丰富、适宜植被生长的哈萨克斯坦、吉尔吉斯斯坦与土库曼

斯坦等国。

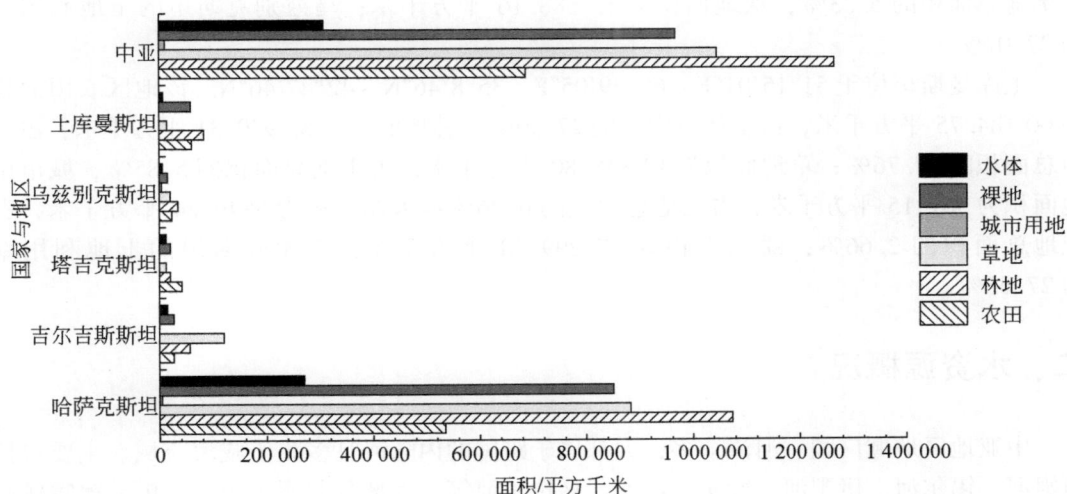

图 5-2　2015 年中亚及各个国家的土地覆盖情况

哈萨克斯坦位于 46°29′57″E ~ 87°20′53″E、40°35′52″N ~ 55°26′33″N。该地区农田面积为 534 860.69 平方千米，占土地总面积的 14.80%；林地面积为 1 073 060.54 平方千米，占土地总面积的 29.68%；草地面积为 882 019.92 平方千米，占土地总面积的 24.40%；城市用地面积为 3858.75 平方千米，占土地总面积的 0.11%；水体面积为 270 650.64 平方千米，占土地总面积的 7.49%；裸地面积为 850 602.61 平方千米；哈萨克斯坦的土地利用率为 14.91%。

吉尔吉斯斯坦位于 69°16′04″E ~ 80°14′42″E、39°11′44″N ~ 3°13′01″N。该地区农田面积为 26 438.28 平方千米，占土地总面积的 10.87%；林地面积为 56 075.24 平方千米，占土地总面积的 23.05%；草地面积为 119 812.59 平方千米，占土地总面积的 49.25%；城市用地面积为 734.19 平方千米，占土地总面积的 0.30%；水体面积为 14 166.29 平方千米，占土地总面积的 5.82%；裸地面积为 26 035.55 平方千米；吉尔吉斯斯坦的土地利用率为 11.17%。

塔吉克斯坦位于 67°22′33″E ~ 75°11′15″E、36°40′34″N ~ 41°2′52″N。该地区农田面积为 41 478.47 平方千米，占土地总面积的 39.94%；林地面积为 19 323.42 平方千米，占土地总面积的 18.61%；草地面积为 11 288.20 平方千米，占土地总面积的 10.87%；城市用地面积为 547.96 平方千米，占土地总面积的 0.53%；水体面积为 11 681.65 平方千米，占土地总面积的 11.25%；裸地面积为 19 521.79 平方千米；塔吉克斯坦的土地利用率为 40.47%。

乌兹别克斯坦位于 55°59′56″E ~ 73°10′03″E、37°11′09″N ~ 45°34′14″N。该地区农田面积为 22 671.41 平方千米，占土地总面积的 23.19%；林地面积为 33 341.24 平方千米，占土地总面积的 34.10%；草地面积为 19 050.22 平方千米，占土地总面积的 19.49%；城市用地面积为 3796.41 平方千米，占土地总面积的 3.88%；水体面积为 5213.64 平方千米，占土地总面积的 5.33%；裸地面积为 13 688.16 平方千米；乌兹别克斯坦的土地利用率为 27.07%。

土库曼斯坦位于 51°15′01″E ~ 66°39′05″E、35°8′46″N ~ 42°47′46″N。该地区农田面积为 60 184.75 平方千米，占土地总面积的 27.39%；林地面积为 82 970.31 平方千米，占土地总面积的 37.76%；草地面积为 12 848.80 平方千米，占土地总面积的 5.85%；城市用地面积 561.15 平方千米，占土地总面积的 0.26%；水体面积为 5849.24 平方千米，占土地总面积的 2.66%；裸地面积为 57 299.38 平方千米；土库曼斯坦的土地利用率为 27.65%。

二、水资源概况

中亚地区地域广阔、河流众多，大都属于跨国的内陆河且多属于咸海流域。主要包括阿姆河、锡尔河、伊犁河、额尔齐斯河、乌拉尔河等，大部分起源于中亚高山，冰雪融水为主要水源。阿姆河是中亚地区流量最大的河流，全长约 2540 千米，流域面积为 46.5 万平方千米。它流经塔吉克斯坦、阿富汗、土库曼斯坦和乌兹别克斯坦后注入咸海。锡尔河起源于天山山脉，流经吉尔吉斯斯坦、乌兹别克斯坦、塔吉克斯坦和哈萨克斯坦并最终流入咸海（图 5-3）。

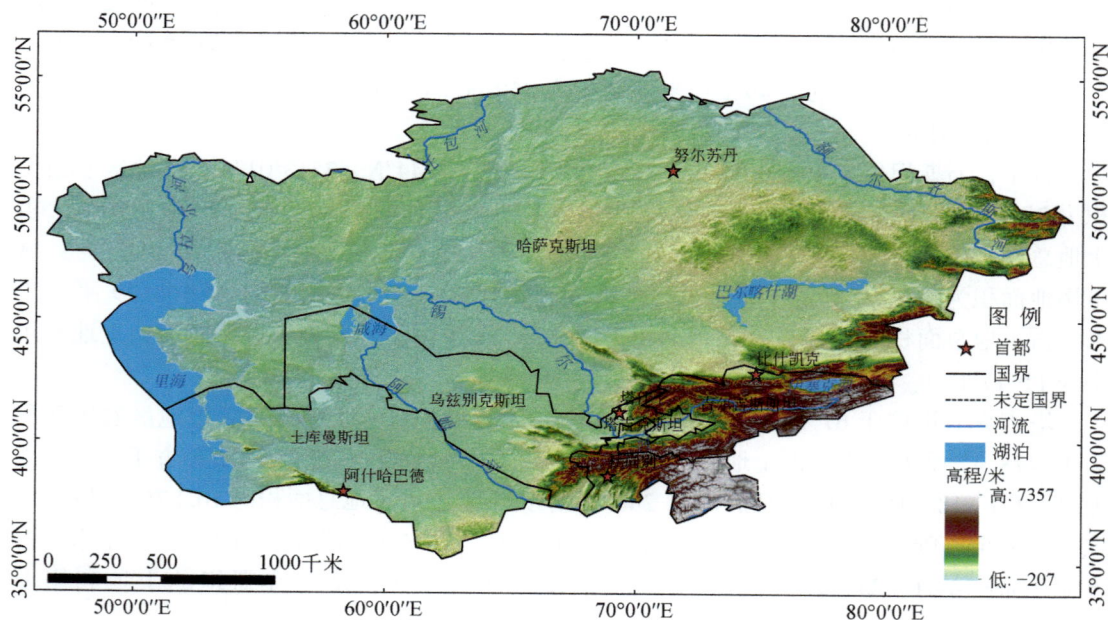

图 5-3　中亚地图

中亚的湖泊主要包括咸海、巴尔喀什湖和伊塞克湖。咸海曾经是世界第四大湖，也是中亚两条内陆河流阿姆河和锡尔河的终点。1960 年，咸海的水体面积达到 6.8 万平方千米。但是自 1960 年以来由于人类活动，咸海水位逐年下降，目前已下降近 20 米，湖面面积缩减了 90%。自 1974 年以来，锡尔河已经无法一年四季都注入咸海。1989 年，咸海水量已经减少到濒临干涸。图 5-4 为 2019 年 7 月于乌兹别克斯坦的实地拍摄图，该地原为咸海部分，但现在已经干涸。巴尔喀什湖是世界上第四长的湖泊，湖中央的一个半岛将湖分成东西两部分，西半部分是淡水，东半部分是咸水。伊塞克湖东西长 182 千米，南北宽 58 千米，面积约 6332 平方千米，属于不冻湖。

图 5-4　2019 年 7 月于乌兹别克斯坦的实地拍摄图

中亚的淡水总储量超过 1090 亿立方米，主要来源是冰川等难以开发的形式。冰川资源极为丰富，有 4000 多个冰川，总面积达 11 000 平方千米，主要集中在中亚东南部河流形成区。中亚的河流来源主要是春、夏季的冰雪融化，其也是中亚水资源的主要来源。哈萨克斯坦是中亚水资源最多的国家，多年平均水资源量为 754 亿立方米，占中亚水资源总量的 36.5%；土库曼斯坦是中亚地区水资源总量最少的国家，水资源总量仅为 14 亿立方米，仅占中亚水资源总量的 0.7%。中亚五国的水资源情况详见表 5-1。

表 5-1　中亚五国水资源情况（邓铭江等，2010a）

国家	平均降水量/毫米	地表水资源量/亿立方米	地下水资源量/亿立方米	重复计算量/亿立方米	水资源量/亿立方米	出、入境水量/亿立方米	可利用水量/亿立方米	人均水资源量/立方米
哈萨克斯坦	804	693	161	100	754	342	1096	7307
吉尔吉斯斯坦	1065	441	136	112	465	−259	206	4039
塔吉克斯坦	989	638	60	30	668	−508	160	2424
土库曼斯坦	787	10	4	0	14	233	247	4333
乌兹别克斯坦	923	95	88	20	163	341	504	1937
合计	—	1877	449	262	2064	149	2213	3788

中亚河流多为国际河流，跨境水量相对较大。由表 5-1 可知，非常依赖入境水量的哈萨克斯坦和乌兹别克斯坦的入境水量分别为 342 亿立方米和 341 亿立方米；两个位于河流上游的净流出国家为吉尔吉斯斯坦和塔吉克斯坦，出境水量分别多达 259 亿立方米和 508 亿立方米。吉尔吉斯斯坦的出境水量约占其国内水资源总量的 56%，塔吉克斯坦的出境水量约占其国内水资源总量的 76%。

此外，邓铭江等（2010a）的研究表明，在多年平均水平上，中亚五国的地表水资源量约为 1877 亿立方米。其中，哈萨克斯坦、塔吉克斯坦、吉尔吉斯斯坦、乌兹别克斯坦和土库曼斯坦分别占 36.9%、34.0%、23.5%、5.1% 和 0.5%，水资源的分布是极不均匀的。降水和高山冰雪融水是中亚地区地下水的主要来源。

第二节　中亚土地资源和土地利用

土地是人类赖以生存和发展的物质基础，是社会生产的劳动资料，是一切生产和存在的源泉，因此了解研究区的土地资源状况及土地利用状况对研究区的稳定和可持续发展的意义不言而喻。本节主要使用联合国粮食及农业组织的土地数据，采用转移矩阵的方法对中亚的土地覆盖类型及其面积变化和动态转移情况进行分析。研究表明：①中亚地区各类特征地物的覆盖面积多年变化较为明显，其中城市用地覆盖面积增长最快，同时农田与林地覆盖面积也有一定程度增加，而草地、裸地与水体覆盖面积都在减少，水体覆盖面积减少得最为明显；②该地区 1992～2015 年变化最为剧烈的土地覆盖类型是水体，接近 10% 的水体退化变为裸地，而其他土地覆盖类型变化主要是在农田、林地、草地之间相互转换。

一、中亚地区各类土地覆盖情况

图 5-5 是 1992～2015 年中亚地区各类土地覆盖类型的面积变化情况。中亚地区的水体面积与裸地面积整体呈现持续减少的变化趋势，分别由 1992 年的 339 965.99 平方千米与 1 002 948.47 平方千米减少至 2015 年的 307 561.46 平方千米与 967 147.49 平方千米，年

平均变化率分别为−0.41%与−0.16%；农田与城市用地的覆盖面积变化趋势较为相似，其中城市用地覆盖面积在1992~2000年缓慢增长，2000~2015年城市用地覆盖面积持续增长，最终由1992年的2588.85平方千米增长至2015年的9498.46平方千米，年平均变化率为11.60%，同时农田的覆盖面积变化速率在初始阶段较为缓慢，随后变化速率开始增加，在2002年后减慢，整体呈现"S"形的变化趋势，中亚地区的农田覆盖面积由1992年的613 081.68平方千米增长至2015年的685 633.60平方千米，年平均变化率为0.51%；而林地与草地的覆盖面积变化情况也较为相似，在1992~2002年，中亚地区的林地、草地覆盖面积持续减少，分别由1992年的1 256 995.86平方千米、1 064 048.72平方千米减少至2002年的1 229 392.68平方千米、1 039 799.01平方千米，随后林地覆盖面积开始持续增长，在2015年为1 264 770.75平方千米，而草地覆盖面积先增长后减少最后趋于稳定，最终减少至2015年的1 045 019.73平方千米，林地与草地的年平均变化率分别为0.03%与−0.08%。整体上中亚地区各类特征地物的覆盖面积多年变化较为明显，其中城市用地增长最快，同时农田与林地覆盖面积也有一定程度的增加，而草地、裸地与水体覆盖面积都在减少，水体覆盖面积减少得最为明显。

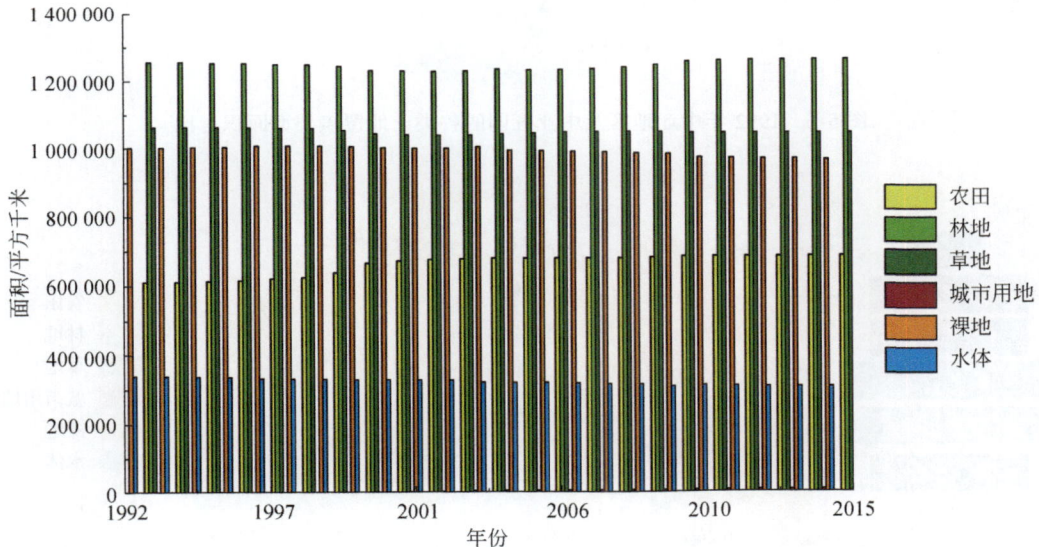

图5-5 中亚地区各类土地覆盖类型的面积变化情况

图5-6和图5-7分别是1992年和2015年中亚地区及中亚五国的各类土地覆盖类型面积占比。通过两期土地覆盖类型的对比可以看出各个区域内的土地覆盖类型变化比较明显。

哈萨克斯坦农田面积与城市用地面积占比有所增加，分别由12.37%与0.05%增加至14.8%与0.11%，水体面积占比明显减少，由8.46%减少至7.49%，而林地与草地面积占比没有明显变化；吉尔吉斯斯坦境内农田面积占比大幅度下降，由17.18%减少至10.87%，同时区域内城市用地与草地面积占比增长比较明显，分别由0.02%与46.83%

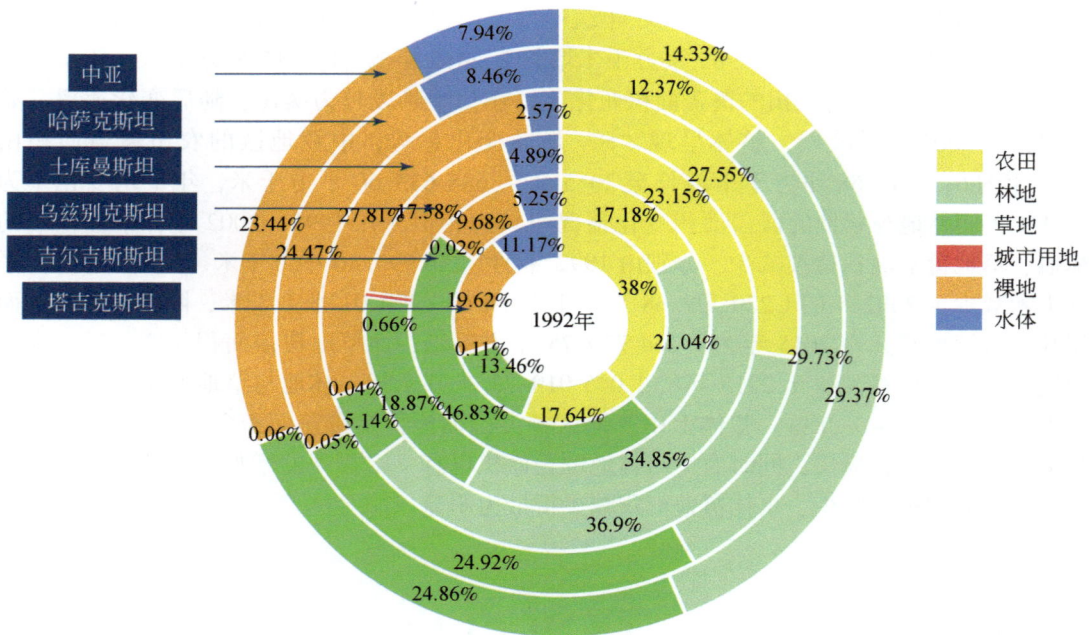

图 5-6　1992 年中亚地区及中亚五国的各类土地覆盖类型面积占比

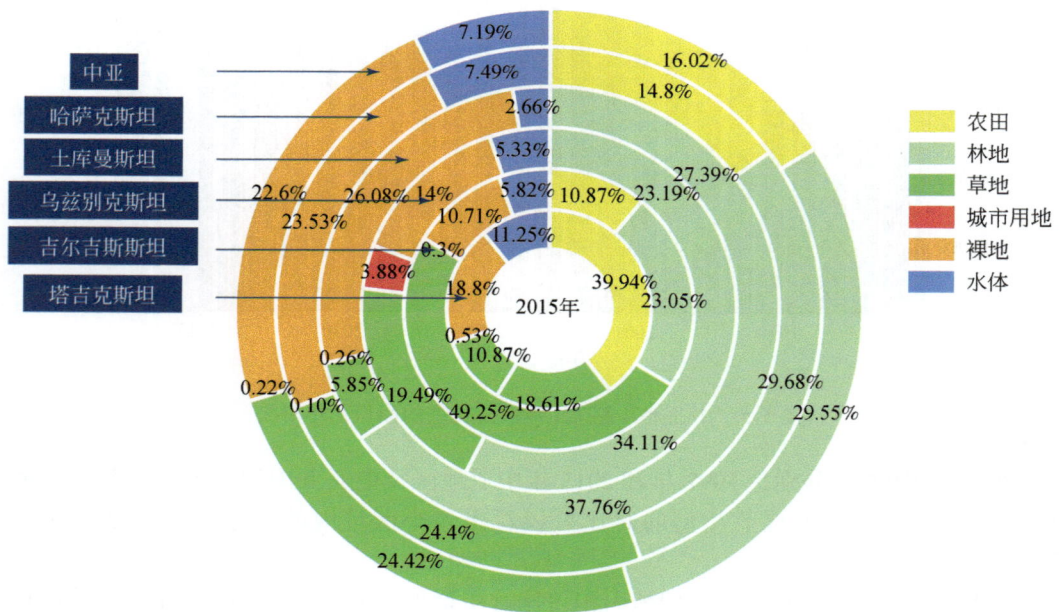

图 5-7　2015 年中亚地区及中亚五国的各类土地覆盖类型面积占比

增长至 0.3% 与 49.25%；塔吉克斯坦境内各类土地覆盖类型面积占比均有一定幅度的变化，其中增长较为明显的为城市用地，由 0.11% 增长至 0.53%，减少比较明显的为草地，由 13.46% 减少至 10.87%；土库曼斯坦境内城市用地的面积占比变化较为明显，由 0.04% 增长至 0.26%；相较其他中亚地区国家，在乌兹别克斯坦境内城市用地与裸地面积占比变化最为明显，城市用地面积占比由 0.66% 增长至 3.88%，而裸地面积占比由 17.58% 减少至 14%。

由各个国家土地覆盖类型的面积占比与中亚整体的土地覆盖类型的面积占比对比可以看出，整个地区的水体面积占比明显减少的是哈萨克斯坦，其他四个中亚地区国家的水体面积占比均不同程度增长；整个中亚地区的裸地面积占比仅在吉尔吉斯斯坦呈现增加的变化情况；同时整个中亚地区的城市用地的面积占比都出现了明显的增长，而农田、林地与草地的面积占比在不同地区都有一定程度的增长或减少。

二、中亚地区土地覆盖动态变化转移情况

采用转移矩阵描述中亚地区的土地覆盖动态变化转移情况。表 5-2 是利用中亚地区 1992 年和 2015 年两期土地覆盖数据获得的土地利用转移矩阵，竖列表示 1992 年的土地覆盖类型，横行表示 2015 年的土地覆盖类型，对角线上表示 2015 年相较 1992 年土地覆盖类型未发生变化的像元所占比例，非对角元素表示各类土地覆盖类型变为其他各类土地覆盖类型的比例。

表 5-2 中亚地区土地利用转移矩阵　　　　　　　　（单位:%）

项目		1992 年土地覆盖类型					
		农田	林地	草地	城市用地	裸地	水体
2015 年土地覆盖类型	农田	97.75	4.60	2.56	0	0.43	0.27
	林地	0.71	93.22	3.47	0	4.92	0.63
	草地	0.70	1.86	93.62	0	2.03	0.51
	城市用地	0.70	0.06	0.10	100	0.02	0.01
	裸地	0.10	0.21	0.22	0	92.47	9.24
	水体	0.04	0.05	0.03	0	0.13	89.35
地类变化		2.25	6.78	6.38	0	7.53	10.65
地类差异		12.04	0.48	-1.86	248.55	-3.77	-9.93

由表 5-2 可以看出，2.25% 的农田转移为其他用地类型，其中 0.71% 变为林地、0.70% 转变为草地与城市用地，0.10% 转变为裸地，剩余的 0.04% 转变为水体；在林地中有 6.78% 的用地向其他用地类型发生了转变，其中主要有 4.6% 转变为农田，1.86% 转变为草地；在草地中有 6.38% 的用地转变为其他用地类型，其中分别有 2.56% 转变为农田，3.47% 转变为林地，其他少许转变为城市用地、裸地、水体等用地类型；而中亚地区城市扩张迅速，城市用地多年覆盖面积持续增长，城市用地未向其他类型用地转变；在裸地中

有 7.53% 出现了用地类型转变，其中 4.92% 的裸地转变为林地，2.03% 的裸地转变为草地；在水体中有 10.65% 出现用地类型转变，减少的水体主要转变为裸地，这一部分占了 9.24%。

可以看出该地区 1992～2015 年变化最为剧烈的土地覆盖类型是水体，接近 10% 的水体退化转变为裸地，而其他土地覆盖类型主要是在农田、林地、草地之间相互转换。

图 5-8 是中亚地区 1992～2015 年减少的土地覆盖类型的空间分布图。减少的农田空间分布比较均匀，主要分布在哈萨克斯坦的北部农业区及阿姆河与锡尔河流域的农业区。林地减少的区域主要分布在哈萨克斯坦的中部地区及东南部地区，林地减少的区域空间分布上较为稀疏。草地减少的区域在空间分布上与林地减少的区域极为相似，均分布在草地、林地空间分布较为稀疏的哈萨克斯坦中部与东南部地区。裸地减少的区域集中分布于哈萨克斯坦中部林地与草地交界的区域。而水体减少的区域主要分布在中亚中部地区哈萨克斯坦与乌兹别克斯坦交界处的咸海地区，在中亚地区西部的里海北部沿岸也有水体减少。

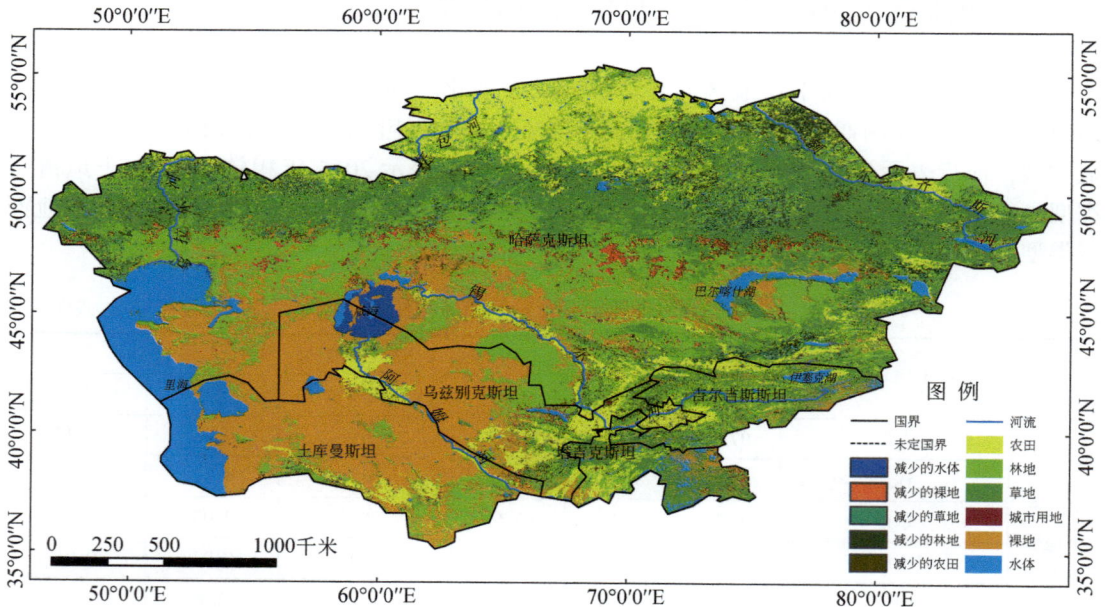

图 5-8　中亚地区 1992～2015 年减少的土地覆盖类型的空间分布图

图 5-9 是中亚地区 1992～2015 年增加的土地覆盖类型的空间分布图。由图 5-9 可以看出，新增的农田主要分布于哈萨克斯坦境内东北部农田、林地与草地混合分布的地区，以及哈萨克斯坦与吉尔吉斯斯坦交界处北部卡普恰盖水库出水口附近的农业区域。新增的林地区域主要分布于哈萨克斯坦中部与中南部林地覆盖地区。新增的草地区域整体分布比较均匀，大多数位于哈萨克斯坦中部林地与草地交界处。而城市用地的增长主要是由城市扩张造成的，新增的城市用地主要分布在原有城市用地覆盖区域周围。新增的裸地分布在咸海地区，即是由咸海的水体退化转变而来的。而新增的水体主要分布在哈萨克斯坦境内巴尔喀什湖的东部与西部边界地区和乌兹别克斯坦境内艾达尔库尔湖边界地区。

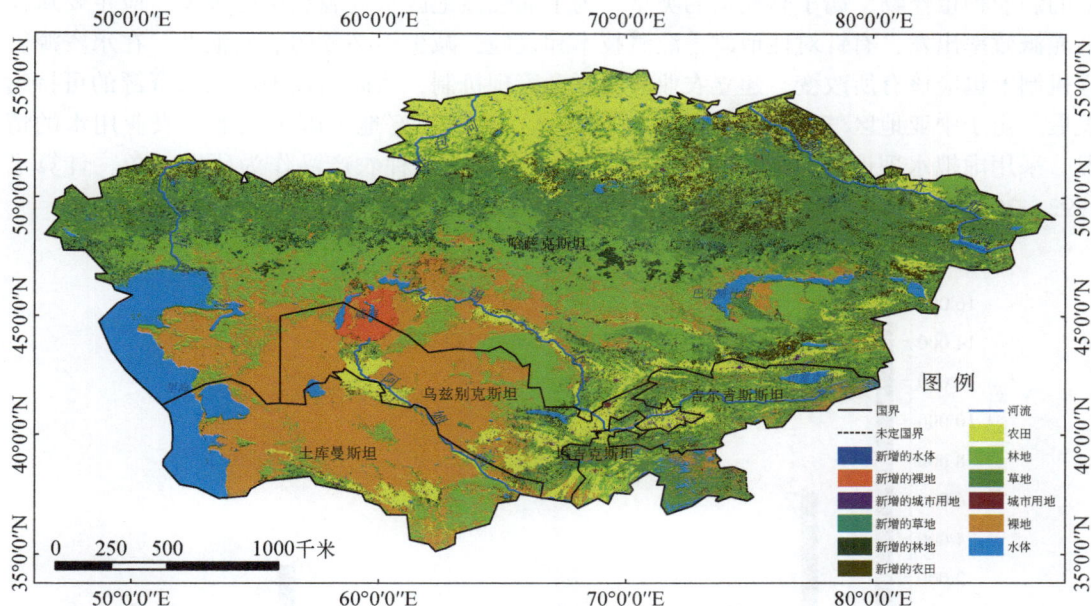

图 5-9　中亚地区 1992～2015 年新增的土地覆盖类型的空间分布图

第三节　中亚水资源利用

近年来，在世界各地的干旱和半干旱地区，河流流量减少、湖泊萎缩是很常见的现象，最典型的是中亚地区，该地区水资源的减少与农业用水密切相关。约 800 万公顷的耕地依赖地表水灌溉，中亚两条河流阿姆河和锡尔河的灌溉水量占总灌溉水量的 90%。然而，由于缺乏关于中亚农业用水多年来的连续数据，虚拟水被用来评估中亚农业用水的变化。基于虚拟水理论，选取 8 类共 325 种农产品作为研究对象，计算了 1992～2016 年中亚地区虚拟水的变化。研究认为：①中亚地区农业虚拟水的年均净出口量约为 90 亿立方米，特别是哈萨克斯坦，其年均净出口量达到 81 亿立方米。自 2007 年以来，中亚地区农业虚拟水的年均净出口量大幅度下降，降幅达 86%，而农业虚拟水的总产量自 1998 年以来逐渐增加。②作物种植方面，中亚上游国家和下游国家之间存在差异。例如，下游的乌兹别克斯坦减少了水稻种植，降幅达 60%，而上游的吉尔吉斯斯坦大幅度增加水稻种植，其增长率达 421%，这可能加剧中亚的水资源短缺。因此，中亚的农业结构转型与贸易结构优化对缓解水资源短缺和可持续发展具有重要意义。

一、研究背景

图 5-10 展示了中亚地区主要农作物的种植面积，其中，棉花和大米作为中亚地区主

要的农业种植作物，属于高耗水的类型。为了加强该地区水资源利用的效率，应主要从提高灌溉效率出发，有针对性地改善灌溉技术和设施，减少不必要的蒸发浪费。在水资源管理机制上也应该有所改变，建立农业灌溉联合管理机制，从而加强该区域水资源的可持续发展。由于中亚地区气候、灌溉用水数据缺乏，为了更好地了解中亚地区农业用水的情况，采用虚拟水理论进行研究。共选取 8 大类共 300 余种农产品作为研究对象，计算了1992 ~ 2016 年中亚主要农作物产品虚拟水产量和贸易量的变化。

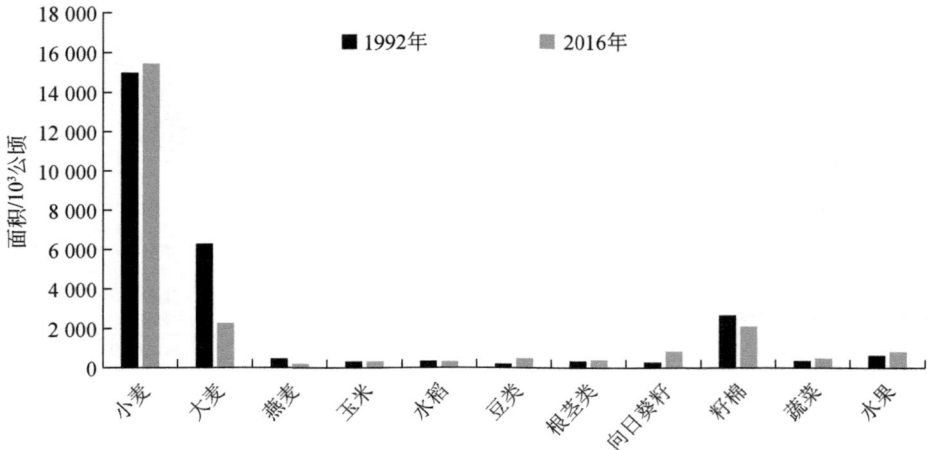

图 5-10 1992 年和 2016 年中亚地区主要农作物的种植面积

21 世纪最重要的生态和社会经济问题之一是缺水。在 2015 年年度风险报告中，世界经济论坛将"水危机"列为世界上最大的潜在风险。根据联合国粮食及农业组织的数据，1962 年世界人均可再生淡水资源为 13 402 立方米，2014 年降至 5921 立方米。由此可见，人均淡水资源每十年减少近 1440 立方米。据统计，世界上 80 多个国家水资源问题突出，全球共有 5 亿人面临严重缺水的问题，这制约了社会经济发展。淡水资源面临的巨大压力之一是灌溉和粮食生产，合理利用农业生产用水是主要挑战之一。根据联合国粮食及农业组织的估计，随着人口的增长和消费水平的提高，到 2050 年所需粮食将增加 60% 以上。因此，改善农业用水对缓解全球水危机和重新配置全球水资源至关重要。

世界干旱半干旱地区的缺水直接影响人类对水、粮食灌溉和工业生产的需求。中亚作为一个干旱半干旱地区，面临着严峻的水资源问题，由于水资源短缺，中亚地区被列为世界上七大水资源纠纷高风险地区之一（Yang et al., 2017）。1992 ~ 2016 年，中亚人口增加了近 2000 万人，增长很快，因此需要足够的粮食支持，这使得中亚需要更多的水资源用于粮食生产。此外，中亚在这 25 年通过出口水稻，共出口了 85 万吨虚拟水，仅 2010 ~ 2016 年的出口量就占这 25 年出口总量的一半，这大大加剧了中亚的水资源短缺。

然而，一个地区/国家有多种农业生产，这使得很难将一个地区/国家的用水变化与稀缺的用水数据进行比较，所以本研究运用虚拟水理论来研究各种农业生产用水的变化。虚拟水的概念由 Allan（1992）提出，指生产产品和服务所需的水资源量，并赋予其深刻的生态和经济内涵。通过计算中亚国家农业水资源和农业水资源的流量，可以更好地了解中亚农业水资源的综合状况。在此基础上，进一步分析农业水资源变化的原因，提出有效利用农业水资源的管理方案，探索农业发展方向，可为合理调整区域农业结构转型、缓解水资源短缺、优化贸易结构提供依据。

阿姆河和锡尔河是中亚的两条主要河流，分别发源于帕米尔高原和天山山脉，流经西部，最后流入咸海。它们是灌溉农业的生命线。约800万公顷的耕地面积依赖地表水灌溉。两条河流的灌溉用水量占总用水量的90%。近几十年来，两条河流和其他补给河流的拦截大大减少了注入咸海的水量。水资源是农业发展的基础。在中亚，农业用水占总用水量的65%以上。水资源的丰富程度与中亚农业的发展密切相关。目前，水资源短缺加上时空分布不均、水土资源分布不匹配及农业耗水量大，使得水成为制约中亚可持续经济发展和社会进步的关键因素。

表5-3是Mekonnen和Hoekstra（2011，2012）测算出的农产品和畜产品的全球平均虚拟水足迹，他们通过对农业生产虚拟水、农业虚拟水进出口贸易的计算和动态变化分析，研究了1992～2016年中亚五国农业虚拟水的动态变化，并探讨了中亚农业虚拟水变化的影响因素。以中亚五国地区为研究区域，共选取了300多种农产品。

表5-3　农产品和畜产品的全球平均虚拟水足迹　　　　（单位：米³/吨）

农（畜）产品	虚拟水足迹	农（畜）产品	虚拟水足迹	农（畜）产品	虚拟水足迹
蔬菜	322	玉米	1 222	鸡蛋	3 300
水果	967	黑麦	1 544	牛奶	1 020
根和块茎类	387	燕麦	1 788	鸡肉	4 325
饲料作物	253	土豆	287	黄油	5 553
油料作物	2 364	干豆	5 053	猪肉	5 988
烟草	2 925	腰果	14 218	羊肉	10 412
植物纤维	3 837	椰子	2 687	牛肉	15 415
豆类	4 055	橄榄	3 015	水产品	5 000
香辛料	7 048	籽棉	4 029	啤酒	298
坚果	9 063	西红柿	214	葡萄酒	869
橡胶、蜡	13 748	橘子	560	皮革	17 093
小麦	1 827	苹果	822	咖啡	1 120
水稻	1 673	葡萄	608		
大麦	1 423	糖料	197		

二、中亚农业虚拟水进出口情况

从图5-11（a）可以看出，1992～2016年中亚谷物饲料类和畜产品生产与消费虚拟水的变化趋势是先减少后增加，1992～1998年这一数值呈下降趋势，其原因是苏联解体后，中亚国家的农业补贴大幅度下降。像哈萨克斯坦这样的下游国家由于跨境水资源纠纷而减少了引水量。农业机械设备数量也少且落后，农业生产资料投入不足。此外，农民和农业工人的收入减少，导致农业工人减少。因此，播种面积和粮食产量的减少是不可避免的。必须指出，塔吉克斯坦七年动荡始于 1992 年，也是中亚农业总产量下降的一个主要因素。1998 年，塔吉克斯坦的虚拟水达到最低值，为 1005 亿立方米。为应对这种状况，哈萨克斯坦政府于 2003 年颁布了农业强制保险，并制定了提高农田灌溉和农产品加工水平的战略。此外，哈萨克斯坦在 2001 年后逐步增加了引水量，并在 2003 ~ 2009 年投资 500 多亿坚戈用于农业发展。1994 年，土库曼斯坦政府通过了"十年繁荣"计划，该计划的目标之一是确定增加农业产量的目标。塔吉克斯坦放松了对农业贸易管理的限制，取消了大多数政府干预措施，从而促进了作物生产的多样化。因此，中亚国家采取增产措施后，其农业虚拟水生产量也在迅速增加。2011 年，中亚地区的虚拟水生产总量达到最大值 1798 亿立方米。

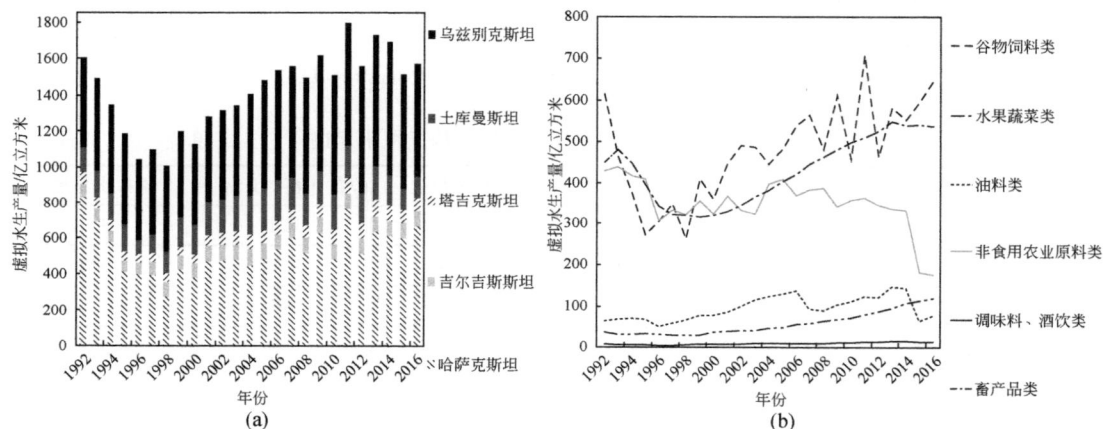

图 5-11　1992 ~ 2016 年中亚农业虚拟水生产量变化情况

从图 5-11（b）的农产品的类型看，中亚谷物饲料类的虚拟水生产量最高，其次是畜产品类，然后是非食用农业原料类，最后是调味料、酒饮类。造成这种现象的主要原因是土壤的涝渍和盐渍化只适合种植耐盐作物，如小麦和棉花，而不适于种植如西红柿和大多数水果等作物。

从图 5-12（a）的国家的进口量看，虚拟水进口量最大的国家是乌兹别克斯坦，平均年进口量达到 46 亿立方米，其次是哈萨克斯坦，平均年进口量达到 43 亿立方米，之后是塔吉克斯坦、吉尔吉斯斯坦和土库曼斯坦，平均年进口量均不到 25 亿立方米。结果表明，畜产品类是哈萨克斯坦进口最多的，其次是烟草、咖啡、可可类。另外四个国家在进口方面有共同之处：谷物饲料类进口最多，其次是畜产品类。从进口变化的角度看，哈萨克斯坦的虚拟水进口量逐年上升，但是其他四个国家的虚拟水进口量先减少后增加。其主要原因是哈萨克斯坦是苏联时期苏联政府的主要粮食种植基地，而其他几个国家则采取"不惜任何代价种植棉花"的政策。这意味着，当苏联解体时，哈萨克斯坦仍然有足够的食物供给本国人民，而其他"棉花种植园"国家不得不依靠进口食物生存。随着中亚国家的农业改革和一系列政策的出台，这些国家逐渐实现了粮食自给自足，降低了虚拟水进口量。

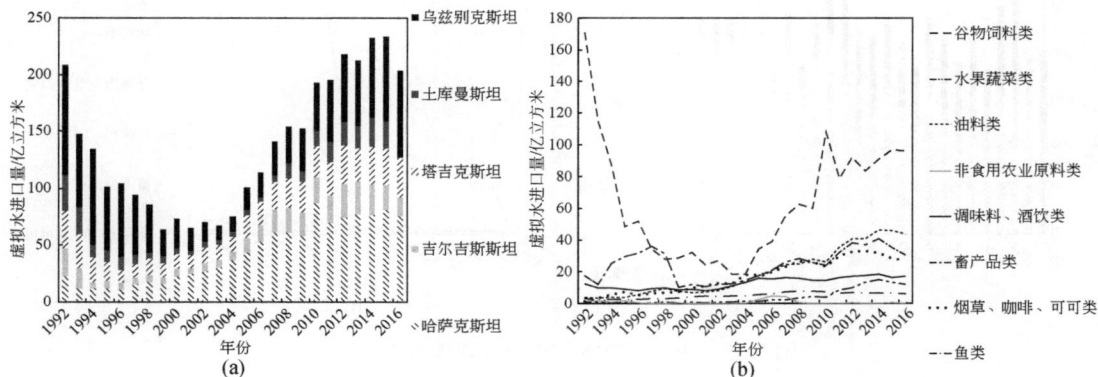

图 5-12　1992~2016 年中亚农业虚拟水进口量

从图 5-12（b）的进口类型看，虚拟水进口量最大的是谷物饲料类，平均年进口量达到 147 亿立方米。其主要原因是苏联解体后，没有足够的食物来维持该国/地区人民的生存，因此有必要进口大量的食物来满足需求。其次是畜产品类（25 亿立方米），主要是鸡肉、牛肉和羊肉。此外，水果蔬菜类以及烟草、咖啡、可可类，主要是苹果、橘子、茶、香烟，其虚拟水进口量逐年增加。这主要是该国/地区不适合生产这种作物，生产工艺相对落后，所以需要进口精加工产品。

从图 5-13（a）的国家的出口量看，虚拟水出口量最大的国家是哈萨克斯坦，平均年出口量达到 123 亿立方米。第二个国家是乌兹别克斯坦，平均年出口量达到 68 亿立方米，之后是土库曼斯坦、吉尔吉斯斯坦和塔吉克斯坦。其主要原因是哈萨克斯坦和乌兹别克斯坦都是农业大国，拥有大面积的土地来种植农作物，而吉尔吉斯斯坦和塔吉克斯坦都是上游国家，土地面积小，地形复杂，不适合大规模种植作物。从出口变化看，哈萨克斯坦的虚拟水出口量逐年增加，乌兹别克斯坦的虚拟水出口量逐年下降。其中，乌兹别克斯坦虚拟水出口量下降的原因在于国家政策规定应优先提高偏远农村地区人民的生活水平和农村的整体面貌。

从图 5-13（b）的出口类型看，虚拟水出口量最大的是谷物饲料类，主要是小麦，数量在上升，虚拟水平均年出口量达到 179 亿立方米。其次是非食用农业原料类，主要是棉绒、棉短绒，虚拟水出口量为 95 亿立方米。但 1992~2006 年，非食用农业原料类的平均虚拟水出口量最大，其次是谷物饲料类，这主要是因为这段时期中亚国家主要种植的是棉花。此后，中亚国家调整了小麦和棉花种植比例，适当减少棉花种植，增加小麦、马铃薯、水果和蔬菜种植面积，不仅有利于缓解水资源短缺的状况，也有利于土壤改良和自我恢复。因此，谷物饲料类的虚拟水出口量增长，而非食用农业原料类的虚拟水出口量逐渐下降。此外，大量出口的作物是粗加工作物，如小麦、西红柿、羊毛和未加工烟草。因此，中亚的生产和加工技术需要进一步加强。只有这样，缺水的中亚才能实现可持续发展。

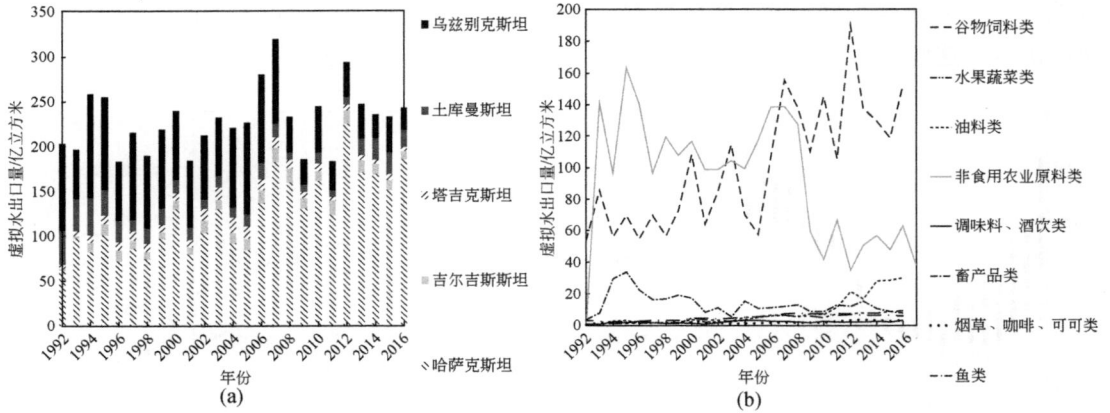

图 5-13 1992～2016 年中亚农业虚拟水出口量

图 5-14 显示中亚农业的虚拟水量总体上处于贸易顺差，1992～2016 年仅有 3 年的虚拟水进口量大于虚拟水出口量。其中，哈萨克斯坦农产品虚拟水贸易一直处于净出口状态，年均净出口约 128 亿立方米，这加剧了水资源短缺。其他四个国家的农产品虚拟水贸易近年处于净进口状态，这在一定程度上缓解了水资源短缺，但仍不足以弥补哈萨克斯坦的出口损失。简而言之，在水资源短缺和咸海萎缩的背景下，中亚仍然是一个水资源净出口的区域，这影响了该区域的可持续发展，加剧了该区域的生态危机。

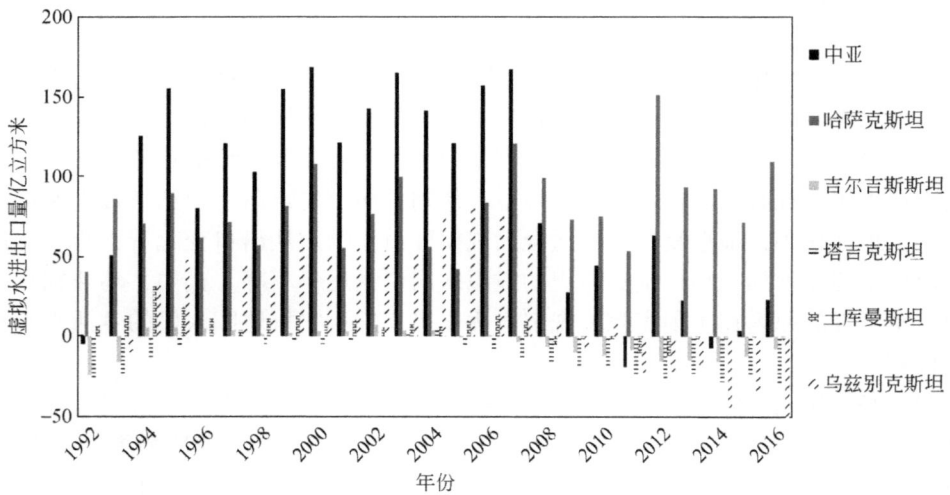

图 5-14 1992～2016 年中亚农业虚拟水进出口量

三、结论和政策建议

从虚拟水的角度，计算和分析了中亚农业虚拟水的变化情况，得出如下结论。

（1）苏联解体后一些国家独立，中亚地区农业劳动生产率在 1992～1998 年迅速下降。随着人口的增长和经济条件的改善，1998 年以后农业的劳动生产率逐渐提高。其中，乌兹别克斯坦和哈萨克斯坦消耗的农业虚拟水最多。此外，在中亚，虚拟水生产总量增长最明显的是谷物饲料类和畜产品类，这反映了中亚人民生活质量的提高。

（2）1992～2016 年，中亚地区的农业虚拟水进口量仅有 3 年超过出口量。此外，这 25 年水稻的虚拟水出口量达到 85 万吨，虚拟水总量达到 14 亿立方米，这肯定会加剧中亚的水资源短缺。近年来，中亚地区的农业虚拟水出口总量有所减少，这将在一定程度上缓解水资源短缺问题。

（3）在出口贸易方面，中亚五国必须加强合作，实现区域一体化发展，建立贸易风险防范机制，避免自然灾害引发的中亚粮食危机和水危机。

（4）未来，随着生活水平的提高和人口的增加，中亚地区对农业用水的需求将会更加强劲。因此，有必要制定合理有效的政策来解决水资源短缺问题。

根据研究结果，为实现中亚农业水资源的可持续和高效利用，提出以下建议。

（1）转变水资源战略，严格控制高耗水农产品产量。在 1992～2016 年的 25 年中，中亚地区的农业虚拟水进口量仅有 3 年超过出口量，25 年的虚拟水出口总量为 2201 亿立方米。因此，必须严格控制高耗水农产品的产量，以缓解中亚水资源压力。

（2）优化农业种植结构，控制高耗水农业种植规模。在 1992～2016 年的 25 年中，中亚农业虚拟水生产量先减少后增加，从 1992 年的 1602 亿立方米下降到 1998 年的 1005 亿立方米，2011 年达到最大值 1798 亿立方米。尽管在接下来的几年里有所下降，但仍超过 1500 亿立方米。此外，作为高耗水作物之一的水稻种植面积增加，2016 年收获的面积与苏联解体时收获的最大面积基本相同，这对中亚水资源局势不利。因此，为了实现农业水资源的可持续发展，有必要适当控制农业用水量，调整农业种植结构，降低水稻等高耗水农产品的种植规模。在 1992～2016 年的 25 年中，哈萨克斯坦和乌兹别克斯坦这两个下游国家已经开始优化种植结构，减少水稻种植面积。目前，乌兹别克斯坦的水稻种植面积为 72 000 公顷，不到 1992 年的一半，为其他四个国家优化种植结构提供了一个范例，如图 5-15 所示。

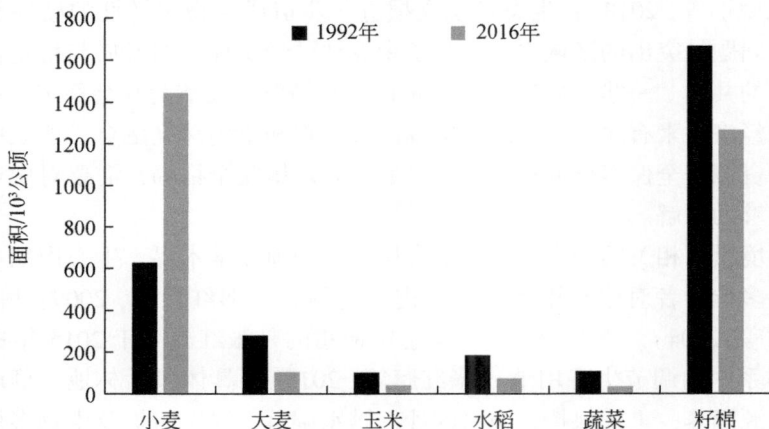

图 5-15　1992～2016 年乌兹别克斯坦主要农作物的种植面积变化情况

（3）发展节水农业，增加农业投资资金，实现节水技术共享。节水农业的原则是提高水资源的利用率和减少浪费，这是实现水资源可持续供应和满足粮食需求的关键。目前，中亚国家的灌溉设备正在老化，灌溉方式也是传统的。此外，由于没有采用缺水国家常用的滴灌和喷灌技术，水资源浪费严重。因此，增加新的灌溉设备、修复旧的灌溉设备对提高水资源利用率具有重要作用。例如，近年来，"哈萨克斯坦-2050"战略提出了"引进最先进的地下水收集和节水技术"的目标，表明实现节水农业势在必行。

第四节　中亚生态用地空间分布和格局

中亚地区生态系统非常脆弱，是全球生态问题最突出的地区之一。伴随着中亚地区的城镇化发展，对其生态环境安全格局的研究具有非常重要的战略意义。本节使用欧洲空间局发布的全球土地覆被数据和 MOD13A2 NDVI 数据，对 2000～2015 年中亚地区生态用地的时空变化及 NDVI 变化进行探究。研究认为：①从生态用地数量看，中亚地区生态用地主要分布在北部和东部地区，约为全区土地面积的一半，其中草地所占比例最高，超过全区生态用地总面积的一半。草地是中亚地区重要的生态资源。②2000～2015 年中亚地区生态用地面积变化不大，其中林地面积增加，水体面积减少，草地面积变化不大。水体面积的迅速减少问题严峻，特别在咸海地区，由于中亚地区干燥的气候，再加上棉花、水稻等高耗水作物的种植，该地区水资源过度开发，大面积干涸，需要引起足够的重视。③从生态用地质量看，NDVI 显著增加的生态地类中林地所占比例最高，NDVI 显著减少的地类中草地所占比例最高。尽管从数量上看草地面积变化不大，但是植被质量大面积显著降低。荒漠草地本身对重牧非常敏感，在过度开发利用下，草地的质量问题需要引起关注。

中亚地区深居大陆腹地、气候极端干燥、生态系统非常脆弱，面临着诸多严重的生态环境问题（杨恕和田宝，2002）。在过去的 30 年里，中亚地区的湖泊面积萎缩了 49.6%，特别是咸海的迅速干涸已经受到了国际社会的广泛关注（Karthe et al.，2015；杨胜天等，2017）；土地的超强度利用导致部分地区生态环境发生明显退化，对人类活动的承载能力严重下降（张晓彤等，2018）；生态环境受损进一步造成生物多样性的破坏等。该地区已成为全球生态问题最突出的区域之一。为了中亚地区经济社会的发展与稳定，同时也为了包括中国在内的共建"一带一路"国家和地区的可持续性发展与社会稳定，更为了促进我国和中亚之间经济要素有序流动，以及资源高效配置和市场深度融合，建立中亚地区与我国互利共赢的资源安全保障格局和互帮互享的生态环境安全格局，需要对中亚地区的生态环境问题有足够的了解。

与生态环境紧密相关的一个概念是生态用地。当前在学术界，生态用地一直没有一个统一的定义，多位学者对生态用地的概念进行过阐释（邓红兵等，2009；岳健和张雪梅，2003；张红旗等，2004）。本节中提到的生态用地指的是张红旗等于 2015 年提出的"三生用地"分类体系中的调节生态用地（张红旗等，2015），具体包括林地、草地和水体。生态用地拥有水源涵养、土壤保持、防风固沙、洪水调蓄、河岸防护及生物多样性保护等诸多生态功能，对生态环境的保护和调节至关重要（张红旗等，2015）。保护生态用地，是实现区域可持续发展的重要基础，而这首先需要了解区域生态用地的时空变化及空间分布情况。本节利用欧洲空间局 2015 年公布的 300 m 分辨率的土地覆被数据产品 Climate Change Initiative Land Cover（CCI LC）第二版（http：//maps. elie. ucl. ac. be/geoportail/），对中亚地区的生态用地情况进行了相关阐述。该数据产品将全球土地分为 36 个类别，提供了 1992～2015 年的土地覆被连续变化。本节提取中亚地区的林地、草地、湿地和水体作为中亚地区生态用地。

一、中亚生态用地空间分布格局

对欧洲空间局的数据进行分类和简单计算，可以了解到 2015 年，中亚生态用地共计 273. 8 万平方千米，主要分布在北部和东部区域，共占该区域总面积的 48. 3%。对于生态用地，草地面积最大，为 139. 2 万平方千米，超过总生态用地面积的一半，分布在北部和东部区域；林地面积为 95. 3 万平方千米，主要分布在北部边缘，中部和南部的部分区域；水体面积为 39. 4 万平方千米，图 5-16 显示了这一结果。

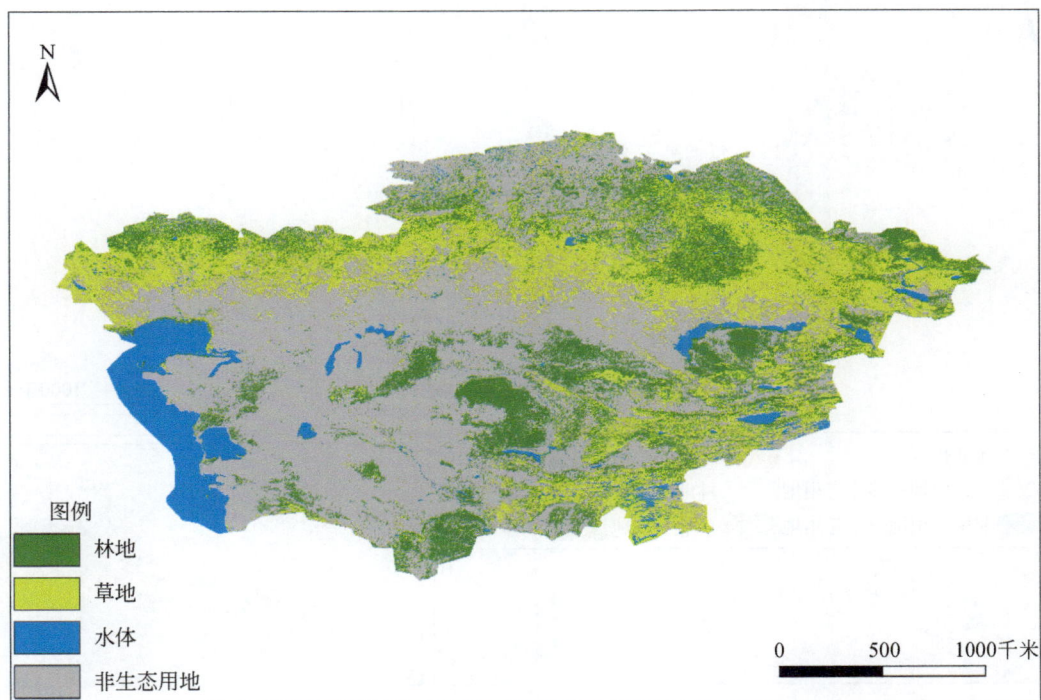

图 5-16　2015 年中亚生态用地空间分布格局

从国家角度看，吉尔吉斯斯坦和塔吉克斯坦的生态用地占其国土总面积的比例最高，均超过 60%；其次是哈萨克斯坦，生态用地比例为 51. 9%；土库曼斯坦和乌兹别克斯坦的生态用地比例最低，约为 20%。由于中亚地区地形条件非常复杂，各国的地理位置差异巨大，各国生态用地分布和生态环境资源存在差异。

从生态用地变化情况看，2000～2015 年中亚的生态用地净增加 2.8 万平方千米，占 2000 年生态用地总面积的 0.9%，变化面积较少。其中林地面积增加了 6.3%，草地和水体面积分别减少了 0.03% 和 7.1%，可见中亚地区的生态用地类型中，草地面积较为稳定，林地面积有增加的趋势，比较严峻的是水体面积的迅速减少，这同前文提到的中亚地区湖泊面积的严重萎缩现状一致。

生态用地转为非生态用地主要发生在哈萨克斯坦和乌兹别克斯坦交界处的咸海地区。咸海在 1960 年时曾为世界第四大湖，水体面积高达 6.75 万平方千米（Micklin，2002）。但是由图 5-17 可见，2015 年咸海的大部分已经干涸消失。由于人类不节制的使用，包括水资源的粗放利用，农业种植以高耗水的棉花、水稻等作物为主，农业不合理的灌溉导致盐渍化破坏了当地的水环境，再加上气候的极度干燥，降水量远小于蒸散发量，使得咸海的面积迅速萎缩，其变得干涸而转为裸地。咸海的大面积萎缩会给生态环境带来巨大的灾难，带来农田盐渍化、荒漠化、生物多样性降低、疾病增加等严重的生态环境问题。

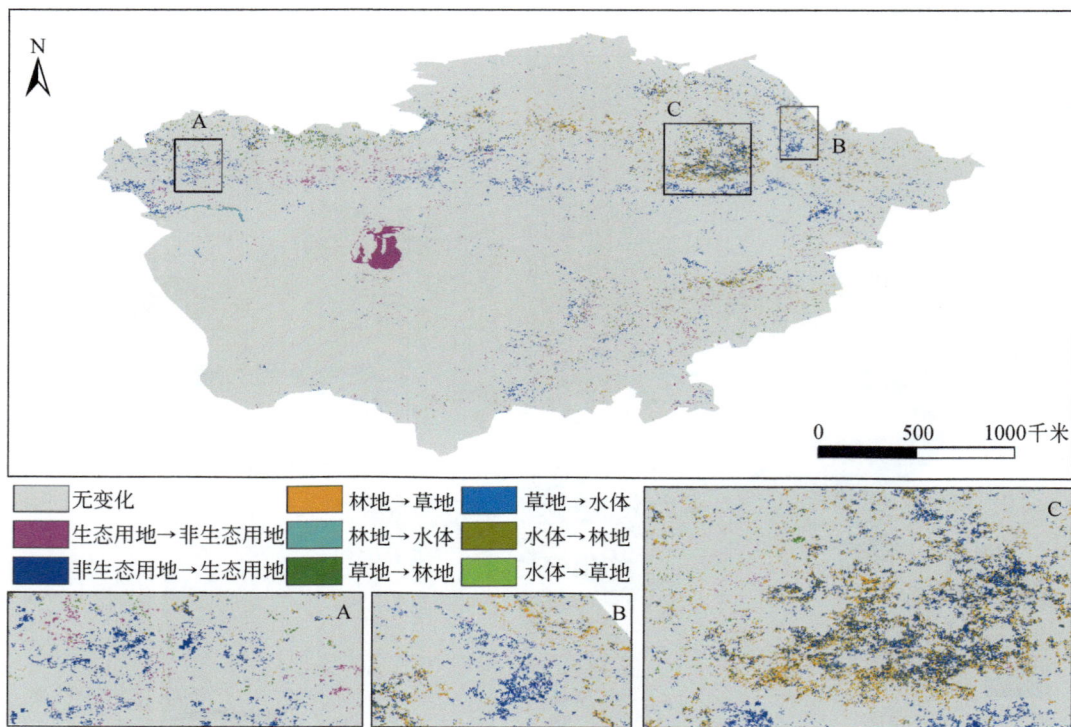

图 5-17　2000～2015 年生态用地空间变化

非生态用地转为生态用地主要发生在北部地区，特别是东北和西北区域，其占总变化面积的 43.2%，超过 90% 由裸地或低植被覆盖地区转化而来。可见从植被覆盖度的角度看，中亚的生态用地面积逐渐增加，向好的方向发展。

从国家角度，生态用地转为非生态用地主要发生在哈萨克斯坦，占全区总减少面积的

69.2%，减少的生态用地面积为 1.7 万平方千米；非生态用地转为生态用地的面积的 91.5% 发生在哈萨克斯坦，增加的生态用地面积为 6.8 万平方千米，因此哈萨克斯坦整体生态用地面积呈净增加。同样，土库曼斯坦的生态用地面积净增加 663.8 平方千米。吉尔吉斯斯坦的生态用地流失面积占比为第二，占全区总减少面积的 12.5%，减少了 0.3 万平方千米，其生态用地面积增加仅为 0.2 万平方千米，整体表现为生态面积流失。另外，塔吉克斯坦和乌兹别克斯坦的生态用地也呈净减少，分别减少 480.2 平方千米和 9.6 平方千米。

哈萨克斯坦作为生态用地比例超过一半的国家，生态用地面积依旧呈增加趋势。吉尔吉斯斯坦和塔吉克斯坦作为生态用地比例最高的两个国家，生态用地面积流失情况相对严重，需要对未来生态建设做到足够的重视与保护。

二、中亚国家生态用地的 NDVI 变化

经过前文的计算，从数量上看中亚地区的生态用地面积增加，增加的主要是林地。为了对中亚地区生态环境资源有进一步的了解，使用 2000～2015 年 MOD13A2 NDVI 数据，对中亚地区的植被质量进行分析。MOD13A2 NDVI 数据下载自美国国家航空航天局（NASA）的地球数据平台（https://ladsweb.modaps.eosdis.nasa.gov/），时间分辨率为 16 天，空间分辨率为 1 千米，6～9 月为中亚地区植物的生长季，采用最大值合成法计算每月的 NDVI，然后使用生长季的 NDVI 均值代表当年的 NDVI。经计算得图 5-18 和图 5-19，2000～2015 年中亚地区 53.2% 的区域 NDVI 减少，其中 4.8 万平方千米区域的 NDVI 在 95% 的置信区间上显著减少，其主要位于西北地区，其中显著减少的地类主要是草地，占显著减少地类总面积的 41.3%。草地 NDVI 的显著减少反映过度放牧和草场沙化带来的草地植被质量下降的问题。46.8% 的区域 NDVI 呈增加趋势，其中 3.7 万平方千米区域的 NDVI 在 95% 的置信区间显著增加，其主要发生在中亚南部地区，主要是林地和灌溉农作物的 NDVI 显著增加，分别占总显著增加面积的 28.7% 和 28.1%。

从国家角度看，2000～2015 年 NDVI 显著减少的区域有 93.9% 发生在哈萨克斯坦，其他四个国家相对分布较少，低于 3%；而 NDVI 显著增加的区域有 45.4% 发生在土库曼斯坦，其次为哈萨克斯坦和乌兹别克斯坦，分别占 22.1% 和 20.5%。吉尔吉斯斯坦和塔吉克斯坦相对而言，植被覆盖较为稳定，显著变化较少。

生态用地的 NDVI 变化呈现出不同的特点。显著减少的 3.2 万平方千米中，70.0% 为草地，28.6% 为林地；显著增加的 1.1 万平方千米中，51.9% 为林地，32.2% 为草地。总体来说，中亚地区生态用地中草地的 NDVI 降低严重，林地的 NDVI 多发生显著增加。NDVI 显著减少的草地和林地发生在中亚的西北部与东北部，显著增加的林地发生在南部地区，显著增加的草地发生在东南部区域。

2000～2015 年，NDVI 减少，但在 95% 置信水平上变化不显著的 8.9 万平方千米中，60.9% 为草地，主要发生在北部和中部地区，36.1% 为林地；NDVI 增加，但变化不显著的 6.5 万平方千米中，52.8% 为草地，发生在东北部，41.3% 为林地，发生在中部。总体而言，草地的 NDVI 变化相对剧烈。

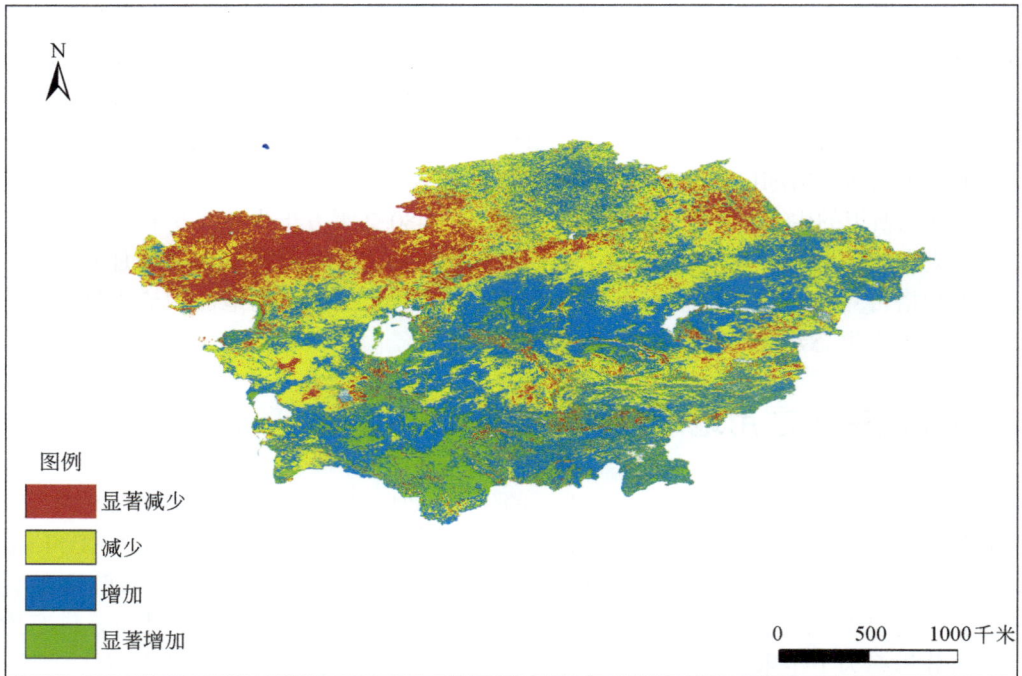

图 5-18　2000~2015 年中亚 NDVI 变化

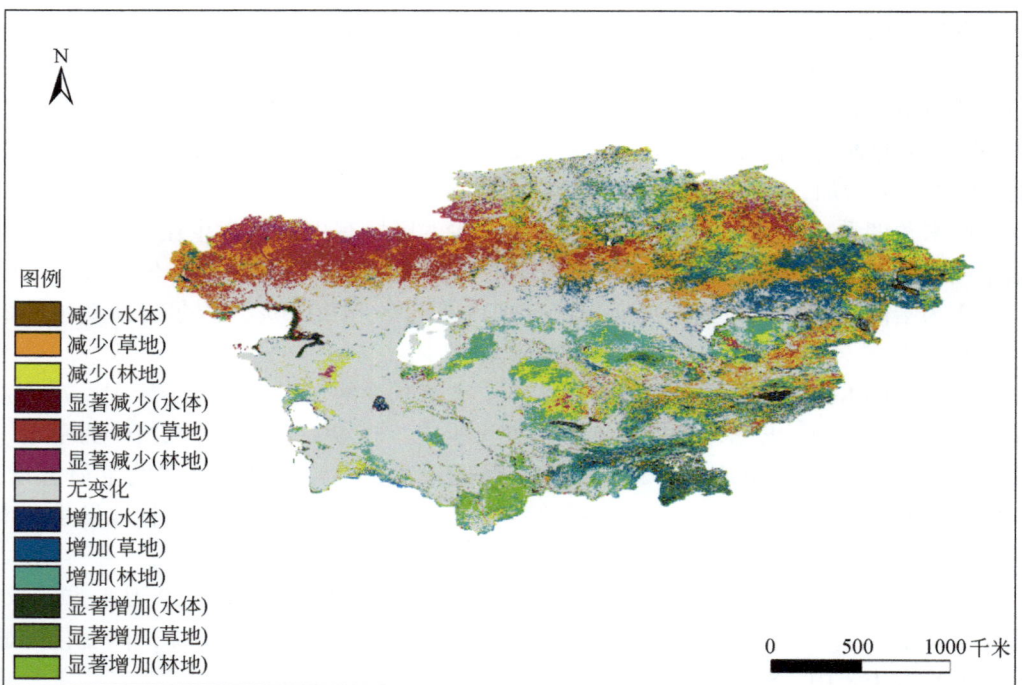

图 5-19　2000~2015 年中亚地区生态用地 NDVI 变化

从国家角度，NDVI 显著减少的面积主要发生在哈萨克斯坦，高达 93.9%，其 69.7% 的 NDVI 显著减少面积发生在生态用地，为五国最高。其中 49.3% 发生在草地，19.6% 发生在林地，以及不到 1% 发生在水体；但是在哈萨克斯坦，有 45.9% 的 NDVI 显著增加面积发生在生态用地，在五国中排第二，林地、草地、水体三种生态用地所占比例相近，分别为 18.1%、15.1%、12.7%。结合前文的数据分析，可以得到这样的结论，哈萨克斯坦的生态用地虽然面积有所增加，但整体植被质量下降，特别是草地的质量。吉尔吉斯斯坦境内 NDVI 显著减少的面积中，58.3% 为生态用地，其中草地所占比例最高，为 37.2%，林地其次，为 16.8%，水体最低，为 4.3%；NDVI 显著增加面积的 41.6% 发生在生态用地，草地最高，水体其次，林地相对较低，所占比例分别为 23.8%、10.9%、6.9%。塔吉克斯坦发生在生态用地的 NDVI 显著减少比例为 29.3%，同上述两个国家不同，其水体所占比例最高，几乎为整体的一半；其生态用地显著增加的比例为五国最高，占 56.5%，主要发生在草地。显著增加的 NDVI 面积主要发生在土库曼斯坦，高达 45.4%，其和乌兹别克斯坦的情况类似，林地占该国 NDVI 减少面积的比例最高，同样占 NDVI 增加面积的比例也最高。各国的生态用地变化从数量和质量两个角度呈现出不同的变化趋势，因此制定各国生态政策、维护生态环境时，需要根据国家的实际情况，从生态用地面积流失和生态用地的质量下降两个不同的角度入手，将有利于提高生态环境保护效率。

三、小结

中亚地区地形地势复杂，不同地区不同国家面临的生态环境问题不同，生态用地变化的特征差异很大。因此中亚地区生态保护措施的制定和生态安全格局的建立需要对这些差异有科学的认知。本研究就中亚地区的生态用地数量和质量的空间分布现状与变化情况进行了计算和分析，发现从生态用地数量上看，中亚地区生态用地主要分布在北部和东部地区，约为全区土地面积的一半，其中草地所占比例最高，超过全区生态用地总面积的一半。五个国家按生态用地面积比例由高到低分别为吉尔吉斯斯坦、塔吉克斯坦、哈萨克斯坦、土库曼斯坦和乌兹别克斯坦。国家的生态用地面积更多受到其所处地理位置差异的影响，但是其生态用地面积变化则反映各国不同的生态问题。总体来说，2000~2015 年，生态用地面积变化不大，其中林地面积增加，水体面积减少，草地面积变化不大。哈萨克斯坦和土库曼斯坦的生态用地面积增加，而吉尔吉斯斯坦、塔吉克斯坦和乌兹别克斯坦减少。

从生态用地质量上看，NDVI 显著增加的生态地类中林地所占比例最高，主要分布在南部地区，NDVI 发生显著减少的地类中草地所占比例最高，高达 70%。显著增加的 NDVI 面积主要发生在土库曼斯坦，其中林地所占比例最高；显著减少的 NDVI 面积主要发生在哈萨克斯坦，其中草地所占比例最高。

中亚五国中哈萨克斯坦尽管生态用地面积增加，但是 NDVI 下降；土库曼斯坦的生态用地面积和 NDVI 均呈现增加趋势；塔吉克斯坦和乌兹别克斯坦生态用地面积减少，但是其整体的 NDVI 却增加。

从整体上讲中亚地区三种生态用地情况如下。

（1）林地的发展情况可喜，面积在持续增加，并且植被覆盖度也在提高。

（2）水体面积的迅速减少问题较为严峻，特别是咸海地区。由于中亚地区为典型的温带沙漠、草原的大陆性气候，降水稀少，极其干燥，蒸发量远大于降水量，再加上棉花、水稻等高耗水作物的种植，该地区水资源过度开发，水体大面积干涸，需要引起足够的重视。

（3）草地尽管从数量上看减少不多，但是植被质量大面积显著降低。荒漠草地本身对重牧非常敏感，在过度开发利用下，中亚地区特别是哈萨克斯坦的草地质量也需要引起关注。

第五节　中亚面临的主要资源环境问题

资源问题和环境问题对地区的稳定与安全有深远的影响，认识中亚地区资源问题和环境问题对地区未来的发展及制定合理有效的改善措施有非常重要的意义。本节主要使用联合国粮食及农业组织的数据，对该地区的土地和水两方面的问题进行了简要的分析。研究认为：①中亚地区农田面积较 1992 年增长了 11.8%，增长区域主要为锡尔河与阿姆河的上游地区。中亚水体面积较 1992 年下降了 12%，咸海水体面积较 1992 年下降了 80%，二者下降趋势保持一致。②水资源问题主要表现在水资源短缺和分布不均、水资源污染严重和生态环境恶化、水资源利用方式不合理及跨界水纷争四方面，各方政府也相应地采取了措施，但成效甚微。因此，找到问题的根源对中亚地区的稳定和可持续发展具有重要的意义。

一、土地利用问题

从数值上看，中亚近几十年主要变化的地物覆盖类型是农田与水体。2015 年农田面积为 685 633.60 平方千米，相较 1992 年增加了 11.8%，增加面积达到 72 551.91 平方千米。2015 年水体面积为 307 561.46 平方千米，相对 1992 年减少了 9.53%，减少面积为 32 404.53 平方千米。近几十年随着中亚各地区城镇化的发展和人口的迅速增加，人们对粮食的需求量也剧增，从空间上看，增加的农田主要分布于锡尔河与阿姆河上游地区农业区。

而中亚地区最显著的土地利用问题是中亚地区水体面积急剧减少，中亚的主要水体指的是位于哈萨克斯坦和乌兹别克斯坦交接处的咸海与中亚西部的里海，里海北部水体面积略有减少，而中亚地区水体面积减少主要是因为咸海面积的快速退化。图 5-20 是 1992 ~ 2015 年中亚水体面积与咸海面积变化图，中亚地区水体面积变化趋势与咸海水体面积变化一致，除 2009 ~ 2010 年中亚地区水体面积与咸海面积略有回升外，中亚地区水体面积与咸海面积呈现持续下降的变化趋势。

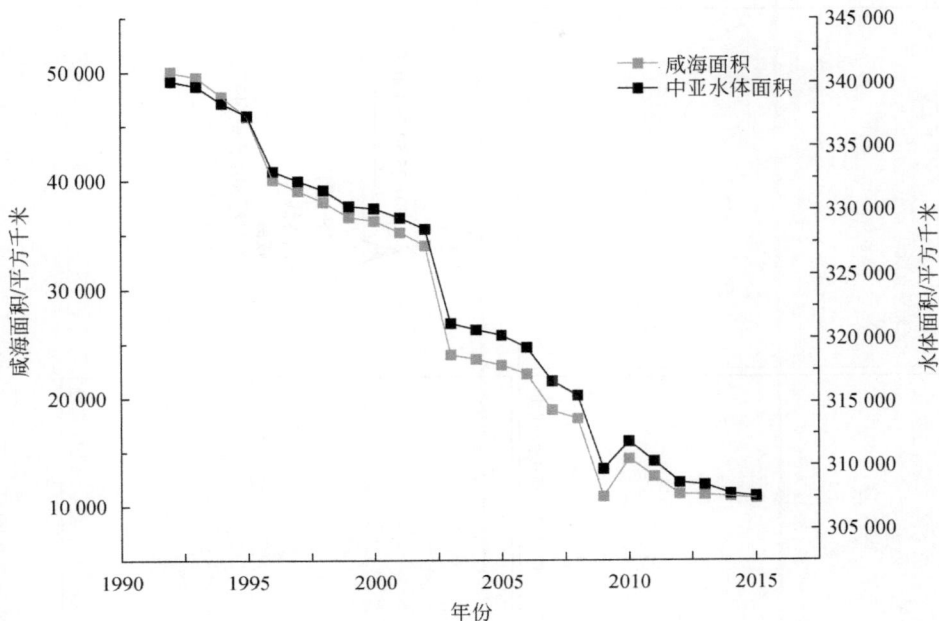

图 5-20　1992~2015 年中亚水体面积与咸海面积变化

图 5-21 为中亚地区咸海覆盖区域空间变化图，从空间上可以看出，咸海逐渐分离为南咸海与北咸海，而北咸海多年来并未发生明显的退化，咸海地区的水体减少主要发生在东咸海与西咸海，东咸海的东海岸发生了明显的水体退化现象，水体面积向东咸海中部急剧萎缩，同时西咸海的东南区域也有较为明显的退化现象。

二、水资源问题

水是人类生存的重要资源，但是苏联时期苏联政府在中亚地区发展的粮食基地及棉花种植基地大量消耗了当地的水资源。随着中亚经济的发展和人口的快速增长，中亚出现了严重的水资源问题。苏联解体后各国的独立更加强化了水资源问题。各国的用水问题日益恶化，水资源分配、发电和农田灌溉等导致了一系列水环境问题，这些问题很可能危及中亚的稳定和经济发展。自 1997 年以来，由于水资源不足，两条主要河流经常断流，严重影响了中亚的稳定和安全。中亚主要的水问题主要体现在以下几方面。

（一）水资源短缺和分布不均

前文已经提到，虽然中亚水资源总量较为丰富，但大部分是以高山冰川的形式存在，在直接利用方面存在着困难。在中亚的水资源概况介绍中已经提到，中亚地表径流的重要来源就是冰川融水，因此如果冰川发生变化，必然会影响中亚的整体水循环。在全球变暖的大背景下，冰川融化的速度在持续加快，中亚接近 1/5 的冰川已经消失。此外，由于过

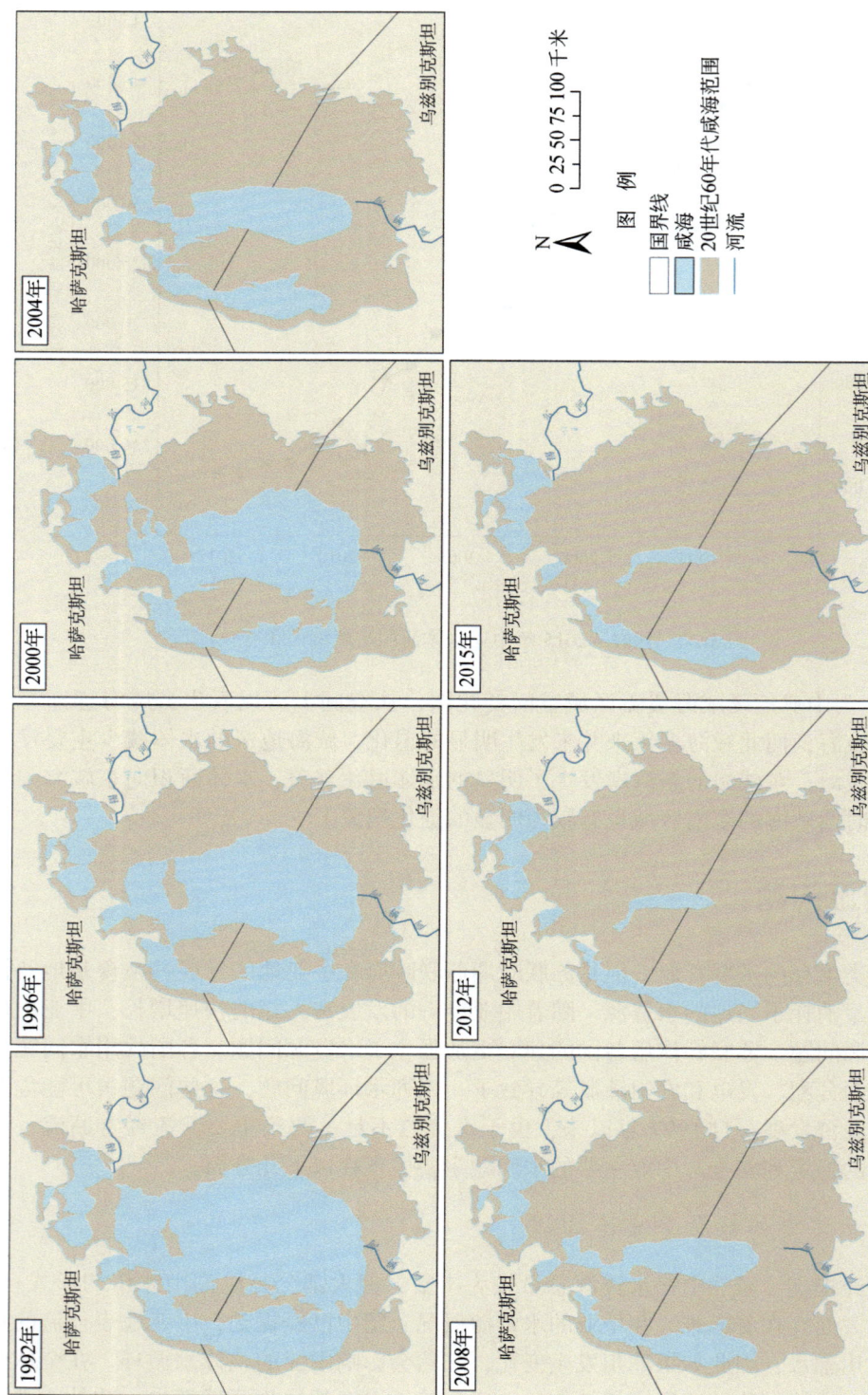

图5-21　1992~2015年咸海覆盖区域空间变化图

度的开发利用和资源浪费，咸海湖面萎缩了近80%。由于湖面萎缩范围巨大，大面积的地表呈裸露状态，造成了湖床产生的盐尘随风飘散。空气中增加的大量盐分进一步加快了中亚冰川的融化速度，这十分不利于中亚乃至整个世界生态环境的可持续发展。

此外，中亚地表水的分布极不均匀，主要水源位于拥有中亚2/3以上的地表水资源的吉尔吉斯斯坦和塔吉克斯坦这两个上游国家。塔吉克斯坦凭借其55条河流和60多个冰川被称为"亚洲水塔"，而乌兹别克斯坦、哈萨克斯坦和土库曼斯坦这三个下游国家的地表水资源总量仅占中亚地表水资源总量的1/3。因此，"水比油贵"在土库曼斯坦属于正常现象。但是由于国力悬殊，中亚的水资源供需矛盾是较为突出的。上游的两个国家的水资源总量虽多，但其水资源利用情况仅占中亚整体的11.4%。相比之下，乌兹别克斯坦和哈萨克斯坦这两个下游国家的水资源利用率分别占52%和20%。由此可见，中亚地区水资源不仅短缺而且还分布不均，这不利于中亚地区的稳定发展。因此，中亚各国政府需要以合作为主，才能互利共赢。

（二）水资源污染严重，流域内生态环境恶化

农田灌溉用水造成了大量水污染是中亚水资源利用面临的主要问题。目前，农业、工业和矿业中的农药、重金属等其他污染物导致该地区地表水富营养化，非常不利于当地居民的健康。例如，位于下游的土库曼斯坦由于土壤含盐量很高，每年必须定期清洗田地。据统计，每年有超过10亿立方千米的水用于田地的清洗，因此水资源很容易受到农药残留等污染物的破坏。此外，各国由于利益的冲突，多年来对跨境河流进行利益的争夺，都不愿妥协，对河流水资源没有进行有效、严格的管理。大量的化工、生物污染物等的排放不仅使生态环境恶化，还影响当地居民的身体健康。例如，哈萨克斯坦的结核病和支气管病等、吉尔吉斯斯坦的氰化物污染伊塞克湖事件及咸海流域高血压和贫血病例极为普遍，同时新生儿死亡率也高达10%。水资源被严重污染对中亚地区的可持续发展极为不利，因此中亚各国政府应该把重点放在降低污染、治理污染的工作上。

（三）不合理的水资源利用方式

根据联合国粮食及农业组织的数据，2015年农业灌溉用水占据中亚整体用水的65%，近年来农业用水占比持续增长。特别是乌兹别克斯坦、土库曼斯坦和吉尔吉斯斯坦，三国的灌溉面积与耕地总面积之比分别高达95%、84%和65%。此外，年久失修的水利设施造成了大量的水资源浪费，进一步加剧了中亚的水资源短缺状况。例如，土库曼斯坦每年从阿姆河引入约15立方千米的水量以满足本国内部用水需求，但不科学的基础设施及老化的运输设备，导致大量的水资源浪费。因此，维修基础设施、更换老旧设备应该是该国政府当下着重改善的工作。但修复老旧设备等举措需要投入巨额的资金，而相关国家由于经济能力的限制，并没有着手落实基础设施和运输设备的维护计划，这将使得中亚缺水严重的国家陷入恶性循环的怪圈。

（四）跨界河流水问题

中亚河流以跨界河流为主，资源有限的事实导致了跨界河流难于管理，跨境水资源的

配置利用不合理。随着苏联解体，中亚五国在独立后纷纷追求经济发展，地区水资源利用的矛盾愈演愈烈，跨界河流用水问题的争论也越来越严重。然而，目前地缘政治与区域经济的相互作用越来越受到重视，中亚国家亟须从自然、社会和地缘政治等多个角度综合考虑，达到真正意义上的可持续发展。下游缺水国家需要大量水资源来满足国内用水需求，而上游丰水国家需要发展经济。

针对目前存在的问题，有两种解决方式：其一，各国协商合作、共同努力解决水问题；其二，以本国利益为主，丰水国家控制跨境河流，对下游国家施加压力。第二种方式表明各国民族利己主义严重、缺乏有效的协调与合作，这会大大增加解决水资源问题的难度。针对第一种方式，中亚于1993年成立了"水资源跨国协调委员会"等组织，这对保护地区水资源安全及生态改善等方面本应是极为有利的，但是该组织并不具备法律约束能力，无法合理分配各个国家的水资源，因此在调节中亚各国水资源矛盾中发挥的作用很有限。

归根结底，中亚缺乏的不是水资源。中亚各国要想实现可持续发展，必须要秉持平等协商原则及合作共赢的精神。自2000年以来，关于中亚水问题的国际会议日益频繁，这是因为只有合作才是解决中亚地区关于跨界水资源争端的唯一途径。

第六节　中亚城镇化进程的资源环境基础

城镇发展对地区的生态安全有深远的影响，认识中亚地区城镇扩张情况及其对周边自然生态的影响有非常重要的意义。本节使用欧洲空间局发布的全球土地利用覆被数据，对2000~2015年中亚地区城市用地面积变化及与其他用地之间的转移情况进行分析，并利用MOD13A2 NDVI数据分析城镇扩张过程中其内部及周边的NDVI变化情况，以增加对中亚地区城镇扩张情况的了解。研究认为：①2015年中亚地区城市用地面积仅占其总土地面积的0.2%。各国的城镇发展水平同样具有非常大的差异。吉尔吉斯斯坦城镇扩张幅度最大，而哈萨克斯坦增幅最小，乌兹别克斯坦扩张速度最快。②城镇扩张使中亚地区损失生态用地2375平方千米，几乎等同于2000年的城市用地总面积。中亚地区城镇扩张占用耕地的比例最高，但同时林地和草地的流失也不容忽视。如何协调城镇扩张与耕地、生态用地之间的关系尤为重要。③由于各城镇经济、城镇发展水平、城镇背景地类差异巨大，不能简单地断言城镇发展对内部及周边生态环境有负面影响，有许多城镇反而表现出正面影响，应当区别看待各城镇对区域发展的影响。

一、中亚城镇扩张现状

全球化背景下发展中国家城镇化的研究越来越受到重视。中亚地区资源丰富，是世界资源的主要供给地之一，其自身特有的城镇化发展特征和经验有助于丰富对发展中国家城镇化的认知，提供重要的研究案例和经验教训。城镇扩张是人类活动对土地利用及自然资源的主要作用方式之一（谈明洪等，2003）。城镇化会引起林地、草地、水体等生态用地向人造地表的转化，进而引起生态环境的变化（史培军和潘耀忠，1999）。

中亚地区具有高寒、缺水、生态脆弱、环境敏感等地理特征，其城镇扩张发展对该地区的生态安全和地缘政治格局具有重大的影响，因此认识中亚地区城镇扩张情况及其对周边自然生态的影响有非常深远的意义，同时有助于科学认识中亚地区城镇化进程中出现的问题，进而有利于相关保护政策的推行与实施。

本研究使用欧洲空间局发布的全球土地覆被图作为研究资料，该数据集最大的优点是提供土地覆被的年变化，从而有助于发掘土地覆被变化的规律。使用该数据集进行分析，2000~2010年，中亚地区城市用地从3463.4平方千米增加到12 071.3平方千米，增加了248.5%（图5-22）。

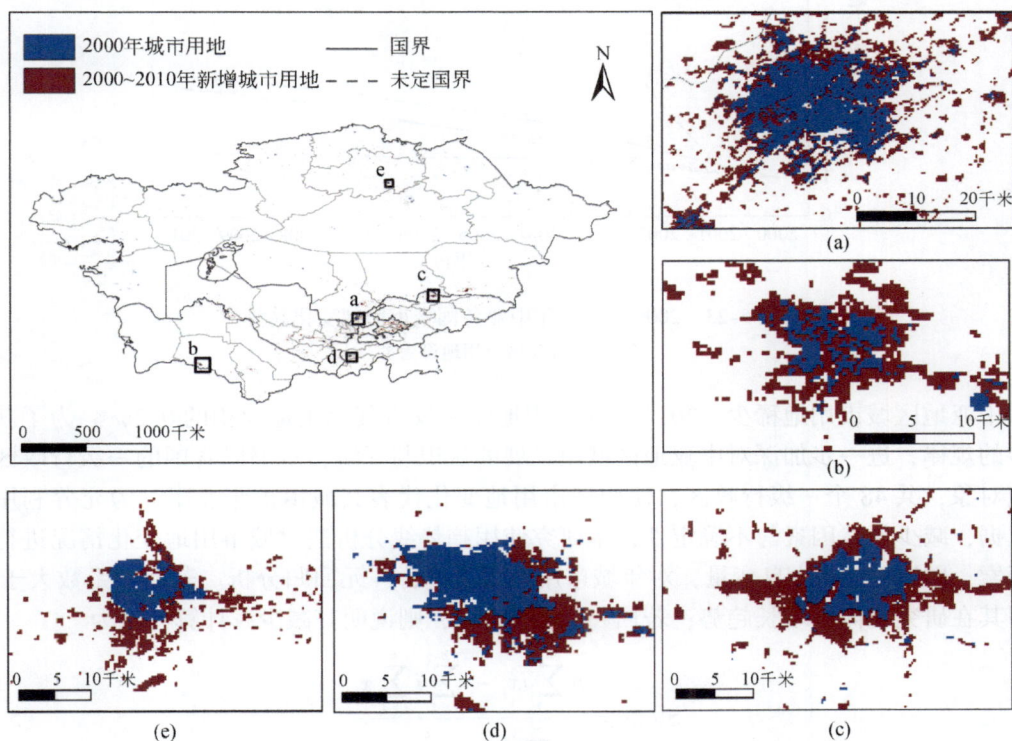

图5-22　2000~2010年中亚地区城市用地增加情况

（a）塔什干（乌兹别克斯坦首都）；（b）阿什哈巴德（土库曼斯坦首都）；（c）比什凯克（吉尔吉斯斯坦首都）；（d）杜尚别（塔吉克斯坦首都）；（e）阿斯塔纳（哈萨克斯坦首都）

各国的城镇发展水平同样具有非常大的差异。从国家尺度上看，2000年哈萨克斯坦、吉尔吉斯斯坦、塔吉克斯坦、土库曼斯坦和乌兹别克斯坦的城市用地面积分别为2877.7平方千米、73.3平方千米、149.8平方千米、140.0平方千米和979.38平方千米。其中，哈萨克斯坦领土辽阔，城市用地面积最大，而吉尔吉斯斯坦的城市用地面积最小。在2000~2010年，上述五个国家城市用地面积均呈现上升趋势（图5-23），分别增加120.4%、1203.6%、396.0%、514.7%和497.7%；城市用地的年均扩张速度分别为185.4平方千米、62.3 平方千米、34.5 平方千米、31.8 平方千米和 255.3 平方千米。十年中,吉尔吉斯斯坦城市用地面积增幅最大,而哈萨克斯坦增幅最小。同时,乌兹别克斯坦城市用地面积增长速度最快,2000 年其城市用地面积约为哈萨克斯坦的 1/3,到 2010 年,其城市用地面积已增至哈萨克斯坦的 75%。

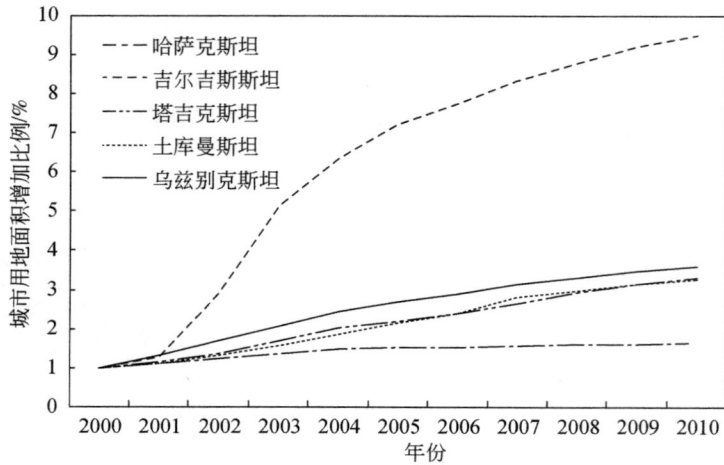

图 5-23 2000~2010 年中亚各国城市用地变化趋势

各国 2000 年城市用地设为 1

中亚地区城市用地稀少,2015 年城市用地面积仅占其总土地面积的 0.2%。为了获取更多的规律,进一步加深对中亚地区城镇发展的认识与了解,本书以各国的一级行政区为研究对象,共 48 个一级行政区,使用城市用地变化代表其城镇扩张速率。为充分利用各年数据,减少偶然因素与不确定性,本研究使用趋势线分析法对城市用地变化情况进行充分探索,即以时间 t 为自变量,对年城市用地面积进行一元回归分析。若回归系数大于 0,表明其在研究期内呈增长趋势;若回归系数小于 0,则说明其减少。计算公式为

$$\text{Slope} = \frac{n\sum_{i=1}^{n} ix_i - \sum_{i=1}^{n} i \sum_{i=1}^{n} x_i}{n\sum_{i=1}^{n} i^2 - \left(\sum_{i=1}^{n} i\right)^2} \tag{5-1}$$

式中,Slope 为 2000~2010 年城市用地面积的线性回归斜率;n 为研究时长;i 为 1~n,这里 $n=11$;x 为城市用地面积。

如图 5-24 所示,将这些城镇扩张速率分为 5 类:缓慢(<0.1);相对缓慢(0.1~0.3);中等速度(0.3~0.5);相对较快(0.5~0.7);快速(>0.7)。从图 5-24 可以明显看出中亚地区北部,即哈萨克斯坦境内,城市用地增速缓慢;东南部增速快。对应于中亚地区数字高程模型(DEM)图,平原地区城镇扩张速率缓慢,海拔较高的山区城镇扩张速率较快。

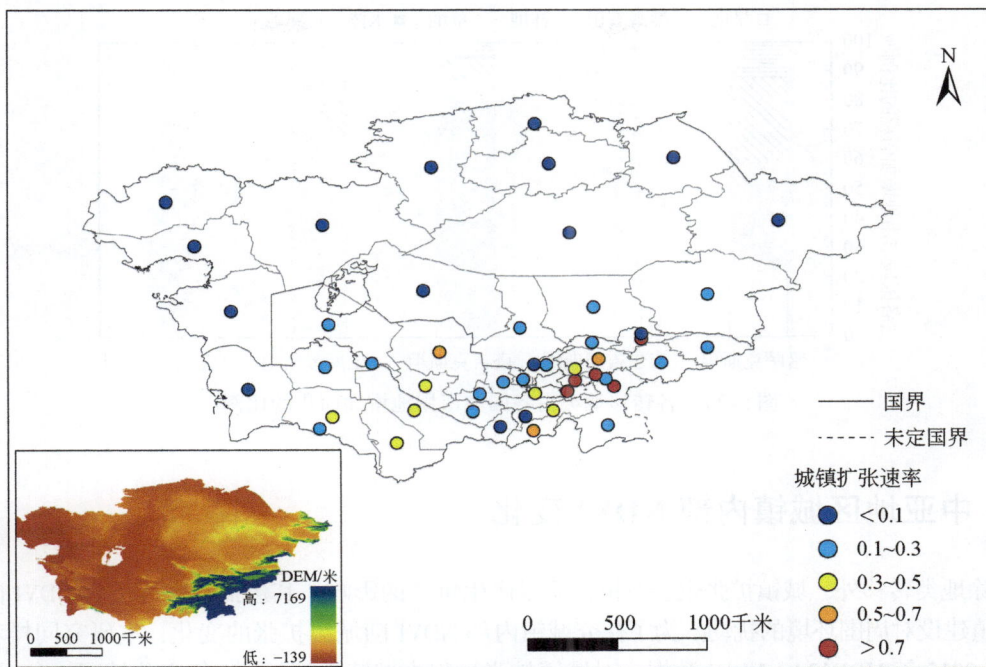

图 5-24　中亚地区的城镇扩张速率

二、城市用地与其他用地之间的转移情况

在充分了解各国城镇扩张速率后，从生态环境角度，需要知道城市用地增加的来源，即城市用地与其他用地之间的转移情况，以反映城镇扩张过程对中亚地区生态安全或粮食安全的威胁。同样使用欧洲空间局 300 米分辨率的土地利用数据，得到各转移地类占各国城市用地面积增加的比例（图 5-25），由此发现 2000 ~ 2015 年约有 0.8 万平方千米的地类转移为城市用地，其中灌溉农田转移最多，占总城市用地增加面积的 53.1%。增加的城市用地中来自林地、草地和水体三类生态用地的面积分别为 14.3%、15.8% 和 0.1%。城镇扩张使中亚地区损失的生态用地面积为 2375 平方千米，几乎等同于 2000 年的城市用地总面积。

从国家角度看，五个国家中城市用地增加面积最多的是乌兹别克斯坦，其 73.7% 的增加面积来自灌溉农田，11.8% 来自林地；其次是哈萨克斯坦，其增加面积的 27.8% 来自草地，22.4% 来自旱地。吉尔吉斯斯坦、塔吉克斯坦和土库曼斯坦的城市用地增加面积均不到 1000 平方千米，其中灌溉农田的流失占主要部分，分别占增加面积的 40.5%、77.4% 和 48.4%。

城镇化是现代化的必然趋势，无法避免，特别是对于发展中国家来说。中亚地区城镇扩张占用耕地的比例大，高达 53.1%，但同时林地和草地的流失也不容忽视。未来中亚地区城镇发展需要协调好城市用地与耕地、生态用地之间的关系，考虑到粮食安全、生态风险等因素，不能盲目、无规划地扩张，应合理规划城市发展。

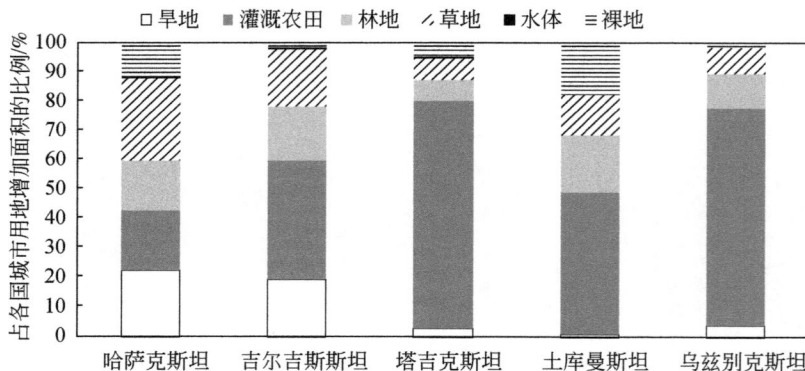

图 5-25   各转移地类占各国城市用地增加面积的比例

三、中亚地区城镇内部 NDVI 变化

除地类转移外，城镇扩张也会对植被质量产生重要的影响，其包括转移地类的 NDVI 降低和城镇建设对周围环境的扰动。为了探究城镇内部 NDVI 随城镇扩张的变化，本研究同样利用 2000～2015 年 MOD13A2 NDVI 数据，对城镇扩张过程中城镇内部 NDVI 的变化情况进行分析。MOD13A2 数据下载自 NASA 的地球数据平台（https://ladsweb. modaps. eosdis. nasa. gov/），时间分辨率为 16 天，空间分辨率为 1 千米，6～9 月为中亚地区植物的生长季，采用最大值合成法计算每月的 NDVI，然后使用生长季的 NDVI 均值代表当年的 NDVI。

本节仍然使用城市用地表示城镇区域。经过计算，2000～2015 年，48 个行政区内部的 NDVI 变化情况存在明显差异。16 个行政区城镇内部 NDVI 呈现减少趋势，其中 6 个在 90% 置信区间呈现显著减少趋势；32 个行政区城镇内部的 NDVI 呈现增加趋势，其中 19 个在 90% 置信区间上呈现显著增加趋势。由图 5-26 可见，城镇内部 NDVI 减少的城镇主要位于西部、北部和东部区域。

从国家角度看，哈萨克斯坦超过一半的城镇内部的 NDVI 呈现减少趋势，乌兹别克斯坦所有的城镇区域的 NDVI 均呈增加趋势。据前面所了解的内容，中亚五国的城镇发展情况也有明显的差异，那么，城镇内部 NDVI 与城市用地面积是否相关？

基于这个问题，本研究利用 SPSS 计算了各城镇内部 NDVI 与城市用地面积的皮尔逊（Pearson）相关系数及其显著性。48 个行政区中，16 个城镇内部 NDVI 变化和城市用地面积变化呈负相关，32 个呈正相关。另外，25 个相关性显著，其中 19 个城镇在 99% 置信度水平上显著，3 个城镇在 95% 置信度水平显著，3 个城镇在 90% 置信度水平上显著。

总体来说，6 个城镇的 NDVI 与其城市用地面积呈显著负相关；而 19 个城市呈显著正相关，随着城镇扩张，其城市用地面积增加，其城镇区域内部 NDVI 显著增加。

使用散点图观察整体的城镇内部 NDVI 变化和城市用地面积变化的相关性（图 5-27），发现城镇扩张越快，城镇内部 NDVI 增长速度越快（$R^2 = 0.15$）。城镇扩张速度较低时，NDVI 呈减少趋势。中亚地区城镇迅速发展的过程中，城区内的植被覆盖度呈现变好的趋

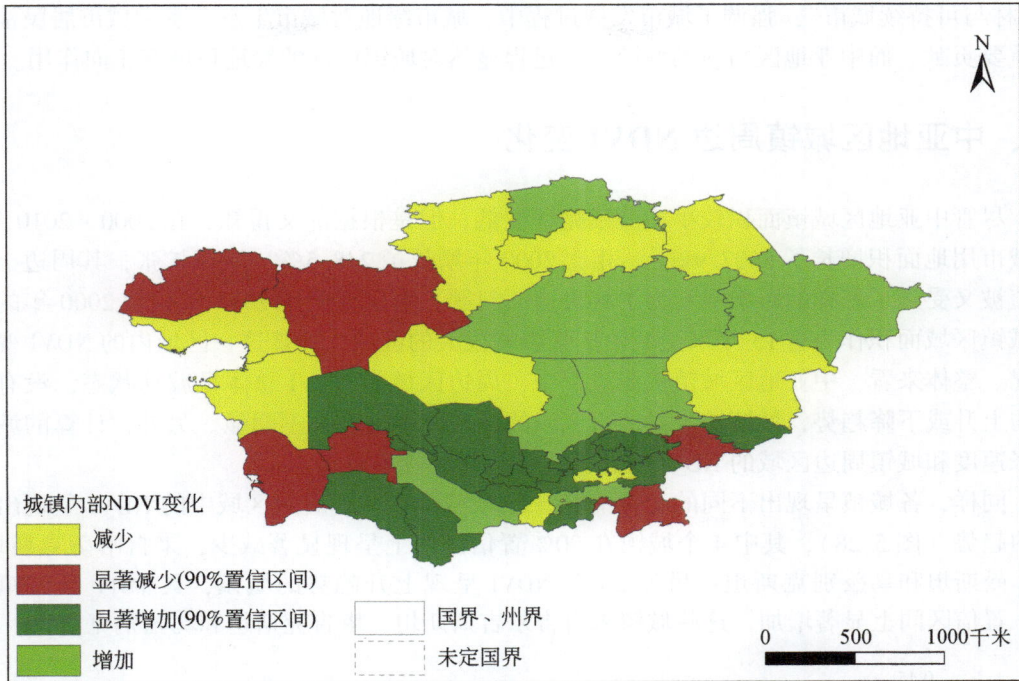

图 5-26　2000~2015 年中亚各城镇内部 NDVI 变化情况

势。另外，本研究设定了 1 万平方千米的网格，计算每个城镇的网格区域内植被退化栅格的比例与其城市用地面积变化速度的相关性。

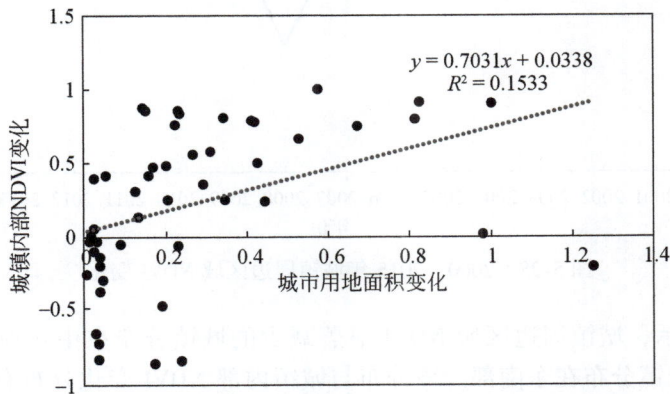

图 5-27　城镇内部 NDVI 变化与城市用地面积变化的相关性

　　总体来说，这个结果令人惊讶。中亚地区城镇的迅速扩张反而提高了城镇内部的植被质量和生态环境，而那些扩张缓慢的城镇内部植被退化比例高，NDVI 减少。当前，由于城镇发展带来了诸如空气污染、热岛效应等生态环境问题，全世界对城市绿地的关注度越来越高，并采取各种政策和措施保护并增加城市绿地。例如，2018 年世界森林日的主题为

"森林与可持续城市"，强调了城市发展过程中，城市绿地对城市生态关系和城市居民福祉的重要贡献。而中亚地区当前的城镇发展过程显然对城镇内部的绿地环境有正向作用。

四、中亚地区城镇周边 NDVI 变化

尽管中亚地区城镇面积较小，城镇化程度低，但是根据前文得知，在 2000~2010 年，其城市用地面积增长了 8607.9km²，相比 2000 年增长了 248.5%。城镇扩张，其周边土地的植被又受到了怎样的影响呢？为了解决这一问题，本研究使用 2015 年相较 2000 年的新增城镇区域面积作为这 15 年来受城镇扩张影响很大的区域，计算这一区域内的 NDVI 变化情况。整体来看，中亚地区城镇扩张过程中，周边区域的 NDVI 总体呈波动状态，没有明显的上升或下降趋势，城镇扩张对周边区域的植被质量扰动并不明显。另外，计算的城镇扩张速度和城镇周边区域的 NDVI 变化的皮尔逊相关性不显著。

同样，各城镇呈现出不同的变化情况。22 个城镇在城镇周边区域中的 NDVI 呈现出下降的趋势（图 5-28），其中 4 个城镇在 90% 置信区间上呈现显著减少，来自哈萨克斯坦、土库曼斯坦和乌兹别克斯坦；另外 26 个 NDVI 呈现上升趋势的城镇，其中 11 个城镇在 90% 置信区间上显著增加，这些城镇来自吉尔吉斯斯坦、塔吉克斯坦和乌兹别克斯坦。

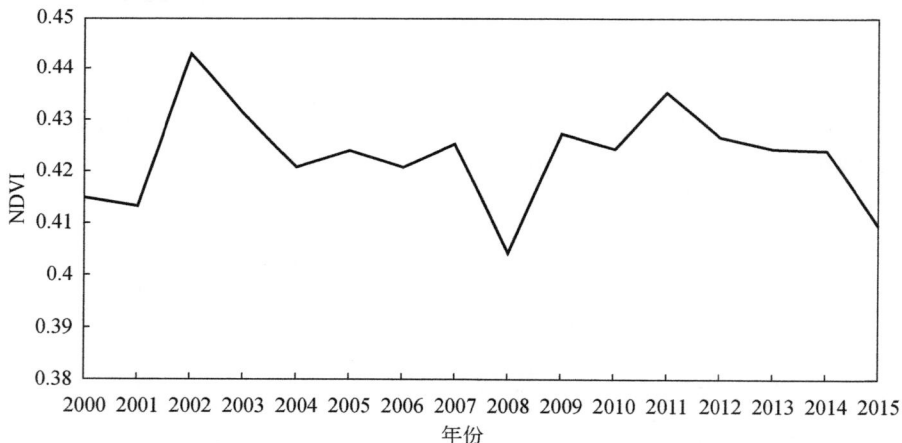

图 5-28　2000~2015 年城镇周边区域 NDVI 变化

如图 5-29 所示，城镇周边区域 NDVI 显著减少的城镇分布在中亚地区的西北部和南部，显著增加的城镇分布在东南部。该分布与城镇内部 NDVI 变化分布有所区别，如土库曼斯坦的马雷（Mary），其城镇内部 NDVI 随着城市扩张而发生显著增加，城镇周边区域的 NDVI 随着城镇扩张显著减少。马雷建设于农田之上，城镇内建筑密集，在城镇扩张过程中，城市用地的蔓延压缩了周边的其他地类，特别是 NDVI 较高的农田，导致周边区域内的 NDVI 下降；而新增的城市用地由 NDVI 较高的地类转化而来，并且处在城镇边缘，建筑密集程度低，尚有农田，整体生态环境优于原城镇区域，使得整体的 NDVI 增加。另外一种情况与上述情况恰好相反，即城镇内部区域 NDVI 随着城镇扩张显著减少，城镇周

边区域的 NDVI 随城镇蔓延显著增加，如塔吉克斯坦的戈尔诺-巴达赫尚自治区（Gorno-Badakhshan）。该地区城镇建立于草地上，城镇内建筑密度低，树木密集，随着城镇扩张，周边的草地转化为城市用地，使内部整体的 NDVI 下降；周边区域由草地转化为建筑密度较低、树木较多的城镇区域，整体的 NDVI 增加。这两种截然相反的情况与其城镇发展的背景地类、城镇建筑密度、经济发展水平等因素均有关系。而哈萨克斯坦的阿克托贝（Aktobe）、西哈萨克斯坦（West Kazakhstan）等地区，由于其经济水平较高，城镇发展早，城镇内部规划较好，有大面积的森林公园、绿化带等环境设施，其初始的 NDVI 在中亚范围内较高。这两个区域的背景地类分别为林地和耕地这些 NDVI 较高的地类。随着城镇的进一步扩张，周边地类开发出来成为人造地表，致使周边地区的 NDVI 下降，但这些开发出的土地尚未进行合理规划与建设，过快的城镇发展使其城镇内部的植被质量下降。与之相反的还有以塔吉克斯坦的哈特隆（Khatlon）为例的城镇周边和内部 NDVI 均显著上升的地区，哈特隆建立于农田和裸地上，但是其城镇最大的特征是，城镇内有建筑物的地区就有树木，可见其城镇建设中非常注重城镇树木的种植，因此其城镇扩张带来更多树木的种植，城镇内部 NDVI 上升，同理，城镇周边地区随着城市用地比例的增高，树木的比例也增高，同时裸地的比例下降，这使得整体的 NDVI 上升。

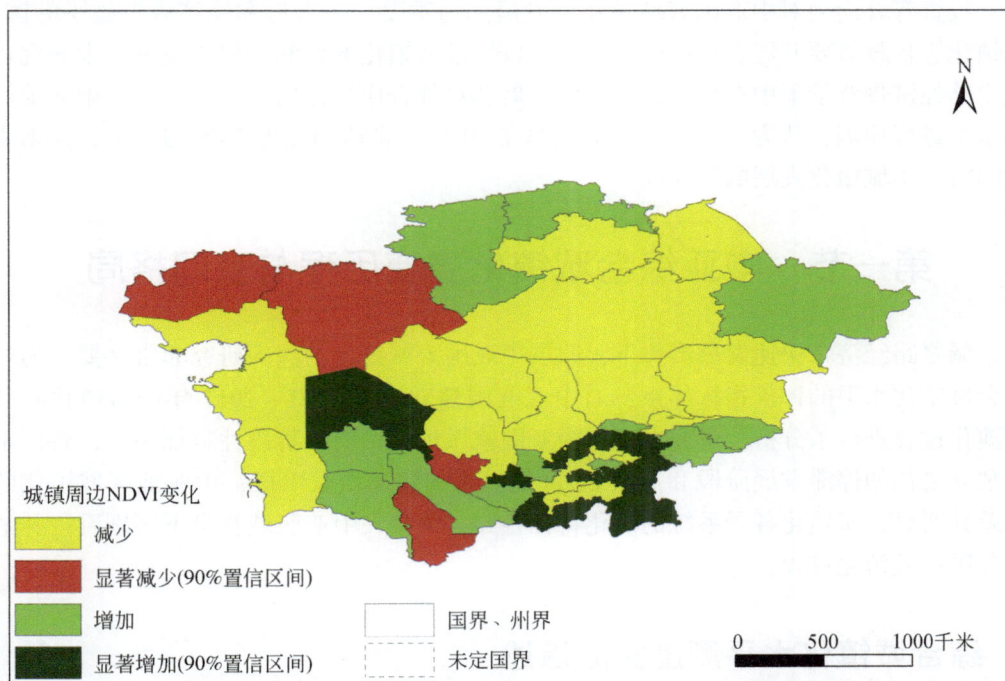

图5-29　2000～2015 年中亚各城镇周边 NDVI 变化情况

因此对于中亚地区，各区域经济、城镇发展水平、城镇背景地类差异巨大，各城镇随着城镇扩张，内部和周边的植被水平找不到一个统一的规律，也不能简单地断言城镇发展对其生态环境有负面影响，应当具体城镇具体分析。

|第六章| 中亚城镇化的现状特征 与未来发展趋势

在丝绸之路经济带快速发展的形势下，开展中亚国家城镇化的深入研究非常必要。本章通过建立综合城镇化水平的评价指标体系，对中亚五国独立以来1991~2017年的城镇化时空格局和演化过程进行了分析，并运用固定效应面板数据回归模型，从"内-外双向力"视角分析了综合城镇化的动力因素，最后通过趋势外推法和因子分析法对中亚地区的城镇化水平进行了预测。研究认为：①中亚国家城镇化发展的阶段性特征明显，各国都经历了独立之初的停滞发展阶段和进入21世纪以来的快速增长阶段。②中亚地区城镇化的国家间差异明显，城镇化各子系统的演化特征各异，需要在中亚区域背景下区别看待和清晰认知各国的城镇化进程。③内外部因素共同作用于中亚国家的城镇化进程，对外交通、贸易、投资等外向力对中亚国家城镇化的发展尤为重要。④人口和经济规模越小的国家，其城镇化进程越需要开展良好的国际合作，以推进城镇化的顺利、健康发展。本研究可为丝绸之路经济带背景下中亚城镇化的健康发展和对外合作提供研究参考。⑤对中亚地区城镇化水平进行预测，认为中亚地区城镇化率在2050年将达到接近50%的水平，在未来一段时间将处于城镇化发展的加速期。

第一节 中亚综合城镇化演变历程与空间格局

丝绸之路经济带快速发展形势下，开展中亚国家城镇化的深入研究非常必要。通过建立综合城镇化水平的评价指标体系，对中亚五国独立以来1991~2017年的城镇化时空格局和演化过程进行了分析。研究发现，中亚国家城镇化发展的阶段性特征明显，各国都经历了独立之初的停滞发展阶段和进入21世纪以来的快速增长阶段；中亚地区城镇化的国家间差异明显，城镇化各子系统的演化特征各异，需要在中亚区域背景下区别看待和清晰认知各国的城镇化进程。

一、综合城镇化水平测度文献综述

城镇化是衡量国家或地区经济社会发展水平的重要标志，也是推进全球经济进步、人类可持续发展的重要因素（单卓然和黄亚平，2013；Chen et al.，2014；孙湛和马海涛，2018）。城镇化概念有狭义和广义之分。狭义城镇化是指农村人口向城镇转移的过程；广义城镇化指包含人口、经济、社会和空间等多方面的城镇化过程（许学强等，1997；陈明星等，2009；刘彦随和杨忍，2012；方创琳等，2018；Liu et al.，2018a），本研究称之为综合城镇化。

城镇化水平的测度一直得到学术界关注，但测度方法并不统一。目前的测度方法，主要有单一指标法和复合指标法两种。单一指标法主要运用城镇人口占总人口的比例来测算城镇化率（Sanjib et al.，2010；Li et al.，2019a），简单有效而便于横向比较，但这会忽略城镇化过程中的经济、产业、土地和生活方式等一系列转变，不能全面反映城镇化水平（陆大道等，2007）；复合指标法从广义城镇化内涵出发，构建包含人口、社会、经济和空间等多方面内涵的指标体系来测度综合城镇化水平，它能够全面反映出区域城镇化水平，因而被学界和政界广泛采用（Zhang，2008；Wang et al.，2019）。然而复合指标法中的指标涉及多方面，不同研究者对指标体系的设置会有差异。例如，陈明星等（2009）将城镇化分为人口、经济、土地和社会四个子系统，测度了中国 1981~2006 年的综合城镇化水平和子系统城镇化水平；叶尔肯·吾扎提等（2014）也从这四方面研究了哈萨克斯坦 1992~2011 年的城镇化进程，但其具体指标有差异；初楠臣等（2018）从人口、经济和社会三方面测度了俄罗斯西伯利亚和远东地区的城镇化水平；马惠兰和张姣（2013）从人口、经济和生活质量三方面评价了塔吉克斯坦的城镇化水平。本研究参考相关研究，选择公认的人口、经济、社会和空间四个维度构建指标体系，以全面反映中亚五国的城镇化水平。

二、综合城镇化水平指标体系构建及测度方法

（一）指标体系构建

在城镇化研究综述的基础上，同时考虑到数据的可获得性，本研究从人口、经济、社会、空间四方面构建的中亚五国的综合城镇化水平评价指标体系，包含 12 个具体指标（表6-1）。具体来看，人口城镇化主要反映人口向城镇集中的过程，其中，城镇人口比例指标（即常用的城镇化率）反映国家人口向城镇集中的程度；城镇人口增长率指标反映城镇人口的增长情况；非农就业人员比例指标反映人口就业方式的非农化程度。经济城镇化主要反映城镇经济发展的水平，其中，人均 GDP 指标反映国家经济发展总体水平；人均工业总产值指标反映国家的工业化程度；非农产值比例指标反映国家生产方式的非农化程度。社会城镇化主要反映居民获得城镇公共服务的水平，人均医疗支出、人均公共教育支出和互联网覆盖率分别反映国家医疗、教育水平和互联网设施的覆盖程度。空间城镇化主要反映用地和景观的非农化转变，用土地城镇化率（即城市用地面积占比）、城镇建成区面积和路网密度三项指标反映。通过这一指标体系力求客观地、综合地反映中亚五国的城镇化水平。

表6-1　中亚五国综合城镇化水平评价指标体系

目标层	准则层	权重	指标层	指标权重	单位
综合城镇化水平	人口城镇化	0.278	城镇人口比例	0.091	%
			城镇人口增长率	0.070	%
			非农就业人员比例	0.117	%
	经济城镇化	0.284	人均GDP	0.095	10^3美元
			人均工业总产值	0.089	10^3美元
			非农产值比例	0.100	%
	社会城镇化	0.216	人均医疗支出	0.090	美元
			人均公共教育支出	0.061	美元
			互联网覆盖率	0.065	%
	空间城镇化	0.222	土地城镇化率	0.085	%
			城镇建成区面积	0.051	平方千米
			路网密度	0.086	米/千米^2

（二）测度方法

权重确定的方法采用熵值法与德尔菲法相结合的方式。熵值法根据各项指标的变异程度计算出指标权重，德尔菲法将邀请专家与中亚国家情况相结合，对指标重要性程度进行打分，二者结合能使结果更为客观。熵值法计算步骤如下。

（1）数据标准化处理。

正向指标：

$$S_{ij} = \frac{x_{ij} - \min\{x_{ij}\}}{\max\{x_{ij}\} - \min\{x_{ij}\}} \tag{6-1}$$

逆向指标：

$$S_{ij} = \frac{\max\{x_{ij}\} - x_{ij}}{\max\{x_{ij}\} - \min\{x_{ij}\}} \tag{6-2}$$

式中，x_{ij} 为第 i 个国家中第 j 项指标的数值；$\max\{x_{ij}\}$ 和 $\min\{x_{ij}\}$ 分别为第 i 个国家中第 j 项指标的最大值和最小值。

（2）计算第 j 项指标的信息熵 e_j：

$$e_j = -k \sum_{i=1}^{n} (Y_{ij} \times \ln Y_{ij}), Y_{ij} = \frac{S_{ij}}{\sum_{i=1}^{n} x_{ij}}, k = \frac{1}{\ln n} \tag{6-3}$$

（3）计算指标 x_j 的权重 w_j：

$$w_j = \frac{g_j}{\sum_{j=1}^{p} g_j}, g_j = 1 - e_j \tag{6-4}$$

三、综合城镇化水平演变

中亚地区综合城镇化水平的国家间差异非常明显，哈萨克斯坦、乌兹别克斯坦和土库曼斯坦的综合城镇化水平相对较高，吉尔吉斯斯坦和塔吉克斯坦显著低于中亚地区平均水平（图6-1）。中亚五国独立以来，综合城镇化水平发生了较大变化，总体上表现为先停滞后上升的发展态势，而且阶段特征明显，以2000年为分界点，可以划分成两个发展阶段。

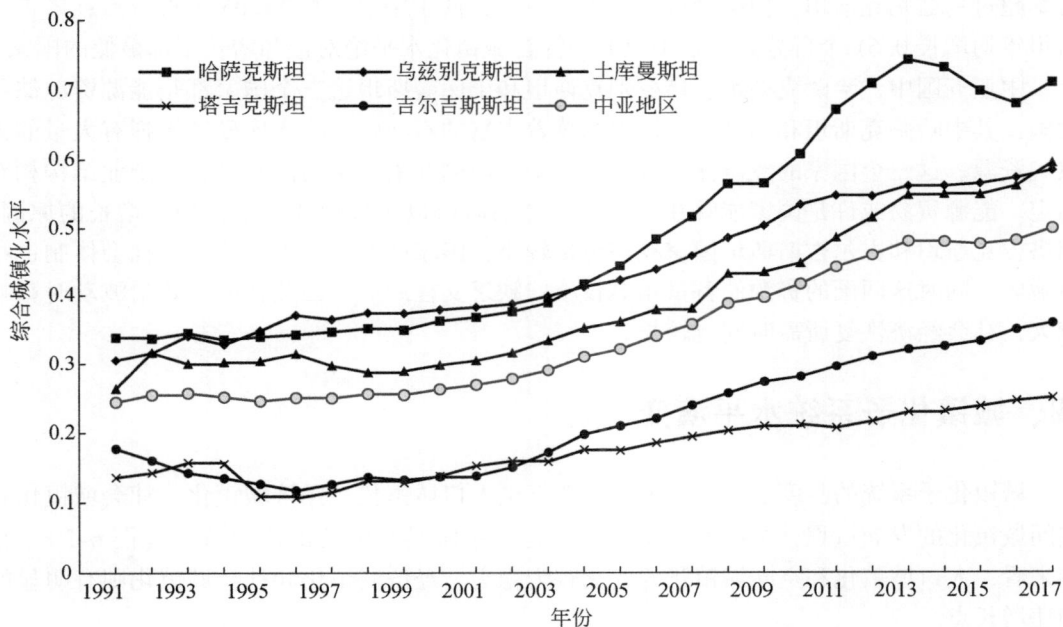

图6-1　1991～2017年中亚及五国综合城镇化水平的演变

第一阶段是2000年前的城镇化水平停滞期。这一阶段是中亚五国政体独立后的前10年（1991～2000年），各国经历了政权的重建和经济的调整，城镇化水平总体上维持在苏联解体时的水平。中亚地区1991年的综合城镇化水平为24.45%，到2000年也仅为26.32%，这10年年均增长仅0.19%。五个国家中除乌兹别克斯坦的综合城镇化水平有所增长外（年均增加0.74个百分点），其余国家基本上呈现出后退或停滞状态。其中吉尔吉斯斯坦下降最为明显，从1991年的17.78%下降到2000年的13.70%，土库曼斯坦、哈萨克斯坦和塔吉克斯坦基本停滞，年均增长分别为0.35个百分点、0.24个百分点和0.02个百分点。可以看出，中亚五国的独立给其国家的城镇化进程带来很大影响，各国从苏联经济体系中分解出来建立的独立的经济体系，以及国家政权机构和体制的重新组建过程，都给其城镇化发展带来了巨大冲击；也可以看出国家经济体量越小，受到的冲击就更为显著，吉尔吉斯斯坦和塔吉克斯坦就是如此。

第二阶段是进入 21 世纪后的城镇化快速发展期。进入 21 世纪后，中亚五国政治体系已经稳定，经济发展开始恢复，城镇化发展速度加快。结果显示，这一阶段中亚地区的综合城镇化水平由 2001 年的 26.97% 增长到 2017 年的 50.11%，年均增长 1.45 个百分点。中亚五国的综合城镇化水平都有较快增长，其中哈萨克斯坦增长最快，年均增长 2.15 个百分点，成为目前中亚五国综合城镇化水平最高的国家；土库曼斯坦年均增长 1.82 个百分点，并于 2017 年超过乌兹别克斯坦成为中亚地区综合城镇化水平第二高的国家；乌兹别克斯坦年均增长 1.26 个百分点，其综合城镇化水平大部分时间处于哈萨克斯坦和土库曼斯坦之间，但在 2017 年被土库曼斯坦超过；吉尔吉斯斯坦年均增长 1.39 个百分点，增长率超过乌兹别克斯坦，但综合城镇化水平不高，低于中亚平均 14.05 个百分点；塔吉克斯坦年均增长 0.61 个百分点，是中亚五国综合城镇化水平绝对值和增长率都最低的国家。

中亚五国中，哈萨克斯坦、乌兹别克斯坦和土库曼斯坦这三个国家都是能源资源储备大国，其中哈萨克斯坦和乌兹别克斯坦蕴藏着丰富的石油资源，土库曼斯坦拥有大量的天然气资源。这三个国家的经济体量较大，由于能源的开采及贸易的存在，其产业结构相对稳定。能源贸易或许是国家能够在经历政治波动后得以实现快速调整并稳步增长的原因。而塔吉克斯坦和吉尔吉斯斯坦国家经济体量较小，国家产业结构不够稳定，社会体制也相对脆弱，同时这两国的资源储备量相对较小，缺乏支柱产业，因此在面对政治波动时影响较大，社会经济恢复所需时间也较长。

四、城镇化子系统水平演变

城镇化子系统的测度能进一步展示中亚五国人口城镇化、经济城镇化、社会城镇化和空间城镇化的发展过程，可以看出不同城镇化子系统具有独特的演化特征（图 6-2）。整体来看，人口城镇化和空间城镇化的变化较为稳定，经济城镇化和社会城镇化则有明显的加速增长点。

（1）人口城镇化。城镇化子系统中，人口城镇化水平的国家间差异最明显。哈萨克斯坦、土库曼斯坦和乌兹别克斯坦人口城镇化水平一直明显高于吉尔吉斯斯坦和塔吉克斯坦，哈萨克斯坦人口城镇化水平多年平均为 75.65%，而塔吉克斯坦多年平均仅为 15.19%，两者差别高达 60.46 个百分点，而且这种差别自其独立以来一直保持至今。从

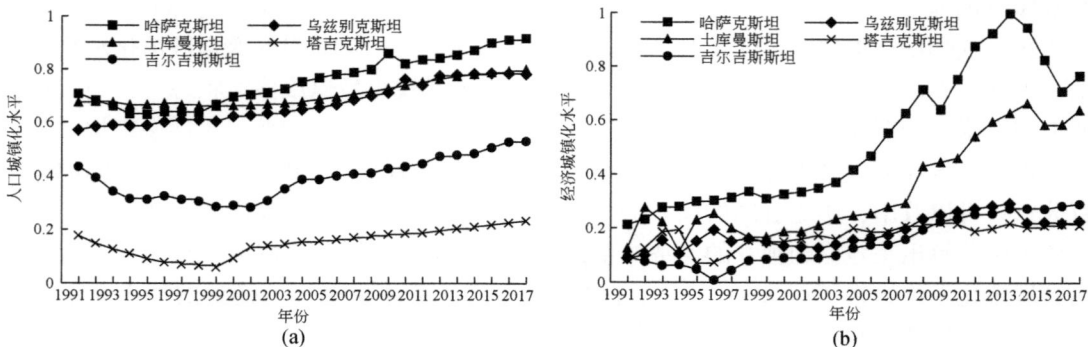

(a)　　　　　　　　　　(b)

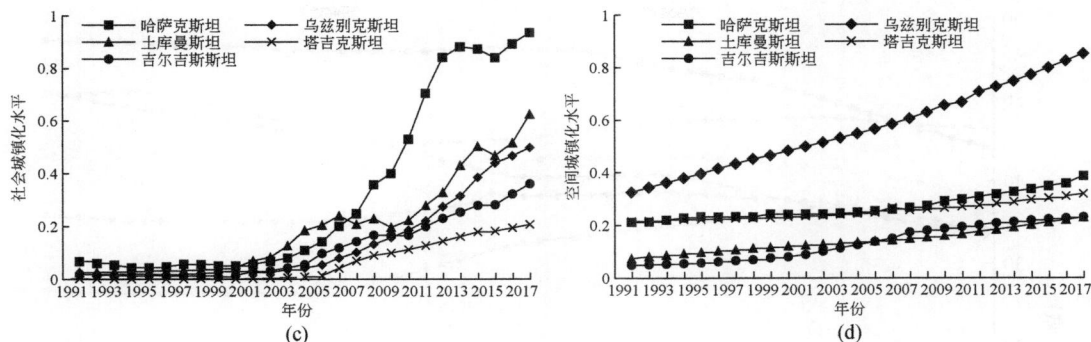

图 6-2　1991～2017 年中亚五国城镇化子系统的演变

变化趋势上看，除乌兹别克斯坦人口城镇化水平呈现较为稳定的低增长趋势外，其他四国在独立后的一段时间均呈现出不同幅度的下降态势，在 2000 年前后才开始恢复增长态势。哈萨克斯坦、土库曼斯坦、塔吉克斯坦和吉尔吉斯斯坦的人口城镇化水平分别在 2002 年、2004 年、2008 年和 2010 年才恢复到独立时（1991 年）的水平。独立之初人口城镇化水平的普遍下降，一方面是因为中亚国家有大量居民出于民族原因（特别是俄罗斯族）迁到俄罗斯，而这些人口以城镇居民居多；另一方面是因为工业体系衰败，非农就业机会大大缩减（这是主要原因）。乌兹别克斯坦的人口城镇化水平在独立后虽没有像其他国家那样明显下降，但数据上能明显看出其也受到了影响，2000 年前的年均增长率为 0.52%，而 2000 年后的年均增长率为 0.93%。从人口城镇化率的指标看（图 6-3），中亚五国在苏联解体前的城镇化率呈现出稳定上升的趋势，但是在 1991 年苏联解体之后，中亚五国政治体制和经济、社会发生了重大转变，其城镇化进程也经历了较大波动，除乌兹别克斯坦外，其他四国城镇化率均呈现出明显的停滞甚至是下降的状态。进入 21 世纪后，五个国家的政治经济逐步稳定，城镇化率也趋于稳定，哈萨克斯坦、土库曼斯坦城镇化率表现出明显上升的态势，塔吉克斯坦和吉尔吉斯斯坦的城镇化率也不再下降，转而表现为缓慢上升的趋势。

（2）经济城镇化。城镇化子系统中，经济城镇化水平在发展中的波动最明显。总体上看，中亚五国的经济城镇化经历了三个阶段：1991～2000 年的震荡调整阶段，2001～2008 年的快速增长阶段，2009～2017 年的减速波动阶段。中亚五国独立之初，除哈萨克斯坦经济城镇化水平保持相对稳定的低幅度增长外，其他四国经济城镇化水平变动曲线如同"过山车"，升降幅度非常大。1991～2000 年中亚五国的城镇产业发生了大幅度的重构，城镇中原有基础产业突变萧条，城镇的经济短期内面临衰败与重建，此时期除哈萨克斯坦外的其他四个国家的平均增幅仅为 5.81%。2001～2008 年是中亚五国发展最快、增幅最稳定的八年，平均增幅为 17.70%，是中亚发展的"黄金时期"。2000 年后，随着各国经济体系逐步建立，石油、天然气等能源经济兴起，贸易、金融等第三产业开始逐步发展，经济城镇化水平开始高速增长。其中哈萨克斯坦的增幅最高，达到 37.99%，土库曼斯坦的增幅也达到了 24.22%。受 2008 年全球金融危机的影响，2009 年后中亚五国经济城

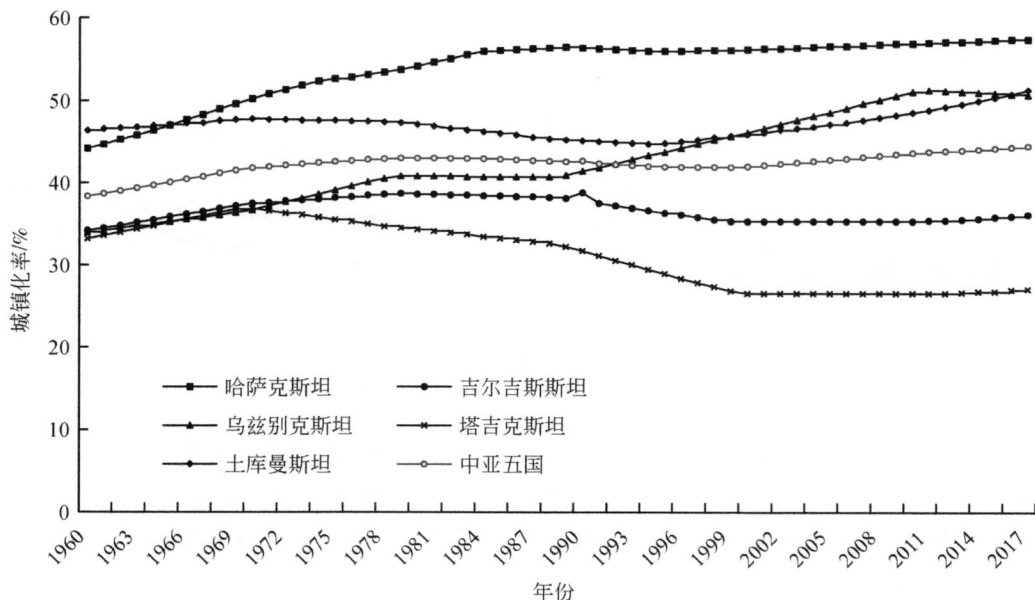

图 6-3　1960～2017 年中亚五国人口城镇化率演变

镇化发展势头下降；又受 2013 年国际原油价格下降的影响，中亚三个能源资源较多的国家（哈萨克斯坦、土库曼斯坦和乌兹别克斯坦）的经济城镇化水平出现较大幅度下降，其中哈萨克斯坦在 2013～2016 年下降 29.09%。塔吉克斯坦和吉尔吉斯斯坦的涨幅较小，约为 10%，这两国能源资源储备较少，因此缺乏能源经济的支撑，但是随着"一带一路"的建设，区域一体化的影响也使这两个国家的经济城镇化水平有所增长。

（3）社会城镇化。城镇化子系统中，社会城镇化水平在 21 世纪增长势头最好。在中亚五国独立后的前 10 年，除土库曼斯坦社会城镇化水平有稳定微弱增长外，其他四国均小幅度下降，直到 2000 年前后才恢复到 1991 年的水平。2001 年后，中亚五国的社会城镇化水平均表现出很好的发展势头，其中，哈萨克斯坦 2001～2017 年增幅高达 87.69%，土库曼斯坦增幅为 55.43%，乌兹别克斯坦增幅为 47.19%，吉尔吉斯斯坦和塔吉克斯坦也分别增长了 36.10% 和 20.71%。中亚五国独立前是苏联的一部分，实行"国家包揽"的社会服务体系，教育医疗等公共服务设施由国家配置；独立后，虽然实行资本主义制度，但教育医疗仍主要由国家配置，由于国家经费不足，社会服务水平停滞甚至下降。直到 2000 年经济才好转，中亚国家的社会城镇化水平又得到快速提升。

（4）空间城镇化。城镇化子系统中，空间城镇化水平的增长最为稳定。独立后的五个国家的空间城镇化发展一如既往，受政治经济形势的干扰较小，城镇建设和空间扩张匀速发展，空间城镇化水平的发展曲线都近乎一条直线，只是增长幅度有所差异。其中乌兹别克斯坦空间城镇化水平最高且增长最快，从 1991 年的 32.55% 增长到 2017 年的 85.29%，增加 52.74 个百分点。吉尔吉斯斯坦居次，增加 18.25 个百分点；哈萨克斯坦第三，增加 17.51 个百分点。哈萨克斯坦的空间城镇化水平不高，这是因为其国土面积较大、人口密度较小。中亚五国独立后，城镇中的传统工业受到冲击，城镇的建设速度虽然放缓但是没有停滞。此外，部分国家如哈萨克斯坦、乌兹别克斯坦设立的新城和工业园区也促进了国家的空间城镇化发展。

第二节 中亚城镇化的动力因素与机制分析

运用固定效应面板数据回归模型，从"内-外双向力"视角分析中亚综合城镇化的动力因素。研究发现，国家内部、外部因素共同作用于中亚国家的城镇化进程，对外交通、贸易、投资等外向力对中亚国家城镇化的发展尤为重要；人口和经济规模越小的国家，其城镇化进程越需要开展良好的国际合作，以推进城镇化的顺利、健康发展。本节研究结果可为丝绸之路经济带背景下中亚城镇化的健康发展和对外合作提供研究参考。

一、城镇化动力因素的文献综述

城镇化的动力机制是城镇化研究的核心命题，学界对其已有较多探讨。早在20世纪初，德国著名经济学家Weber就提出工业化导致的劳动力分工是促进城镇化的驱动力；后又有学者将经济增长和产业结构转变等要素补充到城镇化的动力因素中，他们认为城市具有经济的集聚性，城市经济的增长和产业结构的高级化都对城镇化有促进作用（Friedman，1973；Northam，1975；Moomaw and Shatter，1996）。由此可见，早期城镇化动力的研究主要偏重经济因素。后期的研究开始将经济之外的因素纳入城镇化动力分析，具有明显的多元性特征。例如，研究者从"城乡二元结构"的角度，提出了城市拉力和乡村推力，以解释中国的城镇化动力（崔功豪和马润潮，1999）；从"城镇化作用主体"的角度，提出政府动力、市场动力和民间动力，以理解城镇化动力过程（魏冶等，2013）；还有观点认为市场经济体、政治分权化、人口变化、资源开发和科技变化等均是城镇化快速发展的主要原因。然而，这些研究基本上都是从国家或区域内部出发，认为城镇化进程是受内部多种要素相互作用、共同影响而不断发展的。在区域经济一体化和经济全球化水平日益提高的背景下，任何地方的城镇化进程离不开地方之外的资金、物质、知识、技术和人才，因此，仅仅关注地方的城镇化动力因素不足以理解全球化背景下的城镇化进程及其动力。有些学者已经注意到这一问题，将外向力纳入城镇化动力分析框架，与行政力、市场力和内源力结合分析城镇化动力因素（欧向军等，2008；陈明星等，2009）；还有学者从外资、全球化的角度分析了发展中国家部分区域的城镇化动力过程（薛凤旋和杨春，1997；Wu，2003）。但是这些研究一方面仅仅将外向力解释为实际利用外资，缺少对外贸易和连通设施的考虑；另一方面仅仅针对国家内部或一个国家，缺少多个国家的对比分析，特别是对发展中的"小国"（人口和经济总量小）的外向力研究缺少专门关注。"小国"虽然政治独立，但其城镇化进程所需的资金、物质和人力离不开外部资源，因此外向力对"小国"的城镇化更为重要。基于以上考虑，本研究将中亚五国的城镇化动力划分为内向力和外向力两种类型，选择针对指标进行动力因素分析。

二、城镇化动力因素变量选择及分析方法

（一）解释变量选择

在城镇化驱动因素的研究综述基础上，充分考虑国家尺度城镇化的特殊性，以及中亚国际数据的可获取性，从国家内部因素和国家外部因素两方面建立中亚五国城镇化动力的解释变量指标体系（表6-2）。基本假设如下。内向力方面：①城镇收入越高，对人口、资本以及生产要素的吸引越大，越有利于城镇化的发展；②农业收入越高，越不利于农业剩余劳动力向城镇转移；③政府通过加大资金投入，提升城镇产业和基础设施水平，可以推动城镇化发展；④市场经济水平及其活跃度越高，越有助于国家生产要素的合理配置，越有利于推进经济城镇化。外向力方面：①利用外资可以带动国家技术、贸易、产业结构和就业结构的变化，有利于城镇化水平的提高；②对外贸易是中亚国家城镇发展和建设过程获取必需物质与输出优势产品的必要途径，是城镇化进程不可或缺的动力因素；③对外交通基础设施既是城镇化建设的重要部分，又是对外贸易的重要支撑；④物流运输能力是国家内外联通能力的重要体现，是支撑城镇化的基础动力之一。

表 6-2 中亚五国城镇化动力的解释变量指标体系

类型	指标	单位	内涵
内部因素	城镇人均收入（UPI）	美元	城镇化的城镇收入拉力
	人均农业产值（PAO）	美元	城镇化的乡村收入推力
	政府最终消费（GFC）	万美元	城镇化的政府行政力量
	市场资本总额（TMC）	万美元	城镇化的市场经济力量
外部因素	实际利用外资（AFC）	万美元	城镇化的外部引资动力
	商品进出口总额（TMT）	万美元	城镇化的外部贸易动力
	铁路建设长度（RCL）	千米	城镇化的对外交通设施动力
	铁路货运量（RFV）	万吨×千米	城镇化的内外物流联通动力

（二）面板数据回归模型

运用 Pedroni 检验和 Kao 检验两种方法对解释变量的面板数据进行协整性检验，显示 Pedroni 检验的统计量对应的 p 均小于 0.05，Kao 检验的统计量对应的 p 均小于 0.05（表6-3），故检验结果显著拒绝"不存在协整关系"的原假设，表明所选 8 个解释变量与综合城镇化水平之间存在协整关系。

表 6-3　解释变量数据的协整检验结果

检验方法		T 统计量	p
Kao 检验	Modified Dickey-Fuller	−2.7650	0.0028
	Dickey-Fuller	−2.1039	0.0177
	Augmented Dickey-Fuller	−2.6177	0.0045
	Unadjusted modified Dickey-Fuller	−2.6768	0.0037
Pedroni 检验	Unadjusted Dickey-Fuller	−2.0764	0.0189
	Modified Phillips-Perron	1.8399	0.0329
	Phillips-Perron	−2.3175	0.0102
	Augmented Dickey-Fuller	−2.0685	0.0193

　　静态面板数据模型一般包括三种，分别是混合模型、固定效应模型和随机效应模型。运用 F 检验和 Hausman 检验，发现混合模型和随机效应模型检验结果的统计量值较大，且 p 均远小于 0.05（表 6-4），因此选择使用固定效应模型进行综合城镇化动力因素的定量分析。

表 6-4　面板数据模型的检验结果

检验方法	原假设 H_0	F 统计量	p	检验结论
F 检验	混合模型	88.54	0.0000	固定效应模型
Hausman 检验	随机效应模型	230.35	0.0000	固定效应模型

　　以综合城镇化水平（UR）为因变量，将国家内外部的城镇化动力因素指标作为解释变量，构建综合城镇化水平动力因素定量分析的固定效应面板数据回归模型如下：

$$\ln \text{IndexUR}_{it} = a_0 + a_1 \ln \text{UPI}_{it} + a_2 \ln \text{PAO}_{it} + a_3 \ln \text{GFC}_{it} + a_4 \ln \text{TMC}_{it} + a_5 \ln \text{AFC}_{it} +$$
$$a_6 \ln \text{TMT}_{it} + a_7 \ln \text{RCL}_{it} + a_8 \ln \text{RFV}_{it} + u_i + v_{it} \tag{6-5}$$

式中：i 为不同国家；t 为年份；u_i 为不可观测的国家效应；v_{it} 为随机误差项；a_0 为研究单元的截距项；$a_1 \sim a_8$ 分别为各解释变量的回归系数。

三、城镇化的动力因素分析

　　运用选择的固定效应面板数据回归模型，对中亚五国综合城镇化的动力因素进行定量分析。从模型回归系数的显著性看，所有解释变量都通过了 5% 的显著性检验（表 6-5）；从模型整体的显著性看，F 统计量为 207.25，相应的 p 为 0.0000（<0.05），整体 R^2 为 0.7365（接近 1）（表 6-6），表明模型的整体拟合效果较好。因此，总体来说，所选取的解释变量对中亚国家综合城镇化水平具有较强的解释力。回归系数结果显示，除人均农业产值这一指标与综合城镇化水平有较强负相关关系外，其他指标均为正向影响，其中，铁路建设长度对综合城镇化水平的影响最强，大大超过排在第二位和第三位的城镇人均收入

和政府最终消费；影响最小的是市场资本总额。总体上看，内部因素指标对中亚国家综合城镇化水平的影响普遍较强，外部因素指标也发挥了尤为重要的推动作用。

表 6-5　固定效应模型的解释变量系数估计结果

变量	系数	T 统计量	p
城镇人均收入（UPI）	0.281 3	5.18	0.000
人均农业产值（PAO）	−0.221 8	−7.43	0.000
政府最终消费（GFC）	0.234 8	4.30	0.000
市场资本总额（TMC）	0.061 2	2.45	0.016
实际利用外资（AFC）	0.080 6	2.11	0.017
商品进出口总额（TMT）	0.093 7	2.27	0.007
铁路建设长度（RCL）	0.566 5	4.94	0.000
铁路货运量（RFV）	0.088 7	2.88	0.005
常数项	−13.649 32	−15.89	0.000

表 6-6　固定效应模型的整体显著性检验结果

F 统计量	R^2-组内	R^2-组间	R^2-整体	p
207.25	0.9218	0.8386	0.7365	0.0000

各指标（解释变量）对中亚国家综合城镇化水平的影响具体如下。

（1）铁路建设长度对中亚国家综合城镇化水平的影响最为显著。系数为正，表明铁路设施越好，越有助于综合城镇化水平提高。中亚地区的铁路设施是在苏联时期基础上逐渐发展起来的，其主体还是苏联时期的存留；苏联时期的国内铁路运输系统，在中亚独立后大都变成了国际铁路，承担着中亚国家对外的主要货物运输。丝绸之路经济带中欧班列的规划运行，推动了"中国—哈萨克斯坦""中国—吉尔吉斯斯坦—乌兹别克斯坦""俄罗斯—哈萨克斯坦—吉尔吉斯斯坦—塔吉克斯坦""哈萨克斯坦—土库曼斯坦—伊朗"等中亚国家跨境铁路的建设，这将大幅度提升中亚国家对外铁路运输能力和转运能力，增强中亚国家与中国、欧洲国家及东南亚国家的经济联系，带动相关产业发展，提高国家综合城镇化的水平。塔吉克斯坦和吉尔吉斯斯坦铁路设施滞后，对外联通不畅，这已成为其城镇化发展的一个重要限制因素。

（2）城镇人均收入对中亚国家综合城镇化水平的影响比较显著。二者呈正相关，这表明城镇人均收入越大，综合城镇化水平越高。城镇人均收入是人口向城镇集中的重要拉力，与乡村人均收入的差距越大，越吸引农村人口向城镇转移。研究结果表明城镇人均收入是中亚国家城镇化进程中最重要的内部动力因素之一。例如，哈萨克斯坦的农业行业人均收入远远低于非农行业人均收入，2000年农业行业人均收入仅是全行业人均收入的39.56%，是工业人均收入的27.40%；到2014年虽然两个比例分别增加到54.94%和

41.59%，但城乡收入差距依然很大。根据中国驻塔吉克斯坦大使馆发布的信息，2018 年塔吉克斯坦每个工业岗位收入是农业劳动者收入的 9.7 倍。由此可见，中亚国家的城镇人均收入是其城镇化的主要动力。

（3）人均农业产值对中亚国家综合城镇化水平的影响也比较显著。二者呈负相关，表明人均农业产值越高，越不利于国家城镇化推进。人均农业产值直接体现农业人均收入水平。这一结果与城镇人均收入指标的分析结果一致，进一步证实了城乡收入差距是城镇化进程的重要动力。目前中亚国家农业发展的基础设施和农业技术仍比较落后，这使得人均农业产值非常低。例如，2017 年哈萨克斯坦、乌兹别克斯坦和土库曼斯坦的人均农业产值约为 1000 美元，塔吉克斯坦和吉尔吉斯斯坦仅为 250 美元。中亚国家在未来的发展中，应加大农业投入和提高现代化水平，通过农业效率的提升增加农民收入，推动城镇化健康发展。

（4）政府最终消费对中亚国家综合城镇化水平有非常显著的影响。二者呈正相关，表明政府投资越多，越有利于城镇化推进。中亚五国独立后试图从计划经济转向市场经济，但独立后国家政府的作用依然强大，政府力量在城镇建设乃至国家发展中都起到决定性作用（Becker and Morrison，1999；Musabek et al.，2005）。中亚五国的政府最终消费在其独立后持续增加，相比 1991 年，2017 年哈萨克斯坦增长了 2 倍，其他四国也增长了约 1 倍。增加的政府投入，会推动基础设施建设和公共服务能力提升，改善投资环境，对国家城镇化发展至关重要。此外，中亚国家政府利用行政力量建设的新城新区和工业园区，也大力推动了城镇化进程。例如，哈萨克斯坦政府 1997 年将首都迁入阿斯塔纳，使原来的小城镇迅速发展成为上百万人口的现代化城市。乌兹别克斯坦近些年积极发展工业园区，也有力推动了该国的城镇化进程。

（5）商品进出口总额、实际利用外资和铁路货运量均与综合城镇化水平呈正相关。这三个指标均为外向性指标，表明外部因素也对中亚国家的城镇化产生了正向影响。三个指标的系数接近，表明影响力差别不大。中亚国家经济体量小，工业体系不健全，因此城镇化进程中大量非农产品需要通过进口获得，经济发展也需要引进大量外资。2017 年哈萨克斯坦商品进出口总额和实际利用外资分别是 2000 年的 5.65 倍和 5.81 倍，乌兹别克斯坦分别为 4.05 倍和 4.42 倍，土库曼斯坦分别为 2.80 倍和 3.39 倍，塔吉克斯坦分别为 2.71 倍和 3.38 倍，吉尔吉斯斯坦分别为 5.87 倍和 8.08 倍。经济全球化背景下，任何国家的发展都离不开对外经贸联系，中亚国家的发展（包括城镇化）更需要对外资金和货物联系。随着丝绸之路经济带的发展，中亚国家同中国的商品进出口、利用外资和货运联系大大增加，这对中亚国家增强对外经贸联系，进而推动城镇化进程都很有帮助。

（6）市场资本总额与中亚国家综合城镇化水平呈正相关，但影响程度在所有指标中最小。自苏联解体后，中亚各国独立并实行资本主义和发展市场经济，希望通过市场经济合理配置资源；但独立至今，中亚国家的市场经济发展并不顺利，分析结果也显示过去一段时间市场力量对国家城镇化的影响力远不及政府力量。随着中亚国家市场经济运行体制的逐渐完善，市场经济对国家城镇化的推动作用逐步增加。

中亚作为打通欧亚贸易经济圈和实现我国向西开放战略的必经之地，在丝绸之路经济带互联互通建设中发挥着至关重要作用。深入了解中亚五国的城镇化水平有助于中国与中亚的深入合作。对研究结果进行分析，提出以下三点建议：①发展国家支柱产业，提升产业结构的稳定性。哈萨克斯坦、乌兹别克斯坦和土库曼斯坦以能源贸易为支柱产业，其产业结构较为稳定，因此面对政治突变的影响调整较快，受到的影响相对较小。而吉尔吉斯斯坦和塔吉克斯坦的能源储备量相对其他三国而言较小，缺乏能源经济作为支撑，产业结构相对脆弱，面对政治波动时受到的影响较大。建议吉尔吉斯斯坦和塔吉克斯坦深入挖掘资源优势，发展自身的支柱产业，提升国家产业结构的稳定性，减少政治突变以及以后可能面临的政治经济波动的影响。②改进农业技术，提升农业产出效率。本研究发现人均农业产值对中亚城镇化产生负向影响，其主要原因是中亚五国农业灌溉、耕种技术较为落后，其农业产值提高并非依托技术设施，而是依托大量农业劳动力的投入，没有实现乡村劳动力剩余。因此建议国家引进农业耕种技术，提升农业产出效率，产生乡村推力从而促进城镇化进程。③中国依托丝绸之路经济带可以对中亚国家开展交通基础设施的投资建设，实现互惠互助。交通通达性交通设施建设对中亚五国城镇化具有显著的影响，同时交通运输设施是贸易畅通的基础与载体，作为道路联通建设必不可少的环节，在"一带一路"建设中扮演着极其重要的角色。中亚五国目前的交通基础设施建设滞后，高铁方面几乎是空白的，这些不利于其对外经济联系及自身城镇化的发展。中国与中亚地缘相近，优势互补，长期以来保持着较为密切的经济联系。我国与中亚国家在铁路、公路、航空和管道等交通运输领域的合作已经取得了重要进展，宜进一步加强对中亚交通基础设施的投资与建设工作，实现丝绸之路经济带互通互联的战略目标。

四、城镇化的动力机制分析

结构方程模型（structural equation model，SEM）是多变量分析的重要方法，是一般线性模型的拓展。结构方程模型具有以下几方面的优点：①结构方程模型能够同时处理多个因变量，适合进行多因分析；②结构方程模型能够同时处理潜变量和观测变量的测量误差；③结构方程模型可以同时估计因子结构和因子关系；④结构方程模型是一种允许更大弹性的测量模型；⑤结构方程模型可以估计整个模型的拟合程度；⑥结构方程模型用方差–协方差矩阵估计参数，考察的是多变量之间的真实关系。综上，此方法适用于城镇化多系统的多因素间的研究。

综合城镇化是一个涉及主体众多、关系复杂的巨系统，具有度量指标的抽象性与多维性特点，所涉及的变量具有主观性强、难以直接度量、度量误差大、因果关系比较复杂等特点。对于上述复杂巨系统，结构方程模型能够发挥其综合运用多元回归分析、路径分析和确认型因子分析的优势，分析系统的多层次、复杂路径及因果路径关系。该方法可以避免传统统计分析带来的误差，从而得出更有说服力的城镇化各子系统与动力要素的机理关系。

（一）结构方程概念

结构方程模型是一项重要的多元线性统计建模技术。它基于变量的协方差矩阵来分析变量之间的关系，具有同时处理多个相关因变量、同时估计因子结构及因子关系、可对模型拟合程度进行整体估计三个优点，并且允许数据估计存在误差。本研究基于结构方程模型方法的研究思路是先根据城镇化与生态环境理论设定模型，然后进行评价与修正。

（二）设定度量模型

结构方程模型首先需要设定度量模型，其方程表达式为

$$x = \alpha x \xi + \delta$$

$$y = \alpha y \eta + \varepsilon$$

(6-6)

两个方程分别规定了结果潜在变量 η 和结果观测变量 y 之间，以及原因潜在变量 ξ 和原因观测变量 x 之间的联系。αx 为原因观测变量与原因潜在变量之间的关系，是原因观测变量在原因潜在变量上的因子负荷矩阵；αy 为结果观测变量与结果潜在变量之间的关系，是结果观测变量在结果潜在变量上的因子负荷矩阵；δ 为原因观测变量 x 的误差；ε 为结果观测变量 y 的误差。

（三）设定城镇化子系统与动力因素的结构方程模型

假设城镇化动力因素中，外部因素和内部因素对城镇化人口、经济、社会、空间子系统的作用符合线性趋势，可利用 SEM 的观察变量路径分析（PA-OV）模型进行路径分析。以此设定结构方程模型，其函数表达式为

$$\eta = \beta \eta + \Gamma \xi + \zeta$$

(6-7)

式中，β 为结果潜在变量 η 的系数矩阵，也为结果潜在变量间的通径系数矩阵；Γ 为原因潜在变量 ξ 的系数矩阵，也为原因潜在变量对相应内源潜在变量的通径系数矩阵；ζ 为残差，是模型未能解释的部分。

外部因素、内部因素与人口、经济、社会、空间城镇化子系统是观察变量，其中外部因素和内部因素是内因观察变量，人口、经济、社会、空间城镇化子系统是外因观察变量。以观察变量构建饱和模型，即建立外因观察变量之间的共变关系，以及外因和内因观察变量之间的因果关系，采用 AMOS 软件做出假设结构方程模型如图 6-4 所示。

将城镇化动力因素的内、外部系统和城镇化的人口、经济、社会、空间 4 个子系统矩阵数值导入要素机理模型，得到 28 条回归系数参数，其中有 5 条影响路径的系数的 p 大于 0.05，表示未达到显著性水平；其余 23 条路径系数的 p 均达到 0.05 显著性水平，说明该模型的模型假设效果较好。模型路径图如图 6-5 所示，结构方程路径图是模型概念化后的成果，能够直接观察到潜在变量之间的关系和潜在变量的观察指标。其中，椭圆形表示潜在变量。矩形表示观察指标，圆形表示测量误差，箭头上方标明了每条路径标准化后的路径系数。模型验证结果详见表 6-7。

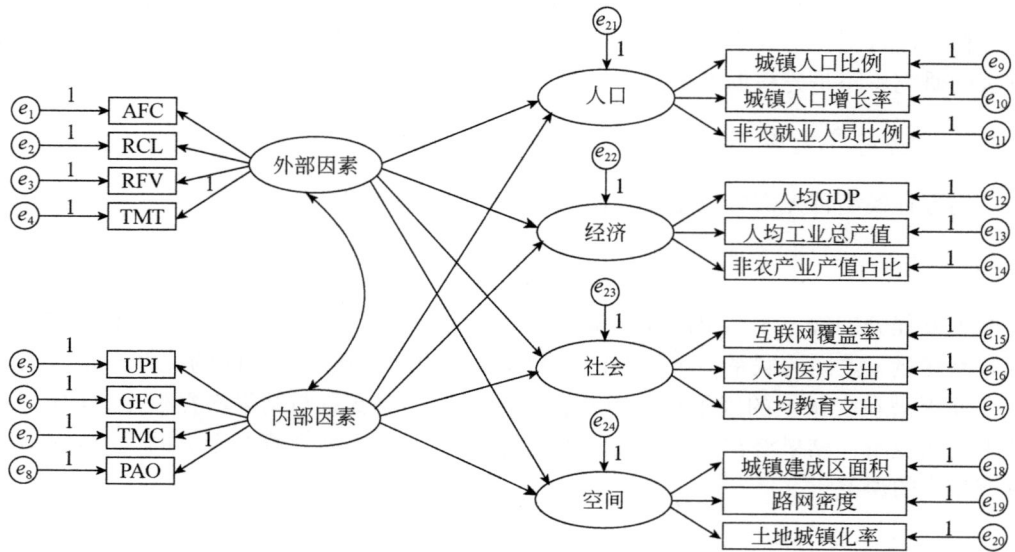

图 6-4　内外双向动力因素对城镇化子系统机理的假设模型

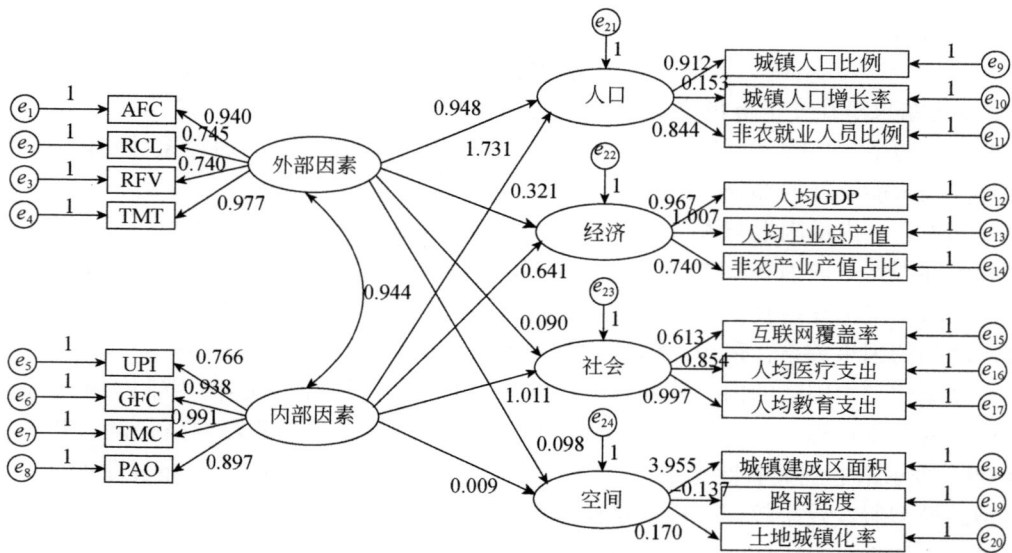

图 6-5　内外双向动力因素对城镇化子系统机理的假设模型结果

表 6-7　中亚内外双向动力与城镇化子系统结构方程模型验证结果

观察指标	类型	Estimate	S. E.	C. R.	标准化系数	支持假设
人口	外部因素	0.184	0.041	−4.521	0.948	是
经济	外部因素	0.28	0.081	3.466	0.321	是

续表

观察指标	类型	Estimate	S. E.	C. R.	标准化系数	支持假设
社会	外部因素	0.176	0.244	-0.721	0.090	是
空间	外部因素	0.396	0.122	3.243	0.098	是
人口	内部因素	0.561	0.072	7.765	1.731	是
经济	内部因素	0.933	0.141	6.631	0.641	是
社会	内部因素	3.298	0.565	5.833	1.011	是
空间	内部因素	0.058	0.185	0.312	0.009	是
TMT	外部因素	1			0.977	是
RFV	外部因素	1.264	0.104	12.211	0.740	是
RCL	外部因素	0.796	0.064	12.386	0.745	是
AFC	外部因素	0.868	0.033	26.533	0.940	是
PAO	内部因素	1			0.897	是
TMC	内部因素	2.238	0.099	22.527	0.991	是
GFC	内部因素	1.799	0.096	18.688	0.938	是
UPI	内部因素	1.014	0.086	11.851	0.766	是
城镇人口比例	人口	1			0.912	是
城镇人口增长率	人口	0.764	0.446	1.713	0.153	是
非农就业人员比例	人口	0.726	0.05	14.43	0.844	是
人均 GDP	经济	1			0.967	是
人均工业总产值	经济	1.321	0.028	47.086	1.007	是
非农产业产值占比	经济	0.091	0.007	12.345	0.740	是
互联网覆盖率	社会	1			0.613	是
人均医疗支出	社会	0.491	0.061	8.101	0.854	是
人均教育支出	社会	0.49	0.056	8.817	0.997	是
城镇建成区面积	空间	1			3.955	是
路网密度	空间	-0.021	0.054	-0.385	-0.137	是
土地城镇化率	空间	0.028	0.072	0.389	0.170	是

注：Estimate 为非标准化系数；S.E. 为标准误差；C.R. 为临界比。经过数据无量纲化处理，所有指标均转化为效用性指标

　　模型明晰了城镇化内外双向动力因素同城镇化各类子系统发展的机理关系。经过模型测算，中亚地区内部因素与外部因素对人口、经济、社会和空间城镇化都有着明显的影响。外部因素对人口城镇化有着较大的正向影响，系数为 0.948；对经济城镇化有着较强的正向影响，系数为 0.321；对社会城镇化和空间城镇化的影响则较小，其系数分别为 0.090 和 0.098。随着世界经济、政治、文化等各方面逐步走向全球化，资本、人力和技术的流动以及跨国企业建立国际分支机构，跨越国界的生产和市场体系正在形成与建立，

跨国资本的流动、企业投资行为的跨国化及全球生产的重组促进了各国和地区之间的相互联系与依赖，特别是对于发展中国家而言。外资逐步发展成为发展中国家资金和技术的重要来源，为这些国家提供出口，并成为它们与世界市场体系沟通的渠道。对于中亚五国而言，自 1991 年政体独立以来，五个国家先后走向改革开放的道路。中亚五国依托欧亚大陆交通枢纽的区位优势，并在丝绸之路经济带建设的影响下，对外经济贸易联系逐年增强。五个国家 2017 年的实际利用外资和商品进出口总额相较 2000 年而言上涨了 5～8 倍。外资的流入改变了政府城镇化单一推动的传统模式，但外部因素目前仅对人口城镇化和经济城镇化有着较强的影响，对社会城镇化和空间城镇化的影响则不显著。

内部因素对人口城镇化和社会城镇化有着显著的影响，其系数分别达到 1.731 和 1.011；对经济城镇化的影响则相对较小，系数为 0.641；而对空间城镇化的影响较弱，其系数为 0.009。国家内部要素主要作用于人口城镇化和社会城镇化的发展。中亚五国在独立前是在计划经济体制下运作的，在这种体制下，政府的力量在城镇建设乃至国家发展中起到决定性作用，而政府对城镇公共服务体系建设的投入对城镇社会经济体系的发展有重要影响，这种影响至今仍有保留。高强度的资金投入会推动国家基础设施建设，改善投资环境，带动国家工业化和城镇化的发展。另外，政府利用行政力量，通过行政区划的调整，如新城建设或直接对城乡用地进行转换，可直接推进城镇化的进程。例如，哈萨克斯坦政府在 1997 年迁都阿斯塔纳，并在这里投资建设大规模基础设施，重点行业及大量行业从业人员迁入这里。政府的决策直接使得原来的小城镇迅速发展成为拥有 70 多万人口的现代化城市。其中城镇人口和就业岗位的增加都对整个国家的城镇化进程具有重大影响。

第三节　中亚城镇化未来发展趋势预判

城镇化是现代社会高速发展的产物，也是社会文明程度的重要标志。城镇化与现代化、工业化共同显示出一个国家或地区发展进步的程度，是衡量一个国家或地区经济发展水平的重要指标。当一个国家或地区的城镇化水平高速发展时，其产业结构和经济结构都会发生重要的转变，可能产生一些问题，如有效需求不足、农村剩余劳动力就业、城乡收入差距、"三农"问题等，这些问题均直接或间接地依赖于这个国家或地区的城镇化水平。于是政府如何保证地区城镇化得到科学合理的发展，以保障经济的可持续发展就成了当前亟待解决的问题。对中亚城镇化进程进行合理预测有助于正确把握中亚地区城镇化进程的阶段性特征，并深刻认识城镇化进程中存在的问题，并针对预测结果及问题提出合理对策以推进中亚地区城镇化进程的健康发展。

一、基于趋势外推法的中亚地区人口城镇化率发展趋势预判

趋势外推法通常是指针对确定型时间序列进行短期预测的统计方法。确定型时间序列分析依据时间序列本身特征和发展变化规律，选取适当的趋势模型进行分析和预测。趋势

模型的一般形式是

$$Y_t = f(t) \tag{6-8}$$

式中，t 为时间变量，其取值为 0，1，2，…或…，−3，−2，−1，0，1，2，3，…。

趋势外推模型主要有直线趋势外推模型、二次多项式曲线模型、三次多项式曲线模型等。

（一）直线趋势外推模型

当预测对象随着时间推移基本上表现为直线发展趋势时，通常选用直线趋势外推模型，即通过拟合直线型模型达到预测目的。直线趋势外推模型为

$$Y_t = a + bt \tag{6-9}$$

式中，Y_t 为模型的因变量；t 为时间模型的自变量；a 和 b 为待估参数。实际预测中，常用最小二乘法拟合这条曲线。

（二）二次多项式曲线模型

多项式曲线模型的基本形式为

$$Y_t = a_0 + a_1 t + a_2 t^2 + \cdots + a_p t^p + \mu_t \tag{6-10}$$

式中，Y_t 为模型的因变量；t 为时间模型的自变量；a_i（$i = 0$，1，2，3，…，p）为待估参数；p 为多项式次数；μ_t 为误差项。根据中亚地区不同时段的城镇化率曲线，本研究选取二次多项式曲线模型和三次多项式曲线模型进行拟合。

二次多项式曲线模型为

$$Y_t = a_0 + a_1 t + a_2 t^2 + \mu_t \tag{6-11}$$

式中，Y_t 为模型的因变量；t 为时间模型的自变量；a_0，a_1，a_2 为待估参数；μ_t 为误差项。若时间序列可能表现为二次曲线的发展趋势，即可直接拟合二次多项式曲线模型。实际预测中，二次多项式曲线模型多采用最小二乘法进行拟合。

（三）三次多项式曲线模型

三次多项式曲线模型为

$$Y_t = a_0 + a_1 t + a_2 t^2 + a_3 t^3 + \mu_t \tag{6-12}$$

式中，Y_t 为模型的因变量；t 为时间模型的自变量；a_0、a_1、a_2、a_3 为待估参数；μ_t 为误差项。若时间序列出现两次方向转变，在两次的拐点上，预测对象发展方向出现变化，即可能表现为三次曲线的发展趋势，则可直接拟合三次多项式曲线模型。

中亚地区经历了 1991 年政体独立后社会经济体制重整的特殊阶段，为研究中亚地区城镇化水平的发展趋势，本研究考虑中亚城镇化水平的历史变化特征值，从三个时段对中亚地区的城镇化水平进行预测，分别是 1960～2017 年的长时间尺度、1991～2017 年的政体独立后的时段和 2000～2017 年恢复发展的时段。针对这三个时段的基本特征和变动趋势，有针对性地选择趋势外推模型对中亚地区城镇化进行预测。

从不同时段中亚城镇化率数据散点图（图 6-6）看，1960～2017 年中亚地区城镇化率

散点图表现为先上升后下降再上升的趋势，其线型属于三次函数曲线，其预测趋势线方程为 $y = 0.0002x^3 - 1.2269x^2 + 2442.2x - 2 \times 10^6$，$R^2 = 0.96$，曲线拟合效果较好。1991～2017 年中亚地区政体独立后的时段，中亚地区的城镇化率散点图表现为先下降后上升的趋势，其线型属于二次函数曲线，其预测趋势线方程为 $y = 0.0045x^2 - 18.1x + 18075$，$R^2 = 0.9569$，曲线拟合效果较好。在中亚 2000～2017 年进入城镇化稳定期后，中亚地区的城镇化率散点图表现为一条直线，其线型属于一次函数，其预测趋势线方程为 $y = 0.1453x - 248.53$，$R^2 = 0.9927$，曲线拟合效果较好。

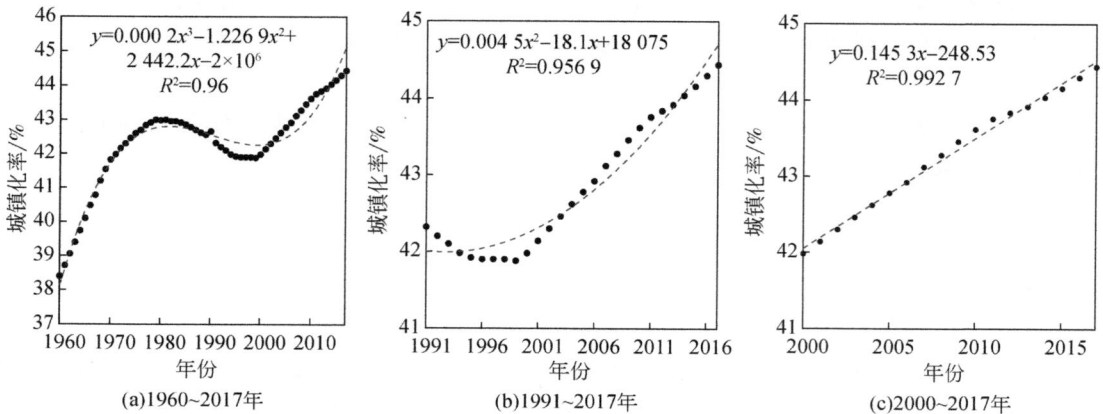

图 6-6　中亚地区不同时段城镇化率水平散点图及趋势线

根据不同时段的预测趋势曲线方程得到中亚地区在不同时段数据下的城镇化率预测值，如表 6-8 所示。

表 6-8　不同时段中亚城镇化率预测结果　　　　　　　　（单位：%）

年份	1960～2017 年数据	1991～2017 年数据	2000～2017 年数据
2018	44.44	44.90	44.67
2019	44.83	45.13	44.81
2020	45.24	45.38	44.96
2025	47.84	46.72	45.68
2030	51.46	48.29	46.41
2040	62.32	52.11	47.86
2050	79.03	56.83	49.32

根据预测结果（图 6-7），若根据 1960～2017 年的数据对中亚城镇化率进行预测，中亚城镇化发展速度最为迅猛，近期到 2020 年，其城镇化率达到 45.24%，中期到 2030 年左右，其城镇化率达到 51.46%，而到远期的 2050 年，中亚城镇化率可以达到 79.03%；若根据 1991～2017 年的数据对中亚城镇化率进行预测，近期到 2020 年，其城镇化率达到

45.38%，中期到 2030 年左右，其城镇化率达到 48.29%，而到远期的 2050 年，中亚城镇化率可以达到 56.83%；若根据 2000～2017 年的数据对中亚城镇化率进行预测，近期到 2020 年，其城镇化率达到 44.96%，中期到 2030 年左右，其城镇化率达到 46.41%，而到远期的 2050 年，中亚城镇化率可以达到 49.32%。

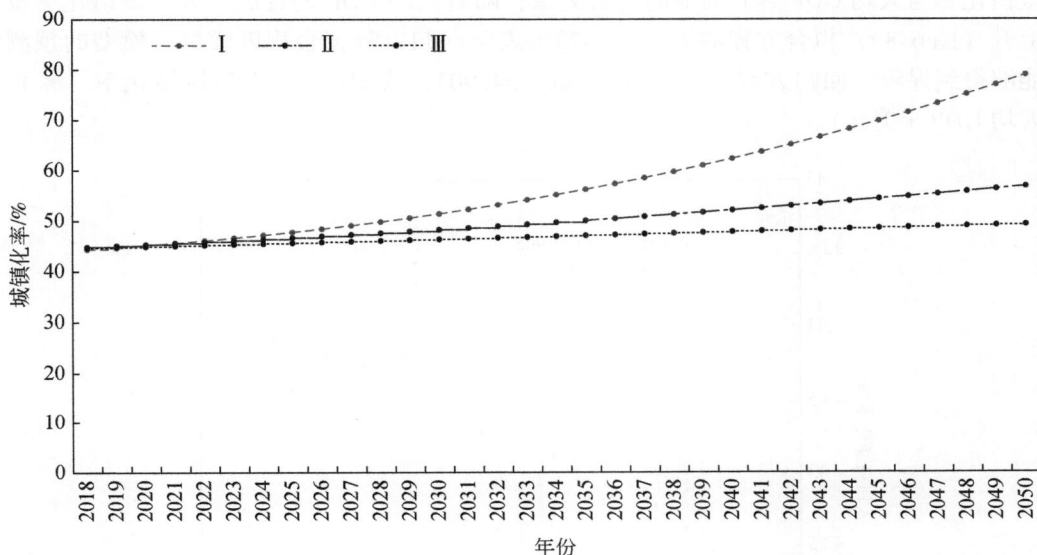

图 6-7 基于不同时段数据的中亚地区城镇化率预测曲线

Ⅰ、Ⅱ、Ⅲ分别表示根据 1960～2017 年、1991～2017 年、2000～2017 年三个时段的原始数据
得到的预测曲线

二、基于因子分析法的中亚地区人口城镇化率发展趋势预判

（一）基于经济发展水平的人口城镇化率预测

一个国家或地区的城镇化率受到诸多因素的影响，如地域、人口、资源、政策等，但与城镇化率关系最为密切的是经济发展水平。经济发展水平在很大程度上导致了城镇化发展需求的产生，也是决定一个地区人口城镇化率的关键因素。Northam（1975）认为城镇化率与经济发展水平之间存在一种粗略的线性关系，也就是说经济发展水平越高，城镇化率也越高。为了验证两者的关系，周一星（1982）对世界 137 个国家和地区的资料进行了统计分析，发现人口城镇化率和经济发展水平呈对数关系。之后也有许多学者利用国际和国内数据验证了这一观点。经济发展水平与城镇化率的对数关系可以很好地解释城镇化进程的阶段性特征，即经济水平的增长对城镇化率的作用在不同阶段呈现不同的数量关系。经济水平较低时，城镇化率也较低，但经济增长对城镇人口比例增加的作用明显；经济水平较高时，经济增长所能提高的城镇人口比例也在减少，城镇化发展逐渐减慢并趋于稳

定。基于经济发展水平与城镇化率的对数关系可以建立相应的对数模型，利用该模型预测未来的城镇化率。

根据已有研究，本研究采用人均 GDP 指标表示经济发展水平，利用 1991～2017 年中亚地区的人口城镇化率和人均 GDP 数据，应用对数模型进行回归分析，发现中亚地区人口城镇化率与人均 GDP 具有明显的对数关系，随着人均 GDP 的提高，人口城镇化率也不断上升（图 6-8）。拟合方程的 $R^2 = 0.9373$，表明回归方程拟合程度较好，模型的预测精度能够得到保障。回归方程为 $y = 1.0776\ln x + 34.903$，式中，y 为人口城镇化率（%），x 为人均 GDP（美元）。

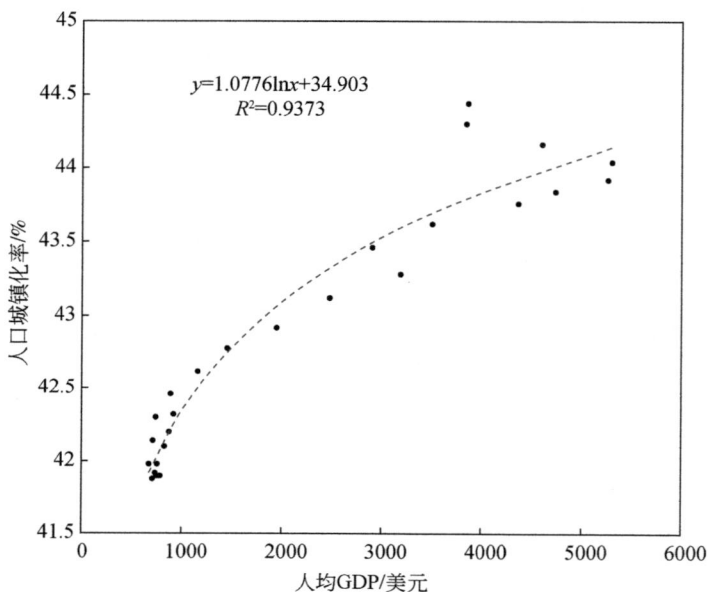

图 6-8 1991～2017 年中亚地区人均 GDP 与人口城镇化率的散点图

在得到人口城镇化率与人均 GDP 关系方程的基础上，在预测中还需要确定的参数为人均 GDP。根据 1991～2017 年人均 GDP 计算得到过去的这 27 年，中亚地区人均 GDP 的年均增长速度为 6.66%，中亚地区在进入 2000 年经济稳定后的人均 GDP 增长速度为11.92%，考虑到 1991～2000 年是中亚地区的经济调整期，设定以下情景：①低速发展情景。经济增长速度同 1991～2000 年的增速相近，即人均 GDP 年均增速为 2%。②中速发展情景。经济增长速度保持现状，即人均 GDP 年均增速为 7%。③高速发展情景。经济增长速度较快，保持 2008 年后的增速，即人均 GDP 增速为 12%。在不同情景下推算出预测期内各年的人均 GDP，再将其带入人均 GDP 与人口城镇化率的公式中得到预测期各年的人口城镇化率。预测结果见表 6-9。根据中亚经济发展水平的发展趋势进行预测，低速发展情景下，中亚地区的人口城镇化率在 2050 年将达到 44.51%，在中速发展情景下，中亚地区的人口城镇化率在 2050 年将达到 46.21%，在高速发展情景下，中亚地区的人口城镇化率在 2050 年将达到 47.83%。

表 6-9　不同情景下中亚地区人均 GDP 和人口城镇化率的预测结果

年份	低速发展情景		中速发展情景		高速发展情景	
	人均 GDP/美元	城镇化率 /%	人均 GDP/美元	城镇化率 /%	人均 GDP/美元	城镇化率 /%
2018	3 933.77	43.82	4 126.61	43.87	4 319.44	43.92
2019	4 012.45	43.84	4 415.47	43.95	4 837.77	44.05
2020	4 092.70	43.87	4 724.55	44.02	5 418.30	44.17
2025	4 518.67	43.97	6 626.43	44.38	9 548.90	44.78
2030	4 988.98	44.08	9 293.91	44.75	16 828.42	45.39
2040	6 081.53	44.29	18 282.52	45.48	52 266.53	46.61
2050	7 413.36	44.51	35 964.48	46.21	162 331.9	47.83

（二）基于外资的人口城镇化率预测

自 20 世纪 80 年代起，世界经济、政治、文化等各方面已经逐步走向全球化。通过资本、人力和技术的流动，以及跨国企业建立国际分支机构，跨越国界的生产和市场体系正在形成与建立，世界各国联系越来越紧密，资本的流动也日益跨国化。在这个过程中，世界各国尤其是发展中国家与跨国公司的关系也发生着深刻的变化，逐渐由最初的"抗拒"意识转变为积极鼓励和吸引外资。外资正逐步发展成为发展中国家资金和技术的重要来源，为它们提供出口并成为它们与世界市场体系沟通的渠道。跨国资本的流动、企业投资行为的跨国化及全球生产的重组促进了各国和地区之间的相互联系与依赖。与之相应的是"城镇化的国际化"。城镇发展过程已和超越国界的经济、政治、文化等因素密不可分，城镇研究的理论模式尤其是城镇化的动力模式因而亦发生了深刻的变化。不少学者已致力于研究全球化的世界经济重组对世界不同国家和地区的空间影响，有学者认识到跨国资本流动和发展中国家城镇化是两个密切相关的空间过程，并尝试探讨其相互关系（薛凤旋和杨春，1997）。

对中亚地区外资与人口城镇化率的关系进行研究，其外资与人口城镇化率之间的拟合曲线符合对数函数。外资较低时，人口城镇化率也较低，但外资对城镇人口比例增加的作用明显；外资较高时，外资所能提高的城镇人口比例也在减少，城镇化发展逐渐减慢并趋于稳定。基于外资水平与人口城镇化率的对数关系可以建立相应的对数模型，利用该模型预测未来的城镇化率。

根据已有研究，本研究用实际利用外资指标反映中亚的外资水平，采用 1991～2017 年中亚地区的人口城镇化率和实际利用外资数据，应用对数模型进行回归分析，发现中亚地区人口城镇化率与实际利用外资具有明显的对数关系，随着实际利用外资的提高，人口城镇化率也不断上升（图 6-9）。拟合方程的 $R^2 = 0.8812$，表明回归方程拟合程度较好，模型的预测精度能够得到保障。回归方程为 $y = 0.9499 \ln x + 37.623$。式中，$y$ 为人口城镇化率（%）；x 为实际利用外资（亿美元）。

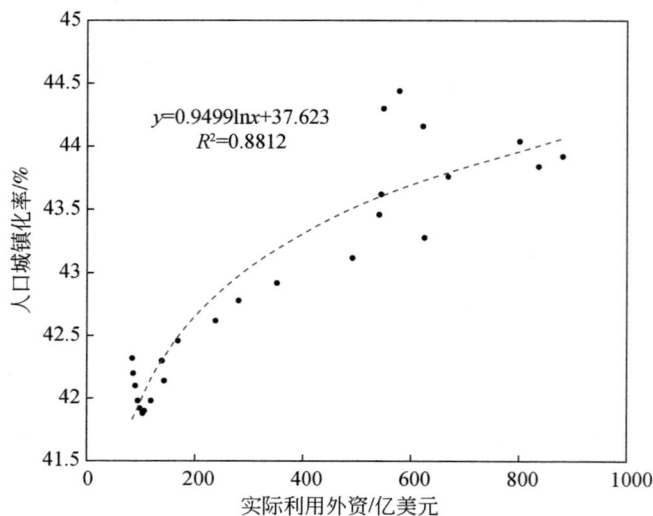

图 6-9 1991～2017 年中亚地区实际利用外资与人口城镇化率的散点图

根据 1991～2017 年实际利用外资数据得到过去的这 27 年，中亚地区实际利用外资的年均增长速度为 8.81%，中亚地区在进入 2000 年经济稳定后的实际利用外资增长速度为 11.35%，考虑到 1991～2000 年是中亚地区的经济调整期，设定以下情景：①低速发展情景。外资增速同 1991～2000 年的增速相近，即实际利用外资年均增速为 3%。②中速发展情景。外资增速保持现状，即实际利用外资年均增速为 8%。③高速发展情景。外资增长速度较快，保持 2008 年后的增速，即实际利用外资增速为 13%。在不同发展情景下推算出预测期内各年的实际利用外资，再将其带入实际利用外资与人口城镇化率的公式中得到预测期各年的人口城镇化率。预测结果见表 6-10。根据中亚经济发展水平的发展趋势进行预测，低速发展情景下，中亚地区的人口城镇化率在 2050 年将达到 44.59%，在中速发展情景下，中亚地区的人口城镇化率在 2050 年将达到 46.08%，在高速发展情景下，中亚地区的人口城镇化率在 2050 年将达到 47.49%。

表 6-10 不同情景下中亚地区实际利用外资和人口城镇化率的预测结果

年份	低速发展情景		中速发展情景		高速发展情景	
	实际利用外资/亿美元	城镇化率/%	实际利用外资/亿美元	城镇化率/%	实际利用外资/亿美元	城镇化率/%
2018	595.20	843.69	624.09	43.74	652.98	43.78
2019	613.05	43.72	674.02	43.81	737.87	43.90
2020	631.44	43.75	727.94	43.88	833.79	44.01
2025	732.02	43.89	1 069.58	44.25	1 536.21	44.59
2030	843.89	44.03	1 571.56	44.61	2 830.36	45.17

年份	低速发展情景		中速发展情景		高速发展情景	
	实际利用外资/亿美元	城镇化率/%	实际利用外资/亿美元	城镇化率/%	实际利用外资/亿美元	城镇化率/%
2040	1 140.46	44.31	3 392.88	45.35	9 607.86	46.33
2050	1 532.68	44.59	7 324.98	46.08	32 614.54	47.49

从经济发展水平和外资水平两个方面对中亚人口城镇化率进行预测，其最终预测结果如图6-10和图6-11所示，可以看出在不同发展情景下，基于经济发展水平的人口城镇化率预测与基于外资水平的人口城镇化率预测结果较为相近，在2050年达到最大差值，也仅为1%，说明这两种预测方式的预测结果具有较高的一致性。

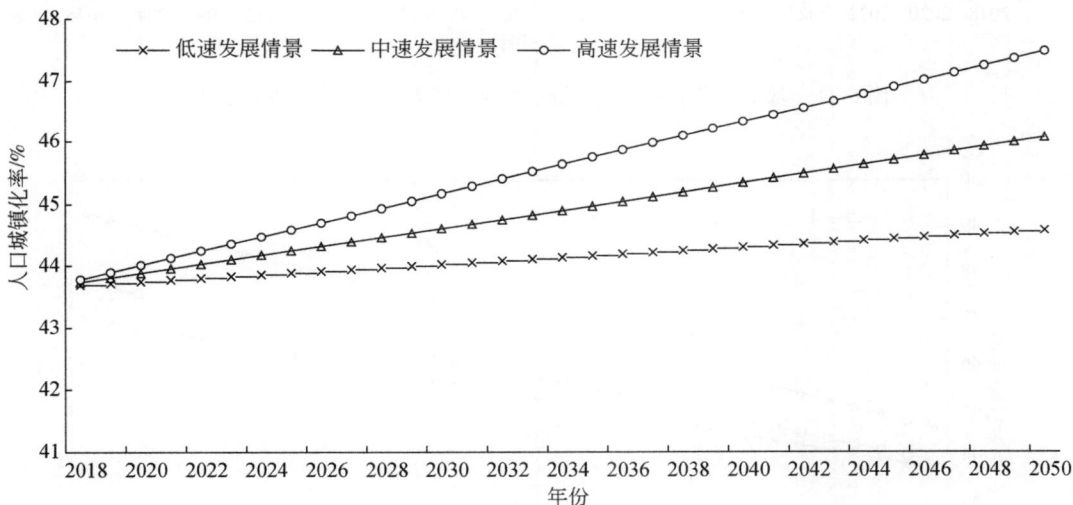

图6-10　基于经济发展水平的不同情景中亚地区人口城镇化率预测曲线

反观趋势外推法得到的中亚人口城镇化率预测曲线，发现用2000～2017年中亚人口城镇化率数据进行预测得到的结果与因子分析法中速发展情景得到的结果相近，其具体曲线如图6-12所示。表明苏联解体与中亚五国政体独立对中亚地区的城镇化发展产生了较大的影响，在2000年后，中亚地区的城镇化水平恢复正常发展。

综合以上预测结果，得到中亚地区在不同情景下的人口城镇化率预测值，如表6-11所示。由表6-11可知，到2050年时，在低速发展情景下，中亚地区的人口城镇化率约为44.55%；在中速发展情景下，中亚地区的人口城镇化率约为46.14%；在高速发展情景下，中亚地区的人口城镇化率约为47.66%。

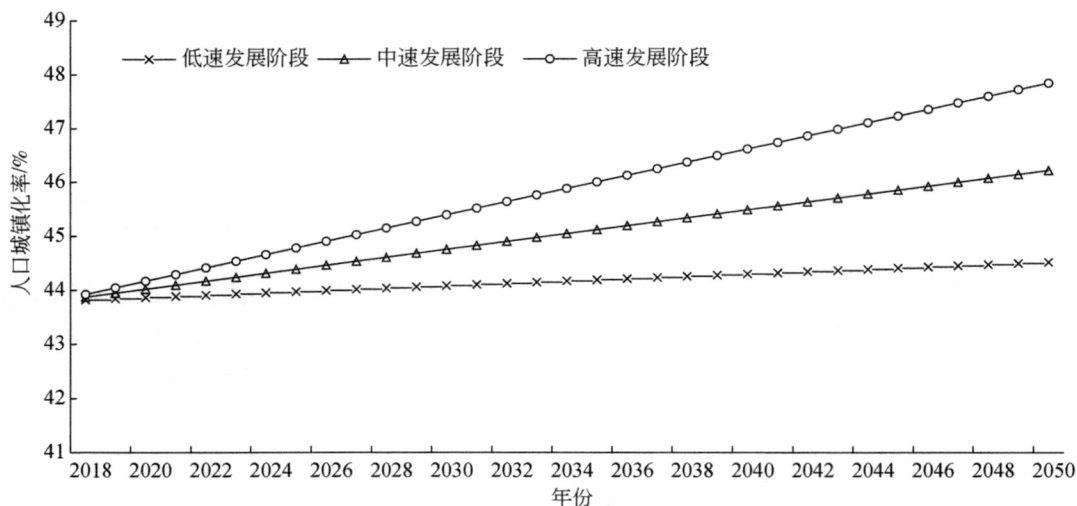

图 6-11 基于外资水平的不同情景中亚地区人口城镇化率预测曲线

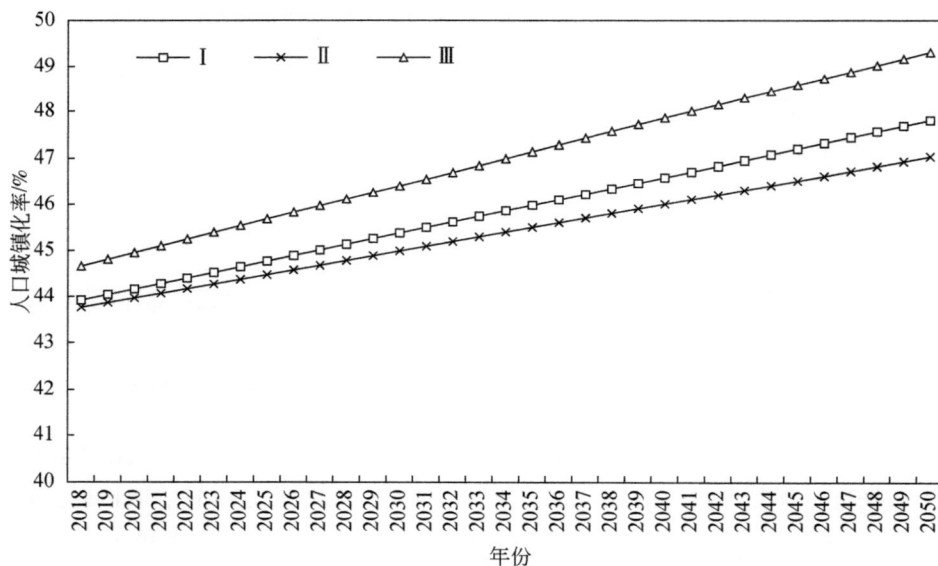

图 6-12 基于不同方法的中亚地区人口城镇化率预测曲线

Ⅰ、Ⅱ、Ⅲ分别表示基于经济发展水平、外资水平及趋势外推法的中亚人口城镇化率预测曲线

表 6-11 不同情景下中亚人口城镇化率预测结果 （单位:%）

年份	低速发展情景	中速发展情景	高速发展情景
2018	43.76	43.81	43.85
2019	43.78	43.88	43.97

续表

年份	低速发展情景	中速发展情景	高速发展情景
2020	43.81	43.95	44.09
2025	43.93	44.32	44.69
2030	44.05	44.68	45.28
2040	44.30	45.41	46.47
2050	44.55	46.14	47.66

三、中亚五国人口城镇化率发展趋势预判

（一）基于趋势外推法的中亚五国人口城镇化率预测

在对中亚地区进行研究的基础上，发现根据 2000～2017 年的数据对中亚地区进行预测的结果较为合理。在此前提下，采用 2000～2017 年的人口城镇化率数据，对中亚五国的人口城镇化率进行预测。中亚五国的人口城镇化率的散点图及预测曲线如图 6-13 所示。

根据中亚五国 2000～2017 年的人口城镇化率数据，五个国家的人口城镇化率散点图均表现为一条直线，其线型属于一次函数。哈萨克斯坦人口城镇化率的预测曲线方程为 $y = 0.0728x - 89.586$，$R^2 = 1$，曲线拟合效果极好；乌兹别克斯坦人口城镇化率的预测曲线方程为 $y = 0.2876x - 528.2$，$R^2 = 0.8209$，曲线拟合效果较好；土库曼斯坦人口城镇化率的预测曲线方程为 $y = 0.3055x - 565.47$，$R^2 = 0.9882$，曲线拟合效果较好；塔吉克斯坦人口城镇化率的预测曲线方程为 $y = 0.0198x - 13.1$，$R^2 = 0.5815$，曲线拟合效果较好；吉尔吉斯斯坦人口城镇化率的预测曲线方程为 $y = 0.0385x - 41.878$，$R^2 = 0.6284$，曲线拟合效果较好。根据五个国家的人口城镇化率预测曲线方程得到中亚五国的城镇化水平预测值，如表 6-12 所示。

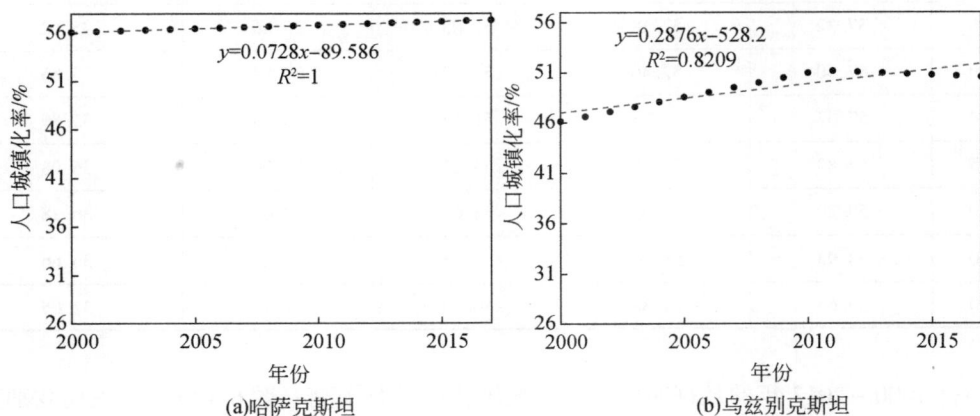

(a)哈萨克斯坦　　　　　　　(b)乌兹别克斯坦

(c)土库曼斯坦

(d)塔吉克斯坦

(e)吉尔吉斯斯坦

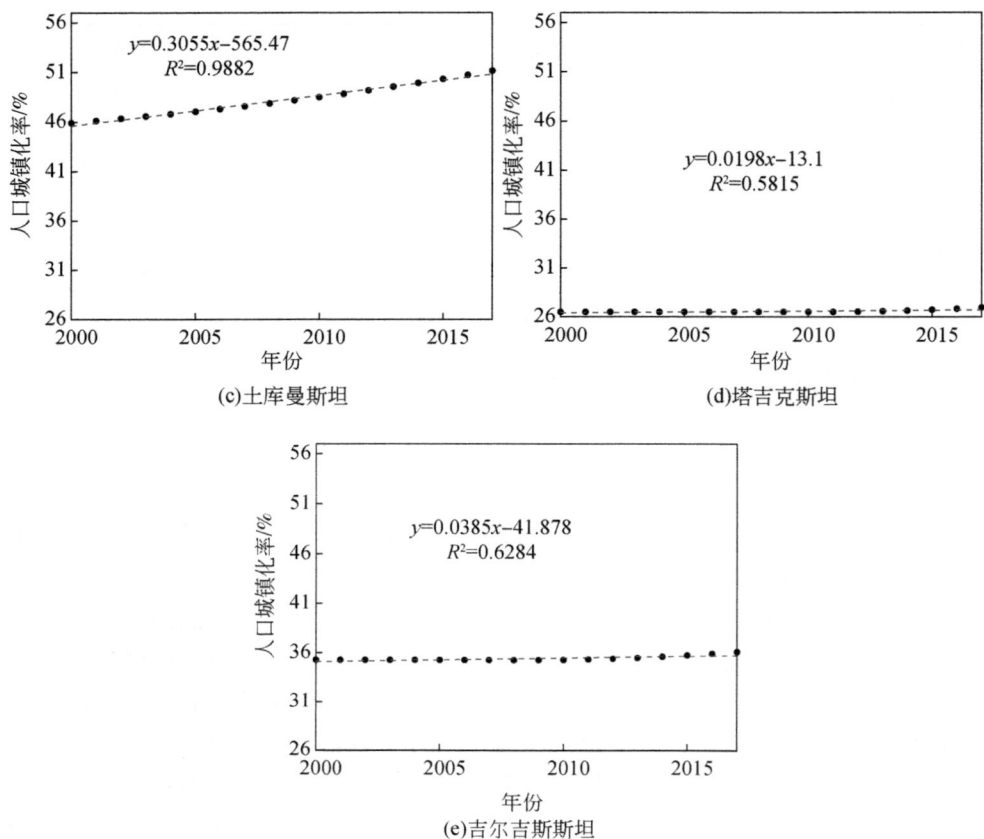

图 6-13　中亚五国人口城镇化率的散点图及趋势线

表 6-12　基于趋势外推法的中亚五国人口城镇化率预测结果　　（单位：%）

年份	哈萨克斯坦	乌兹别克斯坦	土库曼斯坦	塔吉克斯坦	吉尔吉斯斯坦
2018	57.32	52.18	51.03	26.86	35.82
2019	57.40	52.46	51.33	26.88	35.85
2020	57.47	52.75	51.64	26.90	35.89
2025	57.83	54.19	53.17	27.00	36.08
2030	58.20	55.63	54.69	27.09	36.28
2040	58.93	58.50	57.75	27.29	36.66
2050	59.65	61.38	60.80	27.49	37.05

　　根据 2000~2017 年的数据对中亚人口城镇化率进行预测（图 6-14），发现乌兹别克斯坦和土库曼斯坦的人口城镇化率增速最快，在 2040 年左右预期赶上哈萨克斯坦的人口城

镇化率，在 2050 年哈萨克斯坦、乌兹别克斯坦和土库曼斯坦的人口城镇化率约达到 60%。相比之下，吉尔吉斯斯坦和塔吉克斯坦的人口城镇化率在未来的一段时间增长速度较慢，其人口城镇化率将分别维持在 36% 和 26% 左右。

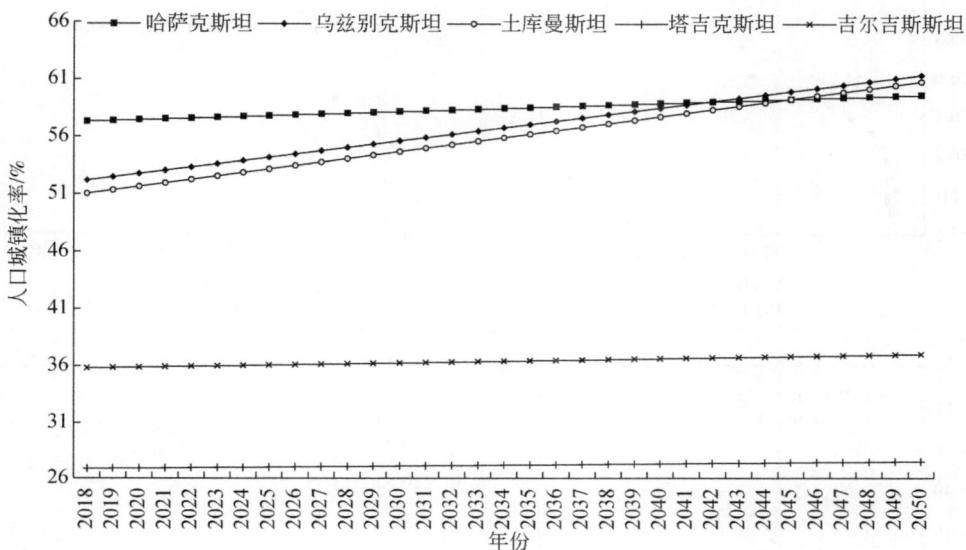

图 6-14　基于趋势外推法的中亚五国人口城镇化率预测曲线

（二）基于因子分析法的中亚五国人口城镇化率预测

将中亚五国各国的经济发展水平与人口城镇化率进行曲线拟合。如图 6-15 所示，中亚五国的人口城镇化率与人均 GDP 具有明显的对数关系，随着人均 GDP 的提高，人口城镇化率也不断上升。哈萨克斯坦人口城镇化率的预测趋势线方程为 $y=0.4732\ln x+52.617$，$R^2=0.8888$，曲线拟合效果较好；乌兹别克斯坦人口城镇化率的预测趋势线方程为 $y=2.2472\ln x+33.663$，$R^2=0.7002$，曲线拟合效果较好；土库曼斯坦人口城镇化率的预测趋势线方程为 $y=1.9141\ln x+32.828$，$R^2=0.9081$，曲线拟合效果较好；塔吉克斯坦人口城镇化率的预测趋势线方程为 $y=0.1928\ln x+25.313$，$R^2=0.3009$，曲线拟合效果一般；吉尔吉斯斯坦人口城镇化率的预测趋势线方程为 $y=0.2725\ln x+33.655$，$R^2=0.3321$，曲线拟合效果一般。式中，y 为人口城镇化率（%）；x 为人均 GDP（美元）。

考虑到 1991~2000 年是中亚地区的经济调整期，假定中亚五国的人均 GDP 增长速度保持 2000 年后的增速不变，推算出预测期内各年的人均 GDP，再将其带入人均 GDP 与人口城镇化率的公式中得到预测期内各年的人口城镇化率。根据 1991~2017 年五个国家经济发展在不同时段的年均增速，设定低速发展、中速发展和高速发展三种情景，具体情景设定见表 6-13。

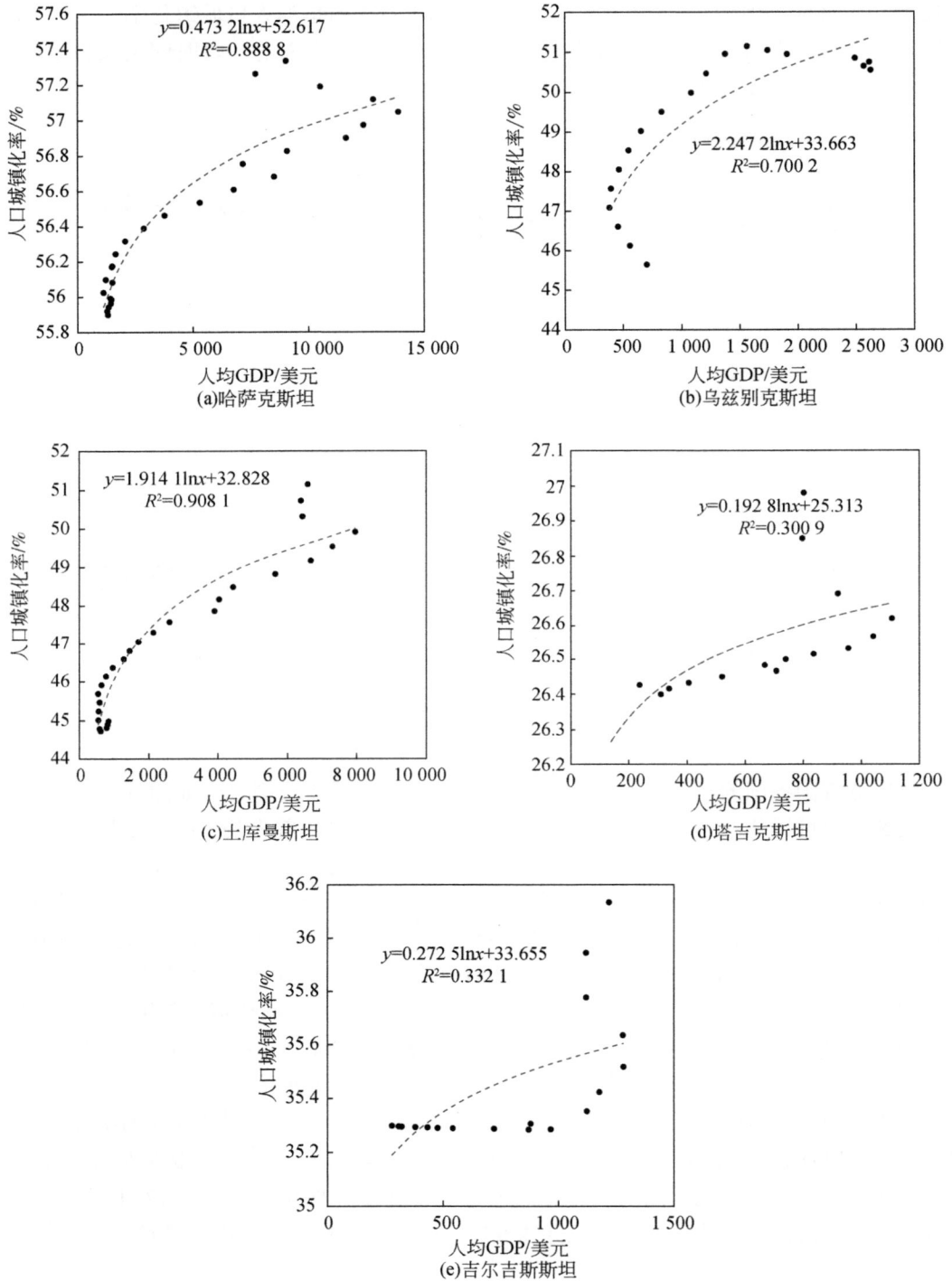

图 6-15　中亚五国人口城镇化率与人均 GDP 的散点图及趋势线

表 6-13　中亚五国经济发展年均增速情景设定　　　（单位:%）

时段	哈萨克斯坦	乌兹别克斯坦	土库曼斯坦	塔吉克斯坦	吉尔吉斯斯坦
低速发展情景	2	2	2	2	2
中速发展情景	7	6	7	6	6
高速发展情景	12	10	12	10	10

在不同情景下推算出五个国家预测期内各年的人均 GDP，再将其带入人均 GDP 与人口城镇化率的公式中得到预测期内各年的人口城镇化率。预测结果见表 6-14～表 6-16。

表 6-14　低速发展情景下的中亚五国人口 GDP 与人口城镇化率的预测结果

年份	哈萨克斯坦		乌兹别克斯坦		土库曼斯坦		塔吉克斯坦		吉尔吉斯斯坦	
	人均 GDP /美元	城镇化率/%	人均 GDP /美元	城镇化率/%	人均 GDP /美元	城镇化率/%	人均 GDP /美元	城镇化率/%	人均 GDP /美元	城镇化率/%
2018	9 210.93	56.94	2 679.10	51.40	6 718.83	49.70	816.99	26.61	1 244.22	35.60
2019	9 395.14	56.95	2 732.68	51.45	6 853.21	49.73	833.33	26.61	1 269.10	35.60
2020	9 583.05	56.96	2 787.33	51.49	6 990.27	49.77	849.99	26.61	1 294.49	35.61
2025	10 580.46	57.00	3 077.44	51.71	7 717.83	49.96	938.46	26.63	1 429.22	35.63
2030	11 681.68	57.05	3 397.74	51.93	8 521.10	50.15	1 036.14	26.65	1 577.97	35.66
2040	14 239.90	57.14	4 141.83	52.38	10 387.18	50.53	1 263.04	26.69	1 923.54	35.72
2050	17 358.36	57.24	5 048.87	52.82	12 661.91	50.91	1 539.64	26.73	2 344.78	35.77

表 6-15　中速发展情景下的中亚五国人口 GDP 与人口城镇化率的预测结果

年份	哈萨克斯坦		乌兹别克斯坦		土库曼斯坦		塔吉克斯坦		吉尔吉斯斯坦	
	人均 GDP /美元	城镇化率/%	人均 GDP /美元	城镇化率/%	人均 GDP /美元	城镇化率/%	人均 GDP /美元	城镇化率/%	人均 GDP /美元	城镇化率/%
2018	9 662.44	56.96	2 784.16	51.49	7 048.19	49.79	849.02	26.61	1 293.01	35.61
2019	10 338.81	56.99	2 951.21	51.62	7 541.56	49.92	899.97	26.62	1 370.59	35.62
2020	11 062.53	57.02	3 128.28	51.75	8 069.47	50.05	953.96	26.64	1 452.83	35.64
2025	15 515.77	57.18	4 186.35	52.40	11 317.85	50.69	1 276.62	26.69	1 944.21	35.72
2030	21 761.67	57.34	5 602.28	53.06	15 873.87	51.34	1 708.41	26.75	2 601.80	35.80
2040	42 808.50	57.66	10 032.83	54.37	31 226.30	52.64	3 059.49	26.86	4 659.42	35.96
2050	84 210.79	57.98	17 967.27	55.68	61 426.86	53.93	5 479.09	26.97	8 344.32	36.12

表 6-16 高速发展情景下的中亚五国人口 GDP 与人口城镇化率的预测结果

年份	哈萨克斯坦		乌兹别克斯坦		土库曼斯坦		塔吉克斯坦		吉尔吉斯斯坦	
	人均 GDP /美元	城镇化率/%	人均 GDP /美元	城镇化率/%	人均 GDP /美元	城镇化率/%	人均 GDP /美元	城镇化率/%	人均 GDP /美元	城镇化率/%
2018	10 113.96	56.98	2 889.22	51.57	7 377.54	49.88	881.06	26.62	1 341.81	35.62
2019	11 327.63	57.03	3 178.15	51.78	8 262.85	50.09	969.17	26.64	1 475.99	35.64
2020	12 686.95	57.09	3 495.96	52.00	9 254.39	50.31	1 066.09	26.66	1 623.59	35.67
2025	22 358.74	57.36	5 630.28	53.07	16 309.39	51.39	1 716.94	26.75	2 614.80	35.80
2030	39 403.73	57.62	9 067.62	54.14	28 742.72	52.48	2 765.16	26.84	4 211.16	35.93
2040	122 382.02	58.16	23 519.08	56.28	89 270.54	54.65	7 172.10	27.02	10 922.67	36.19
2050	380 099.97	58.70	61 002.43	58.42	277 260.73	56.82	18 602.58	27.21	28 330.60	36.45

基于因子分析法的高速发展情景下的中亚五国的人口城镇化率发展趋势同基于趋势外推法的中亚五国人口城镇化率发展趋势几乎一致（图 6-16）。其中哈萨克斯坦的人口城镇化率将在未来一段时间持续保持中亚五国的最高水平，但是乌兹别克斯坦和土库曼斯坦的人口城镇化率增速最快，在 2050 年左右预期赶上哈萨克斯坦的城镇化水平，在 2050 年哈萨克斯坦、乌兹别克斯坦和土库曼斯坦的人口城镇化率约达到 58%。相比之下吉尔吉斯斯坦和塔吉克斯坦的人口城镇化率在未来一段时间增长速度较慢，其人口城镇化率将分别维持在 36% 和 26% 左右。

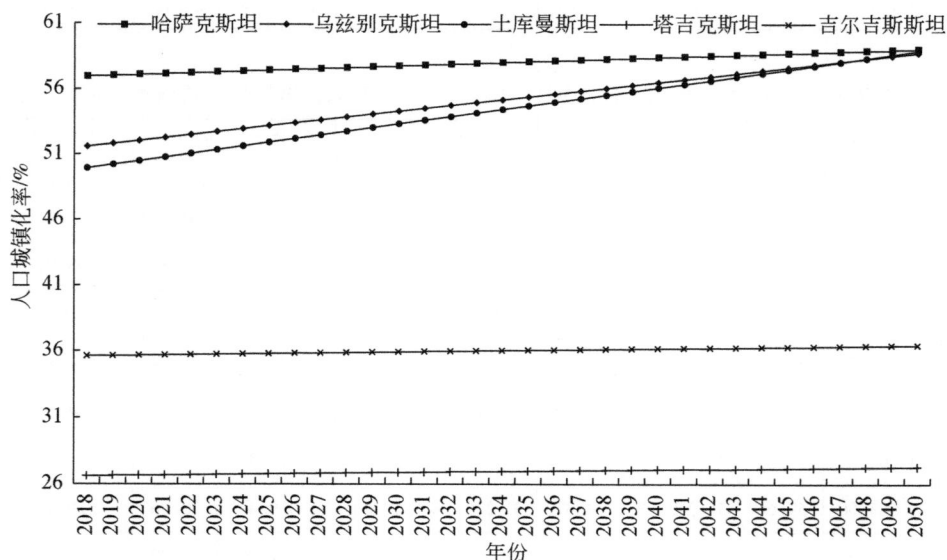

图 6-16 基于因子分析法的高速发展情景下的中亚五国人口城镇化率预测曲线

  综合以上预测结果，得到中亚五国在不同情景下的人口城镇化率预测值，如图 6-17 ~ 图 6-21 所示。可以看出，到 2050 年时，在低速发展情景下，哈萨克斯坦的人口城镇化率约为 57.24%，乌兹别克斯坦的人口城镇化率约为 52.82%，土库曼斯坦的人口城镇化率约为 50.91%，塔吉克斯坦的人口城镇化率约为 26.73%，吉尔吉斯斯坦的人口城镇化率

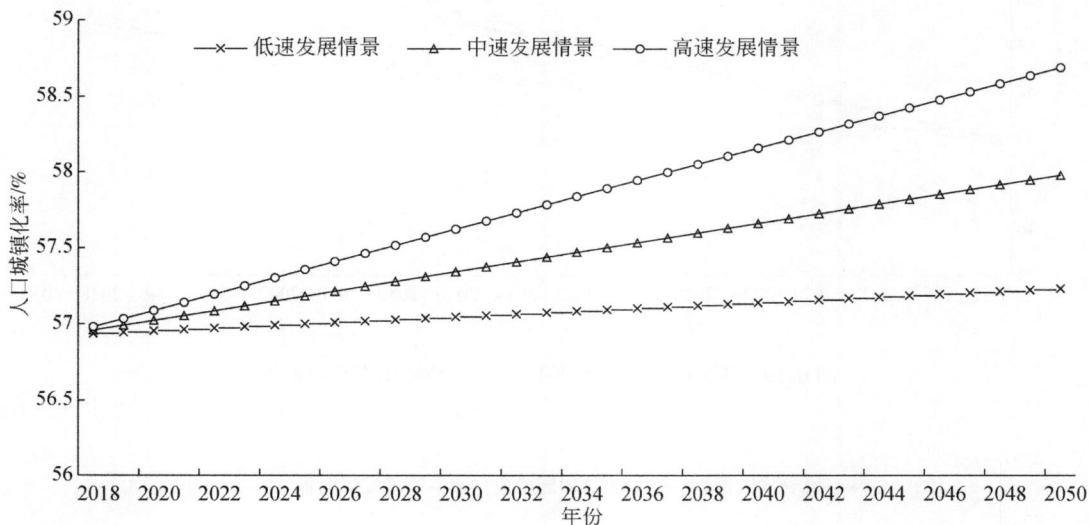

图 6-17 不同情景下哈萨克斯坦人口城镇化率预测曲线

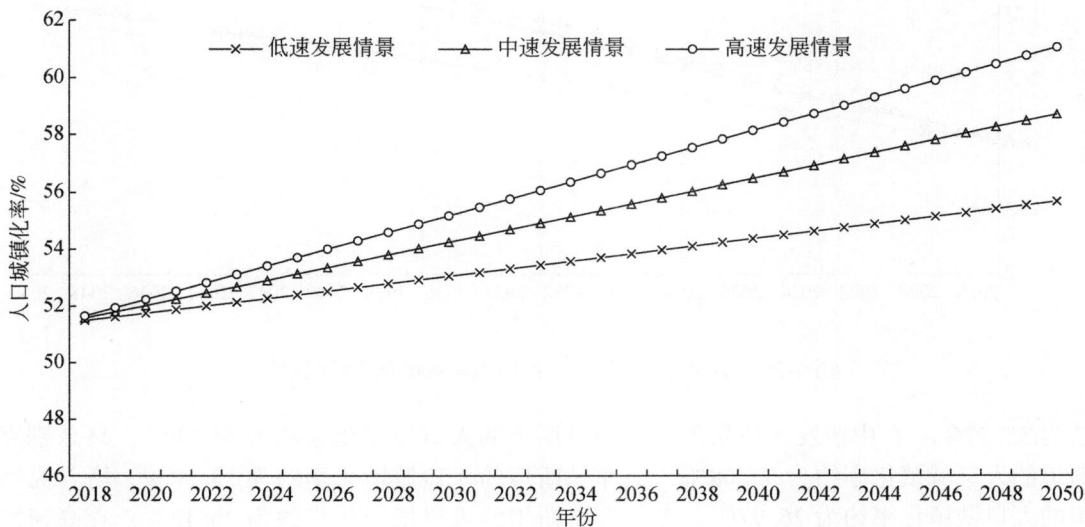

图 6-18 不同情景下乌兹别克斯坦人口城镇化率预测曲线

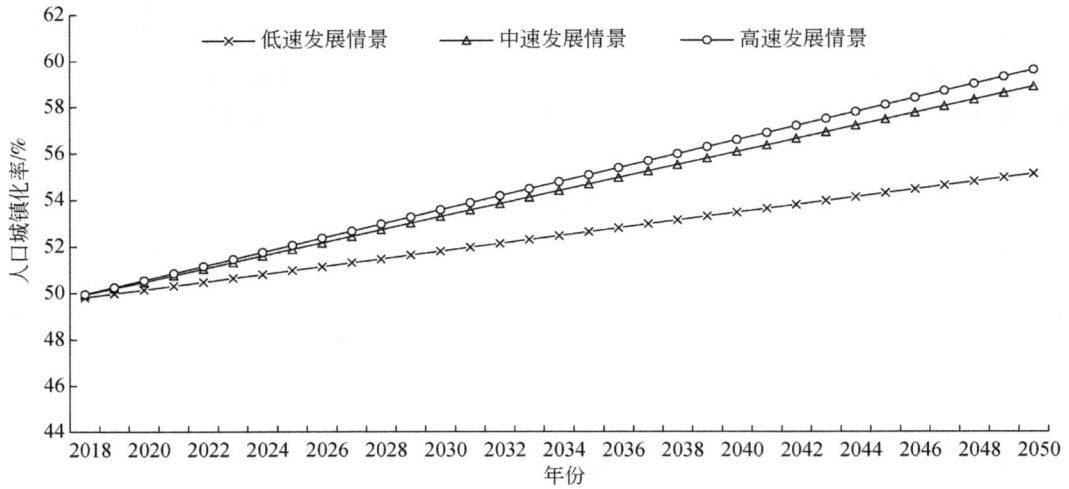

图 6-19 不同情景下土库曼斯坦人口城镇化率预测曲线

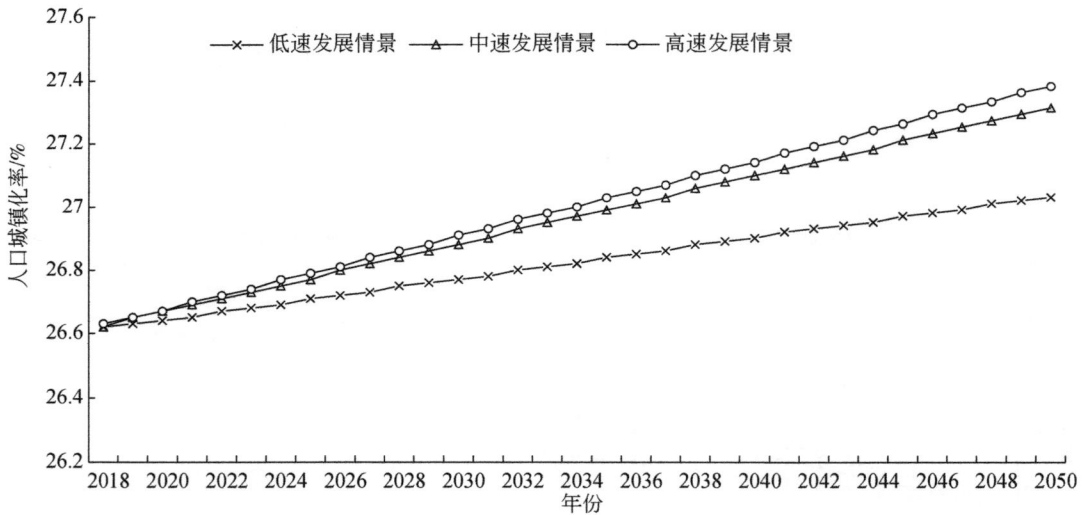

图 6-20 不同情景下塔吉克斯坦人口城镇化率预测曲线

约为35.77%；在中速发展情景下，哈萨克斯坦的人口城镇化率约为57.98%，乌兹别克斯坦的人口城镇化率约为55.68%，土库曼斯坦的人口城镇化率约为53.93%，塔吉克斯坦的人口城镇化率约为26.97%，吉尔吉斯斯坦的人口城镇化率约为36.12%；在高速发展情景下，哈萨克斯坦的人口城镇化率约为58.70%，乌兹别克斯坦的人口城镇化率约为58.42%，土库曼斯坦的人口城镇化率约为56.82%，塔吉克斯坦的人口城镇化率约为27.21%，吉尔吉斯斯坦的人口城镇化率约为36.45%。

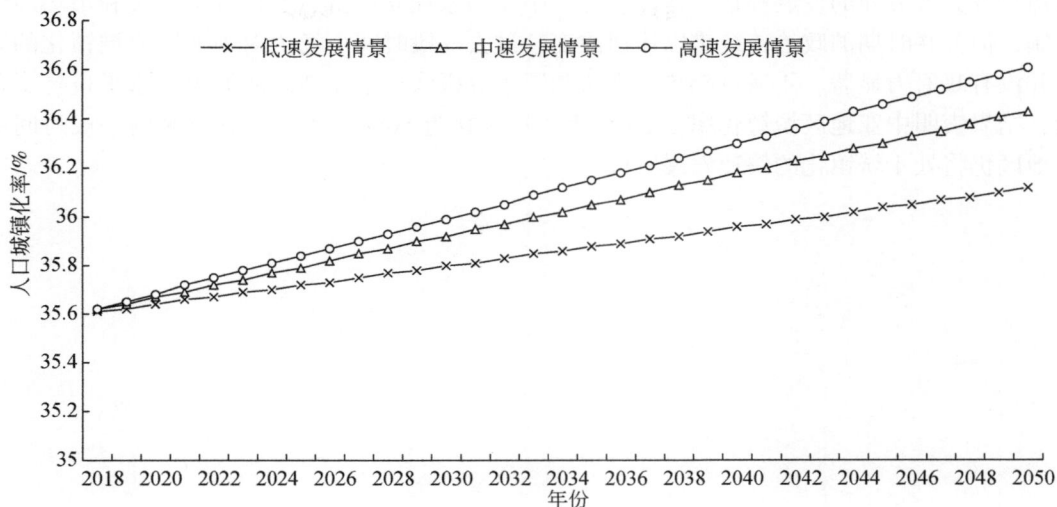

图 6-21　不同情景下吉尔吉斯斯坦人口城镇化率预测曲线

第四节　小　结

在丝绸之路经济带深入推进的情景下，开展中亚国家城镇化的综合对比研究和动力因素分析非常必要。通过构建综合城镇化水平评价指标体系，对中亚五国城镇化的演变过程和空间格局进行了全面分析，运用固定效应面板数据回归模型分析了综合城镇化的动力因素，结论如下：①中亚五国的城镇化进程既有区域共性，也有国家个性。中亚五国独立后，其城镇化进程都经历了独立初期的震荡缓慢发展阶段，步入 21 世纪后都进入了快速发展阶段。然而，各国城镇化的资源环境基础不同，社会经济条件各异，其城镇化的国家间差异也很明显。哈萨克斯坦的综合城镇化、人口城镇化、经济城镇化和社会城镇化水平近年来都远远高于吉尔吉斯斯坦和塔吉克斯坦，乌兹别克斯坦的空间城镇化水平又明显高于其他中亚国家。对于中亚城镇化的理解，需要结合国家特征区别看待。②内外部因素共同作用于中亚国家的城镇化进程，外向力对中亚国家城镇化的发展尤为重要。虽然政府力、城镇拉力和农村推力三个内向力都对中亚国家的城镇化水平有显著影响，但对外交通这一外向力是所有因素中对城镇化影响最显著的因素，而且外资、贸易和物流三个外向力都对城镇化产生了正向影响，表明外向力对中亚国家城镇化的影响非常明显。中亚国家需要通过建立良好的、全方位的对外联系来助力城镇化的健康发展；而丝绸之路经济带倡导共建共享，因此发展同中国的多方面国际合作，会给中亚城镇化发展带来良好机遇。③中亚城镇化进程与国家尺度和制度的关系明显。研究发现，虽然中亚国家的人口和经济规模都较小，但相比而言，人口规模较大的乌兹别克斯坦、经济规模较大的哈萨克斯坦在独立后抵抗外部干扰的能力相对较强，城镇化水平在 21 世纪的发展也更快；而人口、经济和国土方面都较小的吉尔吉斯斯坦与塔吉克斯坦，其城镇化的抗干扰能力较低，独立后综合城镇化及其各方面的发展都很缓慢。此外，中亚国家独立后虽然实行资本主义和市场经济体制，但苏联时期的政治传统难以快速改变，过去一段时间市场力对中亚国家城镇化的影响并没有政府力显著。④通过趋势外推法和因子分析法对中亚地区的城镇化水平进行了预测，结果表明中亚地区城镇化率在 2050 年将达到接近 50% 的水平，在未来的一段时间中亚地区仍将处于城镇化的快速发展阶段。

第七章 城镇化与资源环境交互影响的过程与动力机制

全球化及"一带一路"背景下中亚地区对中国具有重要的战略意义,中国与中亚地区具有安全、经济、能源等多方面的利益交织,并需要进一步加强互信、促进合作,因此研究中亚地区城镇化格局及其与资源环境交互耦合的动力机制,对我国具有重要的现实意义。城镇化与资源环境之间存在复杂的非线性耦合关系,如何科学分析这一复杂的动态过程,将对绿色丝绸之路经济带建设产生重要意义。中亚地区国家是世界矿产资源的集中生产地区,资源潜力巨大,但是快速城镇化所带来的能源短缺、水资源短缺、水环境污染、大气环境污染、土地利用扩张等资源环境问题,已经成为该地区城镇化发展的约束条件。针对中亚地区在城镇化进程中面临的各类人口、资源与生态环境压力效应,以及存在的区际资源与发展不平衡等困境,本章试图通过结合已有研究基础,归纳中亚地区城镇化与资源环境交互耦合的时空规律性,划分城镇化与资源环境交互胁迫的近远程阶段与类型。从总体思路上讲,本章将科学解析中亚地区城镇化与资源环境耦合系统的本质,并构建一个科学有效的动态方法。

具体而言,本章将在融合人地系统理论、复杂系统理论、城市代谢理论、空间滞后效应等不同观点,并充分吸取城镇化与资源环境交互耦合理论及远程耦合理论等有关跨尺度(时间和空间)耦合研究的国际前沿理论的基础上,科学解释中亚地区城镇化与资源环境交互耦合系统的动力机制和发展特征。首先,试图构建能定量刻画中亚地区城镇化发展演变的指标体系,形成多尺度、多类型、多时态的经济社会数据和资源环境数据相融合应用系统理论,确定中亚地区资源环境承载力系统的目标,然后确定组成系统的子系统(划定边界),建立子系统之间的相互关系。之后定量揭示近远程要素在城镇化与资源环境交互影响中的作用机理,结合已有研究基础理论归纳中亚地区城镇化与资源环境交互耦合的时空规律性,划分城镇化与资源环境交互胁迫的近远程阶段与类型。最后,基于中亚地区城镇化与资源环境耦合动力机制的研究结果总结主要研究结论,并讨论研究不足与展望。

第一节 中亚地区城镇化与资源环境时空演变过程分析

本节以中亚五国为研究主体,构建城镇化与生态环境的综合评价指标体系,评价二者的耦合协调度。该综合评价指标体系借鉴已有研究成果的指标体系,在深入掌握和理解城镇化与生态环境耦合理论和内涵基础上,考虑到科学性、可操作性、系统性、独立性、可比性、概括性、前瞻性及数据可获取性原则,在城镇化子系统中,选取人口城镇化、空间城镇化、经济城镇化和社会城镇化作为一级指标，从这 4 个维度选取 10 项二级指标，从人口增长、经济增长、城镇空间扩张和人民生活水平与质量的提高等方面完整构建中亚五国城镇化评价指标体系（表 7-1），以表征中亚五国城镇化综合水平；生态环境子系统从环境压力、资源供给维度出发，从这 2 个维度选取 10 项二级指标，构建生态环境评价指标体系（表 7-2），其中环境压力的指标属性为负向，其余指标均为正向。

表 7-1　城镇化子系统评价指标体系

系统层	准则层	指标层	属性
城镇化	人口城镇化	城镇化率/%	正向
		非农业就业人口比例/%	正向
		城镇人口密度/（人/千米²）	正向
	空间城镇化	万人拥有的建成区面积/平方米	正向
		建成区占土地面积的比例/%	正向
	经济城镇化	人均 GDP/万美元	正向
		非农产业增加值占 GDP 的比例/%	正向
		人均工业总产值/万美元	正向
		工业总产值/万美元	正向
	社会城镇化	每 100 个人口中的互联网用户数/户	正向

表 7-2　生态环境子系统评价指标体系

系统层	准则层	指标层	属性
生态环境	环境压力	二氧化碳排放量/吨	负向
		能源使用量（人均石油当量）/（千克/人）	负向
		PM$_{2.5}$ 年均暴露量/（微克/米³）	负向
		可再生能源消费量/%	负向
		GDP 单位能源消耗/（吨标准煤/万元）	负向
	资源供给	人均可再生内陆淡水资源/立方米	正向
		耕地（人均公顷数）/（公顷/人）	正向
		谷物产量/千克	正向
		森林面积/%	正向
		人均绿地面积/平方米	正向

本节数据主要来源于世界银行数据库、中亚五国统计年鉴及其他相关数据。

（1）指标确权方法。为避免主观赋权的非客观性与随意性，选取两种客观赋权法——熵值赋权和变异系数赋权，以消除单一客观赋权的误差与偏颇，使指标确权更具科学性与准确性。

（2）计算城镇化与生态环境系统综合评价值。根据各个指标权重 P_j 和标准化结果 Z_{ij}，得出城镇化综合评价值和生态环境综合评价值：

$$f(U) \text{ 或 } g(E) = \sum_{j=1}^{n} (P_j \cdot Z_{ij}) \tag{7-1}$$

式中，$f(U)$ 与 $g(E)$ 分别为城镇化与生态环境综合评价值。

（3）构建城镇化与生态环境的耦合协调度模型。耦合是指两个（或两个以上的）系统受自身和外界的各种相互作用而被彼此影响的现象，刻画耦合关系的耦合度模型［式（7-2）］被广泛用于研究城镇化与生态环境交互影响关系，该模型为

$$C = \left\{ \frac{f(U)g(E)}{[(f(U)+g(E))1/2]^2} \right\}^{\frac{1}{2}} \tag{7-2}$$

由于耦合度难以全面地反映城镇化与生态环境协同发展的真实水平，即同一地区在不同阶段耦合度水平相同，生态环境与城镇化发展水平却有可能相差甚大，因此需要进一步构造城镇化与生态环境的耦合协调度模型，以判别城镇化与生态环境的协调程度，以便更真实地了解城镇化与生态环境的协调发展水平，该模型为

$$T = \alpha f(U) + \beta g(E) \tag{7-3}$$
$$D = \sqrt{C \cdot T} \tag{7-4}$$

式（7-2）~式（7-4）中，C 为耦合度，取值为［0，1］，C 越接近0，代表两系统不耦合，C 越接近1，代表两系统良性共生耦合态势越强，产生最大耦合效益；$f(U)$ 为城镇化子系统；$g(E)$ 为生态环境子系统；D 为城镇化与生态环境的耦合协调度，取值为［0，1］，D 越接近0，表征两系统协调互动影响弱，D 越接近1，表征两系统趋于良好协调发展态；T 为城镇化与生态环境综合调和指数；α 和 β 分别为城镇化和生态环境的贡献份额。这里认为，新型城镇化与生态环境在协调发展中同等重要，因此，取 $\alpha = \beta = 0.5$。

一、中亚地区城镇化时空演变过程及特征

（一）中亚地区城镇化发展过程分析

中亚地区城镇化发展分析采用城镇化与生态环境耦合协调度模型中的城镇化综合水平数据，城镇化子系统的4个一级指标中，经济城镇化指标权重最高为0.263，人口城镇化、社会城镇化权重紧随其后，而空间城镇化指标最低，仅为0.088（表7-3），说明经济城镇化对中亚五国综合城镇化水平的影响最明显，而空间城镇化的影响程度最低。这主要是因为自1991年苏联解体以来，中亚五国人口城镇化进入缓慢增长阶段，城镇化率也没有明显快速增长，远低于世界平均水平，而工业增长等经济因素成为推进中亚五国城镇化的主要动力。

表 7-3　中亚五国城镇化综合水平测度指标体系及权重

准则层	指标层	属性	熵值权重	变异系数权重	综合权重	占比
人口城镇化	城镇化率/%	正向	0.039	0.043	0.042	
	非农业就业人口比例/%	正向	0.020	0.029	0.024	0.129
	城镇人口密度/(人/千米²)	正向	0.064	0.061	0.063	
空间城镇化	万人拥有的建成区面积/平方米	正向	0.041	0.046	0.044	0.088
	建成区占土地面积的比例/%	正向	0.041	0.046	0.044	
经济城镇化	人均 GDP/万美元	正向	0.088	0.082	0.086	
	非农产业增加值占 GDP 的比例/%	正向	0.010	0.022	0.015	0.263
	人均工业总产值/万美元	正向	0.103	0.085	0.094	
	工业总产值/万美元	正向	0.065	0.073	0.069	
社会城镇化	每 100 个人口中的互联网用户数/户	正向	0.110	0.086	0.098	0.098

从 1992～2018 年中亚五国城镇化综合水平发展变动趋势（图 7-1）看，中亚五国城镇化综合水平演变呈现持续缓慢增长态势，城镇化发展过程大致经历三个阶段。

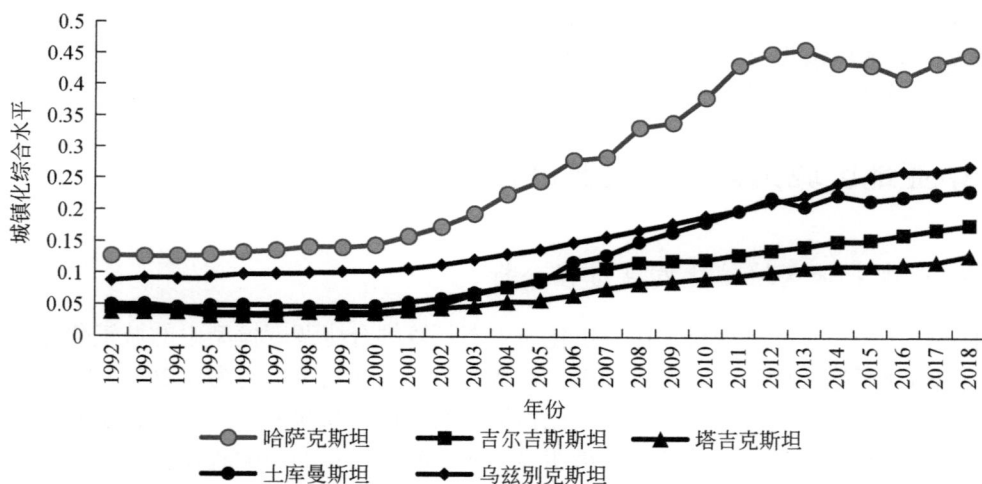

图 7-1　1992～2018 年中亚五国城镇化综合水平发展变动趋势

第一阶段为停滞发展阶段（1992～2000 年）。这一阶段中亚五国城镇化综合水平增速很慢，几乎没有增长，中亚国家城镇化率普遍较低，城镇化综合水平几乎没有变化，其主要原因是中亚五国自苏联解体后社会经济形势恶劣，国家经济社会发展几乎停滞，无法带动整体城镇化水平发展。

第二阶段为缓慢抬升阶段（2000~2011年）。这一阶段中亚五国城镇化综合水平开始复苏，哈萨克斯坦的城镇化综合水平增速明显，开始快速增长，从0.14增长到0.43，土库曼斯坦也有较为快速的增长，从0.04增长到0.19，其他三国处于缓慢增长阶段，除哈萨克斯坦外，其他四国城镇化综合水平仍旧较低，其主要原因是中亚国家实施"资源立国"战略，经济结构单一，制造业发展缓慢，轻工业基础薄弱，发展不均衡，导致发展缓慢。

第三阶段为发展平缓阶段（2011~2018年）。这一阶段中亚五国城镇化综合水平发展趋于平缓，由于该地区政治经济波动的影响和能矿资源的驱动、生态环境的约束，城镇化综合水平增速降低，没有明显的快速增长趋势。其中增长最明显的是哈萨克斯坦，其城镇化综合水平发展出现明显的波动情况，2011~2016年城镇化综合水平下降，2016~2018年城镇化综合水平又开始提升。总的来说，中亚五国城镇化综合水平排列依次为哈萨克斯坦、乌兹别克斯坦、土库曼斯坦、吉尔吉斯斯坦及塔吉克斯坦。

（二）中亚地区城镇化空间格局的演变过程分析

2000年前，中亚各国整体经济发展水平较低，各国城镇化差异不大。21世纪后，中亚各国、各州之间的区域经济发展差距较大，这映射到城镇化空间格局变化上，区域差异也十分显著。中亚地区城镇化水平基本呈现由北向南递减的格局，并且随着时间变化南北差异逐渐变大。南部是经济发展较为落后的塔吉克斯坦，而北部是工业化支撑相对较强且经济实力较为雄厚的哈萨克斯坦和与之紧密联系的乌兹别克斯坦，因此随着社会经济发展水平的差异逐渐增大，南北部城镇化水平的差异也逐渐增大。

中亚地区呈现中部高、周边低的区域城镇化水平格局，总体来看哈萨克斯坦的城镇化水平一直保持最高，乌兹别克斯坦次之，塔吉克斯坦、吉尔吉斯斯坦和土库曼斯坦一直保持较低状态，并且近几年哈萨克斯坦与乌兹别克斯坦的城镇化水平差异逐渐变大。

21世纪后，中亚五国城镇化水平空间格局演变（图7-2）大致经历两个阶段。

第一阶段为中部和北部快速发展阶段（2000~2010年）。2000年中亚地区整体城镇化水平较低，发展形势较差，仅有哈萨克斯坦中部和西部地区城镇化水平较高，此时的南北部差异不是很明显，中亚南部地区城镇化发展几乎处于同一水平。2005年开始，中亚地区中部快速发展，中部城镇化水平已经明显高于周边地区，哈萨克斯坦中部地区逐渐开始带动北部的发展，而周边地区城镇化水平一直保持低速增长。到了2010年，中亚地区北部发展迅速，哈萨克斯坦东北部和西北部较2000年有了明显的提升，已经与南部的周边地区拉开了差距。

第二阶段为南部迅速衰落阶段（2010~2018年）。2010年后，中亚南部地区开始呈现衰落的趋势，中亚整体已经开始呈现很明显的北部强、南部弱的格局。塔吉克斯坦、吉尔吉斯斯坦和土库曼斯坦落后的经济发展严重拖累了城镇化水平发展速率，与北部哈萨克斯坦差距巨大。到了2015年，南北部差距已经非常明显，2016年哈萨克斯坦城镇化率达53%左右，其他国家基本处于30%~40%的水平。

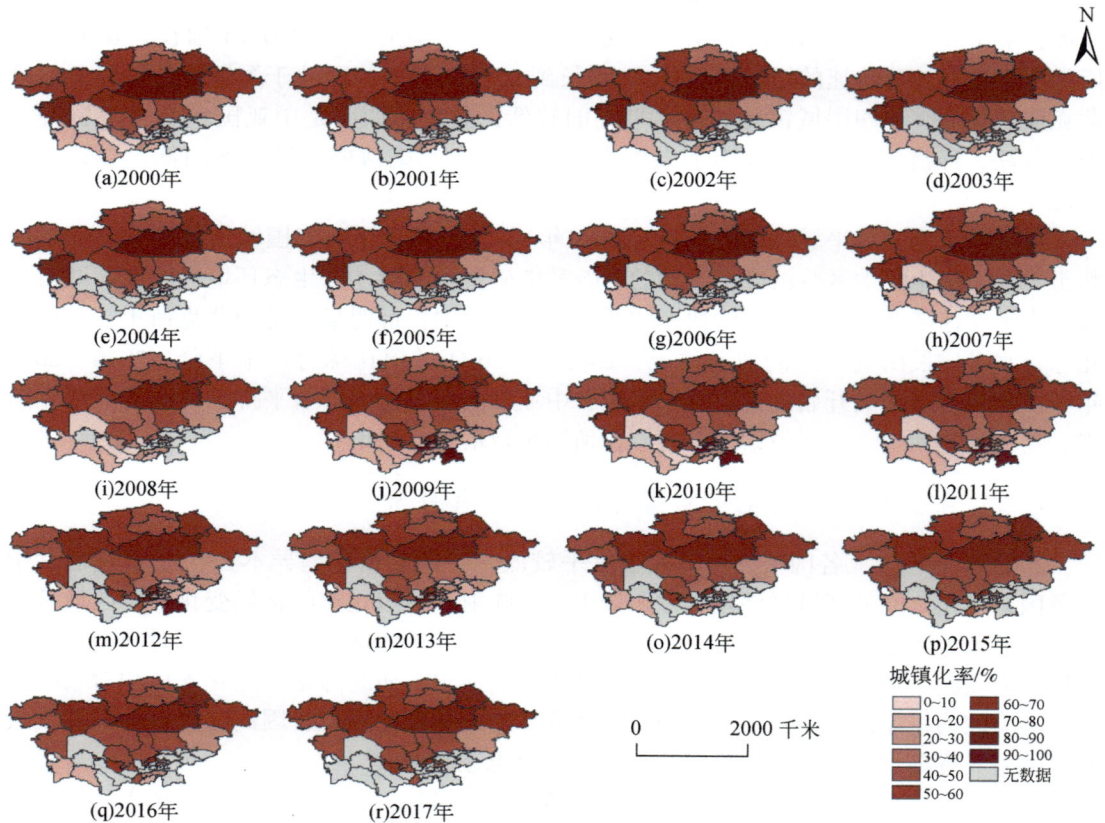

图 7-2　2000～2017 年中亚地区各州城镇化水平空间格局演变

（三）中亚地区重点城镇的城镇化演变过程分析

以哈萨克斯坦为例，国内经济发展区域差异较大，城镇化发展的空间差异也较大，呈现中部高、周边低的区域城镇化格局。2016 年，传统工业化地区卡拉干达州（79.20%）和巴甫洛达尔州（70.46%）的城镇化率都在 70% 以上，阿克托别州（62.44%）城镇化率也相对较高；东哈萨克斯坦州、科斯塔奈州城镇化率在 50%～60%，南哈萨克斯坦州、北哈萨克斯坦州、西哈萨克斯坦州、阿克莫拉州、阿特劳州、江布尔州、克孜勒奥尔达州、曼格斯套州的城镇化率在 40%～50%；受阿拉木图市的虹吸效应影响，阿拉木图地区的城镇化率仅有 24.18%（图 7-3）。

乌兹别克斯坦东北部是传统人口密集区，2000 年以来，城镇化率增长较快，而西南部地区城镇化率相对较低。纳曼干州城镇化率最高，达到 64.72%；安集延州、费尔干纳州和卡拉卡尔帕克斯坦自治共和国在 50%～60%；纳沃伊州、吉扎克州和卡什卡达里亚州在 40%～50%；其余地区城镇化率低于 40%（图 7-4）。

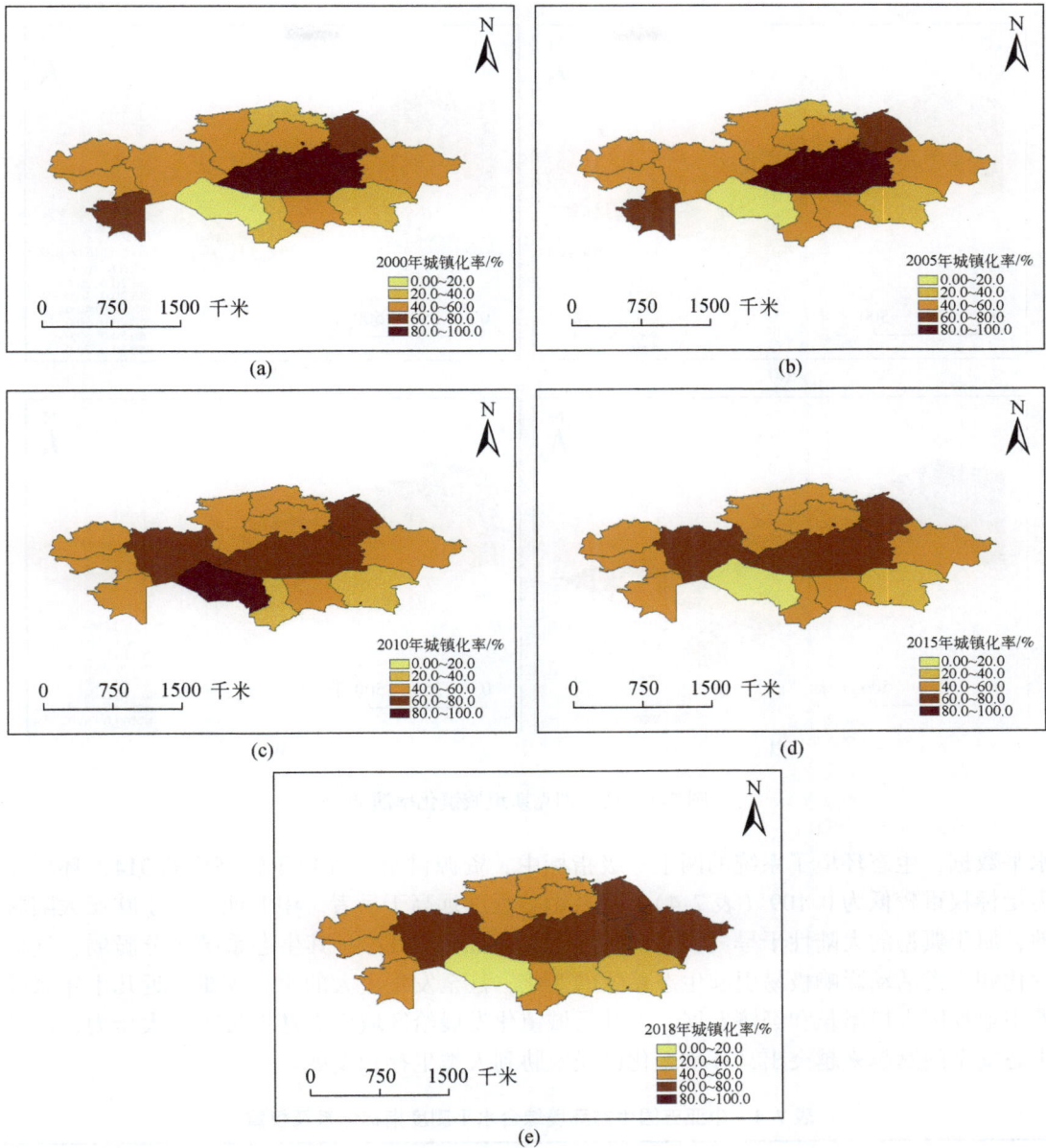

图 7-3　哈萨克斯坦城镇化水平时空格局演变

二、中亚地区资源环境时空演变过程及特征

（一）中亚地区资源环境演变过程分析

中亚地区资源环境演变分析采用城镇化与生态环境耦合协调度模型中的生态环境综合

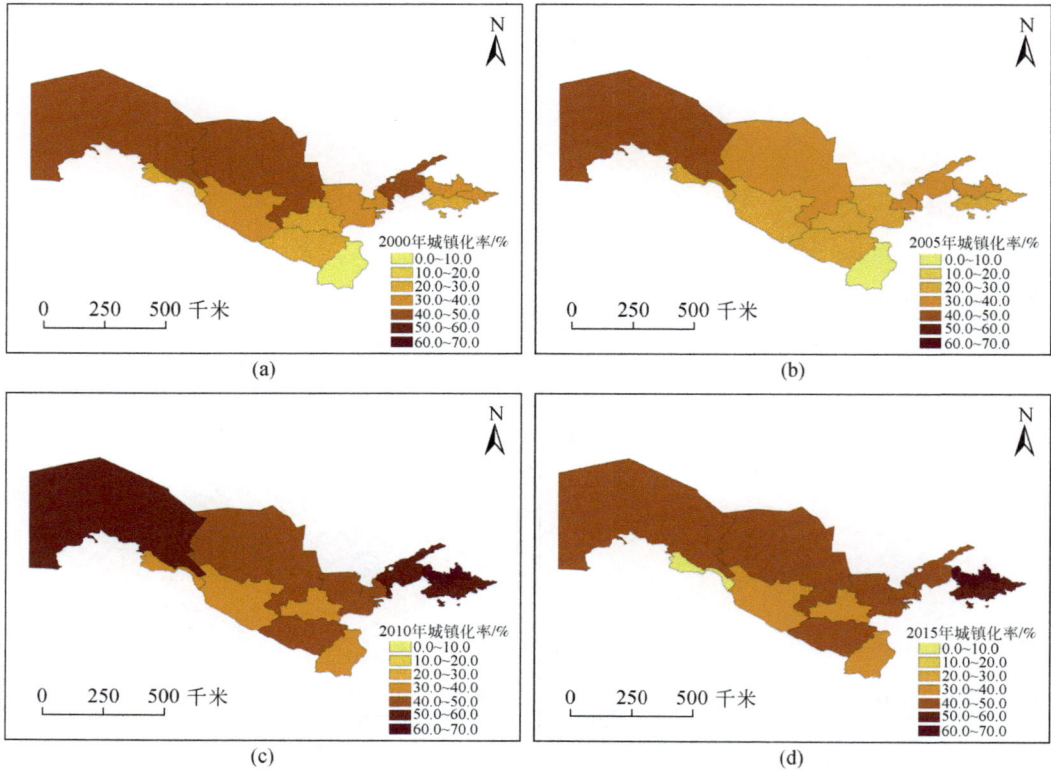

图 7-4　乌兹别克斯坦城镇化率演变

水平数据，生态环境子系统的两个一级指标中，资源供给指标权重较高为 0.314，环境压力指标权重较低为 0.109（表 7-4），前者影响程度远高于后者。中亚地区位于欧亚大陆腹地，属于典型的大陆性干旱气候，占世界干旱区面积的 1/3，其生态系统十分脆弱，气候变化和人类活动影响极易引起生态系统的变化，甚至发生重大的生态灾难。近几十年来随着中亚地区人口增长和经济发展，尤其是城镇化发展给区域生态环境带来巨大压力，区域生态安全问题越来越突出，环境恶化已经威胁到人类生存和发展。

表 7-4　中亚五国生态环境综合水平测度指标体系及权重

准则层	指标层	属性	熵值权重	变异系数权重	综合权重	占比
环境压力	二氧化碳排放量/吨	负向	0.017	0.027	0.022	0.109
	能源使用量（人均石油当量）/（千克/人）	负向	0.021	0.030	0.026	
	PM$_{2.5}$年均暴露量/（微克/米^3）	负向	0.017	0.026	0.021	
	可再生能源消费量/%	负向	0.020	0.026	0.023	
	GDP 单位能源消耗/（吨标准煤/万元）	负向	0.013	0.023	0.017	

准则层	指标层	属性	熵值权重	变异系数权重	综合权重	占比
资源供给	人均可再生内陆淡水资源/立方米	正向	0.058	0.051	0.055	0.314
	耕地（人均公顷数）/（公顷/人）	正向	0.090	0.078	0.085	
	谷物产量/千克	正向	0.046	0.056	0.051	
	森林面积（占土地面积的比例）/%	正向	0.043	0.043	0.043	
	人均绿地面积/平方米	正向	0.094	0.066	0.080	

1992~2018 年中亚五国资源环境综合水平演变图如图 7-5 所示，总体来看中亚地区资源环境综合水平哈萨克斯坦最高，吉尔吉斯斯坦次之，这两国明显高于其余三国，而其余三国保持同一低水平，并且资源环境发展趋势相同。

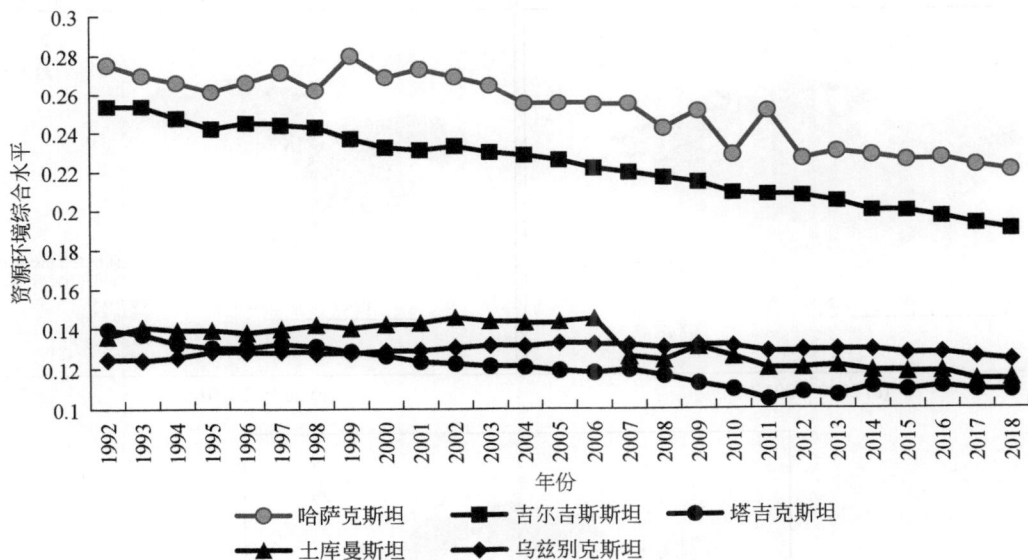

图 7-5　1992~2018 年中亚五国资源环境综合水平演变图

中亚五国资源环境综合水平演变呈现持续降低态势，资源环境发展过程大致经历两个阶段：第一阶段为平稳发展阶段（1992~2006 年）；第二阶段为缓慢下降阶段（2006~2018 年）。哈萨克斯坦呈现波动下降趋势，在 1998~2000 年及 2008~2012 年波动，其余时段均呈现平稳下降趋势；乌兹别克斯坦几乎没有变化，1992~2018 年一直处于同一水平；塔吉克斯坦呈现先缓慢下降再缓慢抬升趋势，1992~2011 年下降速度缓慢，2012~2018 年呈现平稳抬升趋势；吉尔吉斯斯坦呈现匀速下降趋势，1992~2018 年资源环境水平平稳下降；土库曼斯坦总体呈现下降趋势，但下降不明显，1992~2006 年保持同一水平，2007 年突然骤降，2007 年后趋于平缓下降趋势。

（二）中亚地区资源环境空间格局特征及其历史演化

总体来看，中亚地区资源环境水平差异较大，资源环境空间格局呈现中部变化强度大于周边地区，南部地区变化强度大于北部地区的特点，中部地区持续向更好的资源环境水平提升。

2000～2005 年，中亚地区呈现生态系统服务价值"北减南增"的格局，哈萨克斯坦除中部地州生态环境有所改善外，其余均有下滑。中亚地区北部改善强度较小，几乎没有变化 [图 7-6（a）]。

2005～2010 年，中亚地区中部和东部地区生态环境改善强度增大，西部和北部改善强度较小，其中以哈萨克斯坦东部变化最为明显，中亚南部地区则基本没有变化 [图 7-6（b）]。

2010～2015 年，中亚地区呈现"中增外减"的格局，中亚地区周边变化的幅度远小于中部地区，中亚周边地区明显处于未变化的状态 [图 7-6（c）]。

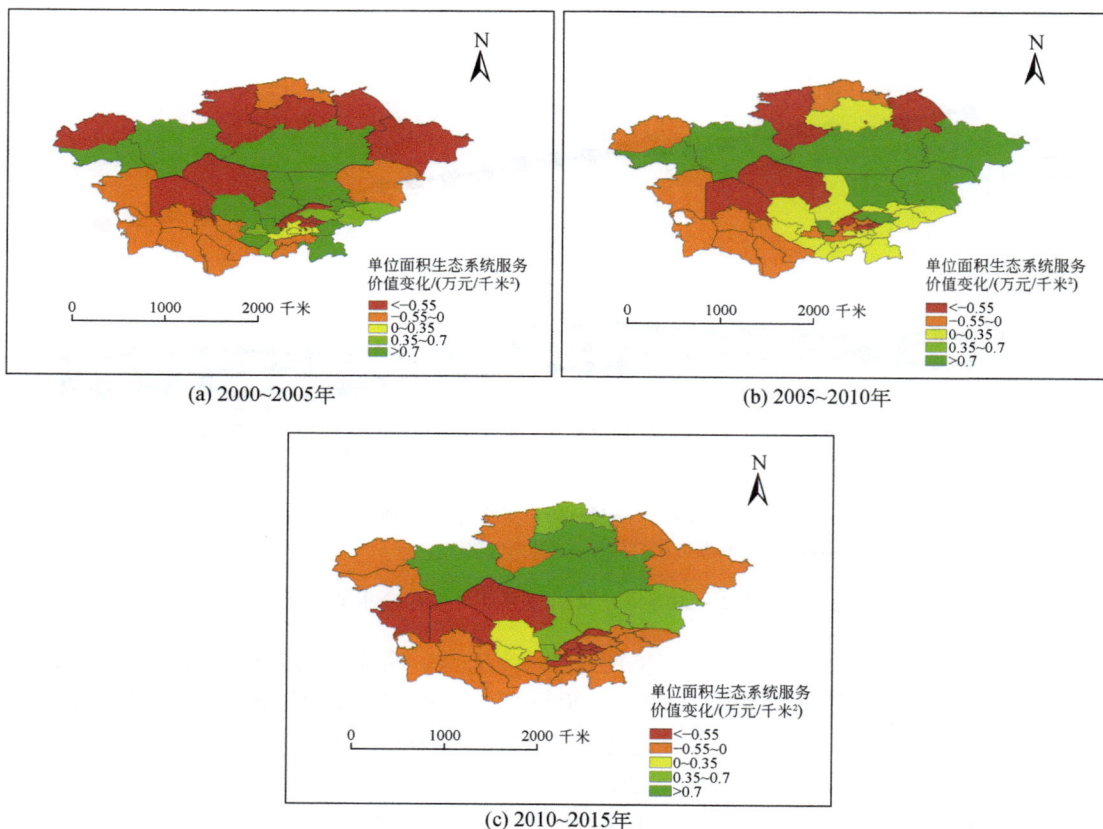

(a) 2000~2005年

(b) 2005~2010年

(c) 2010~2015年

图 7-6　2000～2015 年中亚五国生态系统服务价值时空演变

三、中亚地区城镇化与资源环境交互影响过程阶段划分

中亚地区城镇化与资源环境交互影响过程基本分为两个阶段。

第一阶段：逐渐下降阶段（2000~2010年）。2000年以来，中亚地区生态系统服务价值经历了先下降再缓慢抬升的走势，与城镇化的走势有相近处。说明经济发展滞缓、城镇化水平下降时，土地利用变化向着不利于生态环境的局面演化［图7-7（a）］。

第二阶段：缓慢抬升阶段（2010~2015年）。随着2010年经济发展逐步复苏，城镇化率也开始缓慢抬升，生态系统服务价值也随之提高。中亚地区城镇化和生态环境的耦合曲线基本符合"U"形曲线［图7-7（b）］。

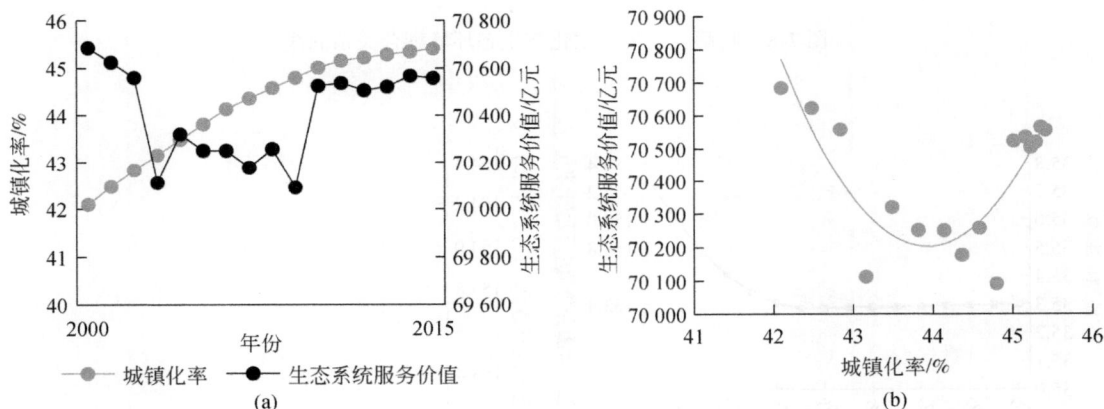

图7-7　中亚地区城镇化与生态环境耦合关系曲线

2000年以来，哈萨克斯坦城镇化和生态环境交互影响基本符合"U"形曲线关系。在城镇化率从53%到55%的过程中，城镇化水平提高，生态系统服务价值逐渐降低，但越过55%的门槛后，随着城镇化水平的提高，生态系统服务价值逐渐提高（图7-8）。2009年以来，吉尔吉斯斯坦的城镇化和生态环境交互影响符合"U"形曲线关系（图7-9）；2000年以来，乌兹别克斯坦的城镇化和生态环境交互影响已经进入下滑态势的正相关阶段（图7-10）；2000年以来，塔吉克斯坦和土库曼斯坦两个国家的城镇化和生态环境交互影响已经进入上升态势的正相关阶段（图7-11和图7-12）。

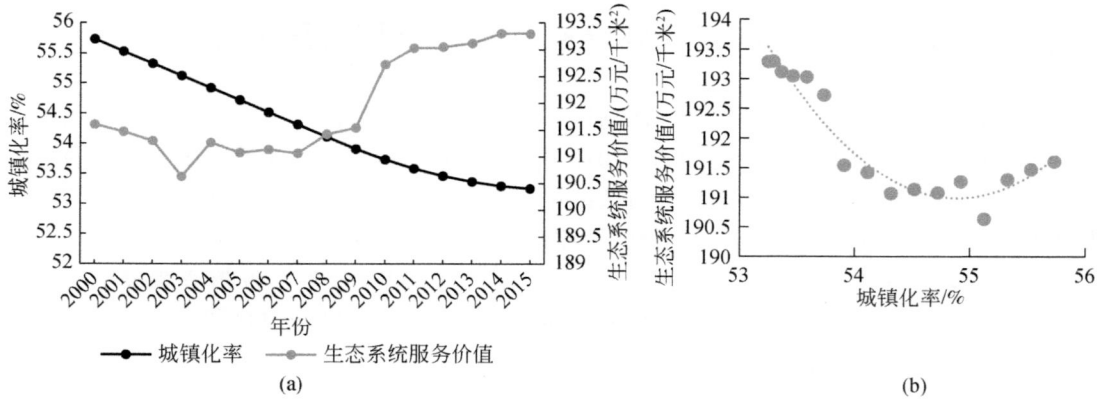

图 7-8　哈萨克斯坦城镇化与生态环境耦合关系曲线

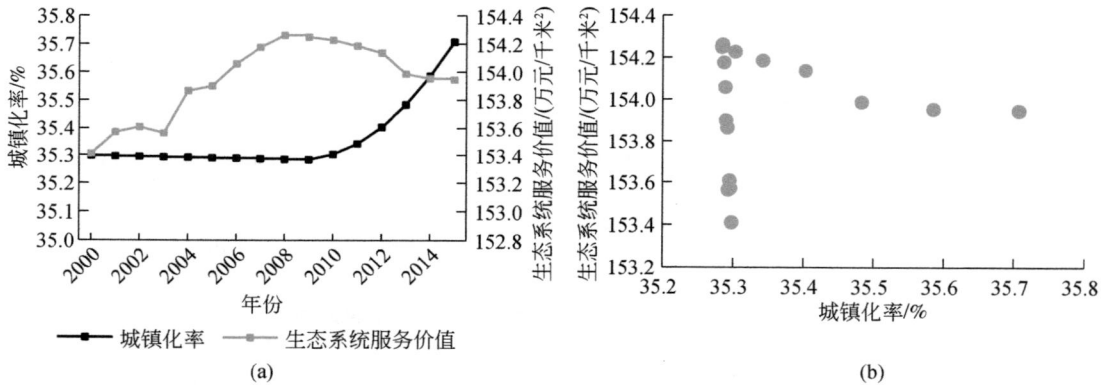

图 7-9　吉尔吉斯斯坦城镇化与生态环境耦合关系曲线

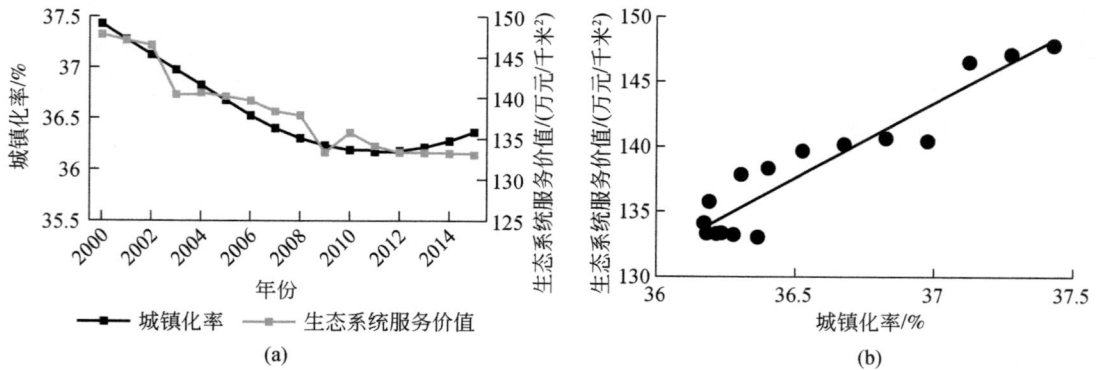

图 7-10　乌兹别克斯坦城镇化与生态环境耦合关系曲线

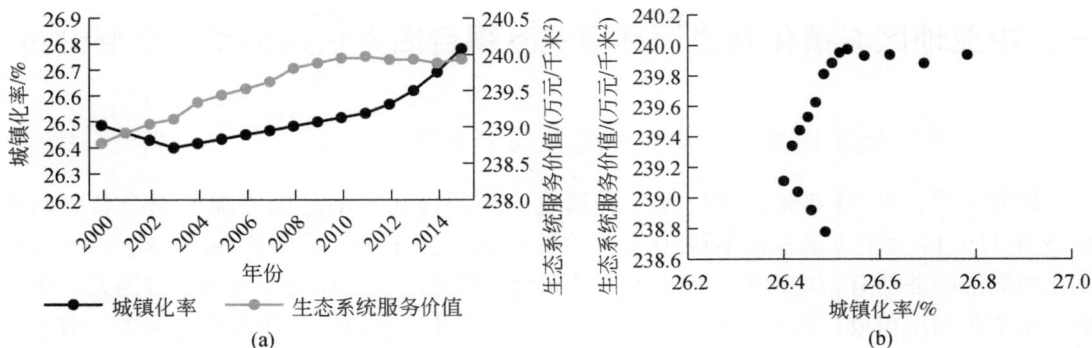

图 7-11　塔吉克斯坦城镇化与生态环境耦合关系曲线

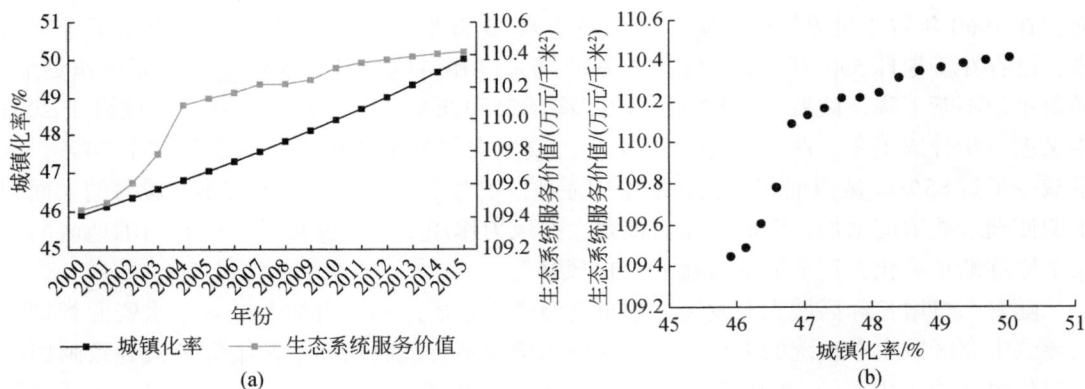

图 7-12　土库曼斯坦城镇化与生态环境耦合关系曲线

第二节　中亚地区城镇化与资源环境耦合机制及协调性分析

中亚地区城镇化正进入加速发展阶段，但又面临着一系列紧迫的生态环境问题。该区域作为亚洲腹地生态脆弱地区，探索城镇化和生态环境交互耦合与胁迫的机理，不仅有利于本地区的可持续发展，也可为其他生态脆弱地区的城镇化和可持续发展提供借鉴。

本研究深入准确地了解中亚资源利用现状及变化特征，进而分析城镇化对中亚地区生态环境的影响；从关键要素或主控要素出发，分析生态环境对城镇化的制约因素，提出与生态环境格局相协调的城镇化发展宏观格局。本研究旨在为中亚地区城镇化与生态环境的可持续发展提供技术支撑和科学决策依据，为指导这些地区选择与生态环境容量相一致的绿色城镇化发展模式和道路提出建议。

一、中亚地区城镇化与资源环境交互耦合因素识别和动力机制分析

（一）中亚地区资源环境变化的主控因素分析

研究表明，近 30 年来，中亚地区有超过一半的内陆湖泊急剧萎缩，湖泊总面积从 1975 年的 9.14 万平方千米减小到 2007 年的 4.60 万平方千米，减小了 49.67%。虽然气候变化对湖泊的萎缩有一定影响，但人类活动无疑是该地区生态环境变化的主导因素。中亚地区水资源利用粗放，效率不高，并且农业种植以棉花、水稻等高耗水作物为主，需水量较大。然而，20 世纪 70 年代以后，中亚地区的径流量骤减，这与日益增长的需水量相矛盾（姚俊强等，2014）。

咸海位于中亚的哈萨克斯坦和乌兹别克斯坦交界处，水源补充主要依赖阿姆河和锡尔河，在 1960 年曾为世界第四大湖，面积高达 6.75 万平方千米。但是自 20 世纪下半叶以来，已存在于地球 550 万年的咸海因苏联时期人口和耕地灌溉用水双重剧增而迅速萎缩。随着水位不断下降，咸海于 1987 年分成了南咸海和北咸海两片水域，其中南咸海于 2003 年又进一步分成了东、西两部分。2014 年，咸海大部分干涸消失，面积萎缩了 74%，水量减少了近 85%。咸海面积大幅收缩给中亚地区的生态环境带来巨大灾难。咸海的大面积干涸使湖水盐浓度增加，湖底的盐碱裸露，在风力作用下向周围移动，使其周围地区的沙质平原逐渐荒漠化，还会形成含盐的"白风暴"。

随着人口增长和区域农业发展，水土资源供需矛盾加剧，再加上低效率水资源管理等已导致中亚区域生态系统的退化。中亚区域水资源不合理利用、水污染等危机导致阿姆河和锡尔河（作为中亚较大的内陆河流）流向下游的径流量大幅度减少，减少了流入咸海的水量。这种过程最后又导致了整个咸海流域生态环境的变化，即土地退化、荒漠化面积扩大、沙尘暴频繁发生等，最后引起中亚区域水土生态系统的退化，以及生物多样性的减少。

（二）中亚地区城镇化发展的主要因素分析

城镇化的起源与工业革命带来乡村生活方式的转变密切相关。城镇化进程不仅是城乡人口的转化，更是城乡产业结构及其空间分布形态的转化，以及农村生产、生活方式向现代生产、生活方式的转变。城镇化发展的驱动要素研究一直是城镇化研究的核心部分，其内涵是系统内外部因素对城镇化发生、发展动力作用的总和。

从系统论的角度探讨，城镇化发展的驱动要素不仅表现为系统内部城镇化各驱动要素（近程要素），而且表现为系统外部城镇化驱动要素（远程要素），可统称为城镇化发展的近远程驱动要素。近程要素为所在地域范围内产生的一切促使城镇化的要素，包括水资源、土地资源、食物、矿产资源和能源等；远程要素为由外部输入的一切要素和从内部输出到外部区域的一切促使城镇化的要素，包括进口水资源量、矿产资源量，以及对外贸易量、出口量等。

　　城镇化进程与近远程要素存在一对一、一对多和多对多的非线性交互胁迫与交互促进关系。任何城镇化地区都是存在着内外部物质能量输入输出的开放系统，因而存在着极为复杂的内外部要素交互胁迫与交互促进的近远程动态关系。城镇化地区本身自给的近程要素为地方发展提供了发展基础，外部要素进一步供给所需的远程物质和能量输入，为城镇化地区经济发展提供了源源不断的动力。来自不同空间尺度的要素向城镇化地区集聚，最终导致城镇化进程不断深入。近远程要素在城镇化地区的复杂系统中进行了物质与能量的交换，交换过程包括生态环境系统为城镇化提供资源保障作用，城镇化系统则产出人口集聚、经济集聚与环境污染等过程，对生态环境系统产生胁迫作用，该过程可以视为城市群的近远程要素的代谢过程。

二、中亚地区城镇化发展对资源环境的胁迫效应分析

　　中亚是典型的干旱地区，同时又是资源极其丰富的区域。中亚地区城镇化既是典型的资源驱动型城镇化进程，又是人类发展与生态环境相互适应、相互改变的过程。中亚地区"重生产、轻治理"的生产经营方式比较普遍，使中亚地区的生态系统遭到不断破坏。工矿业的高排放和农业的粗放型经营引起的对水资源的掠夺性开发引发了严重生态环境问题。

　　中亚地区从苏联时期的城镇化起步开始，就长期面临严峻的水资源短缺和土地沙漠化问题，生态系统十分脆弱。中亚的灌溉农业和工业用水已经使得水资源开发利用过度，造成水资源分布不均衡和严重短缺，植被退化严重，生态环境持续恶化。随着经济结构的变化，中亚地区经济增长质量的提升也在促进资源利用率提高、生态环境改善，但是整体上中亚地区城镇化依然对生态环境基础支撑能力造成了巨大挑战。

　　（一）水环境系统：中亚地区城镇化加剧了水资源短缺和水污染

　　中亚地区城镇快速发展，大城镇的用水强度和用水压力普遍增加，加剧了水资源短缺问题。在过去十几年，哈萨克斯坦的南部和塔吉克斯坦地区的城镇化发展速度较快，城镇人口和城镇土地空间扩张明显，城镇发展用水增幅较大。随着工业发展，中亚整体工业用水需求不断增长，处于传统人口密集区的大城镇的人口不断聚集，使中亚这些城镇和区域的水资源压力显著加剧，城镇可利用水资源不能够满足产业的发展。

　　中亚地区城镇化发展改变了该地区的用水结构。土库曼斯坦近年来由于石油、天然气等工业的发展，工业用水呈增加趋势，而农业用水受水资源的限制而被抑制，农业灌溉用水下降（张文娜等，2013）。

　　中亚地区城镇化发展加重了水污染问题。近年来，中亚地区油气工业发展迅速，油气开采规模加大，产生的大量有机污染物、有毒污染物和重金属被抛洒到地面水体，而且排污治理技术不高，造成河流水质不断下降，导致水源严重污染。

　　中亚地区城镇化发展对水循环产生不利影响。随着中亚地区工业化进程加快，冰川退缩呈加速态势。冰川作为中亚地区地表径流的主要来源，其退缩将导致该地区地表径流减

少，对该地区水循环可持续发展极为不利，会进一步影响社会和经济发展的水资源保障。

（二）土地系统：中亚地区城镇化使土地退化、土壤荒漠化趋势加剧

中亚地区城镇化的发展使土地资源及其利用方式发生了明显的变化。自 1950 年以来，随着中亚人口的增长和社会经济条件的变化，土地资源及其利用发生显著变化，城镇空间发展与农业发展冲突，空间增长要求占用更多的有限耕地资源。自 21 世纪以来，中亚地区城镇空间形态变动主要表现在石油城镇、边境城镇和新兴城镇的城区面积迅速增加，以及传统工业城镇建成区的调整和缩小，这些城镇建成区增加部分主要通过占用耕地、草地和裸地形成。随着城镇人口的迅速增长，城镇建成区面积也有所增加。因此城镇的扩张对农村耕地产生压力。

中亚地区在人口高速增长的背景下，仍采取不合理的农业发展方式，这加速了中亚地区土地退化，对土地资源造成严重破坏。中亚地区不合理的农业灌溉一直没有受到限制，加剧了土壤盐渍化程度，造成土地退化面积不断扩大，农作物产量减少，加重粮食危机，对人类生存产生极大威胁。过度放牧导致牧草产量急剧下降，牧场快速退化。大范围地砍伐森林也使土地荒漠化问题加剧。

（三）大气系统：中亚地区城镇化的能源消费和排放，加重了大气污染

经济发展和人口增长是导致中亚地区二氧化碳排放持续增长的主要因子。中亚主要国家的二氧化碳排放情况也存在较大的差异，哈萨克斯坦、乌兹别克斯坦、土库曼斯坦排放水平远高于世界的平均水平，其中哈萨克斯坦和土库曼斯坦排放量有继续上升的趋势，乌兹别克斯坦已经控制在一个稳定的水平。能源结构的调整是其主要原因，此外，大片草地和林地开垦成耕地，也加剧了该区域碳排放量的增加。

城镇化发展造成的空气污染严重。中亚地区部分老工业城镇依然保持着煤炭、铁矿开采和加工业，但是落后的工艺水平使大量的废弃物排放，造成严重的空气污染。塔吉克斯坦的空气污染源主要来自采矿、冶金、化工、建筑、机械加工、轻工业和农业。

三、中亚地区资源环境对城镇化发展的约束作用分析

中亚地区的资源环境有两个突出特征：①生态环境十分脆弱，在全球生态安全中占据重要地位；②资源富集，中亚是全球的战略资源争夺最激烈的地区之一。中亚资源丰富、气候干旱、生态脆弱、大湖广布的特殊自然地理特性也一直影响着当地的城镇化进程，使得中亚地区的城镇化发展表现出独特性和复杂性。中亚地区的生态环境问题已经上升为全球突出的生态问题之一。日益凸显的生态安全问题已经对地区可持续发展造成严重威胁。资源环境约束，尤其是水资源短缺对城镇化发展的制约与胁迫程度日益提高。

（一）水土资源：水资源利用过度，土地资源不断恶化，生态环境与城镇发展的矛盾越来越尖锐

中亚地区是远离海洋深居大陆腹地的干旱区，生态环境脆弱。自 20 世纪 60 年代以

来，对土地资源的超强度利用使中亚部分区域生态环境出现明显退化。近 30 年来中亚地区有超过一半的内陆湖泊急剧萎缩。近几十年来，由于气候干燥、降水量稀少，咸海面积不断萎缩。生态系统受损直接导致生物多样性的减少，加之水污染的扩散，中亚地区生态环境受到空前破坏，使中亚地区对人类活动的承载力严重弱化。

水资源流失使得中亚地区被迫改变种植结构。小麦和水稻是中亚地区最主要的粮食作物。目前，中亚和东欧地区是小麦最主要的生产出口地区，其出口量大约占全球的1/4，因而有些学者预测这里未来会成为全球的"面包篮子"。然而近些年，由于水资源越来越匮乏，中亚国家陆续出台一些政策，以减少水稻和冬小麦的播种面积，或者改为水稻旱直播。2001~2009 年中亚地区的土地利用转换中，水浇地变为草地的现象十分明显。

中亚各国发展过程中水资源分配不均，导致水资源分配矛盾加剧。在苏联时期，为弥补水土资源分布不匹配的状况，实现整个地区的均衡发展，实行集中管理和经济补偿机制。随着苏联的解体和中亚各国的独立，中亚各国为谋求经济发展，加紧了对地区水资源的抢夺利用，部分国家甚至将水资源和石化能源作为政治工具或外交利器互相掣肘，这进一步加剧了中亚地区水资源利用的无序、混乱状态，国家间和不同国家内用水部门之间水资源的开发利用矛盾越来越突出（付颖昕和杨恕，2009；邓铭江等，2010a；姚海娇等，2013）。

（二）矿产能源：矿产能源是多数中亚国家的支柱产业，也造成了严重的依赖性问题

中亚是世界主要资源供给地和全球战略资源富集地区，被称为第二个波斯湾，其石油储量为 42 亿吨，天然气储量为 17.5 亿立方米。20 世纪 90 年代苏联解体，中亚各国相继独立，能源工业快速增长成为各国产业发展的主要动力。

经济社会发展过分依赖能源出口也成为中亚各国普遍存在的问题。伴随着能源短缺，中亚五国之间的能源危机加剧，如 2000 年冬季，因乌兹别克斯坦削减了石油供应，吉尔吉斯斯坦在非农作物生长期间开始放水增加发电量，导致农作物生长期间乌兹别克斯坦的农田灌溉用水欠缺（邓铭江等，2010b）。

四、中亚地区城镇化与资源环境耦合协调度分析

（一）中亚五国城镇化与生态环境的评价体系

以中亚五国（哈萨克斯坦、乌兹别克斯坦、塔吉克斯坦、吉尔吉斯斯坦和土库曼斯坦）为研究主体，构建城镇化与生态环境的综合评价指标体系，评价二者的耦合协调度。在城镇化子系统中，选取人口城镇化、空间城镇化、经济城镇化和社会城镇化作为一级指标，从这 4 个维度选取 10 项二级指标，从人口增长、经济增长、城镇空间扩张和人民生活水平与质量的提高等方面完整构建中亚五国城镇化评价指标体系；生态环境子系统从环

境压力、资源供给维度出发，从这 2 个维度选取 10 项二级指标，构建生态环境评价指标体系，其中环境压力的指标属性为负向，其余指标均为正向。本节数据主要来源于世界银行数据库、中亚五国统计年鉴及其他相关数据。

为避免主观赋权的非客观性与随意性，选取两种客观赋权法——熵值赋权、变异系数赋权，以消除单一客观赋权的误差与偏颇，使其更具科学性与准确性；指标数量级差异较大且单位均不同，导致很难直接比较，需对各指标进行标准化处理以消除其量纲。

从系统层看，城镇化子系统综合权重为 0.58，高于生态环境子系统，这说明城镇化对中亚五国综合评价的贡献度更高。从准则层看，城镇化子系统中经济城镇化指标权重最高，为 0.263，人口城镇化、社会城镇化指标权重紧随其后，而空间城镇化指标权重最低，仅为 0.088，这说明经济城镇化对中亚五国的综合城镇化水平影响最明显，而空间城镇化的影响程度最低。生态环境子系统中资源供给指标权重较高，为 0.314，环境压力指标权重较低，为 0.109，前者影响程度远高于后者。

从指标层看，城镇化子系统中权重排名前五的为人均工业总产值、人均 GDP、城镇人口密度、工业总产值、每 100 个人口中的互联网用户数；权重垫底的指标为非农产业增加值占 GDP 的比例、非农业就业人口比例、城镇化率等，这归结为中亚五国在近现代城镇化进程慢，城镇化总体水平低，经济发展较为落后，农业、畜牧业等第一产业是国民经济中的主导产业，影响工业化速率。

生态环境子系统中权重排名前五的为耕地、人均绿地面积、谷物产量、人均可再生内陆淡水资源、森林面积，这主要是因为中亚国家第一产业发达，农业产量高等，以及工业化进程较慢，城镇绿化率高，地区资源丰富等。

（二）划分中亚五国的城镇化和生态环境耦合类型

耦合是指两个（或两个以上的）系统受自身和外界的各种相互作用而被彼此影响的现象，刻画耦合关系的耦合度模型被广泛用于研究城镇化与生态环境交互影响关系。

通过查阅文献将其他众多学者的研究归纳总结，城镇化与生态环境系统的耦合水平划分为 4 个等级，如表 7-5 所示。

表 7-5　城镇化与生态环境系统耦合度分类

耦合度（C）	$0 \leq C \leq 0.3$	$0.3 < C \leq 0.5$	$0.5 < C \leq 0.8$	$0.8 < C \leq 1$
耦合度分类	低水平耦合	拮抗耦合	磨合耦合	高水平耦合

城镇化与生态环境系统的耦合协调水平划分为 4 个等级，如表 7-6 所示。

表 7-6　城镇化与生态环境协调发展分类标准

耦合协调度（D）	$0 \leq D \leq 0.3$	$0.3 < D \leq 0.5$	$0.5 < D \leq 0.8$	$0.8 < D \leq 1$
协调度等级	低度耦合协调	中度耦合协调	高度耦合协调	极度耦合协调
$f(U) > g(E)$	生态环境受阻	生态环境受阻	生态环境受阻	生态环境受阻

耦合协调度（D）	$0 \leqslant D \leqslant 0.3$	$0.3 < D \leqslant 0.5$	$0.5 < D \leqslant 0.8$	$0.8 < D \leqslant 1$
$f(U) < g(E)$	城镇化受阻	城镇化受阻	城镇化受阻	城镇化受阻

（三）中亚五国的城镇化和生态环境耦合情况分析

1992 年以来，五个国家的城镇化与生态环境交互影响基本都符合城镇化对生态环境胁迫阶段，随着城镇化水平的上升，生态环境质量逐步下降，哈萨克斯坦最为明显（图 7-13）。几个国家的耦合协调度均有上升趋势，其中哈萨克斯坦上升幅度最为明显，城镇化与生态环境的协调性具有明显的优势。但五个国家均处于城镇化与生态环境的低水平协调阶段——中度失调阶段。哈萨克斯坦的耦合协调度演变过程大致为中度失调阶段的"城镇化滞后——系统均衡发展——生态环境滞后"，大致符合环境库兹涅茨倒"U"形曲线，拐点为 2002 年和 2009 年；吉尔吉斯斯坦的耦合协调度演变过程大致为中度失调阶段的"城镇化滞后——系统均衡发展"，拐点为 2008 年，城镇化对生态环境的胁迫作用还未完全彰显；塔吉克斯坦、土库曼斯坦的耦合协调度演变过程均由中度失调系统均衡发展阶段向中度失调生态环境滞后阶段过渡，拐点分别为 2015 年和 2014 年；乌兹别克斯坦的耦合协调度演变过程自 1993 年以来一直为中度失调系统均衡发展阶段。

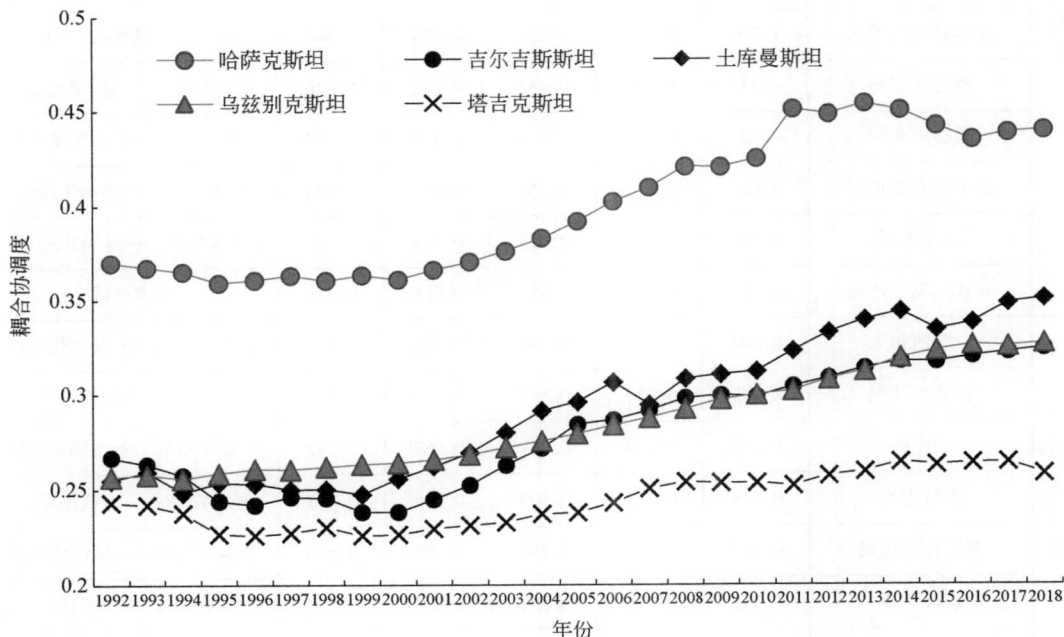

图 7-13　1992～2018 年中亚五国城镇化与生态环境耦合协调度时序演变图

具体估算 2000～2015 年中亚五国各州城镇化与生态环境间的耦合度和耦合协调度（表 7-7 和图 7-14）。结果显示，2015 年中亚五国（由于数据缺失，未计算土库曼斯坦数据）38 个州分为 9 种类型：高级协调、基本协调、基本协调——城镇化滞后、基本协调——生态环境滞后、基本不协调——城镇化受阻、基本不协调——生态环境受阻、严重不协调——生态环境受阻、严重不协调——城镇化受阻、严重不协调（表 7-7）。

表 7-7　中亚地区城镇化与生态环境的交互耦合关系类型

国家	地州名称	C	T	D	$f(U)$	$g(E)$	耦合协调类型
哈萨克斯坦	阿克托别州	0.961	0.825	0.891	0.710	0.941	高级协调
	科斯塔奈州	0.978	0.650	0.798	0.583	0.718	基本协调——城镇化滞后
	阿特劳州	0.810	0.758	0.783	0.518	0.998	基本协调——城镇化滞后
	西哈萨克斯坦州	0.959	0.641	0.784	0.549	0.733	基本协调——城镇化滞后
	阿克莫拉州	0.980	0.575	0.751	0.517	0.632	基本协调——城镇化滞后
	卡拉干达州	1.000	0.938	0.968	0.927	0.949	高级协调
	北哈萨克斯坦州	0.977	0.512	0.708	0.458	0.567	基本协调——城镇化滞后
	巴甫洛达尔州	0.976	0.732	0.845	0.813	0.651	高级协调
	东哈萨克斯坦州	1.000	0.680	0.825	0.674	0.686	高级协调
	阿拉木图州	0.434	0.534	0.482	0.222	0.846	基本不协调——城镇化受阻
	曼格斯套州	0.921	0.399	0.606	0.479	0.319	基本协调——生态环境滞后
	南哈萨克斯坦州	0.844	0.681	0.758	0.486	0.875	基本协调——城镇化滞后
	江布尔州	0.772	0.658	0.713	0.429	0.888	基本协调——城镇化滞后
	克孜勒奥尔达州	1.000	0.472	0.687	0.466	0.478	基本协调
吉尔吉斯斯坦	楚河州	0.604	0.268	0.402	0.141	0.394	基本不协调——城镇化受阻
	伊塞克湖州	0.648S	0.489	0.563	0.273	0.705	基本协调——城镇化滞后
	纳伦州	0.227	0.314	0.267	0.087	0.542	严重不协调——城镇化受阻
	巴特肯州	0.738	0.343	0.503	0.214	0.471	基本协调——城镇化滞后
	贾拉拉巴德州	0.553	0.383	0.460	0.189	0.576	基本不协调——城镇化受阻
	塔拉斯州	0.298	0.286	0.292	0.094	0.479	严重不协调——城镇化受阻
	奥什州	0.005	0.224	0.035	0.008	0.440	严重不协调——城镇化受阻

续表

国家	地州名称	C	T	D	$f(U)$	$g(E)$	耦合协调类型
塔吉克斯坦	戈尔塔-巴达赫尚自治州	0.982	0.091	0.299	0.083	0.100	严重不协调
	哈特隆州	0.529	0.297	0.396	0.142	0.452	基本不协调——城镇化受阻
	中央直属区	0.501	0.172	0.293	0.079	0.264	严重不协调——城镇化受阻
	索格特州	0.867	0.311	0.519	0.229	0.393	基本协调——城镇化滞后
乌兹别克斯坦	布哈拉州	0.000	0.200	0.005	0.399	0.001	严重不协调——生态环境受阻
	花拉子模州	0.734	0.239	0.419	0.330	0.149	基本不协调——生态环境受阻
	卡拉卡尔帕克斯坦自治共和国	0.005	0.279	0.036	0.548	0.010	严重不协调——生态环境受阻
	纳沃伊州	0.724	0.391	0.532	0.543	0.240	基本协调——生态环境滞后
	撒马尔罕州	0.565	0.267	0.388	0.400	0.134	基本不协调——生态环境受阻
	卡什卡达里亚州	0.945	0.398	0.613	0.465	0.331	基本协调——生态环境滞后
	苏尔汉河州	0.995	0.353	0.593	0.372	0.335	基本协调
	安集延州	0.640	0.405	0.509	0.586	0.224	基本协调——生态环境滞后
	费尔干纳州	0.843	0.502	0.650	0.645	0.358	基本协调——生态环境滞后
	纳曼干州	0.844	0.565	0.691	0.726	0.404	基本协调——生态环境滞后
	吉扎克州	0.831	0.736	0.782	0.517	0.956	基本协调——城镇化滞后
	锡尔河州	0.739	0.340	0.501	0.468	0.213	基本协调——生态环境滞后
	塔什干州	0.884	0.434	0.620	0.540	0.328	基本协调——生态环境滞后

总体上看，中亚地区城镇化与生态环境耦合关系属于高级协调的有 4 个地州，均位于哈萨克斯坦，分别为卡拉干达州、阿克托别州、东哈萨克斯坦州和巴甫洛达尔州；基本协调的 21 个地州，占所有地州数的 55.3%，多数位于哈萨克斯坦和乌兹别克斯坦；不协调的有 13 个地州，占所有地州数的 34.2%，对于城镇化和生态环境耦合关系不协调的地州，资源开采和城镇化发展受到的约束就更大。

哈萨克斯坦城镇化与生态环境高度耦合协调的地州主要位于植被广布且油气资源和工业相对发达的地区，分别为石油产区阿克托别州，工矿区卡拉干达州，冶金、煤炭、石油加工和机械制造较为发达的巴甫洛达尔州，冶金、电力、汽车和机械制造等工业门类齐全的东哈萨克斯坦州。阿拉木图州耦合协调度低，城镇化滞后。地处里海东海岸的曼格斯套州属于沙漠气候，常年降水较少，生态环境脆弱。除此之外的地州城镇化与生态环境耦合

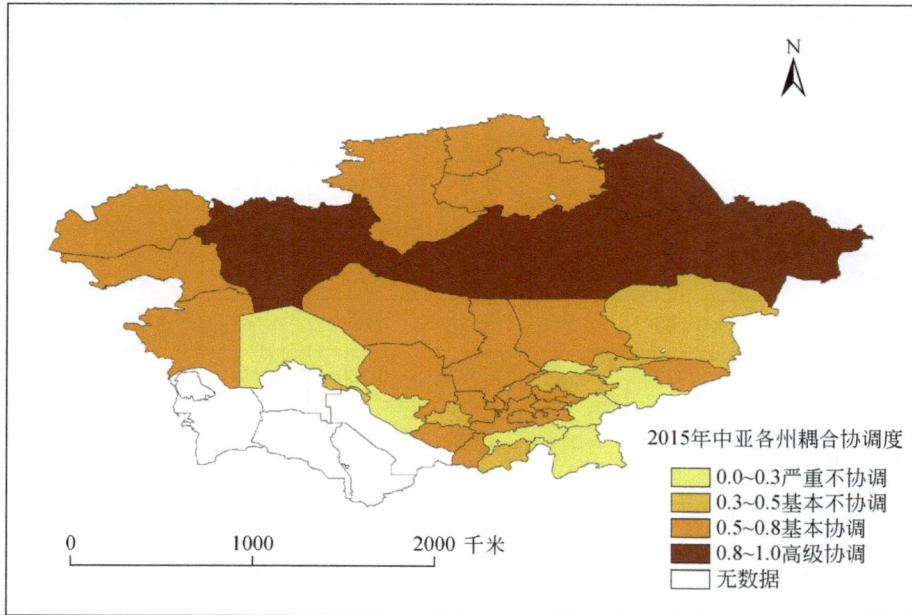

图 7-14　中亚地区各州城镇化与生态环境耦合协调度（2015 年）

关系基本协调（图 7-15）。

2000～2015 年，中亚地区城镇化与生态环境耦合协调关系的空间格局一直在变化。除了阿拉木图和科斯塔奈两个地州，哈萨克斯坦其他地州的耦合协调度均有向好发展态势。阿拉木图地区耦合协调度从 2007 年的 0.583 骤降到 2008 年的 0.464，这主要和阿拉木图地区城镇化率从 2007 年的 30% 骤降到 2008 年的 23% 有关。科斯塔奈地区耦合协调度由 2007 年的 0.81 骤降到 2008 年的 0.77，其原因也是其城镇化率从 2007 年的 58.7% 骤降到 2008 年的 48.2%。乌兹别克斯坦的卡拉卡尔帕克斯坦自治共和国耦合协调度由 2002 年的 0.51 骤降到 0.36，主要原因是大范围棉花种植导致咸海周围的植被日渐稀少，大量树木及灌木被彻底破坏，生态环境不断恶化。塔吉克斯坦的中央直属区和戈尔塔-巴达赫尚自治州的城镇化与生态环境耦合关系则经历了由不协调发展到协调发展再到不协调发展的反复过程。

总体来讲，中亚地区各州的城镇化与生态环境耦合关系动态被分为三种类型：停滞不前型、缓慢上升型和波动下降型。停滞不前型的地区，其耦合协调度多数分布于 0.3～0.6；缓慢上升型的地区，其耦合协调度分布于 0.2～0.5；波动下降型的地区，其耦合协调度则均匀分布于 0.2～0.9。哈萨克斯坦的阿拉木图地区属于波动下降型，阿克托别地区、阿特劳地区和曼格斯套地区为缓慢上升型，其余地区均为停滞不前型；吉尔吉斯斯坦的巴特肯州为缓慢上升型，伊塞克湖州和奥什州为停滞不前型，其余 4 个州均为波动下降型；塔吉克斯坦除索格特州外的其他 3 个地区均为停滞不前型，其耦合协调度很低，均为不协调型；乌兹别克斯坦的苏尔汉河州、吉扎克州为缓慢上升型，卡

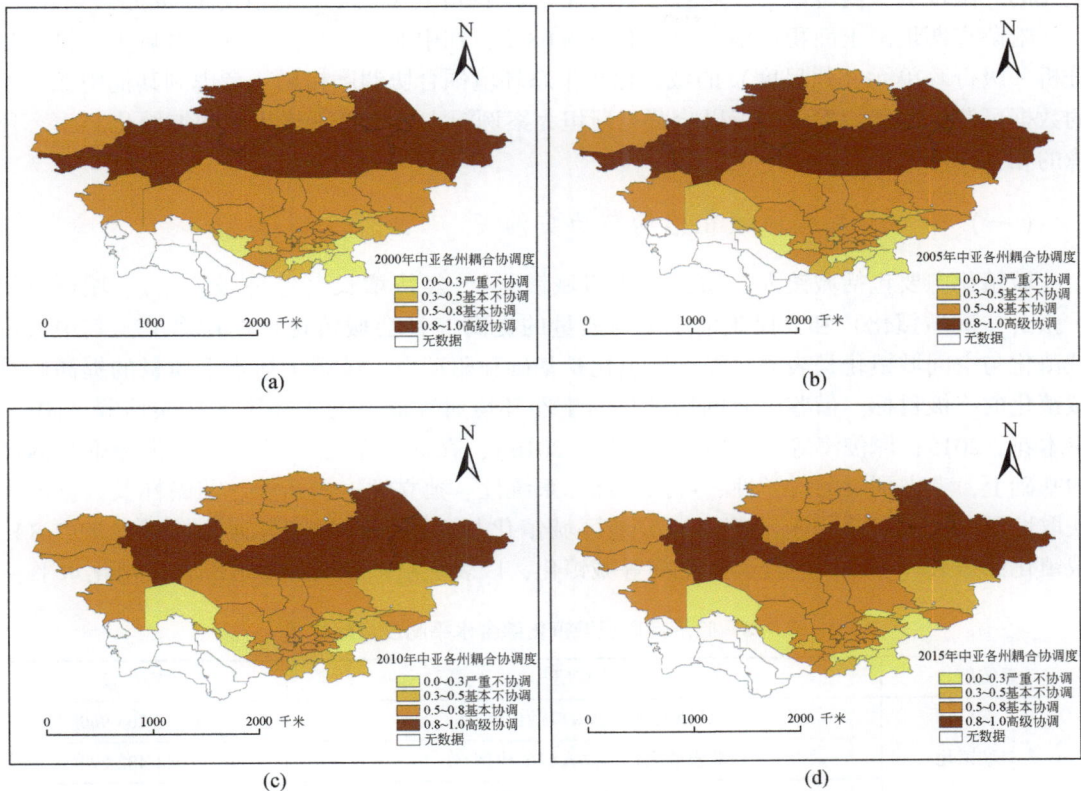

图 7-15　中亚地区各州城镇化与生态环境耦合协调度演变

什卡达里亚州为停滞不前型，而剩余的 10 个地区均为波动下降型，其城镇化与生态环境协调程度亟待改善。

第三节　典型国家城镇化与资源环境交互影响分析

哈萨克斯坦位于中亚北部，南与土库曼斯坦、乌兹别克斯坦、吉尔吉斯斯坦接壤，北与俄罗斯接壤，东与中国接壤，西与里海相邻，总面积为 272.49 万平方千米，占中亚地区面积的 68%。哈萨克斯坦地处北半球中纬度（北温带），北纬 40°~55°（约 15 度）、东经 50°~85°（约 35 度）。人口大约 7250 万人，其中 55% 生活在城镇地区。其由许多生态区组成，主要是草原、半沙漠和沙漠。哈萨克斯坦大约 60% 的领土（1.6349 亿公顷）是沙漠。其由多种地貌类型组成，具有鲜明的区域地貌特征。其大部分领土由平原和低地组成，卡拉基耶盆地西部的最低点在海平面以下 132 米。东北部和东南部由阿尔泰山和天山组成，其中最高点位于汗腾格里的中央边界，海拔为 6995 米。中部由哈萨克山脉组成，一般高度为 300~500 米，最高点在 1565 米。哈萨克斯坦矿产和化石燃料资源丰富，探明油气储量居世界第 11 位。自 1993 年以来，石油、天然气和矿产的开发吸引了超过 400 亿美元的外国投资，约占该国工业总产值的57%（约占其国内生产总值的13%）。

哈萨克斯坦国土面积占整个中亚面积的68%，在中亚宏观尺度分析的基础上，进一步分析一级行政单元（州尺度）的城镇化与生态环境耦合协调度格局。考虑到其他中亚国家的数据可获得性低，本节重点以哈萨克斯坦为案例深入分析中亚州尺度的城镇化与生态环境的相互作用关系。

（一）哈萨克斯坦城镇化格局与历史演变

城镇化主要包括城镇人口增长（人口城镇化）、经济增长（经济城镇化）、城镇空间扩张（空间城镇化）和人民生活水平与质量的提高（社会城镇化）四层含义，其中人口城镇化与空间城镇化是表象，经济城镇化是基础和驱动力，城镇生活水平质量的提高则是城镇化的终极目标。借鉴已有的城镇化与生态环境研究成果的指标体系（侯培等，2014；崔木花，2015；谭俊涛等，2015；张引等，2016），在深入掌握和理解城镇化理论与内涵的基础上，考虑到目的科学性、可操作性、系统性、独立性、概括性、前瞻性及数据的可获取性原则，构建适用于哈萨克斯坦地区城镇化与生态环境的综合评价体系（表7-8），城镇化涵盖人口、经济、社会、空间等城镇化，以表征哈萨克斯坦地区综合城镇化水平。

表 7-8   哈萨克斯坦城镇化综合水平测度指标体系

系统层	指标层	综合权重
人口城镇化	城镇人口占总人口的比例/%	0.034 204 969
	非农业人口占总人口的比例/%	0.044 482 894
	第三产业从业人员比例/%	0.051 917 763
空间城镇化	城镇建设用地占总用地的比例/%	0.052 143 349
	公路路网密度/（千米/千米²）	0.055 367 126
	城镇密度/（个/万千米²）	0.122 351 282
经济城镇化	第二、第三产业增加值占 GDP 的比例/%	0.028 851 288
	人均 GDP/万坚戈	0.088 578 987
	人均固定资产投资/万坚戈	0.125 607 777
	人均工业产值/万坚戈	0.107 268 905
社会城镇化	人均社会消费品零售总额/万坚戈	0.043 884 359
	每万人拥有的在校大学生数/个	0.030 308 275
	人均住宅面积/平方米	0.071 098 585
	人均月平均生活水平/坚戈	0.095 174 835
	每万人拥有的专业医生数量/个	0.047 958 571

由于各初始指标量纲单位均不同，选取极差标准化方式进行无量纲化处理，再选用熵权法与变异系数赋权法两种客观赋权法相结合的综合赋权法计算各州的人口、经济、社会城镇化发展指数，表征其人口、经济、社会城镇化的发展水平，公式见文献（刘畅等，

。

第 j 项指标的综合权重：

$$P_j = \sqrt{w_j \times u_j} \qquad (7\text{-}5)$$

第 i 个州主体的人口、经济、社会城镇化发展指数：

$$P_i = \sqrt{W_i \times U_i} \qquad (7\text{-}6)$$

式中，w_j、u_j 分别为第 j 项指标的熵权法和变异系数赋权法计算的权重值；W_i 和 U_i 分别为第 i 个州熵权法和变异系数赋权法计算的人口、经济、社会城镇化发展指数。

通过计算城镇化的指标权重可以发现，从系统层看，经济城镇化指标权重最高为 0.35，社会城镇化、空间城镇化指标权重紧随其后，而人口城镇化指标权重最低，仅为 0.13，这说明经济城镇化对哈萨克斯坦各州的综合城镇化水平影响最明显，而人口城镇化的影响程度最低。从指标层看，权重排名前五的依次为人均固定资产投资、城镇密度、人均工业产值、人均月平均生活水平、人均 GDP；权重垫底的指标依次为第二、第三产业增加值占 GDP 的比例、每万人拥有的在校大学生数、城镇人口占总人口的比例、人均社会消费品零售总额和非农业人口占总人口的比例。

总体上，哈萨克斯坦各州城镇化水平在空间上存在明显的分异特征（图 7-16）。城镇化水平较高的地区主要是西部石油开采区，该区域为大陆性干旱气候，沙漠面积大，因此其自然条件不适于农业发展，同时该区域矿物资源（石油和煤气储量）很丰富，为油气投资的重点区域。例如，阿特劳州的油气生产量最大，西哈萨克斯坦州的天然气产量最大。阿特劳州的原油产量居哈萨克斯坦的第一位，2017 年该州出产 4239 万吨原油和凝析油（约占全国总产量的 49.2%），开采天然气 209.2 亿立方米（约占全国总产量的 40%）。通过油气开采形成产业链带动了地域经济发展，故其城镇化水平相对较高。城镇化水平较低的地区主要分布于南部和部分北部区域，以草原和山地为主，南部气候条件温和，适宜发展果蔬业，北部相对阴冷，为重要粮食产地。哈萨克斯坦 1/4 的粮食都来自科斯塔奈州，2017 年、2018 年粮食产量分别达到 520 万吨、500 万吨。由于科斯塔奈州以发展农业为主，该区域经济发展水平普遍低于全国水平，矿产资源相对匮乏，基础设施相对较少，人力资源相对少，故城镇化综合水平较低。城镇化水平中等的地区主要分布于中部和东北部，包括卡拉干达州、巴甫洛达尔州和东哈萨克斯坦州，该区域为大陆性气候，气候寒冷且干旱，故区域农业发展水平不高，但矿产资源丰富，并且苏联时期遗留下来的工业设施较为齐全，工业发展条件优越。其中，卡拉干达州有色金属矿产丰富，是中亚石油管道过境之处，欧亚铁路必经之地，巴甫洛达尔州是哈萨克斯坦重要的工业基地（邢佳韵等，2015）。值得注意的是，阿拉木图市作为哈萨克斯坦工业门类较为齐全且规模最大的城市，阿斯塔纳作为哈萨克斯坦的首都，其总体上辐射带动作用不显著，涓滴效应明显，由阿拉木图州和阿克莫拉州城镇化综合水平较低可见。

哈萨克斯坦在人口、空间、经济和社会城镇化四方面均呈现不同的空间分布格局（图 7-17）。从人口城镇化角度看，沿着西—东—中方向城镇化水平最高，卡拉干达州和巴甫洛达尔州的人口城镇化率分别高达 78.96% 和 70.12%，阿克托别州的人口城镇化率也达到了 62.08%，而阿特劳州的人口城镇化率仅为 24.23%，说明该地区人口集聚水平较低。

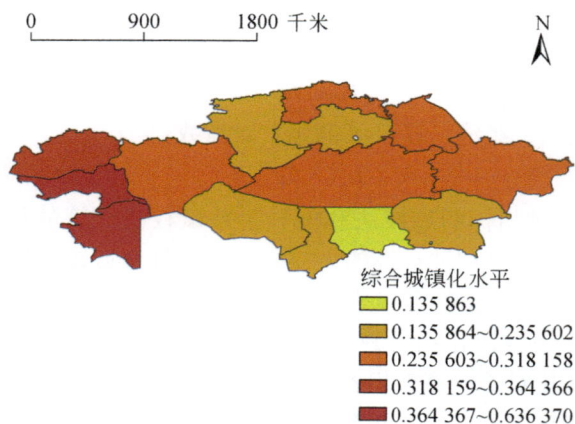

图 7-16 哈萨克斯坦地区城镇化综合水平

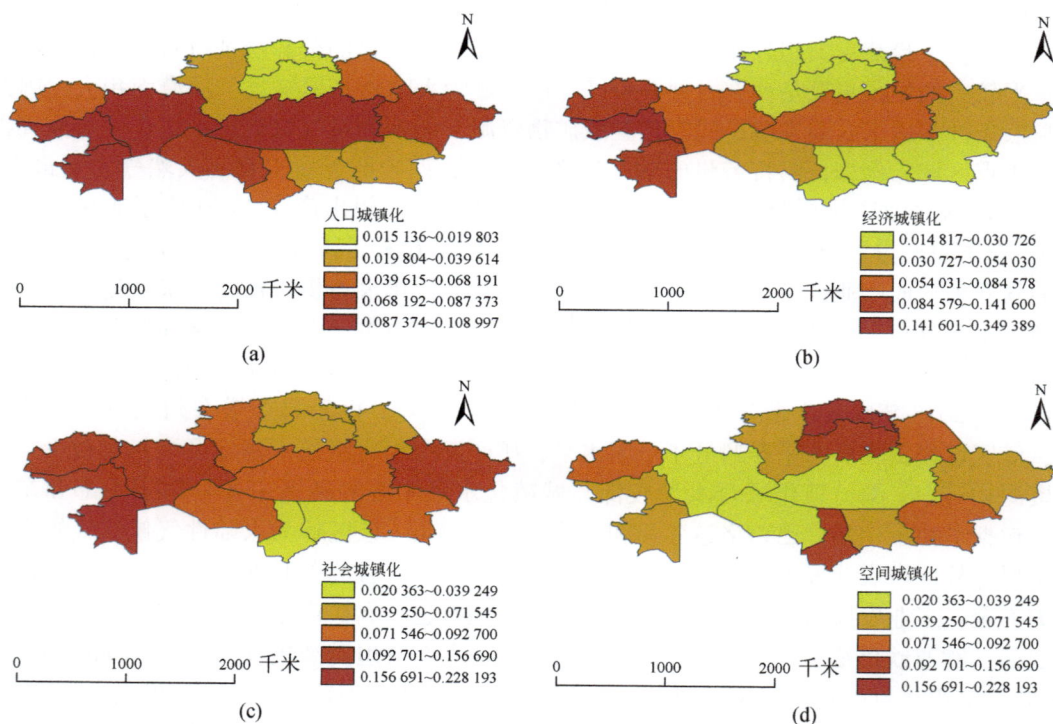

图 7-17 哈萨克斯坦地区四类城镇化水平

　　从空间城镇化角度看，北哈萨克斯坦州、南哈萨克斯坦州和阿克莫拉州呈现了高水平空间城镇化格局，这几个区域的建设用地面积占比和公路路网密度均较高，北哈萨克斯坦州仅 9.8 万平方千米土地上就分布有 19 个城镇。而中部、东北部、西南部等山区、草原山地等地形区形成了相对集中的低水平空间城镇化格局。这与哈萨克斯坦的实际情况是相符的，哈萨克斯坦北部地区铁路、公路网最为密集，交通条件较好，西部、西南部最为稀疏，交通条件相对较差。

从经济城镇化角度看，西部、中部和东北部形成了一个高经济城镇化组团，组团内各地区第二、第三产业增加值占比达到94.9%~99.4%，人均GDP、人均工业产值、人均固定资产投资均位于前列。随着向南北延伸，各地区第二、第三产业增加值占比逐步降低，经济城镇化水平减弱。

从社会城镇化角度看，总体呈现出东、中、西部较高，南北部较弱的空间分异格局，南部的江布尔州和南哈萨克斯坦州社会城镇化水平最低，基础设施较为薄弱，人均生活水平较低，人均社会消费品零售总额分别为1232.13万坚戈和1728.48万坚戈，与发达的东哈萨克斯坦州、卡拉干达州相比，仅为其1/4左右。

（二）哈萨克斯坦资源环境特征及其历史演变

国内外尚未有对中亚地区不同陆地生态系统的单位面积的生态系统服务价值进行估算的研究，本节以"中国生态系统单位面积生态系统服务价值当量"为参照，将林地、草地、耕地、水体和未利用地与生态系统服务价值系数相对应，假定建设用地的价值系数为0，参照谢高地等（2003）的《中国不同陆地生态系统单位面积生态系统服务价值表》，估算出哈萨克斯坦地区单位面积土地生态系统服务价值。

根据公式核算各地区的生态系统服务价值（图7-18），2015年哈萨克斯坦地区生态系统服务的总价值达到146 002.62亿元，由于气候、干旱程度、土地利用类型差异大且面积差异悬殊，各州生态系统服务价值差异较大。其中，东哈萨克斯坦州生态系统服务价值最高，为2250.709亿元，价值最低的为阿特劳州，仅为273.31亿元。中部的卡

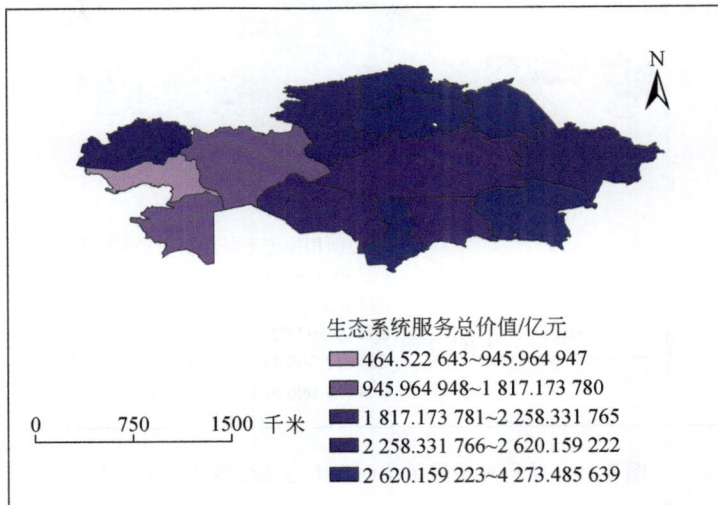

图7-18 哈萨克斯坦生态系统服务价值分布

拉干达州、东部的东哈萨克斯坦州及东南部的阿拉木图州三个山区地区价值量为区域最高水平；以卡拉干达州为中心的周边地区如阿克托别州、西哈萨克斯坦州、克孜勒奥尔达州、北哈萨克斯坦州和江布尔州等地区的价值量处于区域中等水平，而南哈萨克斯坦州、阿特劳州和曼格斯套州的生态系统服务价值处于最低水平。

本节进一步考察各区域单元的单位面积生态系统服务价值空间特征以防止面积差异对生态系统服务价值的影响（图7-19）。研究发现，哈萨克斯坦各区域单元的单位面积生态系统服务价值总体呈现东高西低、北高南低的空间分异格局。哈萨克斯坦的东部和东南部是有着崇山峻岭和山间盆地的山地，矗立着阿尔泰山、塔尔巴哈台山、准噶尔阿拉套山、外伊犁阿拉套山、天山等。东南部的阿拉木图州单位面积生态系统服务价值最高，北部、西端及东南部则形成了以阿拉木图州、东哈萨克斯坦州、北哈萨克斯坦州、阿克莫拉州、巴甫洛达尔州、科斯塔奈州及西哈萨克斯坦州为组团的高单位面积生态系统服务价值环形聚集区；中部及中西部形成了以阿克托别州、克孜勒奥尔达州、卡拉干达州、南哈萨克斯坦州和江布尔州为组团的中等单位面积生态系统服务价值聚集区；而在西南部地区形成了以曼格斯套州和阿特劳州为组团的低单位面积生态系统服务价值聚集区。从哈萨克斯坦不同地域空间的土地利用特点看，哈萨克斯坦东西方向的中部区域带丘陵区林地面积和草地面积比例大，普遍占相应地区总面积的50%以上。该类区域气候干旱，由于大部分区域不适宜农业种植，草地分布广泛。最东南端的阿拉木图州由于单位面积森林覆盖广且草地广布，其生态系统服务价值最高。而对于曼格斯套州、阿特劳州等地区，其荒地面积占比分别高达66.44%和85.97%，森林覆盖率低于1%（表7-9），草地覆盖面积比例也较小，因此客观上降低了区域的单位面积生态系统服务价值。

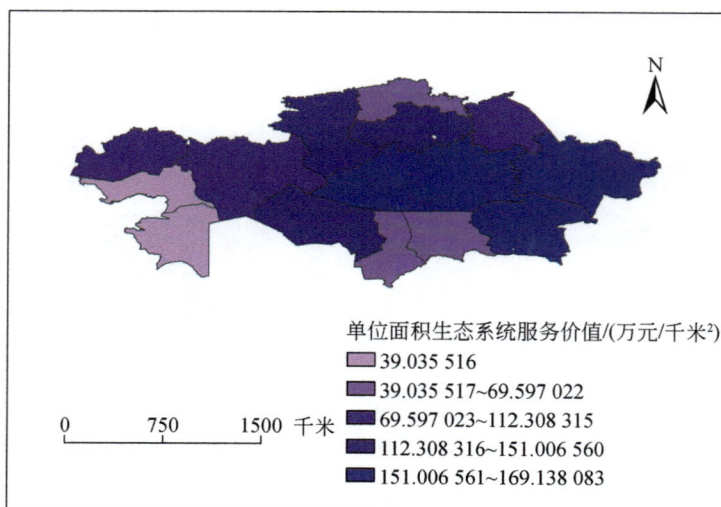

图 7-19　哈萨克斯坦单位面积生态系统服务价值分布

表 7-9　哈萨克斯坦分地区 2015 年森林覆盖情况

地区	森林覆盖面积 /万平方千米	森林覆盖 率/%
哈萨克斯坦	13	4.66
阿克莫拉州	0.4	2.74
阿克托别州	0.1	0.33
阿拉木图州	1.9	8.52
阿特劳州	0	0
西哈萨克斯坦州	0.1	0.66
江布尔州	2.2	15.28
卡拉干达州	0.2	0.47
科斯塔奈州	0.2	1.02
克孜勒奥尔达州	3.1	13.72
曼格斯套州	0.1	0.6
南哈萨克斯坦州	1.6	13.68
巴甫洛达尔州	0.3	2.4
北哈萨克斯坦州	0.5	5.1
东哈萨克斯坦州	2	7.07

（三）哈萨克斯坦城镇化与生态系统服务价值空间关联分析

运用双变量空间自相关模型，分析哈萨克斯坦 2015 年城镇化水平与生态系统服务价值的空间关联特征。利用 GeoDa 软件建立 rook 邻接权重矩阵，并分别计算哈萨克斯坦各州的四种城镇化水平与生态系统服务价值之间的全域空间自相关指数莫兰 I 数（Moran I），如表 7-10 所示。分别对经济城镇化、人口城镇化和社会城镇化这三类城镇化与生态系统服务价值之间的双变量空间自相关关系进行探讨（表 7-10），哈萨克斯坦社会城镇化与生态系统服务价值负相关性最强，Moran I 为 -0.5367（置信度为 99%），通过了显著性检验，表明社会城镇化的发展是哈萨克斯坦地区生态系统服务价值亏损的主导因素，随着区域的基础设施配套齐全、人民生活质量与生活水平的提高，城乡差异会驱动社会城镇化水平高的地区的吸引力增强并导致落后地区的推力增强，从而产生人口、产业等的集聚效应，驱动土地利用发生剧烈变化。对于哈萨克斯坦人口城镇化与生态系统服务价值，Moran I 为 -0.4458（置信度为 95%），这说明人口城镇化与生态环境质量之间存在显著的负相关关系，仅次于社会城镇化，社会城镇化依托"推拉效应"能够驱动人口的集聚效应带动人口城镇化的发展，而高素质人才的涌入及高附加值产业的涌入一定程度上能带动区域的经济城镇化发展。但同时可以看出，农业人口的无节制转移（超过其环境承载力）也影响了哈萨克斯坦地区的生态系统服务价值。哈萨克斯坦各地州经济城镇化与生态系统服务价值负相关性位于人口城镇化之后，Moran I 为 -0.380，通过了显著性检验，表明经济发展的同时，经济社会发展大量挤占了乔木、灌木、草地等生态植物生长空间，占用生态作物的水资源供给，从而导致生态系统服务价值亏损。随着城镇化的发展与人口迅速增长，哈萨克斯坦大部分水资源被工业废水、农药及化肥残留等污染，有些地区甚至受到早期国防工业及试验场有关的放射性或有毒化学物质的污染，对当地居民和动物的健康构成威胁；大量水资源用于灌溉导致地表径流剧减。

表 7-10　城镇化与生态系统服务价值的双变量空间自相关结果

项目	气体调节	气候调节	水源涵养	土壤形成和保护	废物处理	生物多样性保护	食物生产	原材料生产	娱乐文化
经济城镇化	-0.2823 *	0	-0.3573 **	-0.2679	-0.3963 **	-0.3139 *	-0.2842 *	-0.3071 *	-0.2964 *
空间城镇化	0.018	0	-0.1983	0.0738	-0.0823	-0.0331	0.1752	-0.026	-0.274
人口城镇化	-0.3136	0	-0.4148 *	-0.3034	-0.4712 *	-0.3488	-0.3669	-0.3584	-0.3405
社会城镇化	-0.3889 *	0	-0.5344 *	-0.3714 *	-0.5695 *	-0.4471	-0.3731 *	-0.3986 *	-0.4469 *

* 和 ** 分别表示在置信度为 95% 和 99% 时，相关性是显著的

从城镇化与不同类型生态系统服务价值的双变量空间自相关性上看，哈萨克斯坦地区，四种城镇化水平与气体调节均不存在相关关系，与水源涵养、废物处理的负相关性要普遍强于与气体调节、土壤形成和保护、生物多样性保护、食物生产、原材料生产和娱乐文化的负相关性，其中土壤形成和保护、食物生产、气体调节与空间城镇化水平表现出较弱的相关性且为正。土壤形成和保护仅与社会城镇化有着显著的负相关性（置信度为95%），生物多样性保护仅与经济城镇化有着显著的负相关性（置信度为95%）；水源涵养与废物处理在 99% 的置信水平上与经济城镇化水平呈现负相关性，其 Moran I 分别为-0.3573和-0.3963，这说明经济城镇化的提高一定程度上导致了植被水源涵养价值的亏损并产生大量污染物影响了生态系统的废物处理价值。可以看到，哈萨克斯坦经济城镇化和社会城镇化水平与食物生产及原材料生产的价值的 Moran I 为-0.3左右，存在较强的负相关性，说明在工业发展水平较高、第二产业与第三产业产值较高且基础设施较为发达、人民生活水平较高的地区，土地资源的利用与生态环境压力（工业排放污染等）导致食物及原材料生产受到损失。哈萨克斯坦的人口城镇化及社会城镇化与生态系统气体调节、土壤形成和保护、生物多样性保护的负相关性其绝对值均高于0.3，明显高于经济城镇化与之的相关性，这说明哈萨克斯坦各州气体环境与土壤形成对人口的密集程度敏感性更强，在人口超过环境承载力时，其生物多样性也将受到影响。

为了进一步考察哈萨克斯坦各州在空间上的空间相互关联类型，在模型 Z 检验的基础上（$p = 0.05$），绘制双变量局部空间自相关 LISA 聚集图（图 7-20），将哈萨克斯坦各州情况分类，用于表征该国各州四种城镇化水平与其邻域生态环境质量（生态系统服务价值）之间的高-高/低-低的空间正相关、低-高/高-低的空间负相关、无显著的空间相关性（即空间随机模式）。由图 7-20 可知，经济城镇化与生态系统服务价值高-高的地区是卡拉干达州和巴甫洛达尔州，呈现低-高相关的区域仅为东哈萨克斯坦州，呈现高-低相关的区域为曼格斯套州，而没有呈低-低相关的地区。空间城镇化与生态系统服务价值的 LISA 聚

集图中，呈高–高的地区为巴甫洛达尔州，呈低–高相关的区域有卡拉干达州和东哈萨克斯坦州，其置信度水平均达到95%。纵观哈萨克斯坦不同城镇化水平与生态系统服务价值的空间相关性，其总体上存在一定的趋同性，四种城镇化水平下，高–低聚集区均为曼格斯套州，该地区城镇化综合水平排名第二，而生态系统服务价值排名末位，生态环境质量严重滞后于城镇化发展水平。曼格斯套州经济发展水平相对靠前，第二、第三产业较为发达，城镇化水平较高，工业用地等大量挤占生态用地，第二、第三产业发展的同时污染排放使生态资源破坏严重，导致该州生态环境质量的破坏。

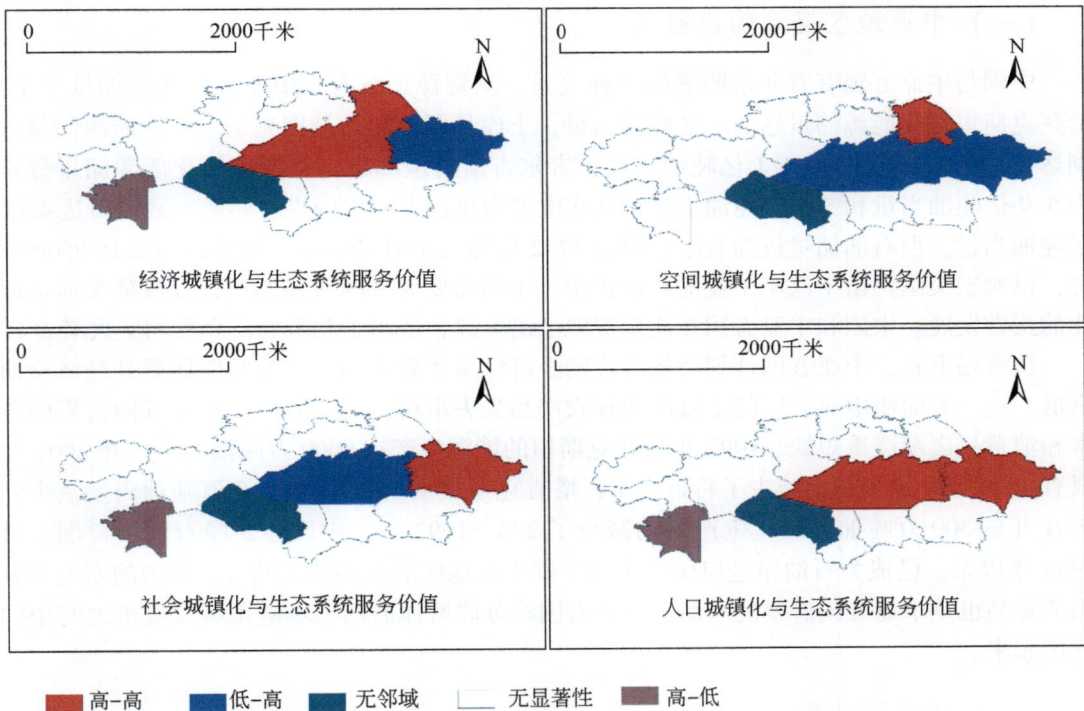

图 7-20　双变量局部空间自相关 LISA 聚集图

　　经济城镇化与生态系统服务价值的低–高聚集区为东哈萨克斯坦州，社会城镇化与生态系统服务价值的低–高聚集区为卡拉干达州，而空间城镇化与生态系统服务价值的低–高聚集区为卡拉干达州及东哈萨克斯坦州。东哈萨克斯坦州水资源丰富（哈萨克斯坦超过40%的水资源聚集在这里），草地和林地是其主要土地利用类型，林地面积明显高于全国平均水平，2015 年为 2 万平方千米；尽管它是苏联时期重要的工业基地且矿产资源丰富，但由于其仍是哈萨克斯坦重要的农业大州，第二、第三产业产值比例相对较低，其城镇化水平稍滞后于生态系统服务价值。卡拉干达州社会城镇化水平处于中上，但草地面积广布，一定程度上相对提升了其生态系统服务价值，故其社会城镇化水平滞后于其生态环境质量，空间上表现出明显的低–高聚集形态。

第四节　中亚城镇化与资源环境发展趋势及我国的应对措施

一、中亚地区资源输出对我国的影响

（一）中亚地区资源输出概况

中国与中亚五国有着非常明确的互补关系。从资源禀赋看，中亚五国能源储量丰富，哈萨克斯坦石化能源储量达 269 亿吨油当量；土库曼斯坦和乌兹别克斯坦石化能源储量分别达 3.3 亿吨油当量和 44.1 亿吨油当量；吉尔吉斯斯坦和塔吉克斯坦石化能源储量分别为 5.9 亿吨油当量和 5.1 亿吨油当量。其水电潜力也巨大。中国煤炭储量丰富，高达 4500 亿吨油当量，但石油储量极为有限，只有 17.2 亿吨。2003 年，中国原油进口高达 9500 万吨，仅次于美国。由于汽车工业的高速扩张，中国需要大量的液体燃料，以保障交通运输业的正常发展。中国和中亚五国在能源资源上的差异，展示了两者经济合作的巨大潜力。

从市场上看，中亚五国计划经济时代的经济链条依附于苏联，苏联解体后其经济全面衰退。这一方面使中亚五国的丰富能源和农产品失去市场，另一方面，中亚五国所需的资本和消费品出现严重短缺。1992 年哈萨克斯坦的能源生产达 8000 万吨油当量，在 2001 年只有 4030 万吨油当量，减少了将近一半；塔吉克斯坦从 1992 年的 910 万吨油当量减少到 2001 年的 300 万吨油当量，生产量约减少了 2/3。1992 年，中国还是净石油出口国，自 1993 年以来，已成为石油净进口国。中国需要中亚地区的石油和天然气。中国的家电和日用消费品也是中亚五国需要的产品，中亚五国在苏联解体后的市场链条可以有机地同中国连接起来。

（二）对我国的影响

有利影响："一带一路"建设，对于我国拓展战略机遇期、谋划发展新格局、顺利实现"两个一百年"奋斗目标和中华民族伟大复兴的中国梦来说十分关键，对我国优化发展的内外部环境意义重大。主要体现在以下几方面。

一是有利于营造和平稳定的周边环境。当今世界，地缘政治格局正在经历着深刻变革。客观来看，和平与发展仍然是时代主旋律。特别是，中亚地区国家多为发展中国家或转型经济体，国情相似，发展阶段相近，经济互补性强，利益交集点多面广，加快经济社会发展、实现民族振兴和国家富强的愿望都十分迫切。因此，通过"一带一路"建设，能够有效推动区域经济合作，促进要素资源优化配置，释放各国巨大的发展潜力，在互利共赢中实现共同发展繁荣，在交流合作中构建命运共同体，进而拴牢利益纽带，深化战略互信，形成和平、稳定、和谐的周边环境。

二是有利于构建宽松有利的经济环境。经济新常态下保持经济稳定增长，必须优化需求结构、拓展需求空间，促进内外需、进出口、"引进来"和"走出去"的平衡。通过"一带一路"建设，能够进一步巩固和提升我国与中亚各国的经贸关系，提高贸易自由化、便利化水平，为经济平稳健康发展创造更加充分的条件。

三是有利于形成高效协同的区域环境。优化经济发展空间格局，促进各地区协调发展、协同发展、共同发展，事关经济社会全局。近年来，我国区域经济格局已有明显优化，但区域发展不平衡、区域发展质量差异较大，区域同质化竞争、产业同构化严峻，部分地区人口和经济活动集聚已近极限，区域协同发展机制不健全等问题依然突出。通过"一带一路"建设，能够不断将陆地区邻近"一带一路"国家的区位优势和地缘优势转化为强劲的发展动力，推动东中西部协调发展。这是对我国现有区域经济格局的总体优化和战略提升，将有助于构建内外统筹、南北互动、东中西协调的区域发展新格局。

四是有利于打造和谐包容的人文环境。不同国家、文明、民族、个体之间深入地沟通交流，对维系良好的合作关系、增进相互理解信任具有重要意义。

不利影响如下：①生态环境问题。在人类自身发展进程中，经济的发展与环境的保护似乎一直是一对不可调和的矛盾，经济的发展必然以一定的生态环境为代价。由于对资源的不合理开发和掠夺，路上丝绸之路出现了广阔无垠的沙漠和戈壁。在发展过程中，各国都希望能尽量满足自己国家的利益，都不愿意以牺牲自己的发展为代价，而将环境责任推给别的国家，这就很难做到让个人利益服从整体利益，从而造成各个国家的利益冲突，不利于各国之间的国际合作。②国际关系问题。地处内陆的中亚五国与中国有着深刻的渊源。古丝绸之路，就是中亚五国与中国密切联系的纽带。和中国人一样，中亚人民也对丝绸之路当年的繁华念念不忘，在哈萨克斯坦等中亚国家，以丝绸之路命名的店铺非常多。在这条古老商路上流动的不仅是丝绸、茶叶、瓷器、葡萄、香料，更重要的是，丝绸之路还是一条多姿多彩的文化交流之路。然而，在"一带一路"建设过程中，始终存在着如何处理国际关系的难题，国际关系也是影响中国周边环境最重要的外部因素之一。

二、中亚地区资源环境变化对我国的影响及对策

中亚地区城镇化与生态环境相互胁迫研究既涉及中亚地区生态环境演变、地缘政治与能源安全、国际关系等研究区相关基础研究，也涉及城镇化动力机制、演化态势等城镇化相关研究。在中亚干旱地区，或是对水土资源的不合理利用，或是环境的自然变化，以及人为、自然作用相叠加，导致了荒漠化，其在不少地点都造成了严重的经济损失和许多生态环境及社会问题。发生的导火线常是过度引水灌溉、浪费和污染水资源、盐碱化、河流改道和过度砍伐放牧等。只有以合理的、利于生态系统良性发展的方式方法开发利用干旱地区的水土和矿产资源，才能战胜荒漠化，有效地防止和治理环境问题。可见，进一步深入研究中亚干旱区的环境系统，对实现我国持续发展的战略目标有着重要意义。

目前，保护生态环境方面，中国应从中亚生态危机中吸取教训，并积极开展和中亚国家在生态环境研究领域的协调与合作，减缓与阻止中亚干旱区生态环境的退化。

一是提高发展质量和发展效益。从目前趋势看，受限于既有发展模式、技术水平和产

业结构，粗放式的经济增长虽不科学，但短期内无法被集约式增长方式全面取代，能源资源消耗总量上升势头在短时期内难以根本扭转。但考虑到工业发展的内外部环境变化和诸多制约因素，我国工业发展的着力点不应在于追求更高的增速、更大规模的制造能力，而应在于正确处理好与能源资源、经济效益、环境保护等的关系，着力提高发展的质量和效益。在必要时候，甚至可以考虑适当降低增长速度以缓解工业发展与能源资源的矛盾。

二是推进结构调整和管理创新。技术进步是推动能源资源利用效率提升的重要途径，但考虑到当前重点行业通过技术改造节能降耗的空间已较为有限，应在加强企业技术改造的同时，大力推进产业结构战略性调整，完善节能降耗目标责任考核机制，全面提升企业节能管理，引导行业和企业把科学发展理念真正落实到节能降耗与能效提高上来，从资源投入和使用、产品开发、生产制造、后端治理等环节，全过程建立节约、清洁、循环、低碳的新型生产方式。

三是提高国际能源资源保障能力。目前，我们很多矿产资源对外依存度超过50%，在加大节能减排降耗的同时，还要考虑提高能源资源保障能力。为此，应积极鼓励我国优势企业"走出去"开拓国际资源，降低资源供应渠道的不确定性和价格波动带来的风险。同时，在国际上能采购到的，就可以充分利用国际资源；对于大宗原材料，也可以考虑将初加工能力转移到境外，减少国内对能源资源的依赖。

|第八章|　　中亚城镇化发展的资源环境影响

第一节　过去城镇化对资源环境的影响与评价

中亚山地森林草原-盆地平原绿洲寓于荒漠的地理生态系统中，城镇呈现大分散、小集聚的空间分布特征，城镇化自然本底非常脆弱。沙俄统治过程和苏联计划经济对中亚社会经济产生了特殊影响，城镇化发展阶段的历史烙印明显，从而影响当前城镇化的持续发展。聚焦中亚城镇化和资源环境关系，厘清二者在脆弱生态本底下和特殊历史阶段中的作用过程与机制，有利于从区域和历史视角对未来中亚人类活动与生态环境协调共存提供启发。

一、数据来源和指标

（一）数据来源

统计数据来源：国家数据来源于世界银行；哈萨克斯坦各州人口数据来源于《哈萨克斯坦自独立以来的统计（1991—2007 年）》，各州水数据来源于《哈萨克斯坦环保和可持续发展（2013—2017 年）》；吉尔吉斯斯坦各州人口数据来源于吉尔吉斯斯坦国家统计委员会官网，各州水数据来源于《吉尔吉斯斯坦环境统计年鉴（2013—2017 年）》。

土地利用数据来源：1990 年和 2015 年的土地利用数据从 USGS 网站（https：//www. usgs. gov/）获取，并基于 ENVI 5.1 对遥感影像数据进行假彩色合成、图像拼接等预处理，在此基础上利用 eCognition Developer 8.7 基于样本的分类方式对影像进行初步分类，并结合实际进行目视解译，将研究区土地利用类型分为林地、草地、耕地、水域、建设用地、未利用地六大类。借助 ArcGIS 10.2 对分类结果进行校对、更正，并对中亚地区遥感图像的分类结果进行精度检验，解译精度为 0.87。

（二）分析指标

用地变化幅度指数。该指数能够直观反映在研究时段某类用地变化的幅度与速度（朱会义和李秀彬，2003），其公式如下：

$$\mathrm{LEI}_i = \frac{L_{i,t} - L_{i,0}}{L_{i,0}} \times 100\% \tag{8-1}$$

式中，LEI_i 为研究基期到末期的某类用地变化幅度指数；$L_{i,0}$ 和 $L_{i,t}$ 分别为研究基期和研究

末期 i 城镇建成区面积。

城镇用地紧凑度。该指标是衡量空间斑块完整性和聚集程度的指标，是斑块形状的特征参数，是反映城镇形态的一个十分重要的概念，受到普遍关注。紧凑度公式如下：

$$C = \frac{2\sqrt{\pi A}}{P} \tag{8-2}$$

式中，C 为城镇用地紧凑度；A 为城镇建成区面积；P 为城镇建成区轮廓周长。紧凑度的大小与图形的形状相关，越接近圆形，紧凑度越接近 1，地物离散度越大紧凑度越低，通常可以用紧凑度表示城镇用地集约化变化趋势。

二、城镇化和资源环境相互作用过程

虽然 1991 年中亚五国相继成立独立的主权国家，但这五个国家的社会经济发展和资源环境变化受国家独立前的历史影响显著，因此从沙俄统治、苏联时期、独立国家不同阶段展开研究，可以更清楚地梳理城镇化与资源环境相互作用的过程。

（一）沙俄时期城镇化引发土地矛盾

19 世纪下半叶到 20 世纪初期（1916 年），中亚处于沙俄统治之下。沙俄 1861 年废除农奴制后，加快推进定居点政策，其扩张背后有着强烈的土地动因，在很大程度上改变了中亚土地结构及人口分布。在哈萨克草原地区，大片游牧民的土地被夺占，1917年，共有约 4905 万公顷的土地被充公，占今天哈萨克斯坦全部领土的 20%，用于要塞、城镇、道路的建设等。根据俄国人口普查，1897 年哈萨克草原的人口为 4 147 800人，其中哈萨克人口占 81%；而到 1914 年哈萨克草原人口增长到 5 910 000 人，但其中哈萨克人口占比下降到 65.1%，沙俄统治者不仅在草原，而且在沙漠边缘地区都新移居了人口并修筑了城镇，在农耕地区也可见到城镇住房中混杂着俄式风格的建筑（阿德尔，2017）。新城镇形成一定模式，大多在军事要塞基础上或修建铁路过程中，移民相随而来，之后与地区经济和俄国经济相结合形成城镇。除杜尚别外的中亚各国的首都城市阿斯塔纳、阿拉木图、阿什哈巴德、比什凯克、塔什干都是这一时期在军事要塞基础上伴随俄国移居人口发展起来的城镇。

沙俄统治过程的移民人口激增和新增战略据点改变了中亚草原游牧-绿洲定居时代的缓慢城镇化进程，优良的资源环境条件仍是新城镇形成或已有城镇发展的基础条件，但城镇化的加快开始形成初步的资源环境问题。首先，沙俄统治过程中，以构建军事堡垒线为目的在哈萨克北方草原形成大量小镇，以及围绕城镇形成耕地，侵占了较多优质草原用地，城镇化与本地哈萨克牧民的土地矛盾形成。其次，费尔干纳盆地及锡尔河-阿姆河流域已有自然环境优良的城镇也是移民增加的地方，人口快速增加给当时的城镇带来了一定的资源环境压力。另外，为满足俄国的棉花市场需求，中亚成为规模化植棉区，开始进入水资源高消耗时期。可见，这一时期城镇化开始给赖以生存的资源环境带来水土资源压力，草原生态系统在土地开发中受到一定程度破坏。

（二）苏联被动式城镇化与资源环境关系恶化

1917 年苏维埃政权建立后，中亚地区建立起五个苏维埃社会主义自治共和国，并于 1922 年成为苏联的加盟共和国。苏联推行的土地改革、农业集体化、大垦荒和工业建设，对五个中亚共和国的人口、经济和城镇化产生了剧烈影响。在人口迁移和过高出生率双重作用下，中亚人口增长迅速，1985 年，中亚地区总人口为 4547.1 万人，占全苏联的比例从 1970 年的 2.9% 上升到 16.4%（帕诺夫，1985）。同时，城镇人口增长显著，人口城镇化率由 1930 年的 17% 增长到 1985 年的 45.3%（叶尔肯·吾扎提，2015；邓铭江等，2010a）。苏联在中亚大力推行工业化，中亚成为苏联重要的能源矿产开发和初加工基地，历史上已经具有规模的工业重镇进一步得到强化，也形成大量新的工矿区和资源交通通道，并逐步形成不同等级的城镇及重要的交通枢纽城镇。

这一时期，在苏联计划经济推动下，快速但低水平的城镇化和工业化，给中亚的生态环境带来巨大影响。首先，工业化快速发展导致各国部分矿产资源的耗竭，部分工矿城镇在生产过程中带来了严重的环境污染。其次，中亚工矿城镇多位于荒漠，水资源短缺，城镇发展支撑力弱。更严重的是，为了支撑苏联粮食安全和棉纺织工业的原棉需求，中亚出现大规模土地开垦及棉田无序扩张，苏联 1980 年 95% 的棉花产于锡尔河和阿姆河流域地区，对这两条河的无限制利用使得流入咸海的年均流量急降，咸海危机在这一时期暴发并危害到周边农田和城镇，周边小镇随之衰退，支撑城镇化的资源环境本底在局部区域受到严重损伤。

（三）独立国家城镇化与资源环境面临新的问题

苏联解体前后，中亚五国面临移民外迁、传统工业城镇衰败、公共服务体系瘫痪、失业及经济动力不足等问题，除乌兹别克斯坦人口城镇化率保持稳定增长趋势外，其他国家人口城镇化率经历了停滞期后呈缓慢增长甚至下降趋势（图 8-1）。

中亚各国为应对独立初期的经济停滞期，积极调整经济发展结构与政策，引进外资并增加基础设施投入，城镇面积迅速扩大，大量工业园区建立，城镇化与工业化对生态环境形成了新的压力。虽然自 1994 年以来中亚用水总量下降到 1050 亿立方米，比 1990 年减少了 114 亿立方米（李均力等，2017），但是中亚地区产生了上游国产水与下游国用水、水资源总量减少与水资源用量增加、工业发电与农业灌溉、能源价格与水资源价格等诸多矛盾，引发了一系列水资源与水环境问题，是当今国际上水问题十分严重的地区（杨胜天等，2017）。此外，在近 20 年的城镇化和工业化过程中，工业污水和生活污水的不合理排放、农业化肥和农药的普遍施用，导致部分水体污染严重，流域生态恶化并威胁当地居民身体健康（张渝，2005；Narimonovich，2007；Kawabata et al.，2008）。咸海生态继续退化濒临消亡，中亚生态系统对全球气候变化的响应表现出更大的不确定性和复杂性（吉力力·阿不都外力和马龙，2015）。

这一时期，因增加了跨国水资源与环境博弈问题，快速城镇化与压力渐增的生态环境之间关系日益复杂。各国的城镇化一方面存在水土资源利用效率仍很低的现状，另一方面

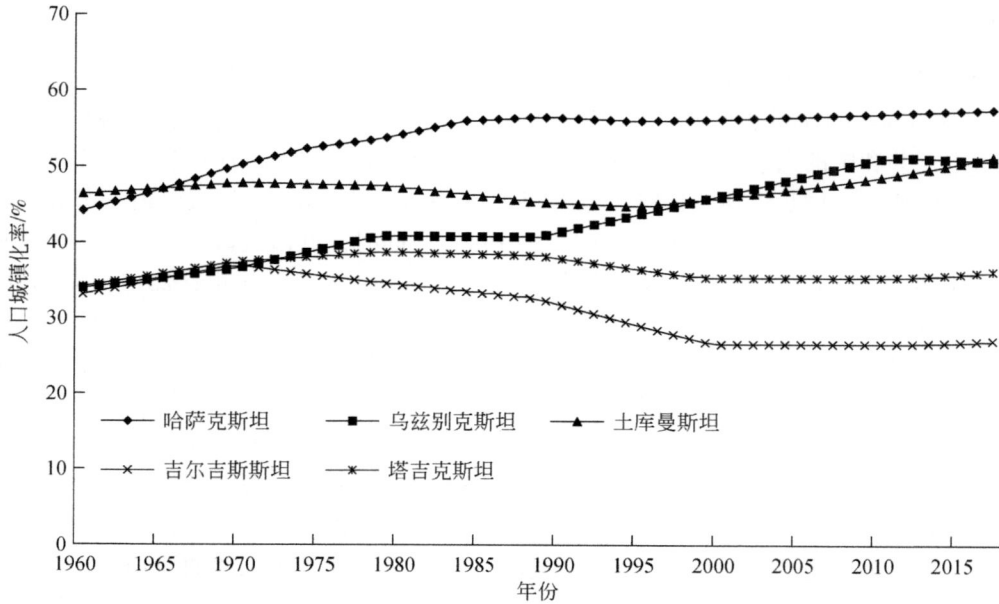

图 8-1　中亚各国人口城镇化率变化图

需要更多的水土资源来支撑城镇化发展以提升日益开放格局中各国城镇的竞争力。同时，跨国界水资源争端加大了下游国家乌兹别克斯坦和土库曼斯坦的城镇化水安全隐患，也给整个中亚区域的生态安全和社会安全带来隐患。未来，合理的城镇化是中亚解决水土资源高效利用的重要途径，但这一途径却面临着更大时空范围的水资源支撑隐患。

三、城镇化的资源环境效应评价

（一）城镇化的生态本底特征

土地覆被状况可以直观地反映中亚城镇化的区域生态本底特征，2015 年中亚土地利用构成中，未利用地占 47.62%，草地占 29.68%，耕地占 14.64%，水域占 4.84%，林地占 2.16%，建设用地仅占 1.06%，一半荒漠、部分草地、少许绿洲成为星点城镇所依赖的脆弱生态背景，也是中亚城镇化的区域生态本底。

主要城镇 50 千米邻域范围的土地覆被构成显示出城镇化的生态环境背景特征（图 8-2）。整体看来，绝大部分城镇和一定规模农田在空间上相互依存，部分工业城镇周边农田规模较小。分国家看，吉尔吉斯斯坦、塔吉克斯坦和哈萨克斯坦因处于山地或丘陵地区，城镇规模偏小，城镇邻域的耕地和草地占比均大，部分城镇邻域有一定面积水域和林地分布。乌兹别克斯坦和土库曼斯坦，因处于下游绿洲区域，城镇周边以农田为主要景观，草地占比较少，但城镇规模在中亚区域普遍较大。从未利用地的比例看，各城镇受荒漠化的潜在影响存在差异，土库曼斯坦主要城镇邻域未利用地比例在 19% ~ 90% ，面临严重的荒漠化威胁；哈萨克斯坦中部和西部 7 个城镇邻域未利用地比例在 21% ~ 78% ，它们存在较为严重的荒漠化威胁；乌兹别克斯坦位于阿姆河下游的 5 个城镇邻域未利用地比例在 21% ~ 51% ，受荒漠化环境影响明显（图 8-2）。

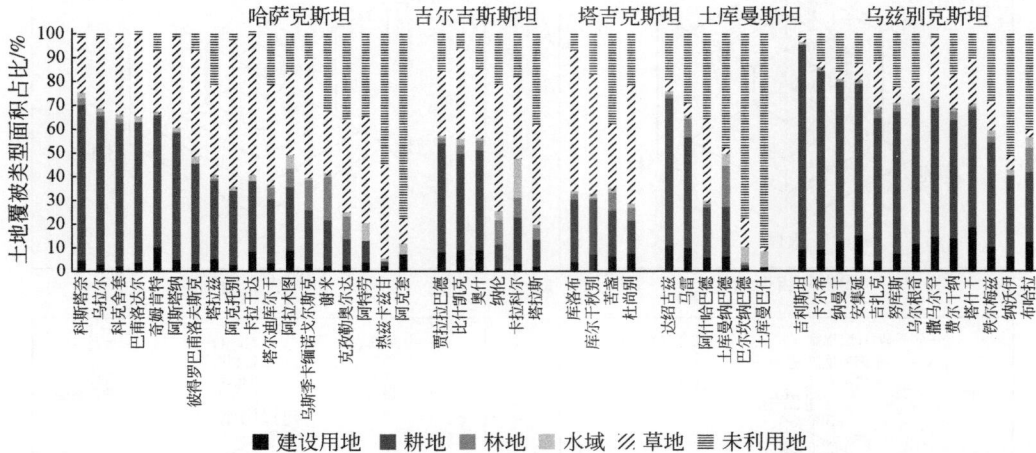

图 8-2　中亚五国主要城镇邻域土地覆被构成特征

注：乌斯季卡缅诺戈尔斯克现为厄斯克门

（二）城镇邻域生态背景变化

中亚五国城镇周边 50 千米邻域范围的土地覆被变化，不仅能反映主要城镇的城镇化态势，也能体现出城镇所依赖的生态环境的变化趋势。建设用地变化幅度反映城镇化趋势，耕地变化幅度表示区域对水资源的响应，未利用地变化幅度指示荒漠化威胁，草地、林地、水域表示生态基础状况。

吉尔吉斯斯坦和塔吉克斯坦都为山地国家，因此主要城镇邻域土地变化趋势一致性较强。虽然 1990 年以来城镇化动力不足，但建设用地扩张态势明显，塔吉克斯坦更为突出。耕地和未利用地增减幅度不大，草地、林地、水域相对稳定，弱动力城镇化依赖邻域生态环境支撑作用更为明显［图 8-3（a）、（b）］。

土库曼斯坦和乌兹别克斯坦都位于阿姆河下游，以典型的绿洲城镇化为主，63% 的城镇周边耕地减幅都比较明显，农业对水资源不足已开始有所响应。在大部分城镇大幅度扩张的同时，费尔干纳盆地建设用地增幅很小，反映出老绿洲区域土地有限，对城镇化的约束加强。土库曼斯坦城镇周边水域明显减少，进一步反映出阿姆河下游城镇化的水资源压力增大。可见，位于河流中下游地区的城镇化已经开始受水土资源限制，城镇化和周边生态环境变化的关系较为紧密［图 8-3（c）、（d）］。

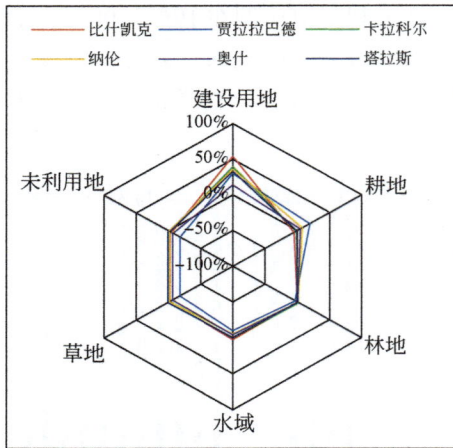

(a)吉尔吉斯斯坦

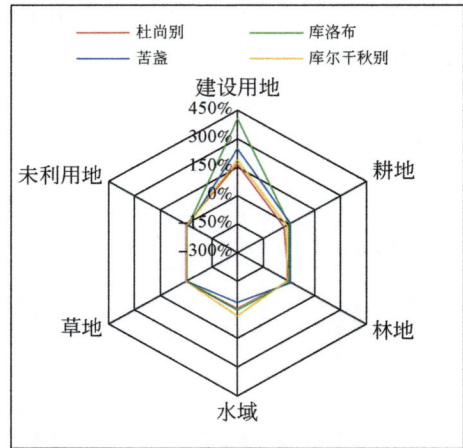

(b)塔吉克斯坦

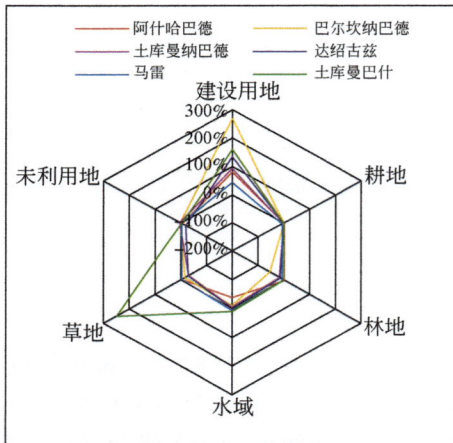

(c)土库曼斯坦

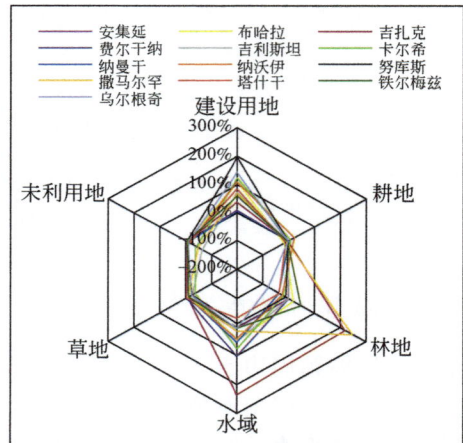

(d)乌兹别克斯坦

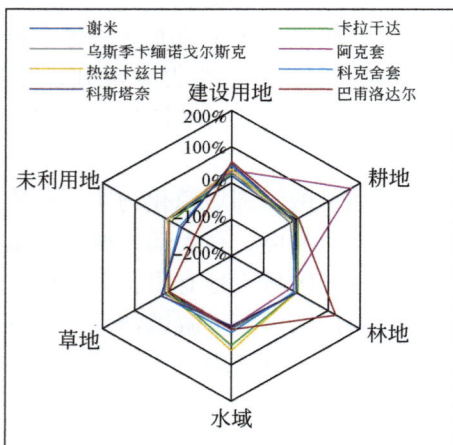

(e)哈萨克斯坦-1

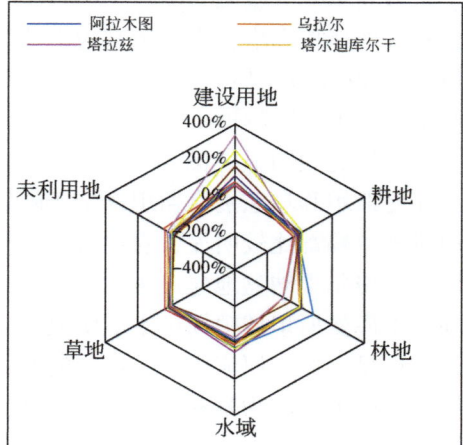

(f)哈萨克斯坦-2

图 8-3　中亚五国主要城镇周边 50 千米邻域内各类用地变化幅度

哈萨克斯坦地域广阔，城镇化可分为两种类型：一类是分布在东北区的传统工业城镇及阿克套，城镇建设用地扩张但幅度小于60%，周边耕地因撂荒普遍减少，未利用地减少明显，林地、草地、水域没有剧烈变化，动力减弱的城镇化对资源环境压力较小；另一类主要为西部工矿城镇和南部锡尔河流域绿洲城镇，城镇建设用地扩张幅度明显，绿洲区的耕地一部分被城镇扩张占用、一部分撂荒，工矿城镇用地扩张占用未利用地较多，水域和林地变化明显，动力持续的城镇化对邻域水域、草地、林地影响明显[图8-3（e）、（f）]。

（三）城镇化土地扩张效应

中亚五国城镇建设用地从1990年的6413.86平方千米增长到2015年的9962.88平方千米，年均增速达141.96平方千米。47个首都和各州府的城镇建设用地紧凑度偏低，为0.05~0.48，其中的31个城镇紧凑度都有下降，紧凑度下降城镇包括各国首都（图8-4）。城镇建设用地紧凑度偏低并且普遍减少的趋势，反映出中亚土地对城镇化的约束不明显，城镇粗放式外延扩张特征显著，城镇土地利用不够集约。

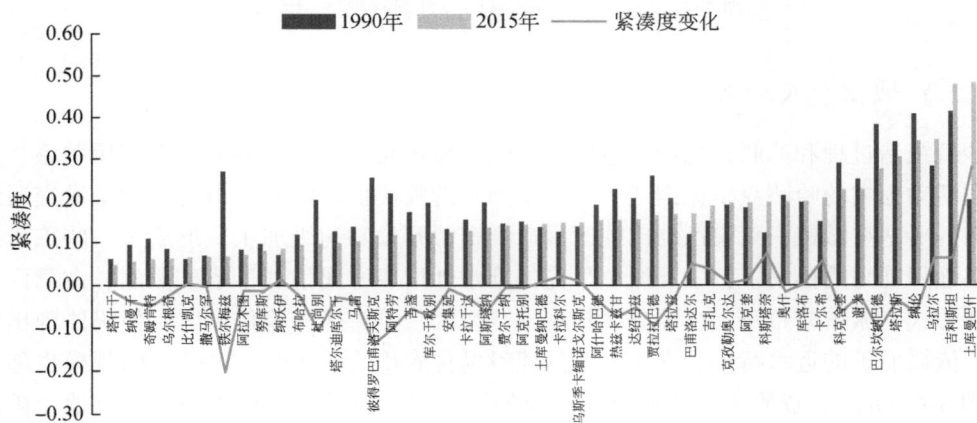

图8-4 47个主要城镇紧凑度变化（1990~2015年）

四、城镇化和资源环境作用机制

（一）城镇化萌芽起步期

沙俄统治之前，中亚大部分区域以游牧社会为主，但季节性迁徙使得锡尔河北部大草原和戈壁滩上难以形成城镇。而散居在绿洲和河谷中的农耕社会，一些汗国的都城在政治、贸易、手工业作用下形成早期的城镇[图8-5（a）]，锡尔河-阿姆河流域的绿洲农耕区域，成为中亚城镇化的起步区。河流出山口、湖泊周边或河谷区形成的绿洲是决定城镇产生的决定性自然条件，河流灌溉的农田是城镇与荒漠化分隔的生态屏障，城镇邻水而生、依田而长，缓慢发展的城镇化与充足的水土资源尚未形成矛盾［图8-5（b）］。

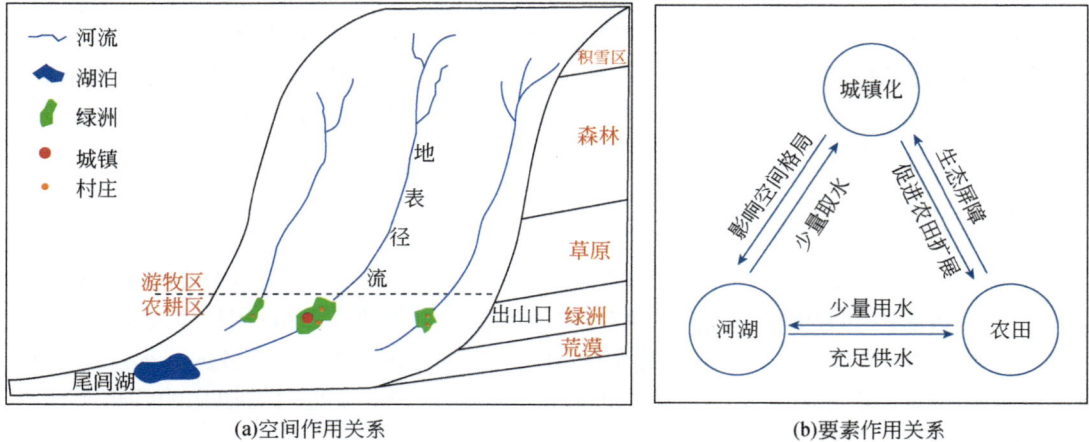

(a)空间作用关系　　　　　　　　　　(b)要素作用关系

图8-5　萌芽起步期城镇化与资源环境作用关系

（二）城镇化被动加速期

沙俄统治过程和苏联计划经济急剧地改变了城镇化与资源环境的自然作用关系。长期以游牧活动为主的哈萨克草原因迁入人口增加及游牧民被迫定居，出现了大量沿交通线延展分布的要塞型城镇；荒漠区与山地区因矿产资源开发和初级加工，形成了一些工矿型城镇。在强烈外力的推动下，中亚城镇早先的唯水性形成方式增加了依矿而建、占草而建等多种新方式，城镇分布范围由绿洲区扩展到荒漠区、草原区甚至低山区，但仍体现出依水而建、依渠而扩的近水特征，人工渠系的建设助推农田快速扩张，城镇空间规模也随之扩大［图8-6（a）］。资源环境尚能承载过快的城镇化，但城镇化对水资源、草地、矿产等自然要素的压力开始显现。城镇空间及其外围农田屏障的快速扩展改变了草原、水文等自然生态格局，矿产开发的粗放模式造成大量废料污染，生产生活不合理排污开始对水环境造成明显污染［图8-6（b）］。

（三）城镇化主动发展期

各国经历了独立后的经济社会停滞期后，当前的城镇化与资源、环境、生态的关系日趋复杂。城镇的生态屏障——农田开始向草地转变或撂荒而导致面积缩减（释冰，2009），北部工矿型城镇化率明显降低（图8-7），绿洲型城镇化率继续增长（图8-8），部分城镇在开放环境中城镇化动力显著，而部分城镇因水资源有限、矿产枯竭、生态胁迫而衰退，城镇化动力差异显著［图8-9（a）］。因环保技术水平较低，城镇化继续带来水环境污染问题，同时，跨国水资源博弈使下游国家城镇化存在水资源不足的安全隐患。由于缺乏规划引导，城镇用地蔓延扩张导致土地开发集约度不高。能矿开发对部分城镇的发展动力不

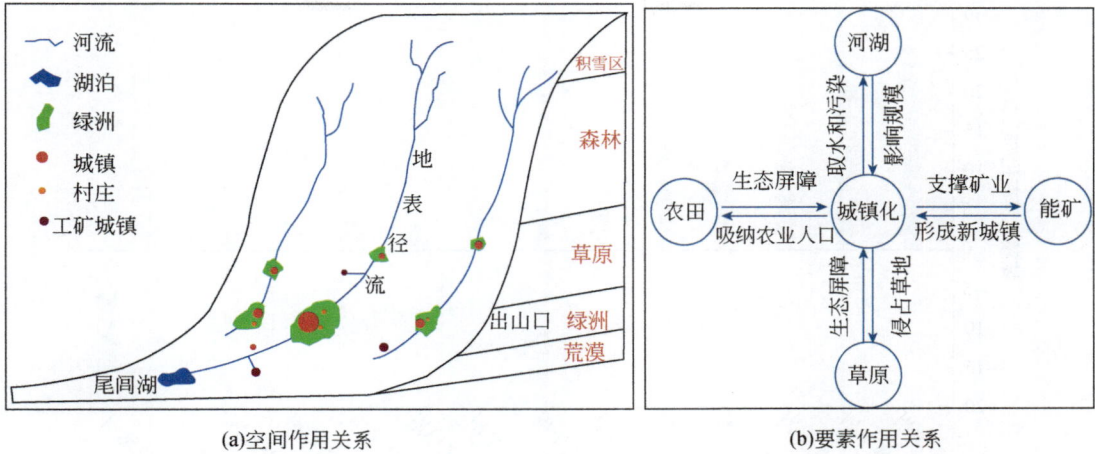

(a)空间作用关系　　　　　　　　　　　(b)要素作用关系

图 8-6　被动加速期城镇化与资源环境作用关系

稳定，在部分工矿城镇快速发展的同时也有部分工矿城镇趋于衰退，初级水平的工矿产业仍然给环境带来废水、废气、废料等污染。局部区域荒漠化已经导致近距离城镇的衰退，城镇化也通过直接或间接方式对邻域生态环境产生影响［图 8-9（b）］。

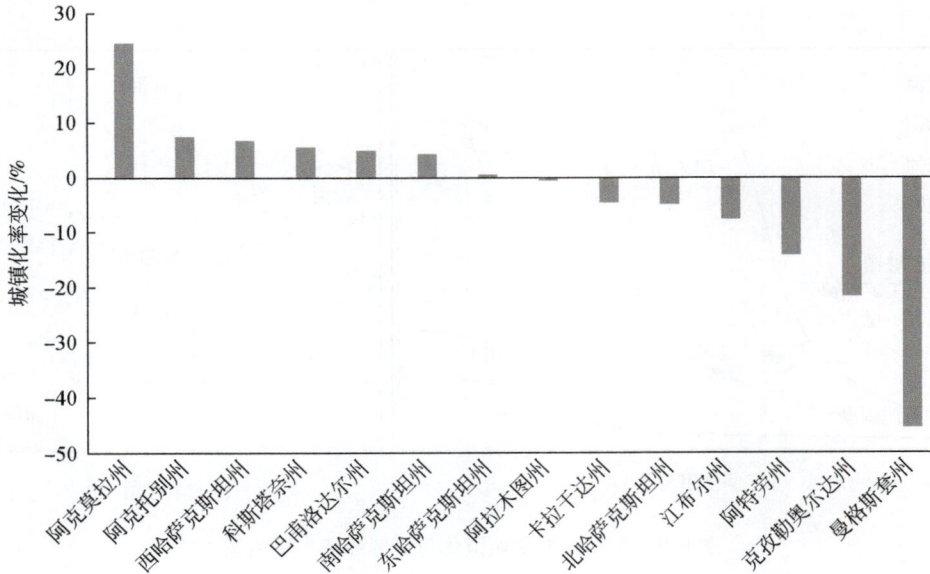

图 8-7　哈萨克斯坦各州城镇化率变化（1990～2015 年）

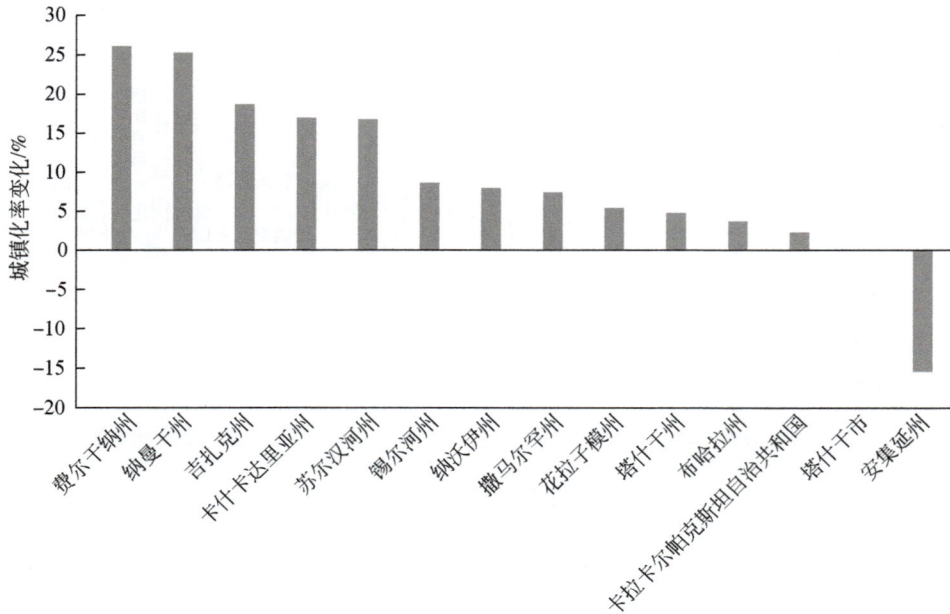

图 8-8 乌兹别克斯坦绿洲型城镇化率变化 (1990~2015 年)

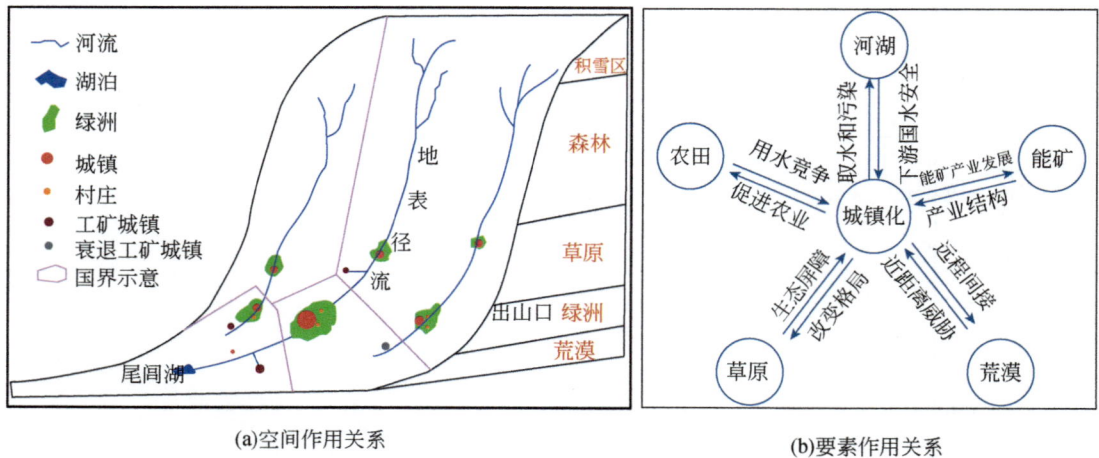

(a)空间作用关系　　　　　　　　(b)要素作用关系

图 8-9 主动发展期城镇化与资源环境作用关系

五、城镇化与资源环境作用时空传导性

　　中亚五国都存在脆弱生态环境与资源高消耗型城镇化之间的矛盾，但上下游国家水土资源存在差异导致城镇化生态环境风险大小不同，跨国水资源问题给各国城镇化都带来潜

在威胁，由此，中亚五国的城镇化与资源环境关系存在相似性、差异性的同时，更存在紧密的关联性，在动态演化中具有时空传导特点。

（一）时间传导性

中亚在沙俄统治之前多为汗国，城镇化发展极为缓慢。但在沙俄统治到苏联时期，受历史影响形成的被动式快速城镇化给资源环境带来较大压力，并且这种压力在今天仍有延续。受到沙俄统治和苏联计划经济的显著影响，中亚原棉基地在支撑苏联工业化过程中大量耗费水资源，矿产资源的开发虽然促进了城镇化发展，但也带来环境污染，移民加快城镇化的同时带来土地大开发，从而造成草原生态和水文格局改变等问题。苏联的工业化运动使得中亚快速城镇化与脆弱生态环境之间矛盾显现，低水平的工业化没有给城镇化形成动力，导致现在中亚面临生态破坏严重而城镇化动力不足的困境。干旱区的城镇化本质上可以通过人口集中、资源高效集约利用等来减缓区域生态环境压力，但历史扰动导致中亚城镇化过度依赖自然资源并且产业体系不完整，当前城镇化无法有效发挥带动资源集约利用的功能。当前处于"一带一路"开放格局，是中亚调整产业结构和吸收先进技术的良好时机，可用新模式转变城镇化的历史惯性问题，增加未来的城镇化内生动力。

（二）空间关联性

中亚五国历史渊源深厚，跨国水系将本就处于同一个山盆地理单元内的各国联系在一起，因此中亚五国的城镇化与资源环境关系具有空间关联性。咸海生态危机目前是世界上最严重的环境问题之一，复杂的政治环境使得咸海危机难以解决，国际水资源争端可能引起更大区域生态问题。中亚原本生态环境就极其脆弱，城镇依赖于脆弱环境形成空间分散、规模偏小的特点，城镇化受区域生态环境影响显著。目前的咸海周边城镇基本处于衰败趋势，咸海生态系统崩塌后的恶性循环正在影响周边生态系统，中亚农业发展方式受技术影响尚未实现根本性转型，这都将促使下游生态退化范围逐步扩大，进而影响更大空间范围的城镇化发展。城镇化外部生态安全隐患增大，不仅需要优化城镇内部的资源环境关系，更要建立并实施跨国水资源协调机制和策略。城镇化只有在安全的生态环境背景下，才能实现城镇高效集约减缓资源环境压力的作用。

第二节　中亚城镇化发展对资源环境的影响预测

预测 2050 年中亚五国总人口及城镇人口总量的变动趋势及特点，在此基础上通过设置场景预测不同发展情景下中亚城镇化发展对于土地资源、水资源环境、植被环境等中亚地区关键资源环境的影响程度。研究发现，中亚地区若采取集约利用土地资源发展城镇化的方式，可以大幅度减少城镇建设用地面积，减少土地资源的消耗，避免土地资源和人力物力资源的浪费；城镇化的发展有助于水资源的高效利用，城镇化水平越高，工业用水量和生活用水量提高，相应的农业用水量大幅度减少，总体用水量呈现下降趋势。在生态环境方面，中亚五国的城镇化进程对生态环境的影响较小，并且整体上，中亚的城镇化进程对生态环境改善有着一定的促进作用。

一、中亚地区总人口及城乡人口趋势预判

人口预测是指根据某一区域的人口状况和人口变化过程的规律性，提出影响人口发展过程的各种假设条件，结合某种计算方法推算未来人口发展变化的趋势。运用回归分析，根据历史年份人口数据的变化规律，利用能较好地表现其变化特征的直线或曲线函数建立方程进行拟合，直接推算未来预测目标年的人口状况。常用的模型有直线回归模型，即假定人口在调查和调查年份结束以后的各年人口增长率保持不变而建立的回归模型；若区域人口以往的历史数据表明其人口年增长量呈现算术级数增加，每年增长量约为一个常数，则可用二次曲线模型；若预测区域调查的历史人口数据变化呈几何级数增长，即每年的增长速度接近一个常数，则可用指数曲线模型。本研究根据中亚五国政体独立以来即1991年后的人口数据，设定不同人口增长速度，对中亚五国未来人口总数在不同情景下的发展趋势进行预测。

（一）中亚五国总人口预测

（1）情景一：人口低速发展。

中亚五国在1991年政体独立后，有大量的居民迁到俄罗斯生活，因此中亚五国的总人口在1991年后经历了一段时间的停滞或下降（图8-10）。考虑未来一段时间内，中亚五国出现政治或经济上的波动而影响人口的正常发展，选择1991~2017年的各国总人口数据作为中亚五国人口低速发展的趋势进行拟合。其结果如图8-11所示。可以看出，中亚五国在21世纪社会经济稳定发展之后，其总人口的发展趋势也较为平稳，人口总数随时间变化的趋势线表现为一条直线，因此采用线性回归进行拟合。哈萨克斯坦总人口量的预测趋势线方程为 $y=6.7716x-11\,972$，$R^2=0.309$，曲线拟合效果一般；乌兹别克斯坦总人口

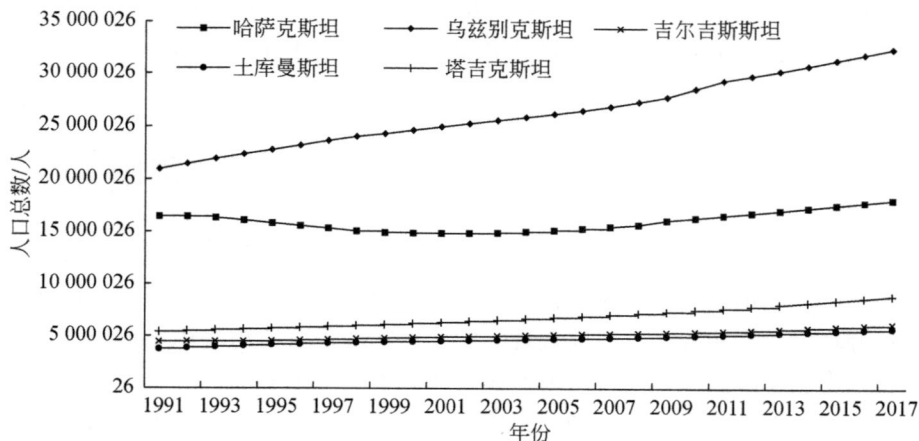

图 8-10 1991~2017 年中亚五国人口总数变化

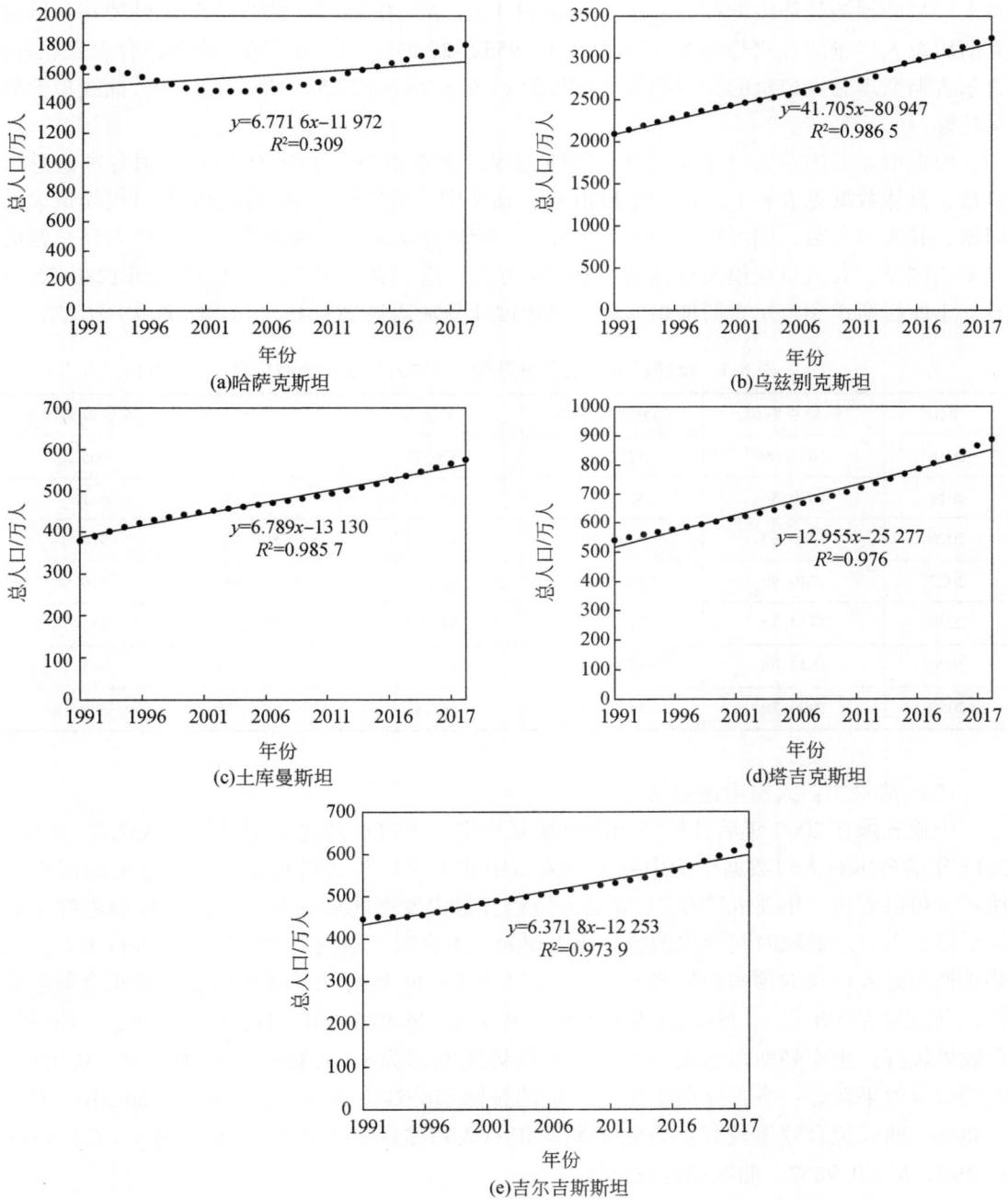

$y=6.771\,6x-11\,972$
$R^2=0.309$

(a)哈萨克斯坦

$y=41.705x-80\,947$
$R^2=0.986\,5$

(b)乌兹别克斯坦

$y=6.789x-13\,130$
$R^2=0.985\,7$

(c)土库曼斯坦

$y=12.955x-25\,277$
$R^2=0.976$

(d)塔吉克斯坦

$y=6.371\,8x-12\,253$
$R^2=0.973\,9$

(e)吉尔吉斯斯坦

图 8-11 1991~2017 年中亚五国人口总数散点图及趋势线

量的预测趋势线方程为 $y = 41.705x - 80\,947$，$R^2 = 0.9865$，曲线拟合效果较好；土库曼斯坦总人口量的预测趋势线方程为 $y = 6.789x - 13\,130$，$R^2 = 0.9857$，曲线拟合效果较好；塔吉克斯坦总人口量的预测趋势线方程为 $y = 12.955x - 25\,277$，$R^2 = 0.976$，曲线拟合效果较好；吉尔吉斯斯坦总人口量的预测趋势线方程为 $y = 6.3718x - 12\,253$，$R^2 = 0.9739$，曲线拟合效果较好。

根据中亚五国总人口量的预测趋势线方程，推算 2018～2050 年中亚五国各国的总人口量，具体数据见表 8-1。预计到 2050 年，乌兹别克斯坦仍是中亚五国中人口规模最大的国家，其人口总数预期可达到 4547.25 万人，哈萨克斯坦预计成为中亚五国中人口总数第二多的国家，其人口规模预计达到 1909.78 万人，塔吉克斯坦总人口预计达到 1280.75 万人，土库曼斯坦和吉尔吉斯斯坦的总人口数预计分别达到 787.45 万人和 809.19 万人。

表 8-1　低速发展情景下中亚五国各国人口总量预测结果　（单位：万人）

年份	哈萨克斯坦	乌兹别克斯坦	土库曼斯坦	塔吉克斯坦	吉尔吉斯斯坦
2018	1693.09	3212.69	570.20	866.19	605.29
2019	1699.86	3254.39	576.99	879.15	611.66
2020	1706.63	3296.10	583.78	892.10	618.04
2025	1740.49	3504.63	617.72	956.88	649.90
2030	1774.35	3713.15	651.67	1021.65	681.75
2040	1842.06	4130.20	719.56	1151.20	745.47
2050	1909.78	4547.25	787.45	1280.75	809.19

（2）情景二：人口中速发展。

中亚五国在 2000 年后其经济和社会恢复稳定，人口也随之稳定发展。故选择 2000～2017 年的各国总人口数据作为中亚五国人口中速发展的趋势进行拟合。其结果如图 8-12 所示。可以看出，中亚五国在 21 世纪社会经济稳定发展之后，其总人口的发展趋势也较为平稳，人口总数随时间变化的趋势线表现为一条直线，因此采用线性回归进行拟合。哈萨克斯坦总人口量的预测趋势线方程为 $y = 20.394x - 39\,352$，$R^2 = 0.9602$，曲线拟合效果较好；乌兹别克斯坦总人口量的预测趋势线方程为 $y = 46.926x - 91\,444$，$R^2 = 0.9824$，曲线拟合效果较好；土库曼斯坦总人口量的预测趋势线方程为 $y = 7.329x - 14\,216$，$R^2 = 0.9782$，曲线拟合效果较好；塔吉克斯坦总人口量的预测趋势线方程为 $y = 15.608x - 30\,610$，$R^2 = 0.9886$，曲线拟合效果较好；吉尔吉斯斯坦总人口量的预测趋势线方程为 $y = 7.3393x - 14\,198$，$R^2 = 0.9667$，曲线拟合效果较好。

根据中亚五国总人口量的预测趋势线方程，推算 2018～2050 年中亚五国各国的总人口量，具体数据见表 8-2。预计到 2050 年，乌兹别克斯坦仍是中亚五国中人口规模最大的国家，其人口总数预期可达到 4754.30 万人，哈萨克斯坦预计成为中亚五国中人口总数第二多的国家，其人口规模预计达到 2455.70 万人，塔吉克斯坦总人口预计达到 1386.40 万

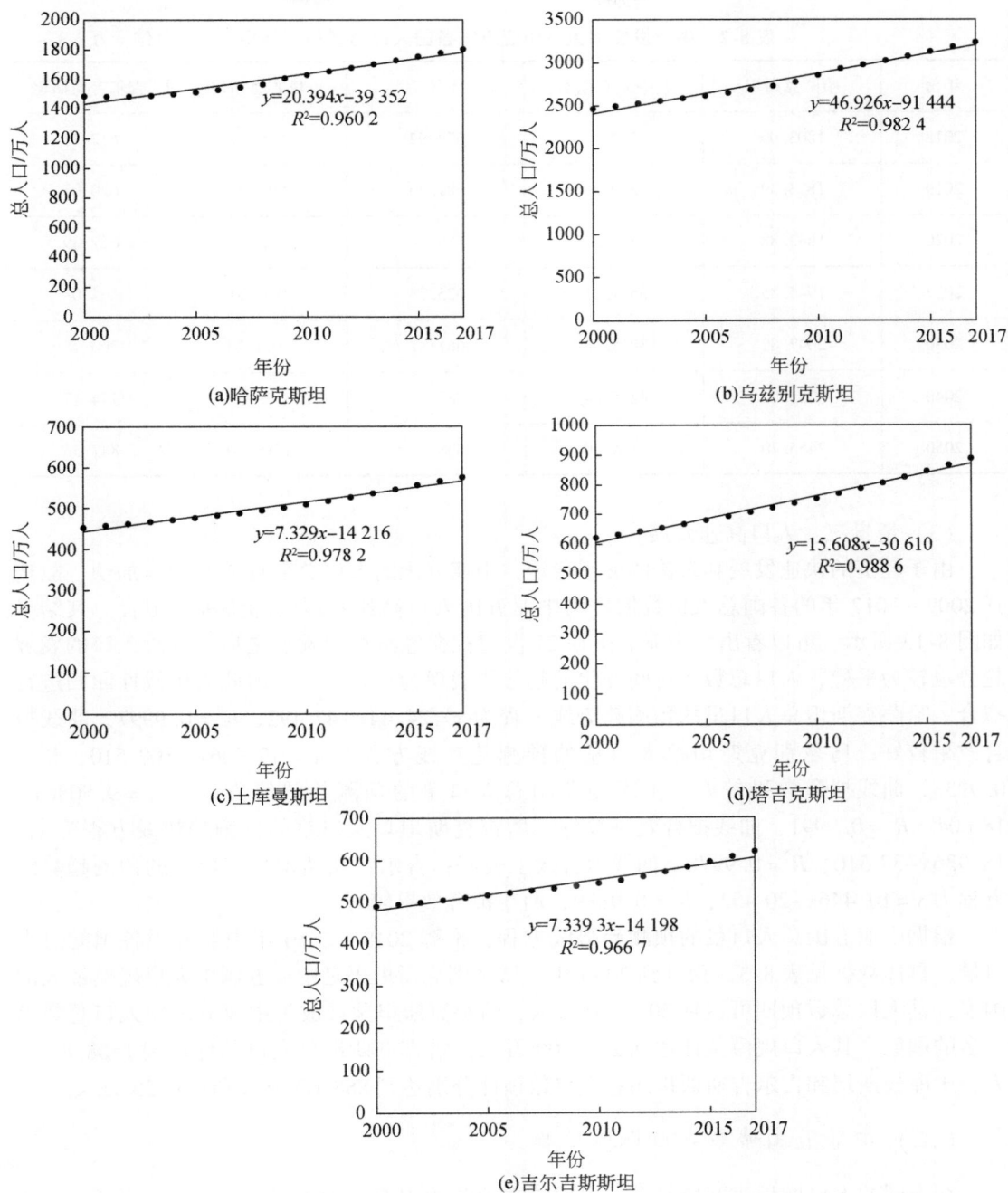

图 8-12 2000～2017 年中亚五国人口总数散点图及趋势线

人，土库曼斯坦和吉尔吉斯斯坦的总人口数预计分别达到 808.45 万人和 847.56 万人。

表 8-2 中速发展情景下中亚五国各国人口总量预测结果 （单位：万人）

年份	哈萨克斯坦	乌兹别克斯坦	土库曼斯坦	塔吉克斯坦	吉尔吉斯斯坦
2018	1803.09	3252.67	573.92	886.94	612.71
2019	1823.49	3299.59	581.25	902.55	620.05
2020	1843.88	3346.52	588.58	918.16	627.39
2025	1945.85	3581.15	625.23	996.20	664.08
2030	2047.82	3815.78	661.87	1074.24	700.78
2040	2251.76	4285.04	735.16	1230.32	774.17
2050	2455.70	4754.30	808.45	1386.40	847.56

（3）情景三：人口高速发展。

由于经济的快速发展和政治的逐步稳定，中亚五国的人口总数近年来增速加快，故选择 2009～2017 年的各国总人口数据作为中亚五国人口高速发展的趋势进行拟合。其结果如图 8-13 所示。可以看出，中亚五国在 21 世纪社会经济稳定发展之后，其总人口的发展趋势也较为平稳，人口总数随时间变化的趋势线表现为一条直线，因此采用线性回归进行拟合。哈萨克斯坦总人口量的预测趋势线方程为 $y = 24.44x - 47\,492$，$R^2 = 0.9997$，曲线拟合效果较好；乌兹别克斯坦总人口量的预测趋势线方程为 $y = 55.406x - 108\,510$，$R^2 = 0.9933$，曲线拟合效果较好；土库曼斯坦总人口量的预测趋势线方程为 $y = 9.5086x - 18\,604$，$R^2 = 0.9991$，曲线拟合效果较好；塔吉克斯坦总人口量的预测趋势线方程为 $y = 18.936x - 37\,310$，$R^2 = 0.9978$，曲线拟合效果较好；吉尔吉斯斯坦总人口量的预测趋势线方程为 $y = 10.446x - 20\,452$，$R^2 = 0.9889$，曲线拟合效果较好。

根据中亚五国总人口量的预测趋势线方程，推算 2018～2050 年中亚五国各国的总人口量，具体数据见表 8-3。预计到 2050 年，乌兹别克斯坦仍是中亚五国中人口规模最大的国家，其人口总数预期可达到 5072.30 万人，哈萨克斯坦预计成为中亚五国中人口总数第二多的国家，其人口规模预计达到 2610.00 万人，塔吉克斯坦总人口预计达到 1508.80 万人，土库曼斯坦和吉尔吉斯斯坦的总人口数预计分别达到 888.63 万人和 960.25 万人。

（二）中亚五国城乡人口规模预测

在不同的人口增长速度情景下，根据前文预测的中亚五国人口城镇化率（见第六章）和总人口数，可以分别计算出中亚五国各国城镇人口规模及农村人口规模。具体数值见表 8-4～表 8-6。

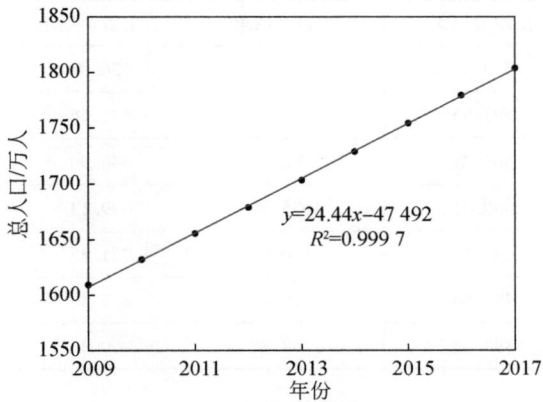

(a)哈萨克斯坦

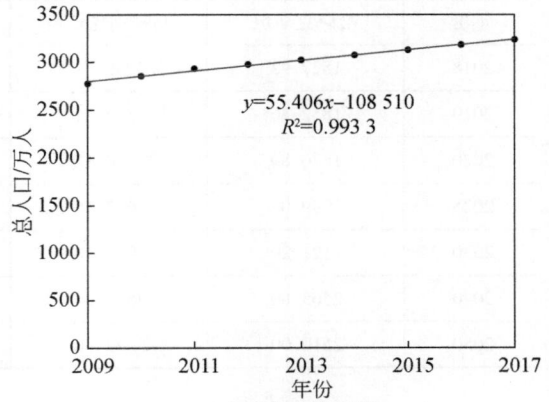

(b)乌兹别克斯坦

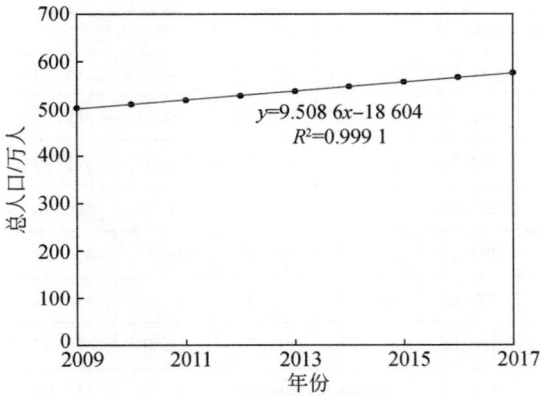

(c)土库曼斯坦

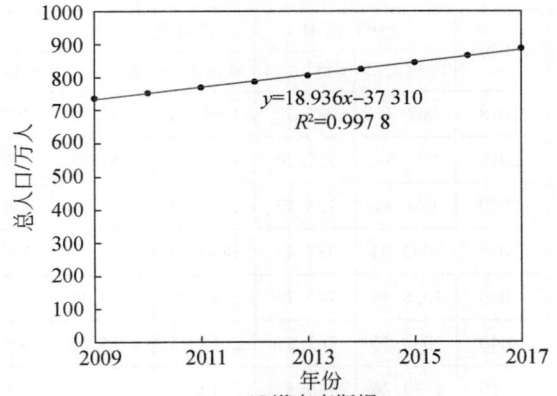

(d)塔吉克斯坦

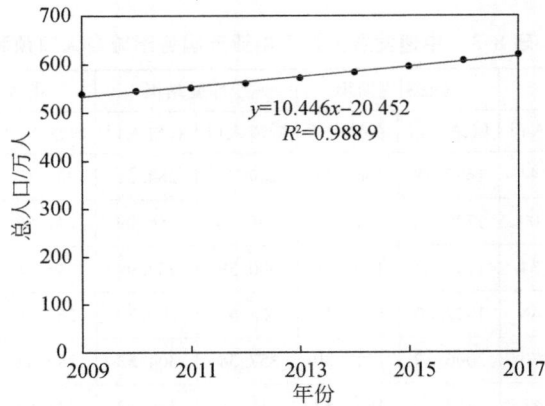

(e)吉尔吉斯斯坦

图8-13 2009～2017年中亚五国人口总数散点图及趋势线

表 8-3　高速发展情景下中亚五国各国人口总量预测结果　（单位：万人）

年份	哈萨克斯坦	乌兹别克斯坦	土库曼斯坦	塔吉克斯坦	吉尔吉斯斯坦
2018	1827.92	3299.31	584.35	902.85	626.01
2019	1852.36	3354.71	593.86	921.78	636.46
2020	1876.80	3410.12	603.37	940.72	646.90
2025	1999.00	3687.15	650.91	1035.40	699.13
2030	2121.20	3964.18	698.46	1130.08	751.35
2040	2365.60	4518.24	793.54	1319.44	855.80
2050	2610.00	5072.30	888.63	1508.80	960.25

表 8-4　低速发展情景下中亚五国各国城乡人口预测结果　（单位：万人）

年份	哈萨克斯坦		乌兹别克斯坦		土库曼斯坦		塔吉克斯坦		吉尔吉斯斯坦	
	城镇人口	农村人口	城镇人口	农村人口	城镇人口	农村人口	城镇人口	农村人口	城镇人口	农村人口
2018	967.77	725.32	1666.74	1545.95	287.84	282.36	231.62	634.57	216.21	389.08
2019	972.66	727.20	1696.52	1557.88	293.00	283.99	235.26	643.89	218.67	392.99
2020	977.90	728.73	1726.83	1569.27	298.14	285.64	238.90	653.20	221.13	396.90
2025	1003.04	737.45	1880.93	1623.69	324.49	293.23	257.21	699.67	233.57	416.32
2030	1028.59	745.76	2040.00	1673.15	351.84	299.83	275.74	745.91	246.11	435.64
2040	1080.55	761.51	2374.45	1755.75	409.50	310.06	313.13	838.07	271.50	473.97
2050	1133.26	776.52	2730.17	1817.08	471.13	316.32	350.93	929.82	297.30	511.89

表 8-5　中速发展情景下中亚五国各国城乡人口预测结果　（单位：万人）

年份	哈萨克斯坦		乌兹别克斯坦		土库曼斯坦		塔吉克斯坦		吉尔吉斯斯坦	
	城镇人口	农村人口	城镇人口	农村人口	城镇人口	农村人口	城镇人口	农村人口	城镇人口	农村人口
2018	1030.65	772.44	1687.48	1565.18	289.72	284.21	237.17	649.78	218.86	393.85
2019	1043.40	780.09	1720.08	1579.52	295.16	286.09	241.52	661.03	221.67	398.38
2020	1056.54	787.34	1753.24	1593.28	300.59	287.99	245.88	672.28	224.48	402.91
2025	1121.39	824.46	1922.00	1659.15	328.43	296.79	267.78	728.42	238.67	425.41
2030	1187.12	860.70	2096.39	1719.39	357.34	304.53	289.94	784.30	252.98	447.80
2040	1320.88	930.88	2463.47	1821.57	418.38	316.78	334.65	895.67	281.95	492.22
2050	1457.21	998.49	2854.48	1899.82	483.70	324.75	379.87	1006.53	311.40	536.17

表8-6　高速发展情景下中亚五国各国城乡人口预测结果　（单位：万人）

年份	哈萨克斯坦		乌兹别克斯坦		土库曼斯坦		塔吉克斯坦		吉尔吉斯斯坦	
	城镇人口	农村人口	城镇人口	农村人口	城镇人口	农村人口	城镇人口	农村人口	城镇人口	农村人口
2018	1044.84	783.08	1711.68	1587.63	294.98	289.37	241.42	661.43	223.61	402.40
2019	1059.92	792.44	1748.81	1605.90	301.56	292.30	246.67	675.11	227.53	408.92
2020	1075.41	801.39	1786.56	1623.56	308.14	295.23	251.92	688.80	231.46	415.44
2025	1152.02	846.98	1978.89	1708.26	341.93	308.99	278.32	757.08	251.27	447.86
2030	1229.66	891.54	2177.92	1786.26	377.10	321.36	305.01	825.07	271.24	480.11
2040	1387.66	977.94	2597.54	1920.70	451.61	341.94	358.89	960.55	311.68	544.12
2050	1548.77	1061.23	3045.41	2026.89	531.67	356.96	413.41	1095.39	352.80	607.45

（三）中亚地区总人口及城乡人口趋势预判

在不同的人口增长速度情景下，根据中亚五国的总人口及城乡人口总数的预测值，可以推算出中亚地区的总人口数及城乡人口数，具体数值见表8-7。中速发展情景下，预期到2050年，中亚地区的总人口将达到10 252.42万人，其中城镇人口约为5486.66万人，农村人口约为4765.76万人。

表8-7　不同发展情景下中亚地区总人口数及城乡人口数预测结果（单位：万人）

情景	年份	总人口	城镇人口	农村人口
低速发展情景	2018	6 947.46	3 370.18	3 577.28
	2019	7 022.06	3 416.11	3 605.95
	2020	7 096.64	3 462.90	3 633.74
	2025	7 469.60	3 699.24	3 770.36
	2030	7 842.57	3 942.28	3 900.29
	2040	8 588.49	4 449.13	4 139.36
	2050	9 334.42	4 982.79	4 351.63
中速发展情景	2018	7 129.34	3 463.88	3 665.46
	2019	7 226.94	3 521.83	3 705.11
	2020	7 324.53	3 580.73	3 743.80
	2025	7 812.50	3 878.27	3 934.23
	2030	8 300.49	4 183.77	4 116.72
	2040	9 276.45	4 819.33	4 457.12
	2050	10 252.42	5 486.66	4 765.76

续表

情景	年份	总人口	城镇人口	农村人口
高速发展情景	2018	7 240.44	3 516.53	3 723.91
	2019	7 359.16	3 584.49	3 774.67
	2020	7 477.91	3 653.49	3 824.42
	2025	8 071.60	4 002.43	4 069.17
	2030	8 665.27	4 360.93	4 304.34
	2040	9 852.63	5 107.38	4 745.25
	2050	11 039.98	5 892.06	5 147.92

二、中亚地区经济规模趋势预判

目前中亚五国的经济发展水平仍较为落后，2017 年五个国家中，哈萨克斯坦的人均 GDP 是五个国家中最高的，为 9030.32 美元，其次是土库曼斯坦，其人均 GDP 为 6587.09 美元，最差的是塔吉克斯坦，其人均 GDP 仅为 800.97 美元。中亚五国的人均 GDP 历年变化如表 8-8 所示。

表 8-8　中亚五国人均 GDP 历年变化　　　　（单位：美元）

年份	哈萨克斯坦	乌兹别克斯坦	土库曼斯坦	塔吉克斯坦	吉尔吉斯斯坦
1991	1 512.49	652.81	846.65	469.33	575.96
1992	1 515.10	603.35	820.68	346.95	513.04
1993	1 433.46	596.98	792.67	294.36	449.07
1994	1 320.32	576.45	622.37	236.99	372.31
1995	1 288.24	585.93	589.91	213.63	364.23
1996	1 50.33	600.60	554.83	178.46	394.86
1997	1 445.57	623.00	562.64	155.34	376.43
1998	1 468.70	623.22	590.39	219.23	345.14
1999	1 130.11	702.48	548.70	177.69	258.05
2000	1 229.00	558.23	643.17	138.44	279.62
2001	1 490.93	456.71	774.48	170.82	308.41
2002	1 658.03	383.34	967.89	189.39	321.73
2003	2 068.12	396.38	1 283.91	236.30	380.51
2004	2 874.29	465.12	1 453.92	309.28	433.24
2005	3 771.28	546.78	1 704.42	337.36	476.55
2006	5 291.58	654.28	2 136.47	404.29	543.11

续表

年份	哈萨克斯坦	乌兹别克斯坦	土库曼斯坦	塔吉克斯坦	吉尔吉斯斯坦
2007	6 771.41	830.41	2 600.37	520.04	721.77
2008	8 513.56	1 082.29	3 904.46	706.09	966.39
2009	7 165.22	1 213.27	4 036.46	666.35	871.22
2010	9 070.49	1 377.08	4 439.20	738.35	880.04
2011	11 634.00	1 564.97	5 649.95	834.54	1 123.88
2012	12 386.70	1 740.47	6 675.19	954.72	1 177.97
2013	13 890.63	1 907.56	7 304.29	1 040.21	1 282.44
2014	12 807.26	2 492.34	7 962.24	1 104.46	1 279.77
2015	10 510.77	2 615.03	6 432.68	918.68	1 121.08
2016	7 714.84	2 567.80	6 389.55	795.84	1 120.67
2017	9 030.32	2 626.57	6 587.09	800.97	1 219.82

根据 1991~2017 年和 2000~2017 年两个时段的人均 GDP 数据得到中亚五国人均 GDP 的年均增速（表 8-9），中亚地区在 2000 年经济稳定之后的人均 GDP 增长率为 11.92%，考虑到 1991~2000 年是中亚地区的经济调整期，假定中亚地区的人均 GDP 增速保持 2000 年之后的增速不变，推算预测期内各年的人均 GDP。

表 8-9　中亚五国人均 GDP 年均增速　　　　　　　　（单位: %）

时段	哈萨克斯坦	乌兹别克斯坦	土库曼斯坦	塔吉克斯坦	吉尔吉斯斯坦
1991~2017 年	8.75	2.29	9.37	3.90	3.93
2000~2017 年	14.03	8.70	15.74	9.96	9.70

根据不同速度发展情景下的人口规模得到中亚五国的经济规模（表 8-10~表 8-12）。

表 8-10　人口低速发展情景下中亚五国经济总量预测结果

年份	哈萨克斯坦		乌兹别克斯坦		土库曼斯坦		塔吉克斯坦		吉尔吉斯斯坦	
	人均 GDP /美元	GDP /亿美元	人均 GDP /美元	GDP /亿美元	人均 GDP /美元	GDP /亿美元	人均 GDP /美元	GDP /亿美元	人均 GDP /美元	GDP /亿美元
2018	9 662.44	1 635.94	2 784.16	894.46	7 048.19	401.89	849.02	73.54	1 293.01	78.26
2019	10 338.81	1 757.45	2 951.21	960.44	7 541.56	435.14	899.97	79.12	1 370.59	83.83
2020	11 062.53	1 887.97	3 128.28	1 031.11	8 069.47	471.08	953.96	85.10	1 452.83	89.79
2025	15 515.77	2 700.50	4 186.35	1 467.16	11 317.85	699.13	1 276.62	122.16	1 944.21	126.35
2030	21 761.67	3 861.28	5 602.28	2 080.21	15 873.87	1 034.45	1 708.41	174.54	2 601.80	177.38
2040	42 808.50	7 885.60	10 032.83	4 143.76	31 226.30	2 246.92	3 059.49	352.21	4 659.42	347.35
2050	84 210.79	16 082.41	17 967.27	8 170.17	61 426.86	4 837.06	5 479.09	701.73	8 344.32	675.21

表 8-11　人口中速发展情景下中亚五国经济总量预测结果

年份	哈萨克斯坦		乌兹别克斯坦		土库曼斯坦		塔吉克斯坦		吉尔吉斯斯坦	
	人均 GDP /美元	GDP /亿美元	人均 GDP /美元	GDP /亿美元	人均 GDP /美元	GDP /亿美元	人均 GDP /美元	GDP /亿美元	人均 GDP /美元	GDP /亿美元
2018	9 662.44	1 742.23	2 784.16	905.59	7 048.19	404.51	849.02	75.30	1 293.01	79.22
2019	10 338.81	1 885.27	2 951.21	973.78	7 541.56	438.35	899.97	81.23	1 370.59	84.98
2020	11 062.53	2 039.80	3 128.28	1 046.89	8 069.47	474.95	953.96	87.59	1 452.83	91.15
2025	15 515.77	3 019.14	4 186.35	1 499.19	11 317.85	707.62	1 276.62	127.18	1 944.21	129.11
2030	21 761.67	4 456.40	5 602.28	2 137.71	15 873.87	1 050.64	1 708.41	183.52	2 601.80	182.33
2040	42 808.50	9 639.45	10 032.83	4 299.11	31 226.30	2 295.63	3 059.49	376.42	4 659.42	360.72
2050	84 210.79	20 679.64	17 967.27	8 542.18	61 426.86	4 966.05	5 479.09	759.62	8 344.32	707.24

表 8-12　人口高速发展情景下中亚五国经济总量预测结果

年份	哈萨克斯坦		乌兹别克斯坦		土库曼斯坦		塔吉克斯坦		吉尔吉斯斯坦	
	人均 GDP /美元	GDP /亿美元	人均 GDP /美元	GDP /亿美元	人均 GDP /美元	GDP /亿美元	人均 GDP /美元	GDP /亿美元	人均 GDP /美元	GDP /亿美元
2018	9 662.44	1 766.22	2 784.16	918.58	7 048.19	411.86	849.02	76.65	1 293.01	80.94
2019	10 338.81	1 915.12	2 951.21	990.05	7 541.56	447.87	899.97	82.96	1 370.59	87.23
2020	11 062.53	2 076.22	3 128.28	1 066.78	8 069.47	486.89	953.96	89.74	1 452.83	93.98
2025	15 515.77	3 101.60	4 186.35	1 543.57	11 317.85	736.70	1 276.62	132.18	1 944.21	135.92
2030	21 761.67	4 616.09	5 602.28	2 220.84	15 873.87	1 108.72	1 708.41	193.06	2 601.80	195.49
2040	42 808.50	10 126.78	10 032.83	4 533.07	31 226.30	2 477.94	3 059.49	403.68	4 659.42	398.75
2050	84 210.79	21 979.02	17 967.27	9 113.54	61 426.86	5 458.58	5 479.09	826.69	8 344.32	801.26

　　从中亚五国经济规模预测结果中可以看出，在中亚五国的人均 GDP 增速保持现状的前提下，在人口低速发展情景下，到 2050 年哈萨克斯坦的 GDP 总量将达到 16 082.41 亿美元，乌兹别克斯坦将达到 8170.17 亿美元，土库曼斯坦将达到 4837.06 亿美元，塔吉克斯坦将达到 701.73 亿美元，吉尔吉斯斯坦将达到 675.21 亿美元；在人口中速发展情景下，到 2050 年哈萨克斯坦的 GDP 总量将达到 20 679.64 亿美元，乌兹别克斯坦将达到 8542.18 亿美元，土库曼斯坦将达到 4966.05 亿美元，塔吉克斯坦将达到 759.62 亿美元，吉尔吉斯斯坦将达到 707.24 亿美元；在人口高速发展情景下，到 2050 年哈萨克斯坦的 GDP 总量将达到 21 979.02 亿美元，乌兹别克斯坦将达到 9113.54 亿美元，土库曼斯坦将达到 5458.58 亿美元，塔吉克斯坦将达到 826.69 亿美元，吉尔吉斯斯坦将达到 801.26 亿美元。根据五个国家在不同速度发展情景下的经济规模，可以得到中亚地区在不同速度发

展情景下的整体经济规模（表8-13）。

表8-13　中亚地区总体经济规模预测　　　　　（单位：亿美元）

年份	低速发展情景	中速发展情景	高速发展情景
2018	3 084.09	3 206.85	3 254.25
2019	3 315.98	3 463.61	3 523.23
2020	3 565.05	3 740.38	3 813.61
2025	5 115.30	5 482.24	5 649.97
2030	7 327.86	8 010.60	8 334.20
2040	14 975.84	16 971.33	17 940.22
2050	30 466.58	35 654.73	38 179.09

三、中亚地区用地规模趋势预判

随着经济快速发展，中亚地区的城镇化也处于快速发展的进程中。在城镇化发展的过程中可能出现一系列土地资源利用方面的问题，如建设用地急剧扩张、大量占用耕地等。一方面，城镇扩张导致人均耕地面积少、耕地资源紧缺；另一方面，村镇建设用地粗放散乱，集约利用水平低，浪费了大量土地。在城镇人口增长和扩张产生的用地需求得不到满足的矛盾下，应合理集约节约利用城镇建设用地，避免城镇的无限制扩张。本节通过设定不同情景的用地模式，分别在粗放利用、常规利用和集约利用三种情景下预测中亚地区及五个国家在未来一段时间内的城镇用地规模趋势。

城镇人均用地作为城镇规划和土地利用规划的重要依据，一直受到学者和规划师的广泛重视。由于城镇人口和城镇范围界定的难度较大，因此城镇人均用地（即城镇人口密度的倒数）概念的不确定性较大。尽管如此，城镇人均用地仍旧是世界范围内城镇规划和土地利用规划的重要依据，是预测未来城镇用地需求的基础参数。

目前世界上不同国家的城镇人均用地面积差异较大（表8-14）。从经济发展水平看，发达国家城镇人均用地面积较高，如美国、澳大利亚；发展中国家城镇人均用地面积较低，如中国和印度。从地域分布看，亚洲国家如印度、菲律宾、韩国等国家的城镇人均用地面积较低，欧美国家如美国、加拿大、法国等国家的城镇人均用地面积较高。美国和澳大利亚的城镇人均用地面积最高，分别是931平方米和834平方米。

中亚五国的城镇人均用地面积变化如表8-15所示。可以看出，1991～2017年，各国的城镇人均用地面积均有较大幅度的上涨，哈萨克斯坦由1991年的99.75平方米增长到2017年的212.93平方米，乌兹别克斯坦由1991年的9.66平方米增长到2017年的105.11平方米，土库曼斯坦由1991年的20.31平方米增长到2017年的66.66平方米，塔吉克斯坦由1991年的22.66平方米增长到2017年的98.27平方米，吉尔吉斯斯坦由1991年的29.45平方米增长到2017年的122.59平方米。

表 8-14　世界部分国家的城镇人均用地　（单位：平方米）

国家	人均用地面积	国家	人均用地面积	国家	人均用地面积	国家	人均用地面积
美国	931	意大利	379	日本	249	中国	155
澳大利亚	834	荷兰	374	英国	241	韩国	94
法国	713	德国	338	西班牙	204	印度	80
加拿大	692	波兰	266	巴西	197	埃及	78
丹麦	425	俄罗斯	262	墨西哥	160	菲律宾	76

表 8-15　中亚五国1991～2017年城镇人均用地面积变化　（单位：平方米）

年份	哈萨克斯坦	乌兹别克斯坦	土库曼斯坦	塔吉克斯坦	吉尔吉斯斯坦
1991	99.75	9.66	20.31	22.66	29.45
1992	99.92	9.75	20.40	22.75	29.69
1993	103.20	9.84	20.11	22.53	29.89
1994	107.24	10.07	20.05	22.64	30.22
1995	112.01	10.16	20.01	22.99	30.55
1996	116.58	10.27	20.13	23.62	30.79
1997	121.31	10.33	20.10	24.03	31.14
1998	126.24	10.30	19.95	24.63	31.47
1999	130.28	10.49	19.82	25.21	31.83
2000	134.07	10.64	19.60	25.65	32.21
2001	152.98	13.87	22.58	28.95	42.22
2002	168.58	31.47	26.26	33.68	53.48
2003	184.80	56.05	31.42	38.68	63.90
2004	200.20	68.88	37.16	45.62	74.52
2005	202.72	77.42	40.19	52.53	81.30
2006	203.98	82.54	42.72	58.19	86.95
2007	204.89	88.13	46.36	66.36	92.32
2008	208.64	92.34	49.76	70.04	95.91
2009	205.57	95.36	52.41	72.71	98.81
2010	205.12	97.14	53.96	74.43	100.11
2011	204.57	98.93	55.44	75.87	101.65
2012	206.51	101.01	57.53	78.18	104.98
2013	208.91	102.44	61.18	82.25	111.26
2014	212.75	104.80	65.19	92.60	119.03
2015	212.75	104.67	66.30	97.89	121.02

续表

年份	哈萨克斯坦	乌兹别克斯坦	土库曼斯坦	塔吉克斯坦	吉尔吉斯斯坦
2016	212.91	104.85	66.51	97.99	122.01
2017	212.93	105.11	66.66	98.27	122.59

根据五个国家历年来的城镇人均用地面积增长情况，以及对标世界上经济规模体量相当的国家现状，现设定中亚五国未来一段时间内的城镇人均用地面积增长情景（表8-16）。

表8-16 中亚五国城镇人均用地情景设定　　　　　　　（单位：平方米）

用地情景	哈萨克斯坦	乌兹别克斯坦	土库曼斯坦	塔吉克斯坦	吉尔吉斯斯坦
粗放利用	280	170	130	150	185
常规利用	220	105	70	100	125
集约利用	190	90	55	85	100

在不同速度人口发展情景下，中亚五国的城镇建成区规模预测如表8-17～表8-21所示。

表8-17 哈萨克斯坦城镇建成区规模预测　　　　　　　（单位：平方千米）

情景	年份	粗放利用	常规发展	集约利用
人口低速发展	2018	2709.76	2129.09	1838.76
	2019	2723.45	2139.85	1848.05
	2020	2738.12	2151.38	1858.01
	2025	2808.51	2206.69	1905.78
	2030	2880.05	2262.90	1954.32
	2040	3025.54	2377.21	2053.05
	2050	3173.13	2493.17	2153.19
人口中速发展	2018	2885.82	2267.43	1958.24
	2019	2921.52	2295.48	1982.46
	2020	2958.31	2324.39	2007.43
	2025	3139.89	2467.06	2130.64
	2030	3323.94	2611.66	2255.53
	2040	3698.46	2905.94	2509.67
	2050	4080.19	3205.86	2768.70

续表

情景	年份	粗放利用	常规发展	集约利用
人口高速发展	2018	2925.55	2298.65	1985.20
	2019	2967.78	2331.82	2013.85
	2020	3011.15	2365.90	2043.28
	2025	3225.66	2534.44	2188.84
	2030	3443.05	2705.25	2336.35
	2040	3885.45	3052.85	2636.55
	2050	4336.56	3407.29	2942.66

表 8-18　乌兹别克斯坦城镇建成区规模预测　（单位：平方千米）

情景	年份	粗放利用	常规发展	集约利用
人口低速发展	2018	2833.46	1750.08	1500.07
	2019	2884.08	1781.35	1526.87
	2020	2935.61	1813.17	1554.15
	2025	3197.58	1974.98	1692.84
	2030	3468.00	2142.00	1836.00
	2040	4036.57	2493.17	2137.01
	2050	4641.29	2866.68	2457.15
人口中速发展	2018	2868.72	1771.85	1518.73
	2019	2924.14	1806.08	1548.07
	2020	2980.51	1840.90	1577.92
	2025	3267.40	2018.10	1729.80
	2030	3563.86	2201.21	1886.75
	2040	4187.90	2586.64	2217.12
	2050	4852.62	2997.20	2569.03
人口高速发展	2018	2909.86	1797.26	1540.51
	2019	2972.98	1836.25	1573.93
	2020	3037.15	1875.89	1607.90
	2025	3364.11	2077.83	1781.00
	2030	3702.46	2286.82	1960.13
	2040	4415.82	2727.42	2337.79
	2050	5177.20	3197.68	2740.87

表 8-19　土库曼斯坦城镇建成区规模预测　　　　（单位：平方千米）

情景	年份	粗放利用	常规发展	集约利用
人口低速发展	2018	374.19	201.49	158.31
	2019	380.90	205.10	161.15
	2020	387.58	208.70	163.98
	2025	421.84	227.14	178.47
	2030	457.39	246.29	193.51
	2040	532.35	286.65	225.23
	2050	612.47	329.79	259.12
人口中速发展	2018	376.64	202.80	159.35
	2019	383.71	206.61	162.34
	2020	390.77	210.41	165.32
	2025	426.96	229.90	180.64
	2030	464.54	250.14	196.54
	2040	543.89	292.87	230.11
	2050	628.81	338.59	266.04
人口高速发展	2018	383.47	206.49	162.24
	2019	392.03	211.09	165.86
	2020	400.58	215.70	169.48
	2025	444.51	239.35	188.06
	2030	490.23	263.97	207.41
	2040	587.09	316.13	248.39
	2050	691.17	372.17	292.42

表 8-20　塔吉克斯坦城镇建成区规模预测　　　　（单位：平方千米）

情景	年份	粗放利用	常规发展	集约利用
人口低速发展	2018	347.43	231.62	196.88
	2019	352.89	235.26	199.97
	2020	358.35	238.90	203.07
	2025	385.82	257.21	218.63
	2030	413.61	275.74	234.38
	2040	469.70	313.13	266.16
	2050	526.40	350.93	298.29

情景	年份	粗放利用	常规发展	集约利用
人口中速发展	2018	355.76	237.17	201.59
	2019	362.28	241.52	205.29
	2020	368.82	245.88	209.00
	2025	401.67	267.78	227.61
	2030	434.91	289.94	246.45
	2040	501.98	334.65	284.45
	2050	569.81	379.87	322.89
人口高速发展	2018	362.13	241.42	205.21
	2019	370.01	246.67	209.67
	2020	377.88	251.92	214.13
	2025	417.48	278.32	236.57
	2030	457.52	305.01	259.26
	2040	538.34	358.89	305.06
	2050	620.12	413.41	351.40

表 8-21　吉尔吉斯斯坦城镇建成区规模预测　　　　　（单位：平方千米）

情景	年份	粗放利用	常规发展	集约利用
人口低速发展	2018	389.18	270.26	216.21
	2019	393.61	273.34	218.67
	2020	398.03	276.41	221.13
	2025	420.43	291.96	233.57
	2030	443.00	307.64	246.11
	2040	488.70	339.38	271.50
	2050	535.14	371.63	297.30
人口中速发展	2018	393.95	273.58	218.86
	2019	399.01	277.09	221.67
	2020	404.06	280.60	224.48
	2025	429.61	298.34	238.67
	2030	455.36	316.23	252.98
	2040	507.51	352.44	281.95
	2050	560.52	389.25	311.40

续表

情景	年份	粗放利用	常规发展	集约利用
人口高速发展	2018	402.50	279.51	223.61
	2019	409.55	284.41	227.53
	2020	416.63	289.33	231.46
	2025	452.29	314.09	251.27
	2030	488.23	339.05	271.24
	2040	561.02	389.60	311.68
	2050	635.04	441.00	352.80

通过设定城镇土地粗放利用、常规利用和集约利用三种情景，在不同速度人口发展情景下对中亚五国的城镇建成区规模做出预测，研究发现集约利用土地资源可以大幅度减少城镇建设用地面积，减少土地资源的消耗，避免土地资源和人力物力资源的浪费。

四、中亚地区城镇化发展对资源环境影响趋势预判

（一）中亚地区城镇化发展对水资源环境的影响趋势预判

水资源是地区社会经济发展的基础，中亚地区位于欧亚大陆连接处，属于内陆地区，气候干旱少雨，并且第一产业在经济总量中占据较大比例，特别是乌兹别克斯坦、吉尔吉斯斯坦以种植棉花为主要产业，这意味着农业用水消耗量占据较大比例。随着丝绸之路经济带的建设，中亚地区必然会迎来快速发展的局面，与此同时用水矛盾也将更加突出。对城镇化发展过程中水资源消耗量进行预测，可以为水资源的合理开发及利用提供可靠数据，对保证地区经济的可持续发展意义重大。

目前有研究认为，城镇化对水资源的影响表现为优化和胁迫两方面的作用。一些学者认为快速发展的城镇化给城镇供需水造成了巨大的压力，虽然其历史驱动贡献率相对较小，但驱动力巨大，城镇化率每提高1%，总用水量将提高0.58%，水资源对经济和社会的制约作用越来越凸显。此外，由于缺乏完善的管理和协调机制，城镇化引起的水资源在部门和地区间的无序流动也会严重威胁国家的用水安全，城镇发展与水资源系统的协调度不高，城镇发展系统和水资源系统的矛盾日渐突出。另一部分学者则持相反的态度，认为城镇化水平的提高可能抑制用水总量增长，城镇化能够促进水资源由低效率的农业向高效率产业间的转移，提高总体用水效率及各城镇用水效益，所形成的集聚效应对水资源的影响以减量效应为主，加上水资源管理水平的不断增强，不仅从长期来看有利于用水量的降低，而且能够缓解部门间的用水矛盾。因此，适度增强城镇人口和产业的集聚与规模效应，是提高水资源开发利用潜力最有效的途径。

目前学术界关于城镇化对水资源影响的研究结论并未达成一致，这与城镇化自身的发展特点及其背后的影响因素有很大关系。城镇化发展初期，大量劳动力由农村涌入城镇，

推动经济发展的同时提高了整体消费水平，极大地诱发了用水需求，同时较低的人力资本不利于节水技术的扩散和推广，较低的人口密度也阻碍了资源集约效应的发挥，此阶段表现为用水量的急剧上升；当城镇化发展进入较高水平的中后期，人口结构趋于稳定，此时城镇的供水和节水设施逐渐完善，集聚效益和用水效益得以完全体现，同时居民对高质量节水设备的选择和节水意识的提升也有助于抑制用水量的增长。

对于中亚地区而言，目前中亚地区的水资源主要包括地表水资源和地下水资源。在地表水资源方面，中亚地区大部分河流自东向西汇入咸海，地处中亚东部的吉尔吉斯斯坦和塔吉克斯坦冰川资源极为丰富，是中亚地区主要水源区。目前有研究表明，多年平均情况下，中亚五国地表水资源量约为 1877 亿立方米，其中哈萨克斯坦的地表水资源最多，为754 亿立方米，占五国总量的 40.2%，之后是塔吉克斯坦和吉尔吉斯斯坦，分别占 34.0% 和 23.5%，乌兹别克斯坦和土库曼斯坦的地表水资源量较少。在地下水资源方面，中亚五国的地下水主要是由降水、高山融雪和地表水的下渗造成的。可持续开发和利用的地下水主要分布在三个国家，即塔吉克斯坦、吉尔吉斯斯坦和哈萨克斯坦。中亚五国地下水的主要用途是饮用水、灌溉用水、工业用水、采矿用水、温泉和牲畜用水。目前中亚五国的淡水总量为 10 000 亿立方米以上，但主要以高山冰川和深层地下水等形式存在，开发较为困难，真正可以利用的水资源量约为 2064 亿立方米。

在用水量方面，中亚地区用水量主要包括生产用水和生活用水两部分，其中生产用水包括农业用水、工业用水，生活用水包括城镇居民用水、农村居民用水、公共用水等（表8-22）。2008 年中亚五国总用水量为 1182 亿立方米（包括地下水开采利用量、重复水利用量和海水利用量），人均用水量为 1967 立方米，其中农业用水 1024 亿立方米，占总用水量的 86.6%，工业用水约占总用水量的 8.5%，生活用水约占总用水量的 3.6%。可以看出，农业用水占中亚地区用水总量的绝对比例，远高于工业用水和生活用水。但随着城镇化的发展，中亚五国用水结构也发生了较大的变化，其中工业用水相比 1994 年增加了 72亿立方米，农业用水减少了 179 亿立方米，生活及其他用水增加了 12 亿立方米。哈萨克斯坦的工业用水量增加最快，其农业用水量减少也最快。

表 8-22　1994~2008 年中亚五国社会经济用水情况

国家	年份	社会经济用水/亿立方米				
		农业	工业	生活	其他	合计
哈萨克斯坦	1994	215	5	7	2	229
	2000	156	43	6	2	207
	2008	126	52	10	4	192
乌兹别克斯坦	1994	544	11	26	0	581
	2000	543	11	23	6	583
	2008	484	26	23	6	539

续表

国家	年份	社会经济用水/亿立方米				
		农业	工业	生活	其他	合计
土库曼斯坦	1994	233	1	3	0	237
	2000	239	2	2	3	246
	2008	227	6	3	3	239
塔吉克斯坦	1994	110	5	4	0	119
	2000	109	5	4	2	120
	2008	99	11	3	1	114
吉尔吉斯斯坦	1994	101	6	3	1	111
	2000	94	3	3	1	101
	2008	88	5	4	1	98
合计	1994	1203	28	43	3	1277
	2000	1141	64	38	14	1257
	2008	1024	100	43	15	1182

在中亚五国独立后，五个国家的城镇化水平呈现出先降后升的趋势，整体上看，中亚地区的城镇化水平是上升的，这段时间内中亚地区的人口结构趋于稳定，城镇的供水和节水设施逐渐完善，集聚效益和用水效益得到体现，同时灌溉技术得到一定的改进，农业设备发展，从而提高了农业用水的利用效率，减少了农业用水的使用量。根据图8-14，对应地看中亚五国的农业用水量和工业用水量，实际上随着城镇化率的提高，中亚五国的农业用水量呈现减少的趋势，而工业用水量呈现出上升的趋势，但是农业用水量的减少要高于工业用水量的增加，这导致整体上用水量呈现减少的趋势。

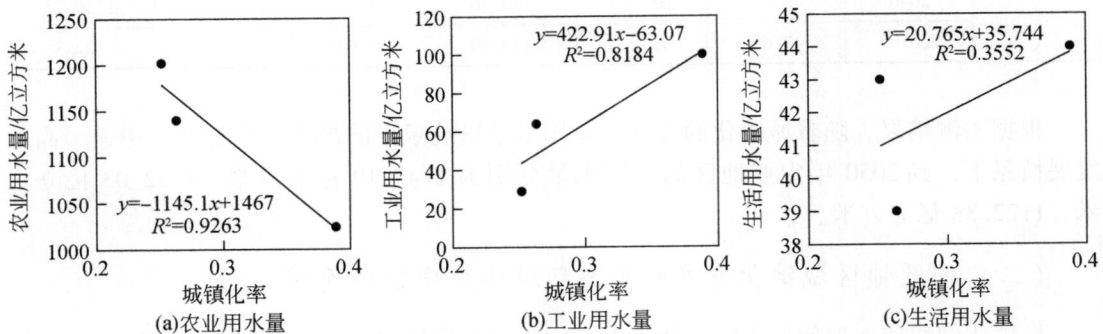

图 8-14　中亚地区城镇化率与农业用水量、工业用水量和生活用水量的线性拟合关系

根据第六章人口城镇化率的预测结果，在不同城镇化发展速度的情景下，预测的中亚地区用水量结果如表 8-23 所示。

表 8-23 中亚地区用水量与城镇化预测结果

情景	年份	城镇化率 /%	农业用水量 /亿立方米	工业用水量 /亿立方米	生活用水量 /亿立方米	其他用水量 /亿立方米	总用水量 /亿立方米
低速发展	2018	43.76	965.90	122.00	44.83	15	1147.73
	2019	43.78	965.68	122.08	44.83	15	1147.59
	2020	43.81	965.33	122.21	44.84	15	1147.38
	2025	43.93	963.96	122.71	44.87	15	1146.54
	2030	44.05	962.58	123.22	44.89	15	1145.69
	2040	44.30	959.72	124.28	44.94	15	1143.94
	2050	44.55	956.86	125.34	44.99	15	1142.19
中速发展	2018	43.81	965.33	122.21	44.84	16	1148.38
	2019	43.88	964.53	122.50	44.86	16	1147.89
	2020	43.95	963.73	122.80	44.87	16	1147.40
	2025	44.32	959.49	124.36	44.95	16	1144.80
	2030	44.68	955.37	125.89	45.02	16	1142.28
	2040	45.41	947.01	128.97	45.17	16	1137.15
	2050	46.14	938.65	132.06	45.32	16	1132.03
高速发展	2018	43.85	964.87	122.38	44.85	17	1149.10
	2019	43.97	963.50	122.88	44.87	17	1148.25
	2020	44.09	962.13	123.39	44.90	17	1147.42
	2025	44.69	955.25	125.93	45.02	17	1143.20
	2030	45.28	948.50	128.42	45.15	17	1139.07
	2040	46.47	934.87	133.46	45.39	17	1130.72
	2050	47.66	921.25	138.49	45.64	17	1122.38

根据预测结果，随着城镇化的发展，总用水量呈现减少的趋势。在低速、中速、高速发展情景下，到 2050 年中亚地区的总用水量分别为 1142.19 亿立方米、1132.03 亿立方米、1122.38 亿立方米。

（二）中亚地区城镇化发展对生态环境的影响趋势预判

城镇化的快速发展使城市发展和生态环境之间出现很多矛盾，如城市中的绿地、湿地及河流等自然生态景观不断减少、景观发展呈现出严重的破碎化现象、建设用地侵占耕地田地、植被破坏和水土流失等。然而，对于干旱区而言，健康、合理的城镇化也可以将资源集中、高效地利用，进而有效缓解生态环境面临的压力。

目前中亚土地覆被状况中，未利用地面积占 47.62%，草地占 29.68%，耕地占 14.64%，水域占 4.84%，林地占 2.16%，建设用地仅占 1.06%。受历史因素的影响，中亚地区的城镇化给资源环境带来较大压力，棉花生产基地在支撑苏联工业化过程中大量耗费水资源，矿产资源的开发虽然促进了中亚城镇化发展但带来一定的环境污染，移民加快中亚城镇化的同时，产生土地大开发造成草原生态和水文格局改变等问题。中亚局部的生态环境危机已经影响到周边的城镇化发展，并且生态退化正在更大范围产生负面影响，如咸海危机。但与此同时，中亚地区的城镇化也通过人口集中、资源高效集约利用等减缓了生态环境压力。城镇化的发展不只要优化城镇内部的资源环境关系，更要调整区域性的生态环境应对策略，尤其是加快水资源可持续利用的国际、国内对策。城镇化只有在安全的生态环境背景下，才能实现城镇高效集约而减缓资源环境压力的作用。

从图 8-15 可以看出，中亚地区的城镇化发展对城镇内部的植被质量和生态环境的发展起到正向作用。根据第六章人口城镇化率的预测结果，在不同城镇化发展速度的情景下，预测中亚地区城镇内部 NDVI 的结果如表 8-24 所示。

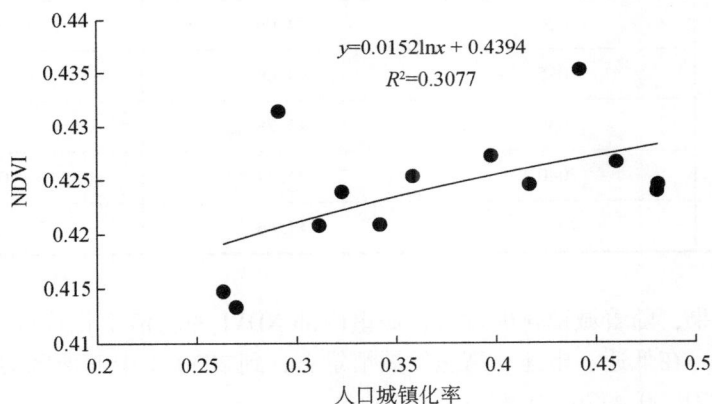

$$y=0.0152\ln x + 0.4394$$
$$R^2=0.3077$$

图 8-15　中亚地区人口城镇化率与城镇内部 NDVI 的拟合关系

表 8-24　中亚地区城镇内部 NDVI 与城镇化率的预测结果

情景	年份	城镇化率/%	城镇内部 NDVI
低速发展	2018	43.76	0.4268
	2019	43.78	0.4268
	2020	43.81	0.4269
	2025	43.93	0.4269
	2030	44.05	0.4269
	2040	44.30	0.4270
	2050	44.55	0.4271

续表

情景	年份	城镇化率/%	城镇内部NDVI
中速发展	2018	43.81	0.4269
	2019	43.88	0.4269
	2020	43.95	0.4269
	2025	44.32	0.4270
	2030	44.68	0.4272
	2040	45.41	0.4274
	2050	46.14	0.4276
高速发展	2018	43.85	0.4269
	2019	43.97	0.4269
	2020	44.09	0.4270
	2025	44.69	0.4272
	2030	45.28	0.4274
	2040	46.47	0.4278
	2050	47.66	0.4281

根据预测结果，随着城镇化的发展，城镇内部NDVI的均值变化程度较小，但整体上呈现上升的趋势。在低速、中速、高速发展情景下，到2050年中亚地区的城镇内部NDVI均值分别为0.4271、0.4276、0.4281。

第九章 中亚地区工业化与城镇化的耦合关系及资源环境效应

城镇化是一个国家和地区在经济社会发展过程中,农村人口不断向城镇转移,第二、第三产业不断向城镇聚集,从而使得城镇数量不断增加、城镇人口规模和地域不断扩大的一种自然、社会历史过程。通常城镇化包括人口城镇化、经济城镇化、空间城镇化和社会城镇化(即生活方式和社会服务城镇化)。通常,在城镇化的发展进程中,工业化是其基础与主要驱动力。根据 H. 钱纳里和 M. 赛奎因的世界发展模型,初始城镇化是由工业化推动的。一方面,在工业化的过程中,工业生产企业因"集聚经济效益"而在地理上趋于集中,引起区域工业化水平提高,带动非农产业就业比例相应提高,非农产业就业人员向城镇迁移,并导致城镇人口规模的扩大和比例的提高。同时,在工业化过程中,随着产业结构的演进,城镇产业从资源和劳动密集型向资金技术密集型和现代服务业转型升级,推动着城镇化的稳定发展。另一方面,城镇又是工业赖以生存和发展的前提、基础与载体,不仅为工业发展提供了不可缺少的能源、交通、通信和市政基础设施等综合服务功能,而且还集中了不断增长的消费需求及众多生产要素,为工业化向广度与深度发展和产业结构优化升级提供了重要保障条件。因此,城镇化与工业化存在紧密关联的互动关系,工业化有力地促进了初始城镇化的进程,而城镇化发展又反过来给工业化注入了强大活力,工业化与城镇化之间形成了一种螺旋式上升且互相促进的机制(图9-1)。

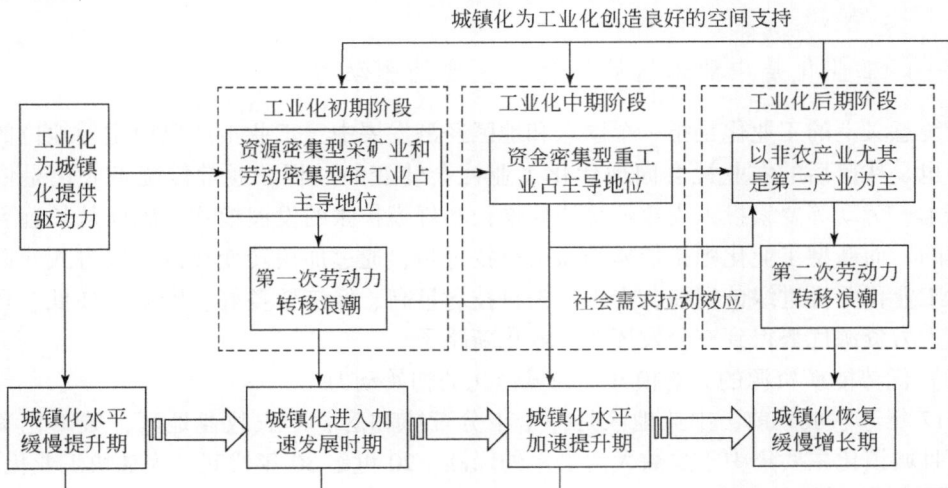

图9-1 城镇化与工业化的互动关系示意图
资料来源:方创琳等,2008。作者进行了部分修改

城镇化与资源和生态环境之间客观上存在着极为复杂的交互耦合与胁迫关系，如何协调城镇化与资源、生态环境关系是学术界和政府决策部门普遍关注的一大热点问题。工业化是城镇化的主要驱动力，尤其是对地处干旱区的中亚五国而言，传统工业化主导下的城镇化进程中出现的水资源短缺、环境污染与生态恶化等问题则是工业化及城镇化与资源环境失调的集中体现。因此研究中亚地区城镇化与工业化的耦合关系及其资源环境效应，并提出协调发展对策建议，对推动中亚城镇化的持续健康发展具有重要的理论和实践意义。

第一节　中亚地区工业化与城镇化的交互影响机理及其发展阶段判断

工业化作为中亚地区城镇化的最主要的驱动力，主要通过能矿资源开发、绿洲经济、投资（含引进外资）、基础设施建设等推动城镇化的发展与布局；而城镇化又通过产业集聚、消费需求，以及资金、人才、技术、信息等生产要素的集聚与优化组合，推动工业化规模、速度、结构、质量与效益的优化提升，形成了相互促进、互为制约的交互影响关系。

在对中亚地区城镇化与工业化交互关系进行分析的基础上，依据城镇化发展四个阶段的基本特征对比分析法和改进的 H. 钱纳里工业化划分指标体系，对中亚五国城镇化与工业化发展阶段进行总体的定性判断，主要结论为：哈萨克斯坦、乌兹别克斯坦及土库曼斯坦三国城镇化与工业化均处于中期发展阶段，吉尔吉斯斯坦总体处于城镇化和工业化的中期初始阶段，塔吉克斯坦则处于城镇化和工业化的初期阶段。

一、中亚地区工业化与城镇化的交互影响机理

（一）工业化是中亚地区城镇化最主要的驱动力

传统意义上的工业化是指一个国家和地区经济发展中，工业生产取得主导地位的发展过程，也是从落后的农业社会向现代化工业社会转变的过程。通常传统工业化是依靠资源、资本、劳动等要素投入支撑经济快速增长和规模扩张的发展模式，因而从长远看是不可持续的。而新型工业化则是依靠创新与科技进步，通过加快转变经济发展方式、以信息化带动工业化并推进绿色发展，走出一条科技含量高、经济效益好、资源消耗低、环境污染少、人力资源优势得到充分发挥的工业化新路子。

（1）优势能矿资源的大规模开发为城镇化的初始动力。

1917 年苏联成立前，中亚地区是一个十分荒凉和落后的农牧业地区，城镇化率不到10%，且城镇化主要集中于少数大河沿岸的绿洲。20 世纪 30 年代起，为加快工业化进程，相继对哈萨克斯坦的卡拉干达煤田、热兹卡兹甘铜矿、东哈萨克斯坦和南哈萨克斯坦的铅锌等多种有色金属进行大规模开发，哈萨克斯坦的城镇人口从 1920 年的 38 万人增至 1933年的 117.1 万人和 1940 年的 183.3 万人，城镇化率相应地从 7.04% 提高至 17.23% 和

24.18%。第二次世界大战后至20世纪70～80年代，中亚地区又相继开发了一批大型能源及有色、黑色金属矿床，如北哈萨克斯坦的科斯塔奈铁矿和铝土矿、埃基巴斯图兹煤田、哈萨克斯坦的滨里海油气田，以及土库曼斯坦及乌兹别克斯坦阿姆河下游油气田等，上述能矿资源的大规模开发均为所在地区城镇化提供了初始动力。

由此可见，中亚地区工业化从优势能矿资源开发起步，进而引发产业及人口集聚，也是以传统的重工业为主导的工业化发展模式，这一过程从20世纪30年代初起至今仍未发生根本性改变。所不同的是，20世纪30年代起至60～70年代以开发煤炭、多种有色金属及铁矿为主，且为国家资本所控制；其后，特别是1991年中亚五国相继独立后，随着外国资本的大量进入，石油、天然气、铀矿成为能矿资源开发的重点，并且由于一些新油气资源的发现和大规模开发，其所在地区城镇人口迅速增长，工业化城镇化水平明显提高。

（2）重化工业及人口集聚为城镇化快速发展提供持续动力。

在能矿资源大规模开发的基础上，众多城镇发展了相应的加工工业，如钢铁工业，铜、铅、锌等有色金属冶炼业，石油加工（炼油）以及与此相关联的机械（装备制造）、化工、建材等工业，它们成为中亚地区工业化初期和中期的主要支柱产业。随着上述产业集聚程度的不断提高，城镇人口规模、就业结构与城镇化水平均有了明显提升。例如，哈萨克斯坦随着卡拉干达煤炭–冶金（钢铁、炼钢）基地、东哈萨克斯坦能源（火电、水电）–有色冶金基地、南哈萨克斯坦有色冶金–化工基地、西哈萨克斯坦滨里海石油天然气工业的快速发展，城镇化率从1940年的29.81%提高到1956年的40.23%、1960年的44.2%和1970年的50.24%。土库曼斯坦则随着天然气和石油资源的大规模开发，以及油气资源加工与运输、化工、轻纺产业的发展，1960年城镇化率就达46.4%，在当时中亚五国中居首位。

（3）通过大量引进外资推动了城镇化质量的提高。

中亚各国独立后，相继于20世纪90年代后期开始大量引进外国公司的资本和技术（截至2016年，哈萨克斯坦累计引进外资3000亿美元），特别是油气资源丰富的哈萨克斯坦、土库曼斯坦和乌兹别克斯坦，随着外国油气公司的进驻，不仅加快了新油气田的勘探开发速度，以及油气对外输送管道和油气炼化企业的建设，而且也促进了油气田区中心城镇阿特劳、阿克套（哈萨克斯坦）、土库曼纳巴德、土库曼巴什（土库曼斯坦）等一批城镇的发展。因此，2000年中亚五国平均城镇化率达45.6%。此外，外资的大量进入对中亚地区中心城镇塔什干、阿拉木图、比什凯克、杜尚别的产业结构升级及人口增长和城镇现代化水平的整体提高，以及哈萨克斯坦新首都阿斯塔纳的建设均发挥了重要促进作用，推动了中亚地区城镇化质量的提升。

（二）城镇化又促进了中亚地区工业化水平的提升

中亚地区城镇化对工业化的促进作用主要体现在：一是城镇化促进了劳动力、土地、资本、技术、信息等生产要素的集聚，使得各生产要素从分散无序状态向规模型、集约型转变，由此形成了一批工业园或产业园区；同时，生产要素的自由流动与优化组合，又促进了产业分工与工业支柱产业的发展壮大。二是城镇化促进了工业化质量效益的提升。城镇具有较好的科技教育基础，并集聚了一大批科技与管理人员和熟练劳动力等高端生产要素，这有利于促进传统产业从资源和劳动密集型向资本与技术密集型转型升级，以及高技术产业的成长与发展。三是城镇化带来的需求扩展与升级有利于推动产业结构的优化升级。同时，城镇人口的快速增长和产业间生产联系的进一步加强，带动并促进了生产性服务业和生活性服务业的快速发展。前者包括金融、保险、现代物流、信息和商务服务业等，后者包括商贸、文化、旅游、健康、养老、法律服务和房地产业等，它们促进城镇产业结构的多元化、高度化，以及就业结构的变化。服务业在城镇生产总值和就业结构中占比分别从 2000 年的 30% 和 40% 上升至 2017 年的 50% 和 60%，城镇产业服务化趋势日益增强，推动了中亚地区工业化的提质增效。

二、中亚地区城镇化与工业化的发展阶段

基于工业化与城镇化的交互关系，中亚地区城镇化与工业化具有明显的对应关系，其定量判断也存在相互交叉重叠，但其主导指标又各有侧重。例如，城镇化发展阶段以城镇化率为主导指标，参考经济城镇化、社会城镇化和空间城镇化的相关指标；而判断工业化水平则以经济发展水平（人均 GDP），第二、第三产业增加值在 GDP 中和就业结构中占比，以及制造业在工业中占比为主导指标。

（一）中亚五国城镇化发展阶段判断

1975 年美国地理学家诺瑟姆（Ray M. Northam）通过研究世界各国城市化发展轨迹，将城市化过程划分为以下三个阶段：城市化起步阶段（城市化率<30%）、城市化的中期加速发展阶段（城市化率为 30%~70%）、城市化后期成熟稳定阶段（城市化率>70%），分别对应于工业化初期、工业化中期和工业化后期阶段。中国学者方创琳根据中国城市化的发展条件和特点，将城市化（中国称为"城镇化"，包括各类城市与建制镇人口占总人口之比，下同）发展过程细分为城镇化初期阶段、城镇化中期阶段、城镇化后期阶段和城镇化终期阶段（表 9-1）。

表 9-1　城镇化发展四个阶段的基本特征及相应指标

指标	城镇化初期	城镇化中期	城镇化后期	城镇化终期
城镇化率/%	1~30	30~60	60~80	>80
工业化水平/%	1~30	30~70	70~30	<30
三次产业增加值占 GDP 的比例/%	50∶25∶25	25∶45∶30	15∶40∶45	10∶30∶60
三次产业占就业结构的比例/%	80∶15∶5	50∶30∶20	20∶40∶40	10∶30∶60
城镇化率平均增速/%	缓慢，<1.0	加速，>1.0	减缓，<1.0	极慢，≈0
城镇化动力	工业占绝对主导	工业主导 第三产业为辅	第三产业主导 工业为辅	第三产业占 绝对主导
主导经济类型	农业经济	工业经济	工商业经济	服务业经济

指标	城镇化初期	城镇化中期	城镇化后期	城镇化终期
城镇空间形态	点状结构	带状或面状结构	网络结构	均衡网络结构
对应经济发展阶段	工业化初期	工业化中期	工业化后期	后工业化阶段

资料来源：方创琳等，2014

（1）城镇化率。

2017 年，中亚五国平均城镇化率为 48.1%，其中哈萨克斯坦、土库曼斯坦和乌兹别克斯坦城镇化率均已超过 50%，分别为 57.3%、51.2% 和 50.6%，总体处于城镇化中期向后期过渡阶段；吉尔吉斯斯坦城镇化率为 36.1%，处于城镇化中期起始阶段；塔吉克斯坦城镇化率为 26.9%，仍处于城镇化初期阶段。1960~2017 年中亚五国城镇化率变动情况见图 9-2。

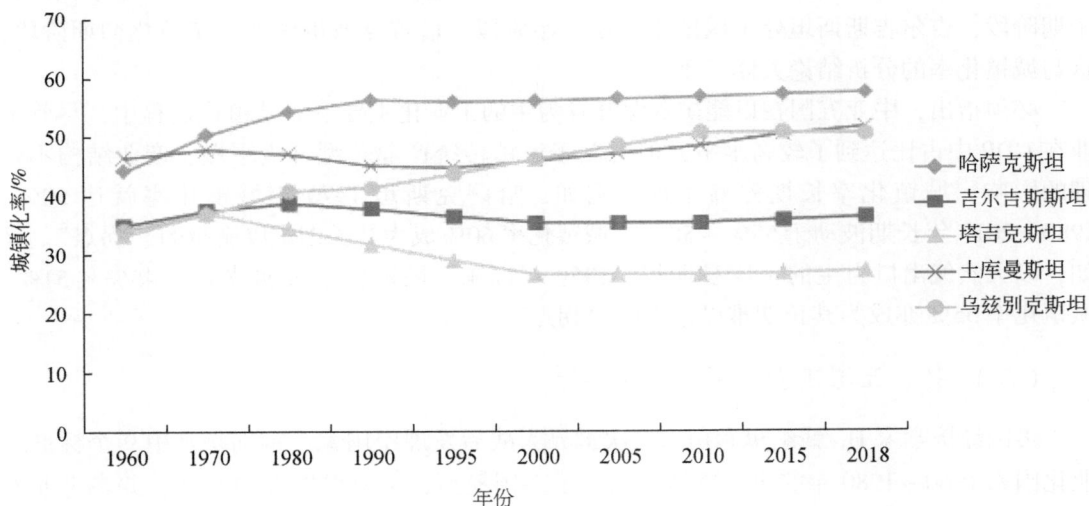

图 9-2　1960~2018 年中亚五国城镇化率变化

（2）三次产业增加值构成与就业结构。

20 世纪 90 年代以来，随着中亚地区城镇化工业化进程的加速，第一、第二、第三产业的增加值构成和就业结构也发生了显著的变化。在 GDP 构成中，农业增加值占比从 1990 年的 20%~33% 降至 2017 年的 5%~20%，非农产业（第二、第三产业）相应地从 60%~80% 上升到 80%~95%，其中城镇化水平较高的哈萨克斯坦和土库曼斯坦尤为明显。例如，哈萨克斯坦 GDP 中第一、第二、第三产业增加值占比分别从 1993 年的 16.4%、37.0%、46.6% 提升至 2017 年的 4.4%、32.2%、63.4%。

在就业结构方面，自 1990 年以来，中亚五国三次产业的就业结构变化特点为：农业就业人员占比从 1995 年的 30%~60% 下降至 2017 年的 16%~46%，而非农产业（第二、第三产业）就业人员占比则相应地从 40%~70% 上升至 54%~84%，1995~2017 年中亚五国三次产业就业结构动态变化见表 9-2。

表 9-2 1995～2017 年中亚五国三次产业就业结构变化

国家	1995 年	2000 年	2010 年	2017 年
哈萨克斯坦	39.7：15.6：44.7	36.1：16.1：47.8	28.3：18.7：53.0	16.3：20.4：63.3
吉尔吉斯斯坦	54.0：10.9：35.1	49.7：13.7：36.6	29.9：22.7：47.4	22.0：23.6：54.4
塔吉克斯坦	60.9：17.0：22.1	60.2：17.0：22.8	53.1：15.5：31.4	45.8：15.5：38.7
土库曼斯坦	31.0：37.2：31.8	30.3：36.0：33.7	24.8：39.2：36.0	20.3：42.2：37.5
乌兹别克斯坦	37.0：33.7：29.3	39.8：29.3：30.9	30.9：25.4：43.7	24.6：29.0：46.4

资料来源：世界银行数据库 WDI Database 03/12/2019

从以上对中亚五国的第一、第二、第三产业的增加值构成和就业结构的分析可以得出，哈萨克斯坦与土库曼斯坦处于城镇化中期向后期过渡阶段，乌兹别克斯坦处于城镇化中期阶段，吉尔吉斯斯坦处于城镇化中期起始阶段，塔吉克斯坦尚处于城镇化初期阶段，这与城镇化率的分析结论大体一致。

必须指出，中亚五国在以能矿资源开发为主的工业化主导下的城镇化进程中，尽管工业在 GDP 中占比达到了较高水平，但受制于城镇传统产业转型升级缓慢、产业结构不合理的影响，城镇化率长期停滞不前。例如，哈萨克斯坦 1970 年城镇化率就达 50%，1980～2017 年长期波动于 55%～58%，城镇化率 60% 成为其长期难以逾越的"拐点"。又如，以天然气出口为主的土库曼斯坦，1959 年以来，城镇化率长期波动于 45%～51%，城镇化率 55% 亦成为其长期难以逾越的"拐点"。

（二）中亚五国工业化发展阶段判断

美国经济学家 H. 钱纳里利用第二次世界大战后发展中国家，特别是其中 9 个标准工业化国家 1960～1980 年的历史资料，建立了多国模型，主要根据人均 GDP，并参考非农产业增加值构成和第二、第三产业就业结构及城镇化率，将国家和地区经济发展分为 5 个阶段，即前工业化阶段、工业化初期阶段、工业化中期阶段、工业化后期阶段及后工业化社会（表 9-3）。

表 9-3 工业化发展阶段基本特征及指标

指标	前工业化阶段	工业化阶段			后工业化社会
		初期	中期	后期	
人均 GDP（2017 年）/美元	<1 200	1 200～3 000	3 000～8 000	8 000～15 000	>15 000
三次产业增加值结构/%	$S<20$	$P>20$, $S>T$, $T>P$	$P>20$, $S>T$, $S>P$	$P<10$, $S>T$	$T>P+S$
农业就业人员占比/%	>60	45～60	30～45	10～30	5～10
工业增加值占 GDP 的比例/%	<20	20～40	40～50	50～30	$T>50$
工业结构特征	采掘和资源初加工	资源和劳动密集型产业	重化工业	高附加值、技术密集型产业	现代服务业高技术产业

续表

指标	前工业化阶段	工业化阶段			后工业化社会
		初期	中期	后期	
制造业增加值占 GDP 的比例/%	<5	5~20	20~40	<40	
城镇化率/%	10	30~40	40~60	60~70	>70

注：P、S、T 分别代表第一、第二、第三产业增加值占 GDP 的比例

资料来源：陈明星等，2013

（1）人均 GDP。

在 H. 钱纳里构建的多国模型指标体系中，将人均 GDP 作为衡量一个国家和地区工业化发展阶段的核心指标，由于其单位为 1970 年美元不变价，为便于比较，本书统一采用 2017 年美元不变价计算。按钱纳里模型指标体系中的人均 GDP 指标，2017 年中亚五国中，哈萨克斯坦人均 GDP 为 9030 美元，已进入工业化后期阶段，土库曼斯坦为 6587 美元，处于工业化中期阶段，乌兹别克斯坦和吉尔吉斯斯坦处于工业化初期阶段，塔吉克斯坦尚处于前工业化阶段（图 9-3）。

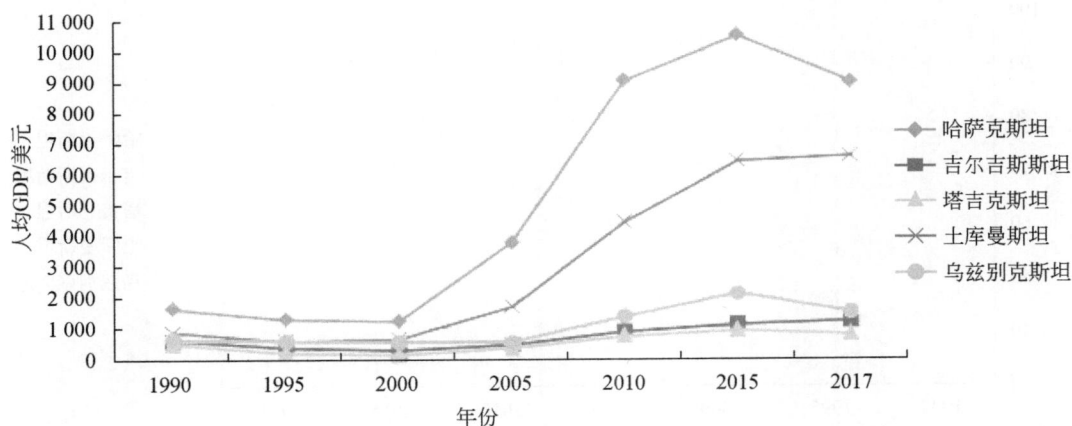

图 9-3　1990~2017 年中亚五国人均 GDP 变化

（2）非农产业增加值及就业结构。

1990 年以来，中亚五国工业化进程相对较快，非农产业（第二、第三产业）增加值在 GDP 中占比从 1990 年的 60%~80% 上升至 2017 年的 80%~95%，其中工业化进程最快的哈萨克斯坦则从 1993 年的 83.6% 上升至 2017 年的 95.6%；相应地，非农产业就业结构占比亦呈上升态势，不过总体上仍滞后于产业结构的变化，详见图 9-4、图 9-5。

2017 年，中亚五国中除塔吉克斯坦外，其他四国工业化程度均较高，但工业化的总体质量不优。例如，作为工业化质量重要指标的制造业增加值占 GDP 的比例，即使是工业化程度居前两位的哈萨克斯坦和土库曼斯坦（工业增加值占比分别为 32.2% 和 57%），其占比也仅分别为 11.2% 和 9.7%，表明其工业化主要是依赖对能矿资源的大规模开发和出口而实现的。

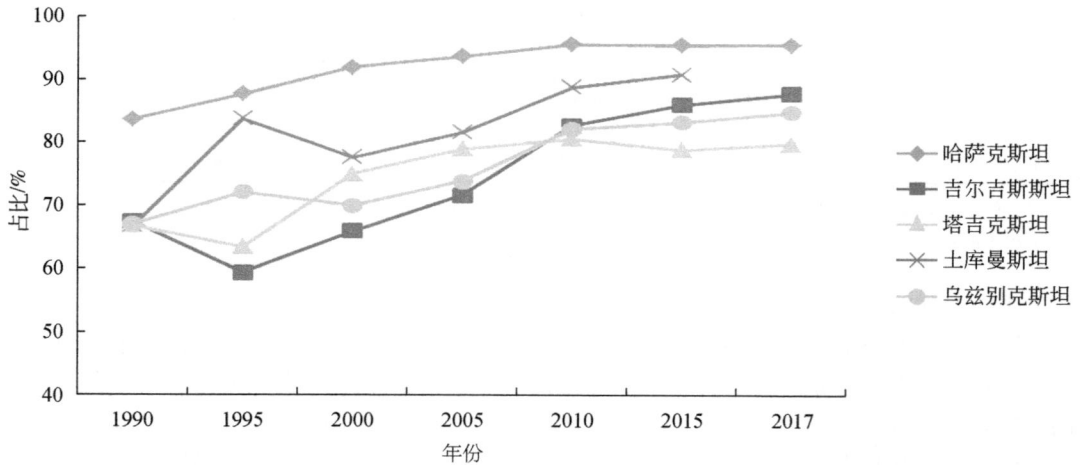

图 9-4　1990~2017 年中亚五国第二、第三产业增加值占比变化

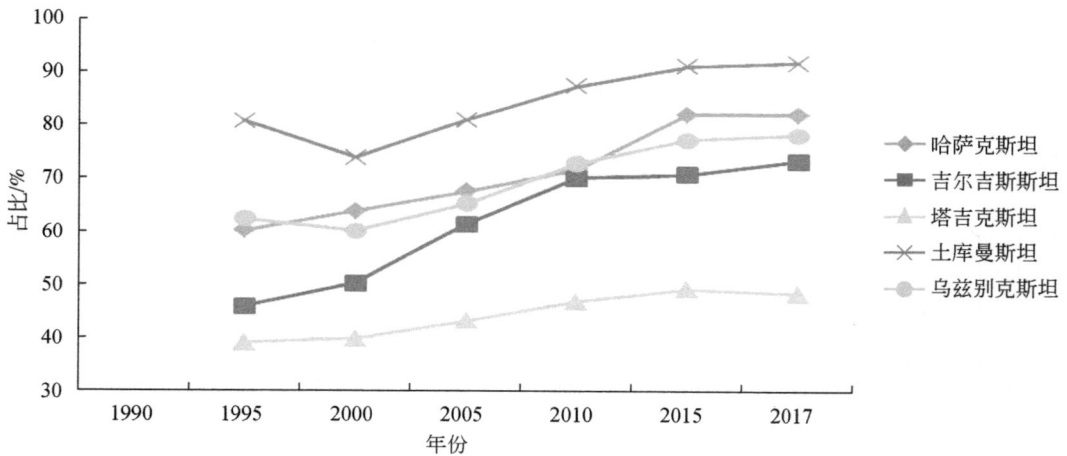

图 9-5　1990~2017 年中亚五国第二、第三产业就业占比变化

第二节　工业化与城镇化耦合关系分析

　　耦合原为物理学概念，是指两个或两个以上系统或运动形式之间通过各种交互作用而彼此影响的现象。系统从无序向有序发展的关键在于系统内部序参量之间的协同作用，它左右着系统相变的特征和规律，而耦合度正是反映这种协调作用的度量，据此，可将工业化与城镇化两个系统通过各自的耦合元素产生彼此相互影响的程度定义为工业化与城镇化的耦合度，亦即工业化与城镇化相互作用、相互影响的非线性关系的总和。

　　耦合协调度中的"协调"，是指系统演变过程内部各要素各种质的差异部分，在组成一个统一整体时的相互和谐一致的属性。耦合协调度反映了工业化与城镇化的耦合系统中，各种子系统之间的一致程度，亦即在确保工业化与城镇化过程内部协调的基础上，使两者在发展阶段、发展目标和发展政策上有机配合，形成良性互动的合力系统，从而取得良好的经济、社会和生态效益。

一、工业化与城镇化交互耦合的数学模型

设变量 u_i（$i=1$，2，$\cdots$，m）为工业化-城镇化系统序参量，u_{ij} 为第 i 个序参量的第 j 个指标，其值为 X_{ij}（$j=1$，2，$\cdots$，n）。α_{ij}、β_{ij} 为系统稳定临界点序参量的上、下限值。因此工业化-城镇化系统对系统有序的功效系数 u_{ij} 可表示为

$$u_{ij} = (X_{ij}-\beta_{ij})/(\alpha_{ij}-\beta_{ij}) \tag{9-1}$$

式中，u_{ij} 为变量 X_{ij} 对系统的功效贡献大小，数值取值范围为 [0，1]。

工业化与城镇化处于两个不同而又相互作用的子系统，对子系统内各个序参量的有序程度的贡献量可通过集成方法来实现

$$u_i = \sum_{i=1}^{m} \lambda_{ij}u_{ij}，\sum_{j=0}^{n} \lambda_{ij} = 1 \tag{9-2}$$

式中，u_i 为子系统对总系统有序度的贡献；λ_{ij} 为各个序参量的权重，采用主成分分析法、熵值赋权法结合确定权重。

借鉴物理学中的容量耦合概念及容量耦合系数模型，推广得到多个系统（或要素）相互作用耦合度模型

$$C_n = n\{(u_1,u_2,\cdots,u_m)/[\Pi(u_i+u_j)]\}1/n \tag{9-3}$$

式中，C_n 为耦合度，$C\in$ [0，1]；u_1 和 u_2 分别为工业化和城镇化的综合发展指数。

由于每个地区的工业化与城镇化的发展具有其交错、动态和不平衡的特征，耦合协调度模型可以更好地评判不同区域工业化与城镇化交互耦合的协调程度，其公式如下

$$D = \sqrt{C\times T}，T=\alpha u_1+\beta u_2 \tag{9-4}$$

式中，D 为耦合协调度；C 为耦合度；T 为工业化与城镇化综合协调指数，它反映工业化与城镇化的整体协同效应或贡献；$\alpha=0.6$；$\beta=0.5$。在实际应用中，$T\in$（0，1），$D\in$（0，1）。

二、工业化与城镇化交互耦合的发展阶段与类型分析

在地区工业化与城镇化耦合指标体系中，以 U_g 和 U_c 分别表示工业化和城镇化综合发展指数，其中 U_g 包括人均 GDP、工业 GDP 占比、服务业 GDP 占比、制造业 GDP 占比等指标；U_c 包括城镇化率、第二产业就业占比、第三产业就业占比等指标。按照核心指标（人均 GDP、城镇化率）赋权 0.6，其他指标赋权 0.4，计算得出 U_g、U_c。当 $U_g>U_c$，说明工业化超前城镇化，当 $U_g<U_c$，则说明工业化滞后城镇化。当 $0<U_g-U_c<0.1$，表明工业化与城镇化同处于较高、中等、较低或低水平。

耦合度是对系统关联程度的度量，根据耦合度 C 值可分为以下 5 种类型的耦合阶段：

（1）当 $C \in (0, 0.2)$ 时，工业化与城镇化的处于低水平耦合阶段；

（2）当 $C \in (0.2, 0.4)$ 时，工业化与城镇化处于较低水平耦合阶段；

（3）当 $C \in (0.4, 0.6)$ 时，处于耦合拮抗阶段，在工业化与城镇化的上升期，两者处于相互制约、相互促进的螺旋上升阶段；

（4）当 $C \in (0.6, 0.8)$ 时，耦合进入磨合阶段，工业化与城镇化相互促进、持续上升阶段，呈现出良性耦合特征，也是较高水平耦合阶段；

（5）当 $C \in (0.8, 1.0)$ 时，工业化与城镇化处于高水平耦合阶段。

耦合协调度既可反映各系统是否具有良好的水平，又可反映系统间的相互作用关系。D 作为工业化与城镇化的耦合协调度，也可划分为以下 5 类：

（1）$D \in (0, 0.2)$ 时，为低度协调耦合；

（2）$D \in (0.2, 0.4)$ 时，为较低度协调耦合；

（3）$D \in (0.4, 0.6)$ 时，为中度协调耦合；

（4）$D \in (0.6, 0.8)$ 时，为较高度协调耦合；

（5）$D \in (0.8, 1)$ 时，高度协调耦合。

三、中亚地区工业化与城镇化的耦合关系

中亚地区工业化与城镇化的耦合关系拟分两个层次分析：一是国家层次，即以五国为地理单元，主要从总体上把握中亚地区工业化与城镇化的耦合协调状况。二是以哈萨克斯坦和乌兹别克斯坦两国为例，分别代表以能矿资源大规模开发和绿洲城镇化与绿洲经济为驱动力的工业化和城镇化模式，通过分州（自治共和国、市）的耦合协调度计算，揭示工业化与城镇化耦合协调的空间差异特点以及影响因素。

（一）中亚五国国家工业化与城镇化耦合协调度

中亚五国工业化与城镇化的耦合阶段、耦合度和耦合协调度计算结果见表 9-4。

表 9-4　中亚五国工业化与城镇化耦合协调类型表（2017 年）

国家	U_g	U_c	C	D	耦合协调类型	耦合阶段	耦合协调度
哈萨克斯坦	0.64	0.78	0.82	0.75	工业化滞后城镇化	高水平耦合阶段	较高度协调耦合
吉尔吉斯斯坦	0.35	0.49	0.63	0.51	工业化滞后城镇化	磨合阶段	中度协调耦合
塔吉克斯坦	0.36	0.15	0.47	0.38	工业化超前城镇化	拮抗阶段	较低度协调耦合
土库曼斯坦	0.63	0.75	0.80	0.72	工业化滞后城镇化	较高水平耦合阶段	较高度协调耦合
乌兹别克斯坦	0.31	0.62	0.63	0.54	工业化滞后城镇化	磨合阶段	中度协调耦合

中亚五国工业化与城镇化耦合关系，在耦合协调类型方面，哈萨克斯坦、土库曼斯坦、乌兹别克斯坦和吉尔吉斯斯坦为工业化滞后城镇化类型，塔吉克斯坦为工业化超前城镇化类型。从耦合阶段来看，哈萨克斯坦和土库曼斯坦为高和较高水平耦合阶段，乌兹别

克斯坦和吉尔吉斯斯坦为磨合阶段，塔吉克斯坦为拮抗阶段；从耦合协调度来看，哈萨克斯坦和土库曼斯坦为较高度协调耦合，乌兹别克斯坦和吉尔吉斯斯坦为中度协调耦合，只有塔吉克斯坦为较低度协调耦合。

（二）哈萨克斯坦分州（市）工业化与城镇化耦合协调度

哈萨克斯坦全国 16 个州（市）工业化与城镇化耦合协调度计算结果见表 9-5。

表 9-5　哈萨克斯坦分州工业化与城镇化耦合协调关系（2017 年）

州（市）	U_g	U_c	C	D	耦合协调类型	耦合阶段	耦合协调度
阿克莫拉州	0.30	0.24	0.51	0.37	工业化与城镇化水平较低	拮抗阶段	较低度协调耦合
阿克托别州	0.36	0.53	0.66	0.54	工业化滞后城镇化	磨合阶段	中度协调耦合
阿拉木图州	0.23	0.12	0.40	0.27	工业化超前城镇化	较低水平耦合阶段	较低度协调耦合
阿特劳州	0.58	0.48	0.73	0.62	工业化超前城镇化	磨合阶段	较高度协调耦合
西哈萨克斯坦州	0.39	0.32	0.59	0.46	工业化与城镇化水平较低	拮抗阶段	中度协调耦合
江布尔州	0.22	0.26	0.49	0.35	工业化滞后城镇化	拮抗阶段	较低度协调耦合
卡拉干达州	0.52	0.69	0.77	0.68	工业化滞后城镇化	磨合阶段	较高度协调耦合
科斯塔奈州	0.25	0.28	0.51	0.37	工业化滞后城镇化	拮抗阶段	较低度协调耦合
克孜勒奥尔达州	0.28	0.39	0.57	0.44	工业化滞后城镇化	拮抗阶段	中度协调耦合
曼格斯套州	0.48	0.47	0.69	0.57	工业化与城镇化水平中等	磨合阶段	中度协调耦合
南哈萨克斯坦州	0.21	0.32	0.51	0.37	工业化滞后城镇化	拮抗阶段	较低度协调耦合
巴甫洛达尔州	0.53	0.53	0.73	0.62	工业化与城镇化水平中等	磨合阶段	较高度协调耦合
北哈萨克斯坦州	0.18	0.19	0.43	0.28	工业化滞后城镇化	拮抗阶段	较低度协调耦合
东哈萨克斯坦州	0.39	0.46	0.65	0.52	工业化滞后城镇化	磨合阶段	中度协调耦合
阿斯塔纳市	0.39	0.81	0.73	0.66	工业化滞后城镇化	磨合阶段	较高度协调耦合
阿拉木图市	0.45	0.79	0.76	0.68	工业化滞后城镇化	磨合阶段	较高度协调耦合
全国合计	0.64	0.78	0.82	0.75	工业化滞后城镇化	高水平耦合阶段	较高度协调耦合

从耦合阶段来看，处于磨合阶段的有卡拉干达州、阿特劳州、巴甫洛达尔州、东哈萨克斯坦州、曼格斯套州、阿克托别州、阿拉木图市和阿斯塔纳市；处于拮抗阶段的有北哈萨克斯坦州、江布尔州、科斯塔奈州、阿克莫拉州、南哈萨克斯坦州、克孜勒奥尔达州、西哈萨克斯坦州；处于较低水平耦合阶段的有阿拉木图州。

从耦合协调度分析，属于较高度协调耦合的有卡拉干达州、阿特劳州、巴甫洛达尔州、阿拉木图市和阿斯塔纳市；属于中度协调耦合的有曼格斯套州、阿克托别州、东哈萨克斯坦州、西哈萨克斯坦州和克孜勒奥尔达州；属于较低度协调耦合的有阿拉木图州、北哈萨克斯坦州、江布尔州、阿克莫拉州、科斯塔奈州及南哈萨克斯坦州。

（三）乌兹别克斯坦分州工业化与城镇化耦合协调度

乌兹别克斯坦全国 14 个州（自治共和国、市）工业化与城镇化耦合协调度计算结果见表9-6。

表9-6　乌兹别克斯坦工业化与城镇化耦合协调类型（2017年）

地区	U_g	U_c	C	D	耦合协调类型	耦合阶段	耦合协调度
卡拉卡尔帕克斯坦自治共和国	0.47	0.41	0.66	0.54	工业化与城镇化水平中等	磨合阶段	中度协调耦合
安集延州	0.28	0.44	0.58	0.45	工业化滞后城镇化	拮抗阶段	中度协调耦合
布哈拉州	0.34	0.25	0.53	0.39	工业化与城镇化水平较低	拮抗阶段	较低度协调耦合
吉扎克州	0.21	0.27	0.49	0.34	工业化滞后城镇化	拮抗阶段	较低度协调耦合
卡什卡达里亚州	0.34	0.33	0.58	0.44	工业化与城镇化水平较低	拮抗阶段	中度协调耦合
纳沃伊州	0.72	0.51	0.77	0.69	工业化超前城镇化	磨合阶段	较高度协调耦合
纳曼干州	0.22	0.70	0.58	0.51	工业化滞后城镇化	拮抗阶段	中度协调耦合
撒马尔罕州	0.26	0.23	0.50	0.35	工业化与城镇化水平较低	拮抗阶段	较低度协调耦合
苏尔汉河州	0.12	0.13	0.35	0.21	工业化滞后城镇化	较低水平耦合阶段	较低度协调耦合
锡尔河州	0.24	0.16	0.44	0.30	工业化与城镇化水平较低	拮抗阶段	较低度协调耦合
塔什干州	0.49	0.47	0.69	0.58	工业化与城镇化水平中等	磨合阶段	中度协调耦合
费尔干纳州	0.36	0.56	0.66	0.55	工业化滞后城镇化	磨合阶段	中度协调耦合
花拉子模州	0.26	0.11	0.40	0.27	工业化超前城镇化	较低水平耦合阶段	较低度协调耦合
塔什干市	0.83	0.69	0.87	0.81	工业化超前城镇化	高水平耦合阶段	高度协调耦合
全国合计	0.31	0.62	0.63	0.54	工业化滞后城镇化	磨合阶段	中度协调耦合

从耦合阶段分析，除塔什干市工业化与城镇化处于高水平耦合阶段外，纳沃伊州、塔什干州、费尔干纳州和卡拉卡尔帕克斯坦自治共和国均处于磨合阶段；安集延州、卡什卡达里亚州、纳曼干州、布哈拉州、撒马尔罕州、吉扎克州、锡尔河州处于拮抗阶段；花拉子模州和苏尔汉河州处于较低水平耦合阶段。

从耦合协调度看，除塔什干市为高度协调耦合、纳沃伊州为较高度协调耦合外，塔什干州、费尔干纳州、纳曼干州、安集延州、卡什卡达里亚州和卡拉卡尔帕克斯坦自治共和国属于中度协调耦合；布哈拉州、撒马尔罕州、吉扎克州、锡尔河州、花拉子模州和苏尔汉河州属于较低度协调耦合。

第三节　中亚地区工业化与城镇化的资源环境效应

基于工业化与城镇化之间相互促进、互为制约的交互影响机理，工业化与城镇化的不同发展阶段与发展模式，其资源与生态环境效应也很不同。传统工业化主导下的城镇化是一种高资源消耗、高经济增长、高碳排放、高污染的不可持续的城镇化发展模式，导致日益严重的资源消耗及生态环境恶化；而近年来中亚一些国家和城镇推动的城镇经济转型发展，则获得了资源的可持续利用、生态环境逐步向良性循环发展的效应。

一、传统工业化主导下城镇化的资源和生态环境效应

传统工业化是基于自然资源与劳动力资源优势，通过大量消耗能源、原材料等自然资源，或大量投入廉价的劳动力，依靠投资和出口拉动经济增长并推动城镇化发展。前者以哈萨克斯坦和土库曼斯坦为代表，后者以乌兹别克斯坦较为典型，总体上，传统工业化主导下的城镇化是以牺牲资源与生态环境为代价的粗放型发展模式。

（一）能矿资源大规模开发及资源型城镇发展引发的资源与生态环境问题

中亚地区自 20 世纪 30 年代起至 50～80 年代的工业化与城镇化发展主要是通过大规模开发能矿资源实现的。特别是能矿资源丰富的哈萨克斯坦和土库曼斯坦，依靠大规模开发煤炭、石油、天然气等能源资源，以及铁矿、铬矿和铝、铜、铅、锌等黑色与有色金属矿，并发展相应的钢铁及有色冶金等加工工业和配套的电力、化工、建材等重化工业，较早地步入了工业化与城镇化的快速发展轨道，1970 年哈萨克斯坦和土库曼斯坦两国的城镇化率就分别达到 50.2% 和 47.8%，但由此带来的资源与生态环境负效应也十分突出，主要可归结为以下四个方面。

（1）温室气体（CO_2）排放量快速增长。

随着中亚地区人口的快速增长（从 1940 年的 1705.4 万人增至 2017 年的 7130.6 万人，增长了 3.18 倍）以及工业化与城镇化的快速发展，能源消费量大幅增长，温室气体（CO_2）的排放量也显著上升。尤其是工业化与城镇化水平较高的哈萨克斯坦和土库曼斯坦，2010 年人均能源消费量分别为 4234.9 千克油当量和 4459.2 千克油当量，超过国际平均水平 1.5～1.6 倍；人均 CO_2 排放量分别从 1995 年的 10.7 吨和 8.08 吨上升至 2010 年的 15.23 吨和 11.26 吨，超过国际平均水平 1.6～2.4 倍，由此对当地气候变暖和生态环境日益恶化产生了重要影响（表 9-7、表 9-8）。

表 9-7　1990～2010 年中亚五国能源消费量及人均消费量

国家	能源消费量/万吨油当量					人均能源消费量/千克油当量				
	1990 年	1995 年	2000 年	2005 年	2010 年	1990 年	1995 年	2000 年	2005 年	2010 年
哈萨克斯坦	7344.9	5224.8	3567.9	5087.9	6912.1	4492.9	3303.3	2397.2	3359	4234.9
吉尔吉斯斯坦	764.4	283.4	236.2	257.4	275.3	1704.8	522.8	473.4	495.8	505.4
塔吉克斯坦	530.7	222.5	214.9	234	217.6	1004.5	386	345.7	341.4	284.8
土库曼斯坦	1751.8	1369.2	1487.9	1917.5	2268.4	4755.1	3253.8	3294.8	4033	4459.2
乌兹别克斯坦	4636.9	4274.5	5086.5	4708.5	4321	2260.8	1876	2063.6	1799.4	1512.8

表 9-8　1995～2010 年中亚五国 CO_2 排放总量及人均排放量

国家	CO_2 排放量/万吨				人均 CO_2 排放量/吨			
	1995 年	2000 年	2005 年	2010 年	1995 年	2000 年	2005 年	2010 年
哈萨克斯坦	16 916.4	11 809.9	17 732.9	24 854.9	10.7	7.93	11.71	15.23
吉尔吉斯斯坦	452.9	463.5	559.2	638.4	0.99	0.95	1.08	1.17
塔吉克斯坦	245	223.7	244.2	254.4	0.42	0.36	0.36	0.33
土库曼斯坦	3 400	3 753.9	4 833.8	5 728.9	8.08	8.31	10.17	11.26
乌兹别克斯坦	10 343.5	12 182.8	11 724.9	10 416.7	4.54	4.94	4.48	3.56

（2）环境污染严重。

中亚五国独立前大规模发展钢铁及铝、铜、铅、锌、锑、汞等黑色和有色金属开采与冶炼业，由于生产工艺落后，产生了大量有害、有毒物质，据估算，各类工业废弃物（含尾矿）达 250 亿吨，严重污染空气、土壤和水源。例如，位于哈萨克斯坦中东部的卡拉干达州和东北部的巴甫洛达尔州是该国工业化与城镇化水平较高的两州（2017 年工业化水平分别为 52.4% 和 69.4%[①]，城镇化率分别为 79.4% 和 70.6%）。其中卡拉干达州在 20 世纪 30 年代初大规模开发当地丰富的炼焦煤的基础上，于 50～60 年代建成了综合性的大型煤炭–冶金基地（包括大型钢铁、电力、化工、建材等企业），同时还于 30～40 年代开发了该州西部的热兹卡兹甘铜矿，并建立了大型炼铜厂，巴甫洛达尔州则在 50 年代开发埃基巴斯图兹特大型褐煤田的基础上，建立了 4 座总装机容量为 1600 万千瓦的特大型坑口电厂，后又相继建成了大型炼油厂和铁合金厂等一批重化工企业，致使卡拉干达铁米尔套（钢铁厂所在地）和埃基巴斯图兹成为当时哈萨克斯坦环境污染最重、水资源严重短缺的城镇。虽经过 2000 年以来的持续大规模治理，卡拉干达的大气污染物排放量从 2003 年的 141.54 万吨降至 2017 年的 43.3 万吨，但仍位居哈萨克斯坦各大城镇前列；而巴甫洛达尔 2003～2017 年大气污染物排放量则长期保持在 80 万吨左右。

受矿山冶金企业及城镇工业与生活排水的影响，哈萨克斯坦境内大部分水体污染严重。2004～2008 年，哈萨克斯坦工业企业与城镇排入河流的污水量达 1158 万吨，年均排放量达 232 万吨，其中阿拉木图、卡拉干达、东哈萨克斯坦 3 州入河污水量约占总排水量的 90%，仅阿拉木图州就占全国入河污水总量的 46% 以上。2004～2008 年，哈萨克斯坦境内河湖的水环境污染平均指数分别为：锡尔河 2.08，楚河 2.07，伊犁河 2.13，巴尔喀什湖 2.59，努拉河 1.70。地表水污染也影响了作为居民生活用水的地下水质的安全。据报道，哈萨克斯坦有 700 处地下水源受到污染，总体处于中等污染状态，主要为硫酸盐和氯化物超标、重金属污染、石油产品等有机物污染、苯酚污染等，其中有 127 处地下水属重污染危害级别，48 处为高度污染，3 处为严重污染。

（3）水资源短缺。

中亚地处欧亚大陆腹地，属于典型的大陆性气候，80% 以上的国土为荒漠所覆盖，气

---

① 指工业总产值与地区总产值之比。

候炎热干燥，年降水量仅 100~200 毫米，但年蒸发量高达 2000 毫米以上。据联合国粮食及农业组织 2004 年统计，中亚五国淡水资源总量约 10 000 亿立方米，但分布极不均匀，其中塔吉克斯坦和吉尔吉斯斯坦两国合计占 55%，而土库曼斯坦和乌兹别克斯坦仅分别为 14 亿立方米和 163 亿立方米，人均水资源量分别为 243 立方米和 503 立方米，属于严重缺水国家。水资源总量较大的哈萨克斯坦，多年平均水资源量为 754 亿立方米，但 45% 为额尔齐斯河、伊希姆河及锡尔河等河流入境水量，且主要分布于东北部、北部及西南部；广大的中部和西部地区由于自产水量很小，仅有的少数内陆河流水量小且多为季节性河流，远不能满足工业及城镇发展用水需求。

为解决卡拉干达铁米尔套和埃基巴斯图兹两市的严重缺水问题，哈萨克斯坦于 1962 年开始建设额尔齐斯—埃基巴斯图兹—卡拉干达运河调水工程，从巴甫洛达尔州额尔齐斯河及其支流别洛伊河汇合处引水，渠首位于耶尔马克市南 5 千米处，运河全长 458 千米，引水能力为 75 米³/秒，沿线建有 22 座提水泵站和 11 座调蓄水库，年均设计调水能力为 20 亿立方米，1972 年全线通水试运行，1974 年 12 月通过国家验收。但由于工程不配套，1975~1983 年年均实际引水量只有 10 亿立方米。20 世纪 80 年代中期开始建设运河第二期工程，计划最终抵达热兹卡兹甘铜矿区，从而解决该地区工业与城镇发展中的严重缺水问题。

（4）生态恶化。

中亚地区能矿资源的大规模开发、加工和运输，对生态影响十分严重。例如，露天矿开采不仅毁坏植被和破坏地表结构，引发水土流失、崩塌、滑坡、泥石流等自然灾害，而且采矿产生的大量剥离物（如煤矸石、低品位矿石等）、有色金属与黑色金属采选中产生的大量尾矿及赤泥，以及铀矿开采和残存的放射性元素等，都对生态产生巨大破坏，并导致荒漠化进程加快。

（二）绿洲经济主导下的城镇化引发的资源环境问题

绿洲是指干旱地区荒漠中有稳定的水源供给、利于植物繁茂生长或人类集聚繁衍的地区，多分布于河流沿岸以及有冰雪融水灌溉的山麓地带，具有人口密集、人类活动强度较大等特点。例如，中亚地区 2017 年平均人口密度为 17.8 人/千米²，但绿洲人口密度可达 300~600 人/千米²，土地开垦程度为 40%~60%。绿洲经济是建立在绿洲基础上的经济体系，是适应绿洲自然环境特征、经济发展特点和社会文化条件，人与自然、工农业紧密结合的经济体系。中亚地区绿洲经济主要分布于乌兹别克斯坦和土库曼斯坦。此外，在哈萨克斯坦南部、塔吉克斯坦西南部和吉尔吉斯斯坦北部也有分布。总体来看，中亚绿洲大体沿锡尔河（含上游纳伦河）、阿姆河干支流及众多人工运河（如费尔干纳运河及卡拉库姆运河）呈片状、岛状或串珠状分布。其中著名的有乌兹别克斯坦的费尔干纳、泽拉夫尚、塔什干（奇尔奇克）、花拉子模、苏尔汉绿洲，土库曼斯坦的马雷、捷詹及科佩特山绿洲等。其中费尔干纳盆地为中亚地区最大的绿洲，除包括乌兹别克斯坦的费尔干纳、安集延、纳曼干三州外，还包括周边吉尔吉斯斯坦的奥什、贾拉拉巴德以及塔吉克斯坦的苦盏，总土地面积达 2.2 万平方千米。

中亚地区绿洲经济是以绿洲农业为基础，通过集聚人口和产业而逐步发展起来的。早在 20 世纪 40～50 年代的苏联时期，就将棉花生产部门作为中亚地区农业专门化部门，逐年扩大种植面积（1977 年中亚五国棉花种植面达 273.3 万公顷，占全苏联的 92.7%），其次是粮食作物、瓜果及蔬菜。在绿洲农业的基础上，发展了以农副产品为原料的食品、纺织、皮革，以及为农业服务的农机、化肥、纺织机械等加工制造业，进一步推动了人口的集聚和绿洲经济工业化水平的提高。据统计，中亚绿洲人口从 1940 年的 1400 万人增加到 20 世纪中期的 3500 万人，城镇化率相应地从 25%～30% 提高至 45%～50%；非农产业在地区总产值中的占比亦从 50% 提升至 70%。

由于中亚地区绿洲经济（尤其是绿洲农业）是以持续大规模开发水资源为代价而发展起来的，特别是盲目扩大耗水量大的棉花种植面积，消耗了大量的水资源，加上快速增长的城镇生活和工业用水需求，使得中亚地区水资源供需矛盾日益突出，并导致中亚两大河流锡尔河与阿姆河入海流量减少 85% 以上，由此造成咸海面积和蓄水量分别从 1960 年的 6.8 万平方千米和 1100 平方千米萎缩至 2004 年的 17 160 平方千米和 193 平方千米。2007 年咸海水域面积仅为 20 世纪 60 年代初的 1/10，海水含盐度高达 100 克/升，并由此引发震惊世界的咸海生态危机，主要表现为：绿洲荒漠化加快、农田盐碱化加重、环境污染凸显、区域气候恶化，受直接影响的人口约 4000 万人，占中亚地区总人口的 57%。特别是因咸海干涸，湖底堆积的 100 亿吨盐土在春季狂风作用下形成盐尘暴，致使每年约有 4000 万～1.5 亿吨有毒盐尘危及中亚广大的中南部地区，不仅导致农田牧场毁灭，而且直接危及人体健康，诱发多种呼吸道疾病，并对交通、电力、通信等基础设施造成损害和破坏，同时由于湖面面积严重萎缩，改变了下垫面性质，影响水热交换和调节功能，致使周边区域气候的大陆性特征更加突出，沙尘暴频发（每年出现 90 多次），成为影响中亚地区的重要沙尘暴源之一。

自 1990 年以来，联合国环境规划署及国际生态保护组织召开了多次国际会议，发出了"拯救咸海"的号召。在联合国倡议下，中亚五国元首于 1993 年成立了咸海问题跨国委员会，并于 1995 年共同签署了"咸海宣言"，世界银行还建立了拯救咸海国际基金会；2014 年 10 月，又在乌兹别克斯坦举行了"缓解咸海地区生态危机国际合作会议"，签署了近 30 个文件，援助资金达 30 亿美元。但鉴于咸海问题治理的复杂性，除 2005 年哈萨克斯坦耗资 2.6 亿美元，建成了将咸海分割为南、北两部分的人工堤坝外（北咸海面积从 2003 年的 2250 平方千米增至 2008 年的 3300 平方千米，南咸海仍处于继续萎缩中），咸海从生态危机变成"生态灾难"的趋势并未得到根本遏制。

总的来看，绿洲人口的快速增长和对绿洲赖以生存的水资源长时期高强度开发而形成的过度绿洲化，是中亚地区资源与生态恶化的主因，而绿洲工业化与城镇化作为绿洲经济-社会体系的重要组成部分，通过不断增长的对水资源的需求和水环境等污染的循环积累效应，对加剧周边生态环境的恶化起到了重要的推动作用。

二、中亚地区工业化与城镇化转型发展下的资源环境效应

中亚地区传统工业化主导下的城镇化以及过度绿洲化引发的严重生态环境问题，不仅

直接关系到该地区的可持续发展以及广大民众的福祉，而且也引起了国际社会的高度重视。但中亚五国自 1991 年相继独立后，首先面临经济体制从原来的计划经济向市场经济转变的繁重任务，加上受国内外诸多政治、军事、经济、社会等因素的制约，经济发展经历了停滞衰退阶段（1992 ~ 1995 年）、复苏阶段（1996 ~ 2000 年）、缓慢上升阶段（2001 ~ 2005 年）。因此，中亚地区工业化与城镇化的转型发展从 2006 年才开始，其间由于经历了 2008 年的国际金融危机和受 2014 ~ 2016 年国际能源市场价格急剧波动的影响，一度出现短时期停滞下降，但总体而言，工业化与城镇化的转型发展还是取得了一定的成绩，其资源与生态环境效应也取得了局部的改善。

（一）产业结构的调整优化

工业化与城镇化的互动机理表明，工业化是城镇化的重要驱动力，而城镇化则是推动工业化水平提升（包括结构优化与质量提高）的物质技术基础与重要载体。2001 年以来，中亚各国基于国内外市场需求的变化，以及传统工业化引发的优势矿产资源（如铝、铜、铅、锌、锑、汞等有色金属）日渐枯竭与生态环境恶化等问题采取了以下措施：一是促进传统产业的转型升级，如引进先进的生产工业与技术装备，淘汰落后产能，延伸产业链，着力发展初级产品的精深加工和资源的综合利用，以此减轻环境污染和对生态环境的破坏。例如，哈萨克斯坦的卡拉干达、热兹卡兹甘和乌斯季卡缅诺戈尔斯克及巴尔喀什通过对传统采矿-冶金企业的技术工艺进行升级，"三废"污染物排放量较前减少了 30% ~ 50%。二是加快发展科技含量和附加值较高、污染排放较低的先进制造业，如汽车及零部件、矿山机械与工程机械等装备制造业、石油化工、生物医药产业，促进了工业结构的优化与工业化整体水平的提升。三是促进商贸、金融、物流、信息服务、文化旅游等第三产业的发展，不仅有利于增加城镇的劳动就业，而且还有利于增强城镇的对外辐射与影响力。2010 年以来，中亚地区绝大部分人口在 50 万人以上的大城镇实现了从工业城镇向服务业城镇的转型发展，如塔什干、阿拉木图、阿斯塔纳、比什凯克、杜尚别、奇姆肯特等城镇第三产业在 GDP 中占比均已超 50%，凸显了城镇产业的"服务业化"趋势。城镇产业结构的优化，大大减轻了工业"三废"污染和对周边地区生态系统的影响。

总体来看，中亚五国城镇产业结构优化仍处于渐进积累阶段，即使是工业化和城镇化水平相对较高的哈萨克斯坦，传统产业占主导地位的格局仍未得到根本改善，先进制造业、高技术产业以及金融、信息、商务服务等现代服务业在城镇经济中占比仍不高，致使城镇化水平仍难以突破 60% 的"拐点"。

（二）城镇基础设施的改善与提升

城镇基础设施是城镇生存和发展所必需的工程性基础设施与社会基础设施的总称，包括交通、能源、通信、市政、环保等基础设施，以及文教、医疗卫生、商业与金融服务设施，它不仅是城镇现代化的重要标志，也是衡量城镇化质量的主要指标。中亚地区大部分城镇历史悠久，城镇基础设施远不能满足城镇人口快速增长的需求。但由于受财政资金不足的制约，投资建设的重点仅限于一些大中城镇，如五国首都、重要交通枢纽、著名的文化旅游城镇等。其中尤以塔什干和阿斯塔纳两市进展较快、成效显著。塔什干是中亚最大的城市和综合性交通枢纽，2017 年人口为 246.5 万，该市 GDP 占全国的 15.5%，其中服务业和工业增加值分别占 GDP 的 61.6% 和 38.9%。现今塔什干是在 1966 年 4 月 26 日 7.5 级（一说为 9 级）大地震后重建的，经过多年的持续建设，其已建成较为完善的城市交通、能源、通信、市政工程设施和商贸、文教、医疗卫生等服务设施，其中包括 3 条地铁线路，运营里程为 36.2 千米；并建成了较为完善的给排水和污水处理设施，工业和生活污水处理率达 90% 以上，显著改善了包括塔什干州在内的整个奇尔奇克绿洲的生态环境。阿斯塔纳位于哈萨克斯坦中北部，地处温带荒漠草原带，2017 年人口为 97.3 万。按总体规划，拟分两期投入 120 亿美元进行大规模基础设施建设，第一期已于 2015 年完成。其为迎接 2017 年 6~9 月举办的世博会，先后建成了长 22.4 千米的城市轻轨、3 号热电站，新建和改造城市道路 400 千米，以及一大批公共服务设施。未来将建成中亚地区现代化水平最高的全球化城市和中亚地区最大的金融中心。

（三）新城新区建设

基于旧城工矿企业分布较集中、人口密集、城镇基础设施落后、人居环境较差、城镇改造难度较大，从 2006 年开始，中亚各国首都以及人口在 50 万人以上的城镇，相继以工业园区、政府机构和科教院所为依托，建设了一批新城新区。如哈萨克斯坦的阿斯塔纳，于 2010 年配合建设经济特区，在伊希姆河左岸（老城区南）着手建设新城，其中第一期占地面积约 30 平方千米，总投资为 1470 亿坚戈，现已基本建成，包括国家政府机构办公区、纳扎尔巴耶夫大学、世博会园区、金融中心（入驻企业超过 200 家），并具有较完善的基础设施和生活服务设施。又如，塔什干在地震后建设的以行政办公、商贸、金融等功能为主的新城基础上，又于 2019 年公布了占地 200 平方千米，可容纳 200 万人的新城总体规划方案。此外，在阿拉木图、比什凯克、杜尚别、阿什哈巴德、奇姆肯特、撒马尔罕及布哈拉等城市，也都兴建了规模不等的新城和新区。新城和新区建设对提高中亚地区的社会城镇化与空间城镇化水平具有重要的促进作用。

总体来看，中亚地区多数中小城市及城镇，尤其是以能矿为主的资源型城镇，城镇基础设施大大滞后于人口增长与产业发展需求，其资源与生态环境状况虽已得到了不同程度改善，但距大气及水环境达标排放及受损生态系统恢复还有相当差距。

第四节　中亚地区工业化城镇化与资源环境协调发展的对策

一、根据各国发展水平和资源环境特点实行差异化的城镇化发展战略

城镇化发展战略基于国家或地区总体发展战略，并根据其自然条件、资源环境承载力和社会经济条件特点，对城镇化的速度、规模与城镇空间布局进行战略性的部署。中亚五

国自然条件、历史、民族和文化基础以及经济社会发展水平差异较大，其城镇化的路径与模式也很不相同，大体可分为以下三类。

（一）工业化与城镇化水平较低的国家

这类国家包括塔吉克斯坦和吉尔吉斯斯坦。其主要特点：一是境内绝大部分为高原山地，资源环境承载力较低。例如，塔吉克斯坦国土面积中，以帕米尔高原为主体的山地占9/10，其中半数以上山地海拔3000米，仅在西南部和西北部分布有河谷盆地。吉尔吉斯斯坦山地约占国土总面积的80%，包括横贯中北部的天山山脉西段和西南部的帕米尔–阿赖山脉，其中海拔3000米以上地区占全境的1/3，河谷盆地主要分布于北部天山北坡和西南部。二是工业化和城镇化水平较低，城镇化率为27%～36%，人均GDP为800～1000美元，工业在GDP中占比为25%～30%，以矿产资源开采与初加工和农副产品加工工业为主。

塔吉克斯坦和吉尔吉斯斯坦两国今后应采取"择地、聚产、兴城"的城镇化发展战略，以共建丝绸之路经济带为契机，通过引进外资，加快工业化进程，推动人口及产业集聚，同时，要以资源环境承载力较强的塔吉克斯坦西南部的杜尚别—瓦赫什河谷盆地、吉尔吉斯斯坦的楚河、塔拉斯河谷盆地，以及塔吉克斯坦和吉尔吉斯斯坦两国与费尔干纳盆地毗邻区为重点，在适度扩大中心城镇规模的同时，加快发展小城镇，促进城镇化的持续稳定发展。

（二）工业化水平滞后于城镇化的国家

这类国家的典型为乌兹别克斯坦。其特点为：城镇化水平较高，工业化水平偏低。2017年乌兹别克斯坦城镇化率为50.6%，已处于城镇化中期阶段，但工业化水平总体仍较低，如人均GDP为1554美元，工业占GDP的29.5%、就业结构的37.75%。1960～2010年，乌兹别克斯坦城镇化率稳步增长（从33.98%提升至50.96%），但自2010年以来处于停滞状态，其主要原因如下：一是工业化动力不足，具体体现在城镇的创新能力不强，目前仍以传统产业为主，先进制造业占比较低，高技术产业尚处于起步阶段，现代服务业发展滞后；二是对资本、技术、人才、信息等生产要素的集聚作用较弱；三是绿洲水资源承载力严重超载，农业用水挤占了工业和城镇居民生活用水（2010年农业用水占总用水量的90%），制约了工业化与城镇化的发展。

未来，乌兹别克斯坦应采取"强产优城"的城镇化发展战略。一是加快绿洲经济的转型升级，适当压缩棉花种植面积，腾出部分水资源满足工业化和城镇化的用水需求；加快目前城镇化率较低的苏尔汉河州、撒马尔罕州、卡什卡达里亚州及布哈拉州等的城镇化水平。二是积极推进传统产业的升级，特别是对部分以油气和有色金属开发为主的州（如布哈拉州、纳沃伊州和塔什干州），传统产业的升级应与环境污染治理和生态建设同步进行。三是以塔什干为重点，进一步完善和提升城镇基础设施，加快发展先进制造业、高技术产业与现代服务业，增强其对周边费尔干纳盆地和吉扎克、撒马尔罕、布哈拉等地的辐射带动作用。

（三）工业化与城镇化水平较高的国家

这类国家包括哈萨克斯坦和土库曼斯坦两国，2017 年两国城镇化率分别为 57.3% 和 51.2%，人均 GDP 分别为 9030 美元和 6587 美元，总体上处于工业化中期或中后期阶段。但这两国突出的问题是工业化和城镇化的质量均不高，具体体现在：工业化与城镇化的主要驱动力为能矿资源开采与初加工，制造业占比较低（2017 年哈萨克斯坦制造业占 GDP 的比例为 11.2%），其中尤以土库曼斯坦最为突出（制造业占 GDP 的比例小于 10%），其工业化与城镇化主要依靠油气资源（特别是天然气）开采和出口拉动。先进制造业和现代服务业发展明显滞后，对周边地区的辐射带动作用不强。除首都阿斯塔纳和阿拉木图等极少数大城市外，绝大部分城镇的基础设施建设落后于人口城镇化，水资源短缺、环境污染及生态破坏较为严重。

针对上述问题，哈萨克斯坦和土库曼斯坦两国应实施"工业化与城镇化质量双提升"发展战略。一是加快传统产业的转型升级，通过延伸产业链，将能矿资源开采业转型为能矿资源开采及加工业。例如，在油气资源集中区建设炼油及石油化工产业；将有色金属开采转型为有色金属开采+有色冶金及其制品+伴生矿物与尾矿的综合利用（化工、建材）；能源产业转变为电力（火电、水电）+高耗能产业（电解铝、镁等）。二是大力发展先进制造业，包括汽车及零部件、装备制造、石油化工、新材料等行业，有选择地发展电子信息、新能源、生物医药等高技术产业，优化工业结构。三是加快发展现代服务业，如金融、保险、信息服务、商务服务等生产性服务业，增强城镇对外的吸引力和辐射力。四是增加城镇环境保护和生态建设的资金与技术投入，不仅要还清苏联时期生态破坏与环境污染的欠账，还要实现城镇生态环境向良性循环发展。

二、建设资源节约型、环境友好型社会

中亚五国绝大部分国土位于干旱半干旱地区，气候干旱少雨，生态系统十分脆弱，加上长期以来人口快速增长和不合理的人类活动，如大规模开发土地和能矿资源，以及"过度绿洲化"，导致水资源短缺、大气及水环境和土壤环境污染严重、土壤次生盐碱化与荒漠化面积不断扩大、沙尘暴（盐尘暴）频发、生物多样性丧失等生态恶化问题，其中尤以包括阿姆河、锡尔河中下游在内的咸海流域最为突出。针对上述严峻形势，中亚地区应大力倡导建设资源节约型、环境友好型社会（简称"两型"社会）。

（一）"两型"社会的建设要求

资源节约型社会是指在生产、流通、消费领域，通过健全机制、调整结构、技术进步、加强管理、宣传教育等手段，促进资源的合理开发利用和资源的保护，提高资源开发利用效率，维持生态平衡，以尽可能少的资源消耗、较低的环境污染，取得最大的经济和社会效益，实现可持续发展。

环境友好型社会就是全社会都采取有利于环境保护的生产方式、生活方式、消费方

式，建立人与环境的良性互动关系。建设环境友好型社会要以人与自然和谐共生为目标，以环境承载力为基础，以遵循自然规律为核心，以绿色科技为动力，倡导环境文化和生态文明，通过大力发展环境友好技术、产业、企业和产品，构建经济社会环境协调发展的社会体系。

（二）全面促进资源节约集约利用

节约资源是保护生态环境的根本之策。对中亚地区而言，重点是节约水资源、能源和矿产资源。要坚持资源的开发与节约并重、节约优先，按照减量化、再利用、资源化的原则，在资源开采、生产消耗、废物产生及消费等环节，逐步建立全社会的资源循环利用体系。一是在节约用水方面，2010 年中亚五国农业消耗了总用水量的 85%，因此应将农业节水列为重中之重，包括适当压减耗水量大的棉花种植面积，制定农田灌溉定额，大力推广节水灌溉技术，提高渠系水利用系数等；制定单位工业增加值的耗水定额，重点推进火电、冶金、化工等高耗水行业的节水技术改造；抓好城镇节水工作，强制推广利用节水设备和器具，扩大再生水利用。二是在节约能源方面，通过优化产业结构，逐步降低钢铁、有色金属、煤炭、化工、建材等高耗能行业比例，实现结构节能；通过开发推广节能技术，实现技术节能；通过淘汰落后产能和加强能源生产、运输、消费环节的制度建设与监管，实现管理节能。三是加强资源的综合利用，重点抓好煤炭、黑色及有色金属共生伴生矿的综合利用；推进粉煤灰、工业废物综合利用。通过建立生产者责任延伸制度，推进废旧金属、废旧轮胎和废电子产品的回收利用；加强生活垃圾和污泥资源化利用。

（三）构建环境友好型经济发展模式

环境友好型经济发展模式是建设环境友好型社会的核心。传统经济发展模式是以对自然资源的过度索取和以牺牲环境为代价获得经济高速增长，表现出典型的高消耗、高污染排放、低效益的特征。因此，环境友好型经济发展模式的首要任务是实现低资源能源消耗、低污染排放和生态破坏、高经济效益，为此，应将发展循环经济作为实施的路径。

循环经济是以资源节约和循环利用为特征、与环境和谐的经济发展模式。强调把经济活动组织成一个"资源—产品—再生资源"的反馈流程，其特点是低开采、高利用、低排放。所有的物质和能源在持续的经济循环中得到合理与持久的利用，并将经济活动对自然环境的影响降低到尽可能小的程度。以中亚地区的哈萨克斯坦和乌兹别克斯坦为例，可以分布较广、对生态环境影响较大的铝、铜、铅、锌、金和铀等有色与稀有金属为对象，延伸产业链，除开采原矿、选矿、冶炼加工生产有色金属及其制品外，还可利用选矿后的尾矿生产建材，利用冶炼中回收的废气、废水和废渣生产多种化工产品（如利用铜、铅、锌冶炼时回收的 SO_2 生产硫酸等），不仅提高了能矿资源的综合利用率和经济效益，还大大减轻了环境污染和对生态的破坏。

三、推进生态城市建设

生态城市是 20 世纪 70 年代联合国教育、科学及文化组织发起的"人与生物圈计划"

研究中提出的一个重要概念。广义的生态城市是建立在人类对人与自然关系更为深刻认识的基础上的新文化观，是按照生态学原则建立起来的社会、经济、自然协调发展的新型社会关系，是最有效利用生态环境资源实现可持续发展的新的生产和生活方式。狭义的生态城市是指按照生态学原理进行城市设计，建立高效、和谐、健康、可持续发展的人类聚居环境。

生态城市是社会、经济、文化和自然高度协同和谐的复合生态系统，其内部的物质循环、能量流动和信息传递构成环环相扣、协同共生的网络，具有实现物质循环再生、能量充分利用、信息反馈调节、经济高效、社会和谐、人与自然协同共生的机能。因此，生态城市是一个经济高度发达、社会繁荣昌盛、人民安居乐业、生态良性循环四者保持高度和谐，城市环境及人居环境清洁、优美、舒适、安全，失业率低，社会保障体系完善，高技术和现代服务业占主导地位，城市文明程度较高的人口复合生态系统。

生态城市建设的核心是构建人工复合系统，也是人类通过政策、法律法规和规划等手段而建立和进行动态调节的社会–经济–自然复合系统。其中，社会的生态化表现为：人们拥有自觉的生态意识和环境价值观，人口素质、生活质量、健康水平与社会进步和经济发展相适应，有一个保障人人平等、自由、公平、正义的社会环境。经济的生态化表现为：采用可持续发展的生产、消费、交通和居住发展模式，实现清洁生产和文明消费，推广生态产业和生态工程技术。对于经济增长，不仅重视数量的增长，还追求质量的提高；提高资源的再生和综合利用水平，节约能源，提高热能利用率，降低矿物燃料利用率，研究开发替代能源，提倡大力使用光能、风能等自然能源。自然的生态化表现为：发展以保护自然为基础，与环境承载力相协调；自然环境及其演进过程得到最大限度保护，合理利用一切自然资源和保护生命支持系统；开发建设活动始终保持在环境承载力范围内。

中亚地区生态城市的创建标准，要从社会生态、经济生态和自然生态三个方面加以考察，具体应满足以下8个标准：①广泛应用生态学原理规划建设城市，城市结构合理、功能协调，实现生产空间集约高效、生活空间宜居适度、生态空间绿水青山；②保护并高效利用一切自然资源与能源，产业结构合理，实现清洁生产；③采用可持续的消费发展模式，物质、能量循环利用率高；④有完善的城市基础设施和社会设施，生活质量高；⑤人工环境与自然环境有机结合和高度融合，环境质量高；⑥保护和继承文化遗产，尊重居民的多元文化和生活方式；⑦居民身心健康，有自觉的生态意识和环境伦理道德观念；⑧建立完善的、动态的生态调控管理与决策系统。

中亚地区推进生态城市建设必须采用先试点而后逐步推广的做法。建议从哈萨克斯坦和乌兹别克斯坦各选3~4个城市，土库曼斯坦、吉尔吉斯斯坦和塔吉克斯坦各选1~2个城市进行试点，在试点总结的基础上有计划、有步骤地进行，分阶段推进。试点城市应编制生态城市建设总体规划和制定实施的配套政策。

|第十章| 中亚能源综合利用对城镇化的影响

中亚地区扼守欧亚大陆心脏，并具有丰厚的能源储藏，因而其能源地缘战略地位十分突出，历来是世界主要政治力量和国际资本激烈争夺的舞台。自苏联解体后，能源一直是中亚国家的支柱产业，因而能源开发利用一直对中亚五国城镇化具有至关重要的影响。为阐明中亚能源综合利用对城镇化的影响，本章首先分析了中亚能源的资源储量、产销差额、对外供给、油气贸易和油气上下游建设等基本情况；其次采用复杂网络方法分析中亚国家范围内跨国能源企业并购投资的整体特征、发展演化历史与现状、局部特征与社团结构、个体特征与国家地位等，并结合国际产业分工、资源要素禀赋、地理空间位置、制度文化距离等国家特征属性，探索呈现中亚国家能源企业并购投资网络的组织模式及其演化成因；最后采用面板平滑转换模型，量化测度了能源储量、能源开发与能源利用等对中亚五国人口城镇化、土地城镇化及综合城镇化等的影响程度、国别差异及其作用路径，可深入认识中亚能源开发利用与城镇化的耦合关系，为深化中国和中亚五国能源开发与城镇化合作提供战略认识。

第一节　中亚能源开发的基本状况

近年来，中亚-里海地区在世界油气储量中的地位上升明显，其油气探明储量为218亿吨油当量，占世界的比例为5.45%。在不考虑中亚-里海地区的油气增产的情况下，未来20年内，中亚地区每年对外可供给油气大约为1.2亿吨；长远来看，土库曼斯坦的天然气资源将成为支撑中亚油气供应的支柱。从油气贸易流看，中亚国家的贸易量相对较小，对世界油气贸易格局的影响有限。中国是中亚最大的油气出口国，其出口量占油气出口总量的40.9%。中国每年从中亚进口的天然气总量约为2660万吨油当量，约占中国天然气总进口量的一半，其中93.59%来源于土库曼斯坦；中亚对中国的油气贸易依赖程度高于中国对中亚的依赖。自苏联解体后，能源一直是中亚国家的支柱产业。从20世纪90年代开始，中国油气企业开始进入哈萨克斯坦油气勘探开发领域，在油气田开发、管道建设和运营、工程技术服务和下游炼化领域展开务实合作。中国与中亚能源合作具有战略互补性，双方能源合作具有广阔的战略前景。

一、中亚能源资源储量

自20世纪90年代以来，中亚地区油气探明储量表现为明显的阶段性特征，大致分为三个阶段。第一阶段是 1997 年前，中亚油气探明储量大约为 52 亿吨油当量，占世界的比例大约为 1.89%。第二阶段为 1997~2006 年，1997 年油气探明储量增长至 57 亿吨油当量，增长了约 5 亿吨油当量，此后一直到 2006 年处于相对平稳阶段，占世界的比例约为 1.72%。第三阶段为 2007~2016 年，中亚油气处于跳跃式连续增长阶段，首先是 2007 年哈萨克斯坦油气储量增加了 29 亿吨油当量，随之 2008 年开始土库曼斯坦油气探明储量大幅度增加，导致中亚整体储量提升了 65 亿吨油当量，2011 年后整体处于相对平稳阶段，占世界的比例为 5.45%。从占世界探明储量的比例看，2011 年中亚油气探明储量占世界的比例达到 5.57% 的峰值，2011 年后尽管中亚地区探明储量始终维持在 218 亿吨油当量的水平，但随着世界其他地区不断发现新油气田与油气储存资源，中亚油气探明储量占世界探明储量的比例不断下降，2016 年中亚地区油气探明储量占世界探明储量的比例降为 5.45%（图 10-1）。

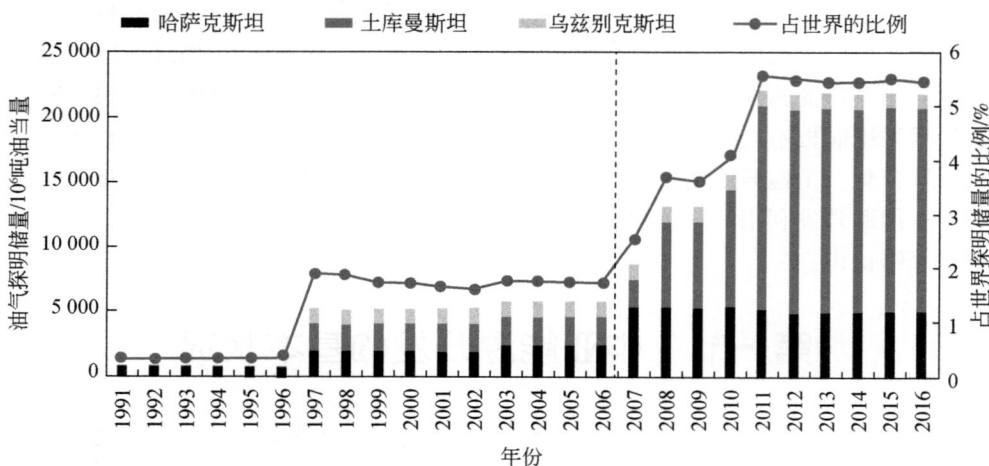

图 10-1 1991~2016 年中亚各国油气探明储量及其占世界的比例

从三个阶段中亚各国的油气储量及其变化看，2007 年以前中亚油气储量最多的国家是哈萨克斯坦，2008 年以来油气储量最多的国家是土库曼斯坦。1995 年哈萨克斯坦的油气储量为 7.254 亿吨油当量，占中亚油气储量的 86.81%；2005 年哈萨克斯坦的油气储量为 23.841 亿吨油当量，占中亚油气储量的 41.86%；2015 年哈萨克斯坦的油气储量达到 49.583 亿吨油当量，占中亚油气储量的 22.71%。根据表 10-1，1995 年土库曼斯坦的油气储量为 0.744 亿吨油当量，占中亚油气储量的 8.90%；2005 年土库曼斯坦的油气储量为 21.742 亿吨油当量，占中亚油气储量的 38.17%；2015 年土库曼斯坦油气储量达到 158.145 亿吨油当量，占中亚油气储量的 72.44%。乌兹别克斯坦油气储量相对较小，2015 年其油气储量为 10.584 亿吨油当量，占中亚油气储量的比例不足 5%。吉尔吉斯斯坦和塔吉克斯坦是贫油气国家。

表 10-1　中亚油气探明储量及其占世界的比例

年份	世界 /10^6 吨油当量	中亚 /10^6 吨油当量	中亚占世界 的比例/%	中亚主要国家		
				哈萨克斯坦 /10^6 吨油当量	土库曼斯坦 /10^6 吨油当量	乌兹别克斯坦 /10^6 吨油当量
1995	255 778.2	835.6	0.33	725.4	74.4	35.7
2005	326 571.1	5 695.7	1.74	2 384.1	2 174.2	1 137.4
2015	395 909.1	21 831.2	5.51	4 958.3	15 814.5	1 058.4

二、中亚油气产销特征

如图 10-2 所示，中亚国家的油气产量总体上呈现波动上升的态势。20 世纪 80 年代中亚油气生产出现小幅度上升，但 1990～1998 年从 1.44 亿吨油当量降低至 1 亿吨油当量，占世界的比例从 2.91% 降低至 1.80%。1999 年之后，除 2009 年、2010 年受全球金融危机的后效影响油气产量有所跌落外，其他年份中亚油气产量保持较为稳定的增长，2016 年油气产量为 2.29 亿吨油当量，占世界油气产量的 3.02%。

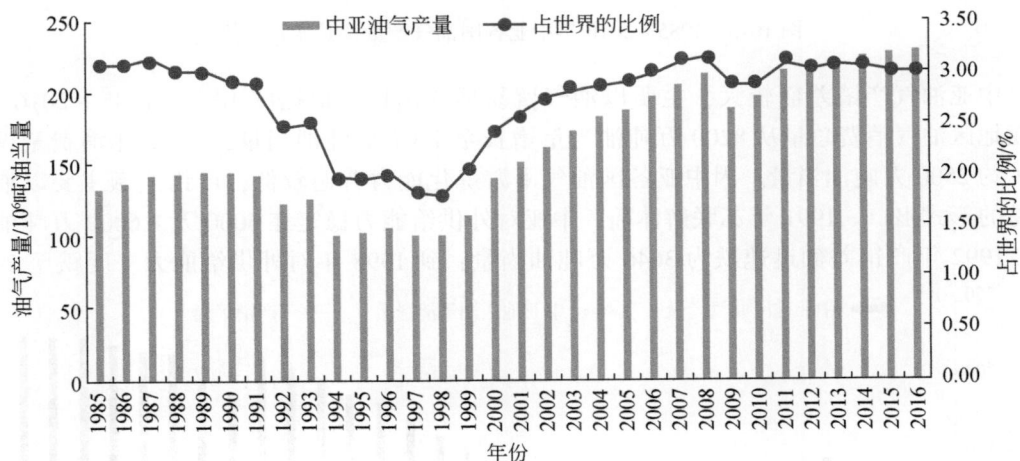

图 10-2　1985～2016 年中亚油气产量及其占世界的比例

中亚油气生产格局呈现出明显的不平衡状态。哈萨克斯坦主导着中亚石油生产的基本格局，土库曼斯坦主导着中亚天然气生产的基本格局。根据图 10-3，具体来看，哈萨克斯坦在 1998 年前油气产量低于 3000 万吨油当量，21 世纪以来油气产量呈现明显上升趋势，2000 年超过 4000 万吨油当量，2008 年之后达到 8000 万吨油当量，2016 年油气产量为 9720 万吨油当量。1996 年前，哈萨克斯坦油气产量占中亚油气产量的比例不足 25%，自 2008 年以来哈萨克斯坦油气产量占中亚油气产量的比例稳定在 40% 以上。土库曼斯坦的油气产量总体呈现先降低后逐步增长的态势，1985～1998 年产量从 7454 万吨油当量降低到 1720 万吨油当量，而后 1999~2016 年，产量增加超过 5562 万吨油当量，2016 年产量为 7282 万吨油当量，占中亚油气产量的比例为 31.79%。乌兹别克斯坦油气产量 1985~2016 年呈现出持续增长的特征，从 3000 万吨油当量增长至 5908 万吨油当量，占中亚油气产量的 25.79%。

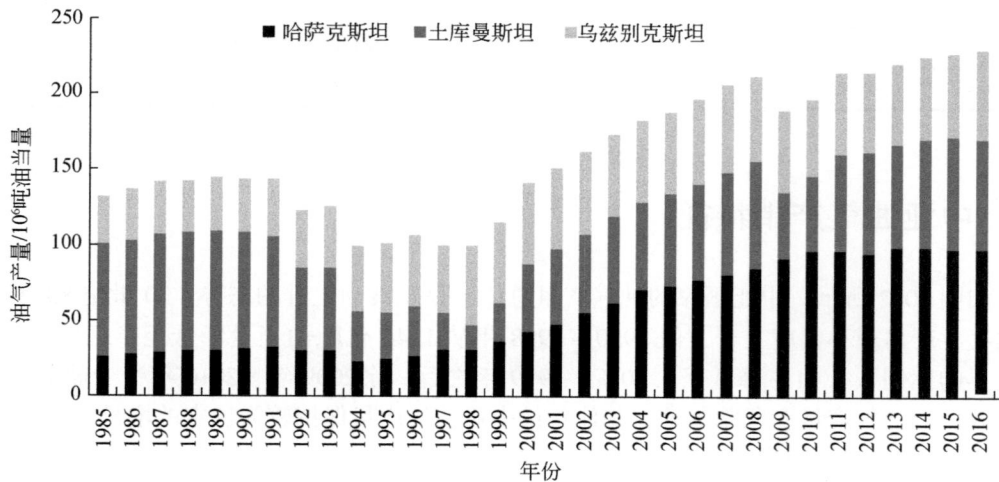

图 10-3　1985~2016 年中亚各国油气产量及其变化趋势

中亚油气产销差额较大，主要以油气贸易形式出口。根据图 10-4，1985~2016 年，中亚地区油气消费总量从 8200 万吨油当量增长至 1.07 亿吨油当量，这 32 年消费量仅增加了约 2500 万吨油当量。因中亚各国油气下游炼化能力普遍较低，产销差额主要以油气贸易的形式出口。1991 年苏联解体前，中亚对外供给能力稳定在 5000 万~6000 万吨油当量。1992 年产销差额迅速跌为 3646 万吨油当量，到 1998 年对外供给能力一度跌至 2460

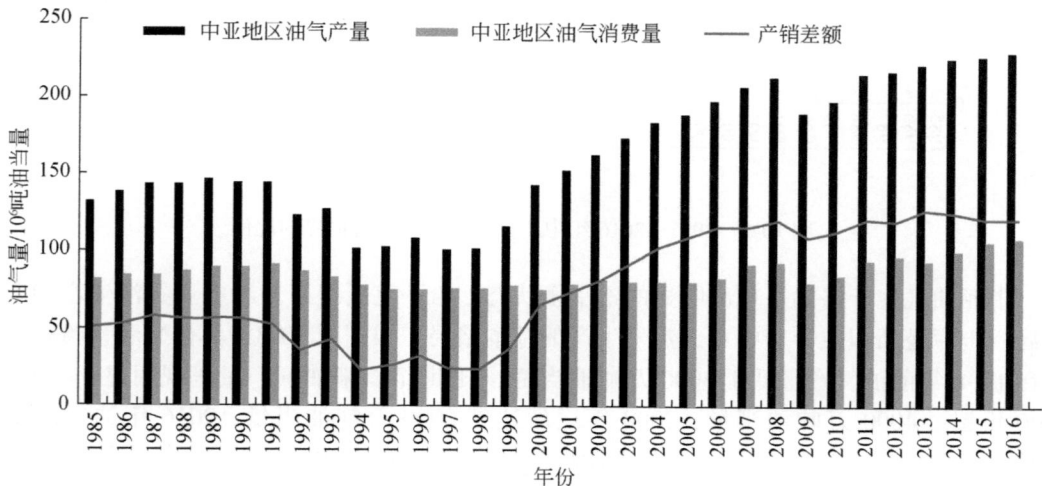

图 10-4　中亚地区油气资源产销差额变化

万吨油当量。1999 年后在跨国公司的帮助下，中亚油气产量持续上升，2000 年产销差额为 6653 万吨油当量，2005 年产销差额达到 1.09 亿吨油当量。2011 年以来中亚地区油气产销差额基本稳定在 1.2 亿吨油当量，2016 年产销差额为 1.22 亿吨油当量。整体来看，在不考虑中亚–里海地区油气增产的情况下，未来 20 年内中亚地区年对外可供给油气大约为 1.2 亿吨油当量。中远期来看，随着乌兹别克斯坦和哈萨克斯坦油气资源的枯竭，土库曼斯坦的天然气资源将成为支撑中亚油气供应的支柱。

三、中亚油气贸易的特征

中国已超过欧洲成为中亚最主要的油气贸易伙伴。自苏联解体后，中亚积极寻求油气贸易的多元化。从贸易集团关系看，中亚地区依然从属于俄罗斯–欧盟贸易集团，而乌兹别克斯坦、土库曼斯坦等国被排在三大贸易集团之外。从具体贸易关系看，中亚油气资源出口国从 1995 年的 11 个增加至 2015 年的 31 个。1995 年前中亚仅有少量油气出口，出口量不足 100 万吨油当量。1995～2015 年油气出口量迅速增加，2015 年达到 7722 万吨油当量（表 10-2）。欧洲曾是中亚最主要的出口地，2005 年中亚向欧洲出口的油气资源占中亚国家油气贸易的 80% 以上，乌克兰、德国、意大利和法国是中亚最主要的出口国，出口量均超过 500 万吨油当量，占中亚油气出口总量的 62.89%。2005 年后随着向中国出口量的增加，欧洲在中亚出口中的比例一度降到 46.19%（2013 年）（图 10-5）。2015 年中国是中亚最重要的油气出口国家，其油气出口量占油气出口总量的 40.9%。

表 10-2 1995 年、2005 年和 2015 年中亚国家的油气贸易

1995 年			2005 年			2015 年		
出口国	出口量/万吨油当量	比例/%	出口国	出口量/万吨油当量	比例/%	出口国	出口量/万吨油当量	比例/%
罗马尼亚	24.4	26.19	乌克兰	3054.0	39.66	中国	3158.6	40.90
哈萨克斯坦	22.6	24.28	德国	697.5	9.06	法国	761.4	9.86
波兰	17.5	18.81	意大利	550.7	7.15	德国	614.1	7.95
芬兰	8.2	8.83	法国	540.7	7.02	意大利	530.7	6.87
意大利	8.0	8.56	哈萨克斯坦	419.6	5.45	希腊	374.4	4.85
希腊	6.3	6.80	阿塞拜疆	372.9	4.84	罗马尼亚	305.8	3.96
匈牙利	2.8	3.00	罗马尼亚	363.1	4.71	俄罗斯	285.4	3.70
捷克	2.5	2.69	波兰	248.5	3.23	哈萨克斯坦	282.1	3.65
斯洛伐克	0.3	0.32	俄罗斯	242.6	3.15	西班牙	280.4	3.63
吉尔吉斯坦	0.3	0.32	匈牙利	165.3	2.15	奥地利	219.4	2.84

资料来源：作者根据联合国贸易数据库 UN Comtrade Database（https://comtrade.un.org/）油气资源贸易数据计算

中国与中亚天然气贸易相互依赖程度较高。中国从中亚各国进口能源的侧重点并不相同，中国主要从哈萨克斯坦、土库曼斯坦和乌兹别克斯坦三国进口天然气。从 2010 年开始，中国开始从土库曼斯坦进口天然气，从 2012 年和 2013 年开始分别从乌兹别克斯坦和

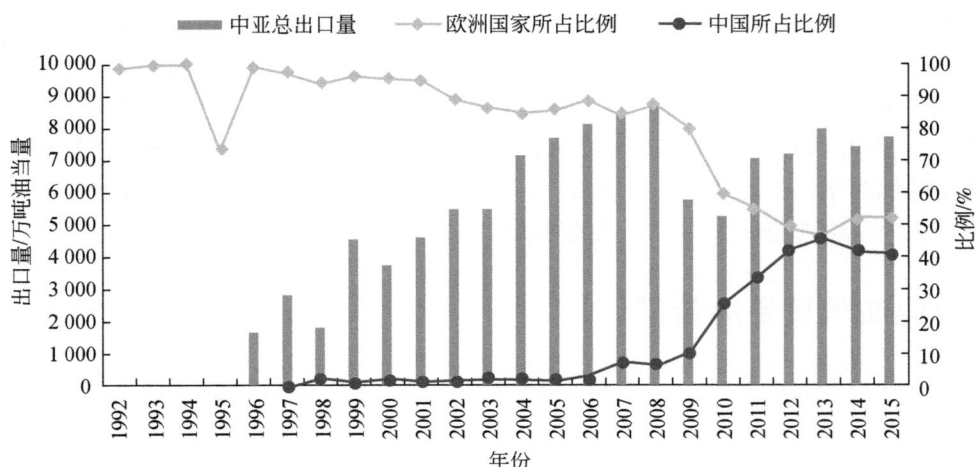

图 10-5　中亚国家油气出口量变动及主要出口方向

哈萨克斯坦进口天然气。目前中国每年从中亚进口的天然气总量约为 2660 万吨油当量，约占中国天然气总进口量的一半，其中 93.60% 来源于土库曼斯坦（表 10-3）。中国与土库曼斯坦已经形成高度相互依赖的天然气贸易伙伴关系，土库曼斯坦是中国油气进口的第八大国家、天然气最大进口国。

表 10-3　中国从中亚各国天然气进口量及所占比例

年份	土库曼斯坦		乌兹别克斯坦		哈萨克斯坦		中亚地区
	进口量/万吨油当量	占中亚的比例/%	进口量/万吨油当量	占中亚的比例/%	进口量/万吨油当量	占中亚的比例/%	进口量/万吨油当量
2010	316.481 9	100					316.481 9
2011	1 264.712	100					1 264.712
2012	1 914.156	99.30	13.525 66	0.70			1 927.682
2013	2 160.592	88.90	255.875 6	10.53	13.736 49	0.57	2 430.204
2014	2 286.7	90.02	218.053 2	8.58	35.551 14	1.40	2 540.304
2015	2 489.163	93.60	138.362 5	5.20	32.003 08	1.20	2 659.529

资料来源：作者根据 UN Comtrade Database（https：//comtrade.un.org/）油气资源贸易数据计算

四、中亚能源开发的主要领域

（一）油气勘探开发

石油是不可再生资源，增加石油储量是产油国最重要的任务。据不完全统计，2010 年以来哈萨克斯坦油气开发的总投资约为 1650 亿美元，其中超过 300 亿美元用于地质勘探。截至 2015 年，哈萨克斯坦共有油气田 267 座，其中 63 座处于勘探阶段，90 座处于开采阶段，114 座勘探与开采同时进行。哈萨克斯坦国际油气开发的重大项目主要有 3 个，分别是田吉兹、卡沙甘和卡拉恰干纳克。土库曼斯坦油气领域的对外开放程度不高，基本由国内石油康采恩、天然气康采恩、地质康采恩、油气贸易公司和油气建设公司五大国家公司掌握油气资源的开发。为开发里海大陆架油气资源，土库曼斯坦开放了里海近海油气的勘探开发，意大利、英国、加拿大、俄罗斯、德国、印度、马来西亚等国获得勘探开发权。土库曼斯坦约 10% 的油气储量由外国公司控制。乌兹别克斯坦独立初期，其能源政策不完善、不稳定且执行不力，仅俄罗斯一国在乌兹别克斯坦进行油气投资，其中俄罗斯卢克石油公司（Lukoil）与俄罗斯天然气工业股份公司（Gazprom）是乌兹别克斯坦油气领域最大外国投资商。近年来，随着油气投资环境的改善及相关优惠措施的出台，美国、日本、瑞士、马来西亚、韩国、中国等国家的企业通过合资联营的方式进入乌兹别克斯坦油气行业。目前，乌兹别克斯坦约 30% 的油气储量由外国公司控制。

（二）油气管道领域建设

哈萨克斯坦所产原油 80% 以上通过管道出口，仅少部分通过油轮从里海阿克套港运往沿岸的马哈奇卡拉港（俄罗斯）、敖德萨港（乌克兰）、巴库港（阿塞拜疆）和涅卡港（伊朗）港口，或者用铁路运往中国等周边国家。哈萨克斯坦主要有四条原油出口管道，其总长度为 9128 千米，包括里海管道国际财团（CPC）、中哈原油管道（KCP）、阿特劳—萨马拉管道（ASP）和巴库—第比利斯—杰伊汉（BTC）管道。土库曼斯坦是中亚最大的天然气生产国和出口国。液化天然气主要通过公路与铁路向伊朗和阿富汗出口或通过海运经里海向欧洲出口。管道天然气主要有三个方向。其一，中亚—中央天然气管道（Central Asia—Center Pipeline, CACP）向俄罗斯出口，最大年输气能力为 800 亿立方米。其二，中国—中亚天然气管道向中国出口，分为 A、B、C、D 四条线，设计年输气量为 850 亿立方米。其三，科尔佩杰—库尔特—库伊（Korpezhe—Kurt—Kui）管道和多夫列塔巴德—汉格兰管道（Dauletabad–Khangiran）向伊朗出口，两条管道设计年输气量约为 140 亿立方米。建成通向中国和伊朗的管道是土库曼斯坦推行天然气出口多元化战略、摆脱俄罗斯的天然气控制的重要措施。乌兹别克斯坦天然气产量仅次于土库曼斯坦，拥有较为完备的天然气管线。由于乌兹别克斯坦国内天然气需求快速增长（天然气在能源消费结构中的比例为 83%），加上政府鼓励发展天然气加工项目，乌兹别克斯坦天然气出口的压力骤增，扩建天然气管道成为乌兹别克斯坦油气工业发展的重要组成部分。乌兹别克斯坦天然气出口管道主要有三个方向，向北有中亚—中央天然气管道和布哈拉—乌拉尔（Bukhara—Ural）管道输往俄罗斯，向东有中国—中亚天然气管道输往中国，布哈拉—塔什干—比什凯克—阿拉木图（Bukhara—Tashkent—Bishkek—Almaty）管道和加兹里—奇姆肯特（Gazli—Chimkent）管道供应塔吉克斯坦、吉尔吉斯斯坦和哈萨克斯坦。

（三）油气炼化领域

哈萨克斯坦生产的石油绝大多数以原料形式出口，国内炼油企业的加工能力有限，导致国内成品油市场一直处于供不应求的状态，尤其是高质量的轻质成品油主要依靠进口。为了满足国内成品油品需求，哈萨克斯坦制定了多部纲领性文件、战略发展规划和法律法规，以提高下游产业投资在油气战略投资中的地位，并在政府和哈萨克斯坦国家石油天然气公司（Kaz Munay Gas）的主导下实施了一系列具体措施。其中，国内阿特劳炼油厂（年设计加工能力为 500 万吨）、巴甫洛达尔石化厂（年设计加工能力为 750 万吨）、奇姆肯特炼油厂（年设计加工能力为 600 万吨）是石油炼化领域的重点项目。土库曼斯坦石油和天然气开采、加工业是国民经济支柱。土库曼斯坦共有 4 个炼油厂，包括土库曼巴什炼油厂（年加工能力为 1200 万吨）、谢津炼油厂（年加工能力为 600 万吨）、巴尔坎纳巴特炼油厂（年加工能力为 300 万吨）和切列肯炼油厂（年加工能力为 250 万吨）。根据《2020 年以前土库曼政治、经济和文化发展战略》，土库曼斯坦对这 4 个炼油厂进行现代化改造以提高炼油厂的产品质量和生产能力，并计划在阿哈尔州和马雷州筹建两个新的油气处理厂。土库曼斯坦还致力于天然气的深加工和综合提炼，积极开发高附加值产品，抢占获利丰厚的天然气化工产品市场。土库曼斯坦还与日本、土耳其共同建设阿哈尔州天然气液化汽油生产厂。乌兹别克斯坦共有 3 座大型炼油厂，分别是费尔干纳炼油厂（年加工能力为 550 万吨）、布哈拉炼油厂（年加工能力为 250 万吨）和阿尔特阿雷克炼油厂（年加工能力为 320 万吨）。

第二节　中亚能源并购投资与国际合作

中亚地区扼守欧亚大陆心脏，同时具有丰厚的能源储藏，因而其能源地缘战略地位十分突出，历来是世界主要政治力量和国际资本激烈争夺的舞台。据不完全统计，先后有美国、英国、法国、德国、意大利、土耳其、加拿大、日本、印度、韩国、俄罗斯、中国、阿根廷、匈牙利、阿曼和阿联酋等国家的石油公司云集在中亚进行石油勘探开发与原油炼制、销售等活动。由于能源资源的战略与主权属性造成的敏感性，兼并、收购成为进入东道国能源市场、参与资源开发、强化控制权的有力手段。企业是并购的主体，并购的本质是主购方获得标的方产权，多为获取战略机会、发挥协同效应和范围经济等，而这些目标的实现通常以掌握标的企业的控制权为前提。换言之，并购网络的背后是资源、资本和企业控制权在国家/企业间的不断流动与重构。本节以中亚五国地区为研究案例区，采用复杂网络方法分析中亚国家范围内跨国能源企业并购网络的整体特征、发展演化历史与现状、局部特征与社团结构、个体特征与国家地位等，并结合国际产业分工、资源要素禀赋、地理空间位置、制度文化距离等国家特征属性，探索呈现中亚国家能源企业并购网络的组织模式及其演化成因。

一、中亚能源并购投资研究的数据与方法

（一）数据来源与处理

中亚地区的企业并购投资数据来源于 Emerging Markets Information Service（EMIS）的 Dealwatch 数据库。EMIS 数据库涵盖了亚太、欧洲、中东、北非和南北美洲等 80 多个国家

与地区的市场动态及商务信息，尤其是包含了所有上市公司和部分非上市公司的分析报告、可供比较的财务报表与统计数据等，是研究企业并购投资的权威数据来源之一。第一步，基于 Dealwatch 并购数据库，按照三个原则进行样本初步筛选：①标的方涉及中亚五国的任意一国或多国；②买方和卖方国家/地区涉及中亚五国中的任意一国或多国；③所选样本为并购已完成或已公布（图 10-6）。根据这三个原则共筛选了 2000~2016 年完成的689 条涉及中亚五国的跨国并购投资记录，不完全统计的累计金额达 1256 亿美元，参与企业来自 162 个国家/地区。第二步，根据国际标准产业分类，对第一步中初筛的 689 条并购投资记录进行二次筛选，筛选出交易所属行业为能源相关产业的并购投资记录共 165条，涵盖的能源类产业主要有石油和天然气的开采、精炼石油产业的制造、石油及制品的批发、煤炭开采和电力开发等。第三步，对于同一笔交易涉及多个买方或标的方的情形，将其拆分为多笔交易。第四步，根据卖方持股比例，筛选出股份大于 50% 的交易记录，共111 条。这么做的目的，其一，相比于总体并购金额，国/地区与国/地区（企业与企业）之间成功缔约的并购频次更能反映国/地区与国/地区之间经贸合作关系的一般状况；其二，一般来说，卖方对标的公司的持有股份大于 50%，这意味着控制权将随着此次并购投资的成功而转移（表 10-4）。

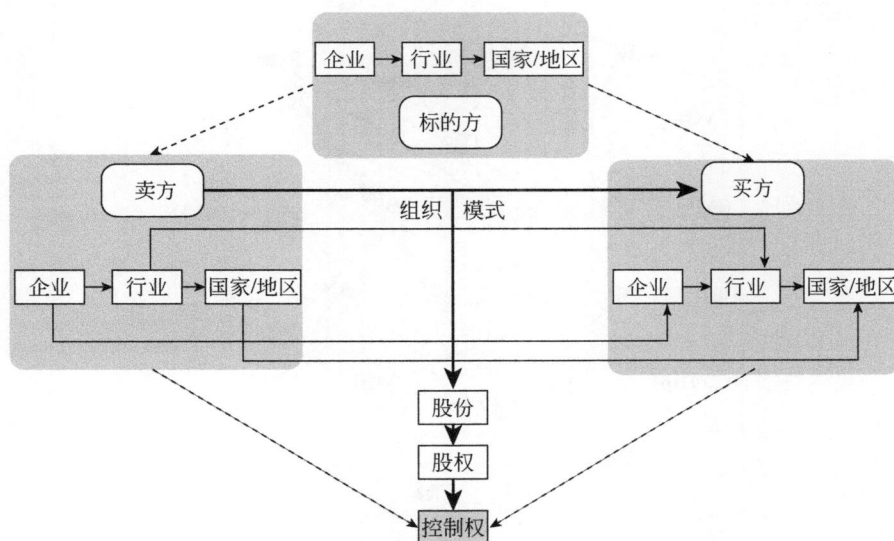

图 10-6　企业并购投资示意图

表 10-4　企业持股比例与控制权关键点

持股比例/%	控制权	持股比例/%	控制权
>67	完全绝对控制权	>33	参股
>50	绝对控制权	>20	重大同业竞争警示线
<50	相对控制权	<5	重大股权变动警示线
>34	拥有否决权	>3	临时提案权

（二）研究方法

（1）并购网络构建。

复杂网络是近年来兴起的研究热点，其主要思想是将真实系统中各部分之间的联系符号化，以符号网络的形式来描述各部分之间的关系，探索与展示系统内部的关联本质。本研究运用复杂网络分析方法将参与并购投资的国家/地区抽象为节点，以国家/地区之间的交易关系为边，基于以兼并、收购方向为边的方向构建有向网络（图10-7），从而对中亚地区能源类企业的并购投资情况进行展现和分析；并遵照考察对象范围的精细程度不断提升的逻辑，将从整体状况、社团结构、个体地位三个层级逐次递进，从不同维度切入分析2000~2016年中亚能源企业并购网络的特征。将并购企业所属的国家/地区记为节点，国家/地区之间发生的并购关系记为网络中节点的连边，用 $A_k^t = (V, P)$ 和 $W_k^t = (V, P)$ 分别表示中亚国家/地区间并购形成的无权网络和次数加权网络，其中，V 为构成网络的节点集合，P 为节点的布尔矩阵表示连边关系。若 $k=0$ 为无向网络，$k=1$ 为有向网络，无权网络中 P_{ij} 取值为 0、1，加权网络中 P_{ij} 的取值为跨国并购的频次。

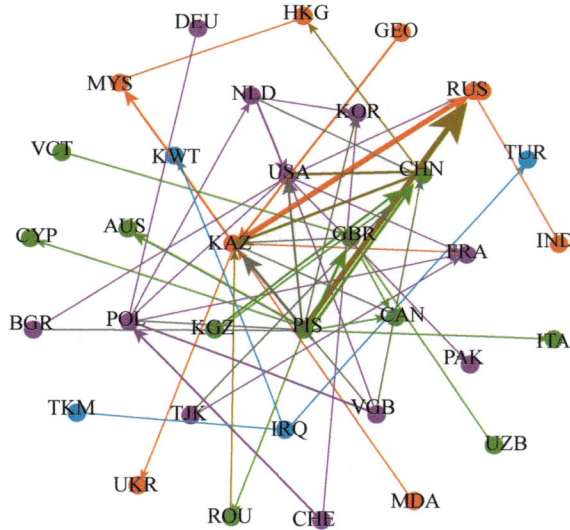

图10-7　中亚能源企业并购投资网络

BGR 表示保加利亚（Bulgaria）；CAN 表示加拿大（Canada）；CHE 表示瑞士（Switzerland，含列支敦士登 Liechtenstein）；CHN 表示中国（China）；DEU 表示德国（Germany）；FRA 表示法国（France，含摩纳哥 Monaco）；GBR 表示英国（United Kingdom）；GEO 表示格鲁吉亚（Georgia）；HKG 表示中国香港（Hong Kong Special Administrative Region, China）；IND 表示印度（India）；IRQ 表示伊拉克（Iraq）；KAZ 表示哈萨克斯坦（Kazakhstan）；KGZ 表示吉尔吉斯斯坦（Kyrgyzstan）；KOR 表示韩国（Republic of Korea）；KWT 表示科威特（Kuwait）；MDA 表示摩尔多瓦（Republic of Moldova）；MYS 表示马来西亚（Malaysia）；NLD 表示荷兰（Netherlands）；PAK 表示巴基斯坦（Pakistan）；POL 表示波兰（Poland）；ROU 表示罗马尼亚（Romania）；RUS 表示俄罗斯（Russian Federation）；TJK 表示塔吉克斯坦（Tajikistan）；TKM 表示土库曼斯坦（Turkmenistan）；TUR 表示土耳其（Turkey）；UKR 表示乌克兰（Ukraine）；USA 表示美国（United States of America）；UZB 表示乌兹别克斯坦（Uzbekistan）；VCT 表示圣文森特和格林纳丁斯（Saint Vincent and the Grenadines）；VGB 表示英属维尔京群岛（British Virgin Islands）；PIS 表示私人买家/卖家；CYP 表示塞浦路斯（Cyprus）；ITA 表示意大利（Italy）；AUS 表示澳大利亚（Australia）

（2）并购网络整体特征。

稳定性，并购投资网络中参与国家/地区数量的增加或减少，可以体现网络稳定性的变化；稳定性越大，说明并购投资的"新生力量"越少，既有参与国/地区对中亚能源产业的参与程度更大。$t \sim t+1$ 年，国家/地区节点数量变化后网络稳定性测度的公式为

$$\mathrm{NS}_{t \rightarrow t+1} = \frac{|N_t \cap N_{t+1}|}{|N_t \cup N_{t+1}|} \qquad (10\text{-}1)$$

式中，N_t 为 t 年参与交易的国家/地区节点数量；N_{t+1} 为 $(t+1)$ 年参与交易的国家/地区节点数量；$|N_t \cap N_{t+1}|$ 为 t 年和 $(t+1)$ 年参与交易的共同国家/地区节点数量；$|N_t \cup N_{t+1}|$ 为 t 年和 $(t+1)$ 年参与交易的国家/地区节点的并集；$\mathrm{NS}_{t \rightarrow t+1}$ 为网络的稳定性变化，取值为 $0 \sim 1$，值增大表明网络多样性降低。

网络密度，即节点间的实际联系数与整个网络中关系总数的理论最大值（完备图）之比，它描述了网络中节点间联系的疏密情况。网络密度越大，说明网络等级越高。假设参与并购投资的国家/地区数量为 N，用 M 表示网络中的实际交易数，网络密度 D_N 计算公式可以表示为

$$D_N = \frac{M}{[N \times (N-1)]} \qquad (10\text{-}2)$$

平均路径长度，即网络中所有节点对之间最短路径经过边数的平均值。平均路径长度能够反映节点间的平均分离程度。设 d_{ij} 为节点 i 和节点 j 之间最短路径经过的边数，则网络平均路径长度 L 的计算公式为

$$L = \frac{2}{N(N-1)} \sum_{i=1}^{N} \sum_{j=i+1}^{N} d_{ij} \qquad (10\text{-}3)$$

聚集系数，即在网络中与同一节点连接的两节点之间相互连接的平均概率。聚集系数能够反映网络的聚集程度。设节点 i 的聚集系数为 CL_i，则

$$\mathrm{CL}_i = \frac{2M_i}{k_i(k_i-1)}, i = 1,2,3,\cdots,N \qquad (10\text{-}4)$$

式中，M_i 为节点 i 的相邻节点间存在的边数；k_i 为节点之间的可能链接数量。网络的聚集系数 C 的计算公式为

$$C = \frac{1}{N} \sum_{i=1}^{N} \mathrm{CL}_i \qquad (10\text{-}5)$$

（3）局部特征与个体特征。

复杂网络的社团结构是指网络由若干个子群构成的结构，每个子群内节点的连接非常紧密，而子群之间的连接却比较稀疏。具体到企业并购投资网络中，这种社团结构中的群，即为参与并购投资的国家/地区与企业集团。而通过并购投资集团的数量、国家/地区组成及其演变的探索，可为不同交易群体的行为提供更加有力的解释。模块度可以衡量网络分化的程度。模块度越大，说明网络分化越明显；反之说明网络的同化程度较高。模块度 Q 取值范围为 $-1 \sim 1$，其计算公式为

$$Q = \frac{1}{2m} \sum_i \sum_j \left[w_{ij} - \frac{C_{\mathrm{I},j} C_{\mathrm{O},i}}{2m} \right] \delta(c_i, c_j) \qquad (10\text{-}6)$$

式中，$C_{O,i}$ 为国家/地区 v_i 的出度；$C_{I,j}$ 为国家/地区 v_j 的入度；$m = \sum_i C_{O,i} = \sum_j C_{I,j}$；$\delta(c_i, c_j) = \begin{cases} 1, & c_i = c_j \\ 0, & c_i \neq c_j \end{cases}$；$c_i$ 为国家/地区 v_i 从属的贸易集团；c_j 为国家/地区 v_j 从属的贸易集团。如果国家/地区 v_i 和国家/地区 v_j 从属于同一贸易集团，$\delta(c_i, c_j) = 1$；反之则为 0。w_{ij} 表示节点 i 指向节点 j 的联系强度。

中心性分析是复杂网络研究的重点，它主要关注各个节点在网络中的作用和地位。在有向网络中度数中心性又分为出度中心性和入度中心性，其分别表示该节点发出和接收关系的能力。其中，$C_{O,i}$ 表示节点 i 的出度中心性；$C_{I,i}$ 表示节点 i 的入度中心性；w_{ji} 表示节点 j 指向节点 i 的联系强度。

$$C_{O,i} = \frac{\sum_{j=1,j\neq i}^{N} w_{ij}}{N-1} \tag{10-7}$$

$$C_{I,i} = \frac{\sum_{j=1,j\neq i}^{N} w_{ji}}{N-1} \tag{10-8}$$

二、并购网络演化的整体特征与演化阶段

根据 2000~2016 年参与中亚能源市场并购投资的国家/地区数量、交易量及网络稳定性的变化趋势（图 10-8），可以看到整个过程分为较为明显的三个阶段，即 2000~2005年、2006~2011 年和 2012~2016 年。第一阶段为 2000~2005 年，尽管交易数量总体呈现上升趋势，从 2002 年的 1 项增长至 2005 年的 5 项，但是交易主要为中亚地区的内部国家和私人卖家，主要表现为中亚国家将资源勘探开发类的资产出售给俄罗斯、加拿大、美国等具有较长油气开发历史的国家。这些交易主要聚集在一定的国家范围内，导致稳定性在迅速拉升至峰值 0.67 后又迅速转为下降趋势。第二阶段为 2006~2011 年，交易量表现为连续增减的起伏波动态势；而网络稳定性总体呈持续下降趋势（图 10-9），从 2005~2006年的 0.4 一度降低至 2010~2011 年的 0.19。可见，受全球化的持续推进和新兴市场国家

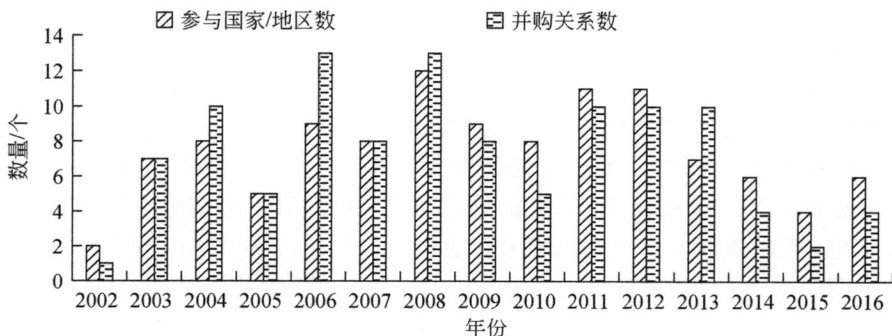

图 10-8 参与中亚能源企业并购投资的国家/地区与交易数演变

崛起的经济扩张作用影响，中亚能源企业的并购投资的数量与参与国/地区的多样性呈现为显著上升的趋势。第三阶段为 2012～2016 年，总体交易数量呈高位下跌趋势，由于东亚和东南亚国家/地区进入中亚进行能源开发的行动不断增多，其网络稳定性在实现四连增后在 2014 年开始转折。此后，逆全球化潮流与国际油价波动剧烈，中亚市场受到的波动与影响显然比较大，这使能源企业的并购投资处于低迷状态。

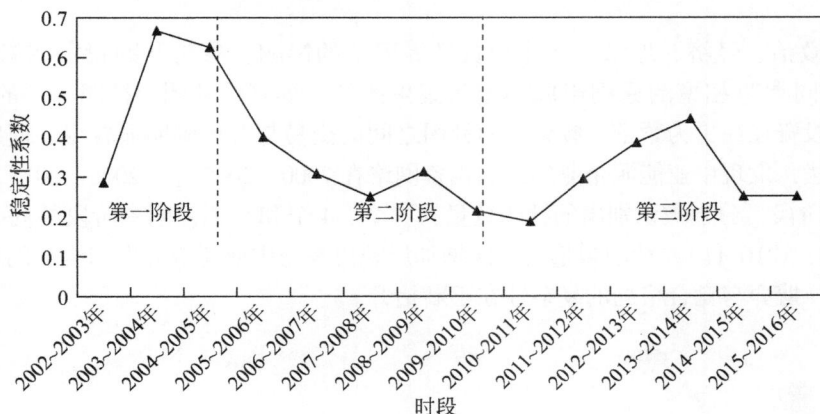

图 10-9　中亚能源企业并购投资网络的稳定性系数演变

　　为刻画中亚能源企业并购网络中各国/地区之间的整体联结程度，本研究使用了复杂网络分析的平均路径长度、聚集系数和网络密度 3 个关键指标来测度，并通过三个不同阶段这些指标的比较来考察中亚能源并购投资网络的整体效率状况及其动态演化。如图 10-10 所示，网络密度越大，说明网络等级越高。平均路径长度越小、聚集系数越大，说明整个网络中的国家/地区节点越凝聚，网络的聚集程度越高。这意味着整体网络中各个节点达及彼此的效率越高，意味着国家/地区之间克服国别障碍、实现目标的活动越为顺畅。综合来看，2000～2005 年，平均路径长度最小、聚集系数最大、网络密度最大，这说明第一阶段参与中亚能源市场并购投资的国家/地区数量较少且市场集中度较大，整个网络的交流效率较高，实现交易活动的目标也最为顺畅。与第一阶段相比，2006～2011 年，网络的平均路径长度在三个阶段中最大，为 2.226；聚集系数和网络密度均列在第二位。综合来看，第二阶段中亚能源企业的并购投资网络表现较为松散，其聚集程度较第一阶段较差。2012～2016 年与前

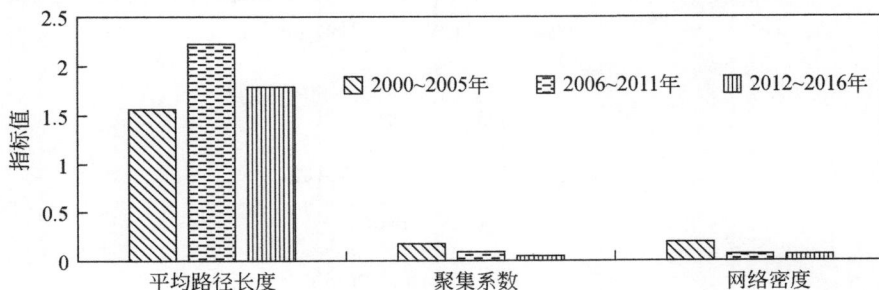

图 10-10　中亚能源企业并购投资网络的平均路径长度、聚集系数和网络密度演变

两个阶段相比，其聚集系数和网络密度均表现为最小值，分别为0.048和0.066，同时平均路径长度为1.792，排在三个阶段中的第二位。综合来看，第三阶段网络的聚集性最差，参与并购投资的国家/地区之间的交流效率最低。

三、并购网络演化的局部特征与社团演化

受国际政治、经济、地缘、文化和贸易等因素的影响，参与并购投资网络的国家/地区会本着"同类"相聚的原则组成一定的集聚团体，即网络社团。社团内部的国家/地区之间的并购投资往往更为紧密和频繁，而社团之间的交易与合作则明显较少。使用社团发现的模块度算法，发现中亚能源企业的并购投资网络在2000~2005年、2006~2011年和2012~2016年三个阶段，分别被识别出的社团数量为3个、4个和5个，同一阶段的同一社团用同一颜色表示（图10-11）。社团数量的不断增加反映出参与中亚能源开发与交易的势力集团的数量在增加，博弈与竞合格局的复杂性在不断抬升。

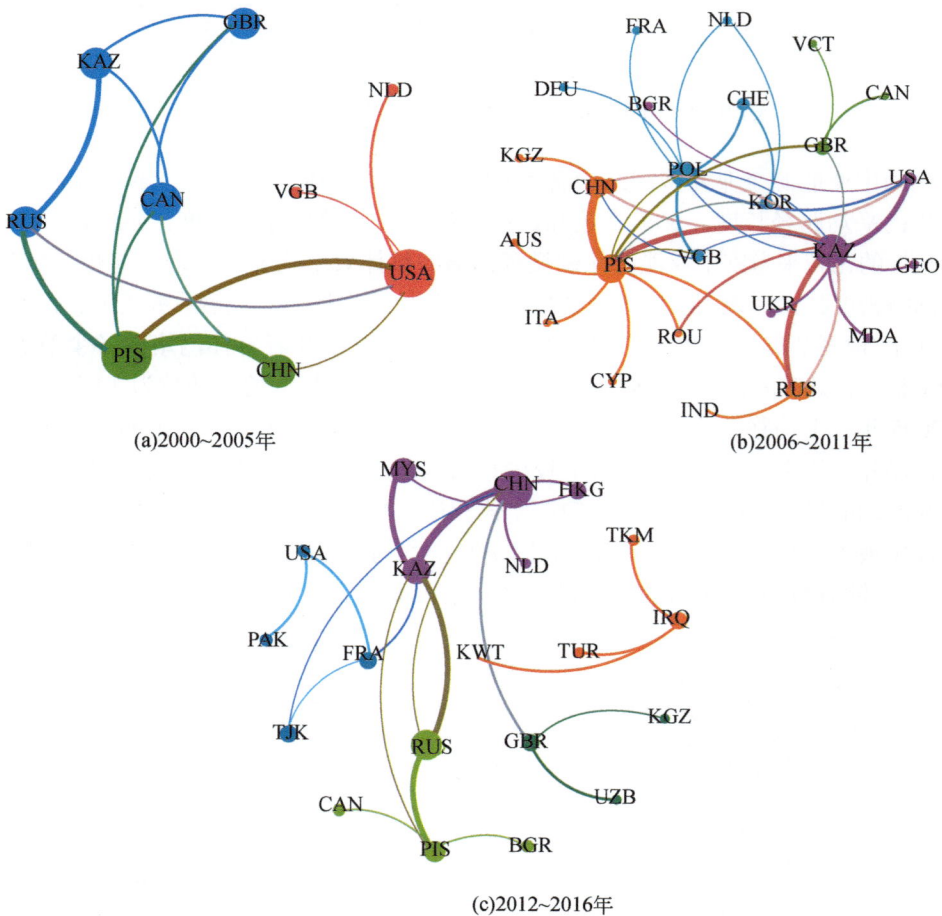

(a)2000~2005年

(b)2006~2011年

(c)2012~2016年

图 10-11　中亚能源企业并购投资网络的社团结构演化

2000～2005年中亚能源企业并购投资网络由3个社团组成，这些社团内部的国家/地区之间资源整合效率更加高效；而与之相反，不同社团间的关联与交易则不紧密。具体来看，第一个社团是哈萨克斯坦–俄罗斯–加拿大–英国国家集团，突出表现为地缘和资源开发特征，地缘上主要是中亚内部的哈萨克斯坦以及邻近的俄罗斯，而加拿大和英国均在油气资源开发上具有悠久的历史。第二个社团是美国–荷兰–英属维尔京群岛，仍然是发达资本国家和油气开发强国。除此之外，在三个社团中，有一个较为特殊的社团由中国与私人买家/卖家组成。在1991年苏联解体后中亚五国相继实现独立，哈萨克斯坦率先开放能源领域，而后乌兹别克斯坦和吉尔吉斯斯坦等国家逐步跟进。当时，中国仍为能源自给国，对外能源需求较少，故而对国际能源市场的开拓不足。2000年后，中亚市场已经被中亚内部与周边国家及美国、英国、荷兰等发达国家开发多年，中国此时进入中亚市场的难度显然较大。因此，从私人卖家手中购买相对中小型能源企业及较为零散的股权，成为进入中亚能源开发市场的被动选择之一。

2006～2011年，中亚能源企业并购投资网络共有4个社团被检测出，一是私人买家/卖家–俄罗斯–中国集团，二是以哈萨克斯坦为主的哈萨克斯坦–美国–格鲁吉亚–摩尔多瓦集团，三是英国–加拿大–圣文森特和格林纳丁斯集团，四是欧洲国家–韩国集团，其中的欧洲国家包括了波兰、瑞士、荷兰、法国、德国和保加利亚等国。与第一阶段相比，一方面，参与中亚能源企业并购投资的国家/地区多元化程度大大提升；另一方面，第二阶段社团结构与第一阶段的社团结构具有较大差异性，交易集团实现了多方面的重组，如原属于美国集团的荷兰、英属维尔京群岛等与美国实现剥离后重新与欧洲国家结合为新的交易集团，再如哈萨克斯坦脱离与俄罗斯的交易集团转而与美国形成新的交易集团。

2012～2016年，中亚能源企业并购投资网络的社团结构再次实现重组，其间共有5个社团被检测出，一是中国–中国香港–哈萨克斯坦–马来西亚集团，二是法国–美国–巴基斯坦–塔吉克斯坦集团，三是私人买家/卖家–俄罗斯–加拿大等国家集团，四是英国–乌兹别克斯坦–吉尔吉斯斯坦集团，五是土库曼斯坦–伊拉克–土耳其–科威特集团。与第二阶段相比，第三阶段网络社团结构主要有三大转变：①新兴市场国家进入中亚能源市场的数量和合作深度再次提升，马来西亚等国与中亚开始能源业务合作，中国开始从其他国家手中实现能源企业的股权交易，逐步深入其在中亚国家的能源业务；②以英国为主的传统能源开发大国，除在哈萨克斯坦和土库曼斯坦进行能源合作开发外，也开始在乌兹别克斯坦、吉尔吉斯斯坦等国家进行能源并购投资，以丰富其能源业务类型与范围；③土库曼斯坦及邻近地区土耳其和科威特等国家联合购买伊拉克的油田板块，进驻中东市场。

四、网络中的国家/地区的个体特征与地位演变

对于一个国家/地区而言，由于在资源禀赋、经营经验、市场体量等方面拥有某种比较优势，其可以比较容易地与网络内越来越多的国家/地区建立并购合作关系，并随着网络关系逐渐复杂，其在网络中的地位和影响力也不断提升。从出售和买进两个角度，将以交易股份比例为权重计算的加权度作为评析单个国家/地区在并购网络中的相对地位与作

用的指标。各阶段加权出度和加权入度排在前 5 名的国家/地区如表 10-5 和表 10-6 所示。为便于表达，将加权度扩大 100 倍进行分析。

表 10-5　中亚能源并购加权出度前 5 名列表

排序	2000~2005 年		2006~2011 年		2012~2016 年	
	售出者	加权出度	售出者	加权出度	售出者	加权出度
1	私人机构	936	私人机构	1405	哈萨克斯坦	649
2	哈萨克斯坦	300	俄罗斯	651	私人机构	301
3	美国	293	美国	475	美国	200
4	加拿大	100	中国	267	俄罗斯	150
5	中国	50	瑞士	245	塔吉克斯坦	133

表 10-6　中亚能源并购加权入度前 5 名列表

排序	2000~2005 年		2006~2011 年		2012~2016 年	
	国家/地区	加权入度	国家/地区	加权入度	国家/地区	加权入度
1	中国	430	哈萨克斯坦	1358	中国	565
2	俄罗斯	429	中国	723	俄罗斯	477
3	英国	300	波兰	500	马来西亚	311
4	美国	220	俄罗斯	401	法国	242
5	加拿大	200	韩国	245	中国香港	110

　　加权出度代表了企业股份售出，按照本研究数据筛选的标准与股份阈值，加权出度大的国家/地区就是将某些能源企业股份和资产进行出售，同时伴随着控制权流出的国家/地区。2000~2005 年，主要的股权售出者依次为私人机构、哈萨克斯坦、美国、加拿大和中国，其中私人机构的加权出度为 936，中国的加权出度为 50，首尾差距接近 18 倍。2006~2011 年，私人机构的加权出度依然排在第一，为 1405，然后为俄罗斯的 651、美国的 475、中国的 267 和瑞士的 245。可以看到，相比于 2000~2005 年，2006~2011 年排在前 5 名的售出者的加权出度总体上都增加了，但首尾差距缩小为 5 倍左右。2012~2016 年，加权出度排在前 5 名的售出者及其加权出度转变为哈萨克斯坦的 649、私人机构的 301、美国的 200、俄罗斯的 150 和塔吉克斯坦的 133，整体来说，在平均出度变得更小的基础上首尾差距变小了。同时，中亚国家在股份出售方面的重要性更加突出了。通过三个阶段横向对比可以发现，私人机构和哈萨克斯坦是中亚能源企业与能源资产的积极处置方，它们在中亚地区的能源控制相对处于持续下降的状态。俄罗斯在中亚能源资产的处置方面一直扮演着重要角色。而美国在三个阶段均是中亚能源类资产的重要处置方，但事实上美国在中亚追求的更多是能源事务的国际话语权与战略影响力，因此脱离了实体业务的羁绊，其处理能源事务的策略反而可能会更加灵活与多元。

　　加权入度代表了买入企业和资本投入，加权入度大的国家/地区就是主动买入某些中亚能源企业的国家/地区，其在中亚地区的能源控制权和重要性在增加。2000～2005年，主要的股权买入方依次为中国、俄罗斯、英国、美国和加拿大，其中中国的加权入度为430，加拿大的加权入度为200，首尾差距约1倍。2006～2011年，哈萨克斯坦的加权入度超过中国成为第一，为1358，然后为中国的723、波兰的500、俄罗斯的401和韩国的245。可以看到，相比于2000～2005年，2006～2011年排在前5名的国家的加权入度总体上都增加了，但首尾差距扩大为5倍左右。2012～2016年，加权入度排在前5名的国家/地区及其加权入度转变为中国的565、俄罗斯的477、马来西亚的311、法国的242和中国香港的110，首尾差距相比2006～2011年变小了。通过三个阶段的横向对比可以发现，俄罗斯在处置中亚能源资产的同时，也在买入新的资产，其在中亚能源市场上一直是积极的参与者。包括中国在内的东亚国家和地区在积极谋求中亚的能源业务拓展，整体上而言，买入的能源企业远大于出售，故而其在中亚地区的能源地位处于不断上升的态势。同样引人注意的是，在三个阶段，私人机构的加权入度均未进入前5名，可见在买方市场上，相比于国家/地区，私人机构的重要性要小得多。

五、中亚能源并购投资网络的组织模式

对中亚地区历年累计的并购投资进行了分类梳理和统计，按照产业链上下游关系将其归并为三类，分别是横向、垂直与多元化三种组织模式（表10-7）。横向并购（horizontal M&A）发生的次数最多也最为频繁，主要表现为油气行业及其子行业内部的资产流动，尤其在石油和天然气的开采、石油及制品的批发、精炼石油产业的制造方面最为频繁。对于美国和加拿大，这两个国家本身均是能源供给大国，并且互相之间是最为紧密的能源合作战友，它们参与中亚能源开发，更多是通过对能源市场的操控实现其除能源外的全球性的战略需求。对于马来西亚、韩国和中国这3个东亚国家而言，其与中亚国家在语言文化、政治制度和组织等方面均存在差异，但是它们对中亚的能源具有共同的兴趣，这主要是资源性的需求。一般来说，一个国家持续增长的能源需求，尤其是产业领域的能源消费需求增长，会极大地促使其寻求本国之外的能源市场补充。由于国内巨大的能源消费，马来西亚、韩国和中国这3个国家不得不参与中亚的能源开发，从而能在能源贸易中获得一定的分配权。至于荷兰、法国、瑞士、波兰、德国和保加利亚这些欧洲国家，在同一组织中参与和发挥重要作用是其参与中亚能源发展的相似特征，共同的能源需求（特别是天然气）也是它们与中亚国家能源合作的潜在原因。此外，地理邻近是影响要素流动规模的重要因素。国家之间的距离越近，要素流动的运输成本越低，流动的可能性越大，天然气的洲际管线建设为这种资源的流动提供了可实践性。当然，对于俄罗斯和乌克兰来说，地理邻近的作用更是不可忽视。历史和文化因素是叠加在地缘与利益追求等因素上的，或者说中亚国家与俄罗斯和乌克兰形成了复杂的情感及利益混合体。尽管存在其他可能性，英属维尔京群岛和中国香港参与中亚能源市场，其主要的目标是资本导向。

表10-7 中亚能源企业并购投资的组织模式与机制总结

组织模式	典型国家和地区	代表性产业组合
横向	瑞士–韩国，中国香港–马来西亚，美国–荷兰，英国–加拿大，美国–哈萨克斯坦，塔吉克斯坦–法国，塔吉克斯坦–中国，哈萨克斯坦–俄罗斯，哈萨克斯坦–加拿大，美国–中国，美国–俄罗斯，俄罗斯–中国，中国–加拿大	石油和天然气的开采–石油和天然气的开采
	中国–中国香港，美国–保加利亚，哈萨克斯坦–乌克兰	石油和天然气的开采–精炼石油产业的制造
	美国–波兰，英属维尔京群岛–波兰，瑞士–波兰，美国–法国，德国–波兰，波兰–法国，波兰–荷兰，哈萨克斯坦–波兰	石油和天然气的开采–石油及制品的批发
垂直	俄罗斯–哈萨克斯坦，美国–俄罗斯	采矿业–油气行业；电力–煤炭行业
多元化	印度–俄罗斯，吉尔吉斯斯坦–英国，哈萨克斯坦–俄罗斯	公共管理–油气行业；企业管理服务–油气行业
	圣文森特和格林纳丁斯–英国，英国–哈萨克斯坦，英国–中国	投资银行及其他金融投资活动–油气行业；基金、信托及其他金融工具–油气行业

　　垂直并购（vertical M&A）则主要发生在产业上下游或有产品联系的产业，进行垂直并购的国家产业都非常聚集且交易量非常少，主要发生在采矿业与油气行业、电力和煤炭行业之间。参与垂直并购模式的国家非常有限，它们之间的交易很少，这些国家对主要是俄罗斯–哈萨克斯坦、美国–俄罗斯，显然，获取资源和市场份额是这两对国家的主要目的。也存在少量的多元化并购（conglomerate M&A），这类并购主要发生在公共管理、企业管理服务、投资银行及其他金融投资活动和基金、信托及其他金融工具与油气行业的并购投资过程中。具体来看，印度、俄罗斯和英国都有公共管理和企业管理服务对石油与天然气工业的投资。此外，一些国家已开始利用地理和体制上的邻近，在获得资源的基础上注重与中亚产业的多元化发展相结合。例如，韩国LG公司在中亚地区拥有广泛的业务，在该地区广受尊敬和好评。相比之下，圣文森特和格林纳丁斯、英国和中国也致力于投资银行业、信托基金和其他金融投资活动在中亚石油与天然气工业领域的发展，这在很大程度上反映了金融资本对油气行业的投资。

第三节　中亚能源开发对城镇化的影响机制

　　中亚的能源开发对其城镇化发展具有至关重要的作用。考虑到城镇化的真实发展水平及能源开发模式在城镇化不同阶段对其作用各异，本研究采用熵值法评估中亚城镇化发展水平，并进一步基于空间异质性特征，采用面板平滑转换（PSTR）模型研究能源开发与城镇化的关系及其可能存在的动态转换机制。结果表明，中亚城镇化除受苏联解体的影响外，能源开发也发挥了至关重要的作用。中亚能源开发的特点可以概括为"三高一低"，即产量高、出口量高、禀赋高、自销量低。此外，中亚能源开发与综合城镇化水平之间存在着非线性关系。随着能源开发不断扩大，能源开发对中亚城镇化的发展作用从约束转变为促进，而这种促进作用趋于平缓。然而，并非所有的能源开发模式都是如此，如能源禀赋。这些发现可以帮助决策者寻求更好的能源开发模式，以促进中亚城镇化的发展。

一、能源开发与城镇化的关系

作为世界油气供应战略格局中的新兴力量中心，中亚的能源开发对其城镇化发展具有至关重要的作用。中亚能源开发呈"产量高、出口量高、禀赋高、自销量低"的"三高一低"特点。就中亚区域内部而言，依托要素禀赋加大能源资源开发以实现经济起飞和城镇化的发展，被实践证明是中亚国家不断探索实现经济增长和城镇化发展的重要路径。而对包括美国、中国、欧盟等在内的域外国家/地区来说，以能源合作为纽带的经贸合作、地缘渗透正在成为其全球价值理念下的战略布局的重要支撑。近年来，围绕中亚地区，域外国家/地区战略交错交锋的格局足以力证。中亚地区能源资源开发正在承担中亚国家实现经济起飞并融入全球价值分工和参与全球治理的重要使命，地区丰富的能源资源禀赋和能源工业产业发展前景的吸引力凸显。在中亚，许多城镇因能源而兴，以哈萨克斯坦的重要地区为主，能源工业推动该地区的社会经济系统逐渐复苏，然而这种复苏主要发生在部分城镇，传统工业城镇依然处于衰落和挣扎的处境。能否合理、有效地利用本国能源优势，直接关系到中亚城镇与经济社会的发展水平。中亚五国在能源生产和出口方面制定了雄心勃勃的计划，也吸引了大量的外国投资。

作为生活必需的消费品和生产的必要投入要素，中亚能源开发从生产、贸易、消费、禀赋等多个维度影响其城镇化的发展，通过要素间的流动，作用于城镇化的不同模式，涵盖经济、人口、社会方面（图10-12）。从微观层面，中亚能源开发对城镇化的影响表现为城镇劳动生产率的提高和资源的优化配置，其内生的生产、投资和消费方面的规模效应吸引人口向城镇集聚。城镇化的发展会提高居民的收入，农村人口为有一定的经济基础而进入城镇区域。城镇化在促进收入提高的同时也增强了居民的消费能力，带动全社会在物质和文化等方面的有效需求。需求的增加促使政府在公共产品和公共服务领域加大投资力度，同时调动市场力量扩大生产以满足私人消费产品的需求。广泛、集中的需求为企业扩大生产和规模经营提供了条件，吸引各类要素向城镇集聚。从中宏观层面，中亚的能源开发表现为经济结构、人口结构及基础设施的转型和升级，促进经济城镇化、人口城镇化、社会城镇化的提升。经济增长在带动人口结构的转化、引导有效需求不断优化升级的同时促进技术进步，进而影响产业规模的提升及经济结构的转型。能源开发同时促进城镇化机制和体制的改革，逐步破除阻碍城镇化发展的不合理因素，破除人口流动障碍、促进收入分配改革等手段的实施，促使整体环境更有利于城镇化发展。

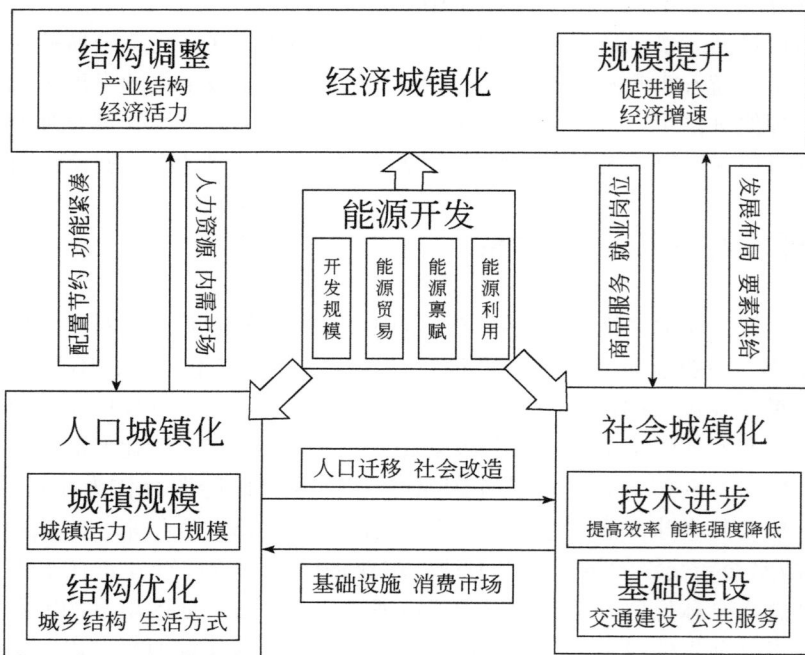

图 10-12　能源开发对城镇化的传导机理

二、能源开发对城镇化影响研究的方法

　　首先，构建中亚综合城镇化指标，其评价指标体系见表 10-8。其中，指标可以划分为三层：目标层、准则层、指标层。

表 10-8　中亚综合城镇化评价指标体系

目标层	准则层	指标层	定义	单位
综合城镇化	人口城镇化	城镇人口	生活在城镇的人口规模	人
		城镇人口比	城镇人口占总人口的比例	%
		城镇人口增长率	生活在城镇的人口增长率	%
	经济城镇化	产业结构	第二、第三产业增加值占 GDP 的比例	%
		人均 GDP	国内生产总值除以人口规模	2010 年美元不变价
		GDP 增长率	国内生产总值的增长速度（T）	%
	社会城镇化	交通发展程度	交通业能源消耗量	10^6 吨油当量
		就业结构	第二、第三产业从业人员比例	%
		技术水平	每单位能源消费的经济产出	10^4 2010 年美元不变价吨油当量

基于样本的离散度，采用熵值法来确定指标权重，进而评估中亚综合城镇化水平（Urban）。处理步骤如下：首先对中亚五国在 1992～2016 年的 9 个正向指标进行正向标准化处理。

$$A_{ij} = \frac{a_{ij} - \min\{a_{ij}\}}{\max\{a_{ij}\} - \min\{a_{ij}\}}, (i = 1, 2, \cdots, n; j = 1, 2, \cdots, m) \tag{10-9}$$

$$P_{ij} = A_{ij} / \sum_{i=1}^{n} A_{ij} \tag{10-10}$$

$$E_j = -1/\ln n \sum_{i=1}^{n} P_{ij} \ln(P_{ij}) \tag{10-11}$$

$$D_j = 1 - E_j \tag{10-12}$$

$$W_j = D_j / \sum_{j=1}^{m} D_j \tag{10-13}$$

$$\text{Urban}_i = \sum_{j=1}^{m} W_j P_{ij} \tag{10-14}$$

式中，A_{ij} 为指标经过标准化的结果；a_{ij} 为第 j 个指标在第 i 年的值；n 和 m 分别为指标的样本数和指标个数；P_{ij} 为第 i 年第 j 项指标 A_{ij} 的比例；E_j 为第 j 项指标在时间序列上的信息熵，排除 A_{ij} 为 0 的评估指标；D_j 为达标熵值冗余度；W_j 为第 j 项指标的权重。

面板门限（panel transition regression，简称 PTR）模型的广泛适用性得益于门限变量随时间变化，个体可以被归类为不同的组，实现不同机制的转换。但 PTR 模型设定中包含非连续函数，代表着面板门限模型的机制转换瞬间完成，这是该模型的一个缺陷。而在此基础上，González 等（2005）进一步提出的面板平滑转换（PSTR）模型，放宽了异质变量在阈值点不连续的假设，这使得影响系数在不同机制间转换成为一个渐变的过程。因此可以认为 PSTR 是一个含有外生解释变量的固定效应的 PTR 一般形式，它是一个非线性同质面板模型，也可以理解为一个系数可以随着个体的时间变化的异质面板模型。综上，为了实证中亚城镇化与能源开发之间的动态转换机制，通过 PSTR 模型来研究不同能源开发模式对中亚城镇化的影响。具体地，多机制的 PSTR 模型可以写成如下形式：

$$y_{it} = u_i + \beta_0 x_{it} + \sum_{j=1}^{r} \beta_j x_{it} g_j(q_{jit}, \gamma, c) + \xi_{it} \tag{10-15}$$

$$g_j(q_{jit}, \gamma, c) = \left[1 + \exp\left(-\gamma_j \prod_{k=1}^{m} (q_{jit} - c_{jz}) \right) \right]^{-1},$$
$$\gamma_j > 0, c_{j1} \leq c_{j2} \leq c_{j3} \cdots \leq c_{jm}, z = 1, 2, 3, \cdots, m \tag{10-16}$$

式中，i 和 t 分别为截面的个体的和时间维度；y_{it} 和 x_{it} 分别为达标被解释变量和解释变量；c 为位置参数的 m 维向量；u_i 和 ξ_{it} 分别为个体固定效应和随机扰动项；$g_j(q_{jit}, \gamma, c)$ 为一个关于转换变量 q_{jit} 的连续转换函数，它的取值范围为 0～1；γ 为决定转换速度；β_0 与 $\sum_{j=1}^{r} \beta_j g_j(q_{jit}, \gamma, c)$ 为回归系数。通常，PSTR 模型考虑 $m = 1$ 或 $m = 2$ 的情景。

鉴于此处主要研究能源开发对中亚城镇化的影响，将能源相关的参数加入城镇化面板平滑转换模型中，进而建立如下中亚城镇化和能源开发之间的 PSTR 模型：

$$\text{Urban}_{it} = u_i + \beta_0 \text{ED}_{it} + \sum_{j=1}^{r} \beta_j \text{ED}_{it} g_j(\text{ED}_{jit}, \gamma, c) + \xi_{it} \qquad (10\text{-}17)$$

式中，Urban_{it} 为被解释变量中亚城镇化水平在第 i 个国家第 t 年的综合得分；ED_{it} 为变量能源开发，在此模型构建中，它既是解释变量，同时也是转换变量。为了具体衡量能源开发这个变量，从能源开发规模（energy development scale，ES）、能源贸易（energy trade，ET）、能源禀赋（energy endowment，EE）和能源消费（energy consumption，EC）的视角评估能源开发对中亚城镇化的影响。因此式（10-17）可以分为 4 种情况，即被解释变量综合城镇化分别在能源开发规模、能源贸易、能源禀赋、能源消费这 4 种不同能源开发模式下变化，中亚能源开发数据如图 10-13 所示。

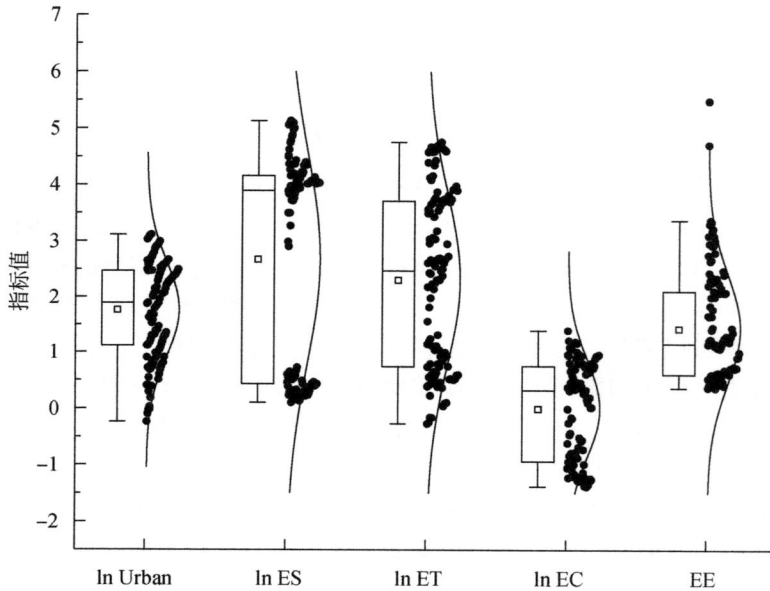

图 10-13　数据描述统计图

在 PSTR 模型估计前，需要判断模型是否存在非线性效应，其检验方法为常用的自相关检验的 LMF 统计量。若拒绝原假设（H_0：$r=0$），则表明变量间存在非线性关系，需要作进一步检验，判断剩余非线性关系，即检验是否存在唯一一个转换函数（H_0：$r=1$）或至少存在两个转换函数（H_1：$r=2$）。如果进一步拒绝原假设（H_0：$r=1$），进一步检验是否存在三个或三个以上的转换函数，即首先对原假设 $[H_0$：$r=r^*$（$r^* \geq 3$）$]$ 及其备择假设（H_1：r^*+1）进行检验，若拒绝原假设 H_0：$r=r^*$，则继续对原假设 H_0：$r=r^*+1$ 及其备择假设 H_1：$r=r^*+2$ 进行检验，依此类推，直到无法拒绝原假设（H_0：$r=r^*$），则可以确定模型转换个数为 r^*（Fouquau et al.，2008）。根据赤池信息准则（akaike information criterion，简称 AIC）及贝叶斯信息准则（Bayesian information criterion，简称 BIC）进一步确定转换变量个数。鉴于 AIC 值和 BIC 值越小，模型拟合越好的准则，通常选择 AIC 值和 BIC 值均较小的模型。

三、中亚城镇化与能源开发的主要特征

(一) 城镇化的主要特征

从人口城镇化率角度，中亚地区内部人口城镇化率差异显著，主要呈现三个层次。第一层次为人口城镇化率处于高位停滞发展阶段的哈萨克斯坦，2016 年其人口城镇化率为57.264%，相较于 1992 年仅增加 1.364 个百分点。第二层次为人口城镇化率处于中等发展阶段的乌兹别克斯坦、土库曼斯坦，二者不同的是，乌兹别克斯坦的人口城镇化率在1992~2011 年持续上升，达到 51.150%，其后开始下降，2016 年降至 50.65%；而土库曼斯坦的人口城镇化率基本处于持续上升阶段，由 1992 年的 44.734% 上升至 2016 年的50.728%。第三层次是处于低位减缓停滞阶段的吉尔吉斯斯坦和塔吉克斯坦，二者人口城镇化率均在 1992~1998 年大幅度下降，之后基本处于停滞发展状态。结合中亚地区实际情况，对比人口城镇化与综合城镇化演化（图 10-14），中亚五国受苏联解体影响，加上各个国家地理条件、能源禀赋、人文环境及政策制度的不同，人口城镇化率似乎并没有反映中亚城镇化的转型发展。相反，结合人口、经济、社会的综合城镇化水平更能反映中亚国家城镇化的演化。

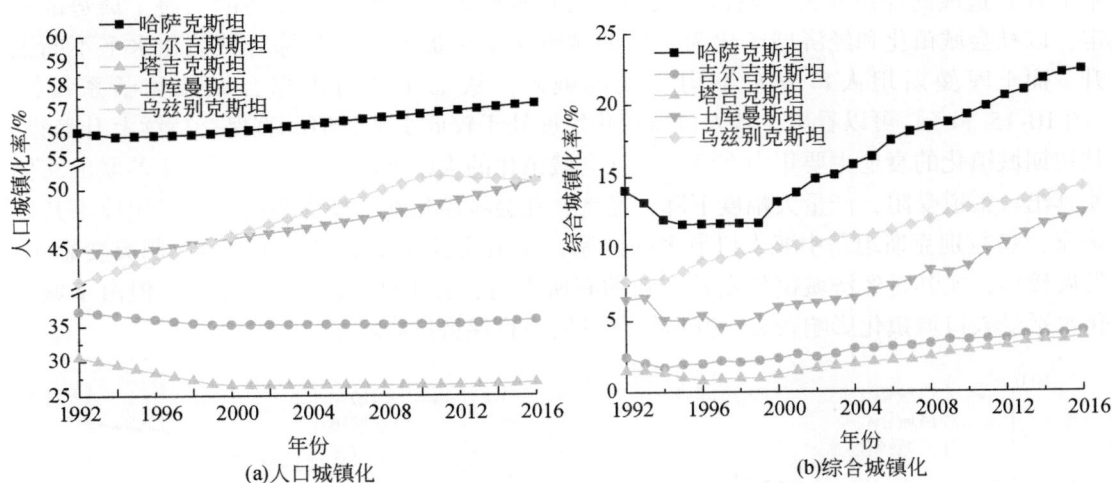

图 10-14　中亚五国人口城镇化与综合城镇化的演化过程（1992~2016 年）

对于中亚地区的综合城镇化水平，从区域差异角度，某种程度而言其与人口城镇化率基本保持一致。其中，哈萨克斯坦的综合城镇化水平在中亚地区依然最高，这与其快速发展的经济密切相关。自哈萨克斯坦独立以来，其城镇化主要经历了两个阶段。哈萨克斯坦综合城镇化以 2000 年为分水岭，在经历不断下降后开始回升，而这一转折在于苏联的解体导致哈萨克斯坦原有社会经济平衡遭到重创，公共服务体系陷入瘫痪状态，

这种颓势尤其表现在城镇领域。结合哈萨克斯坦综合城镇化的子系统，2000 年以前哈萨克斯坦的人口、经济、社会城镇化水平均受到不同程度的破坏。尤其是 1992～1996 年，哈萨克斯坦社会、经济城镇化受政治体制突变的影响，大量城镇中的技术工人撤离哈萨克斯坦，大部分工厂停工荒废，能源产量大幅度缩减，由 1992 年的 $8.952×10^6$ 吨油当量降低到 2000 年的 $6.612×10^6$ 吨油当量，城镇住房、医疗、教育、社会保障等基本职能陷于停滞，城镇发展处于严重倒退阶段，并一直持续到 2000 年。2000 年以后，在油气经济的推动下，石油经济成为主导产业，推动哈萨克斯坦经济城镇化与新城发展。石油经济的增长贡献是 2000 年后哈萨克斯坦城镇化的主要推动力。哈萨克斯坦经济城镇化在 2000 年后强力回升，并在 2004 年超越哈萨克斯坦的人口城镇化水平。石油经济的兴起，增加了哈萨克斯坦的财政收入，从而增加了在教育、卫生、社会保障、住房等方面的财政支出，促进了哈萨克斯坦的社会城镇化进程。同时石油产业带动了哈萨克斯坦的生产资料市场、劳动力市场，增加了就业，吸纳了更多农村人口向城镇转移，人口城镇化水平不断提高。

除乌兹别克斯坦城镇化水平持续增长外，中亚其他地区基本与哈萨克斯坦城镇化演化轨迹类似。苏联解体导致的城镇功能破坏及部分工业城镇衰退是这些国家独立初期城镇化水平持续下降的主要原因。而不同的是，城镇化的衰退体现在不同层面。塔吉克斯坦和吉尔吉斯斯坦的城镇化衰退主要是经济的结构性转变（工业产能下降、农业部门增长、失业率上升）造成的经济和人口城镇化大幅度衰退导致的。后期由于经济的回暖、局势的稳定，以社会城镇化和经济城镇化为主导的城镇化水平提升促进其综合城镇化水平不断上升。而土库曼斯坦人口分布不均和支离破碎，从土库曼斯坦综合城镇化子系统图 [图 10-15（c）] 可以看出，其人口城镇化发展处于较低水平，但一直保持持续上升趋势，其初期城镇化的衰退主要集中在经济、社会城镇化的大幅度降低。这主要源于苏联的解体使其出口渠道受阻，产量大幅度下降，经济、社会城镇化在初期大幅度跳水。相较于其他国家，乌兹别克斯坦是中亚人口最多的国家，城镇化虽在转型初期受政治体制突变影响，发展较缓，尤其是经济城镇化在转型初期有所下滑，在 1995 年后开始复苏，但由于城镇化水平受人口城镇化影响较大，其城镇化发展一直保持持续增长。

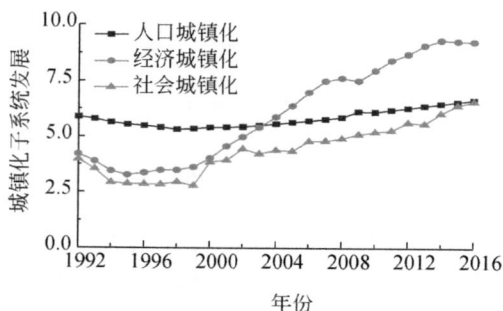

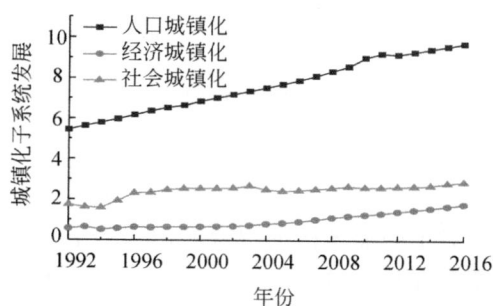

(a)哈萨克斯坦　　(b)乌兹别克斯坦

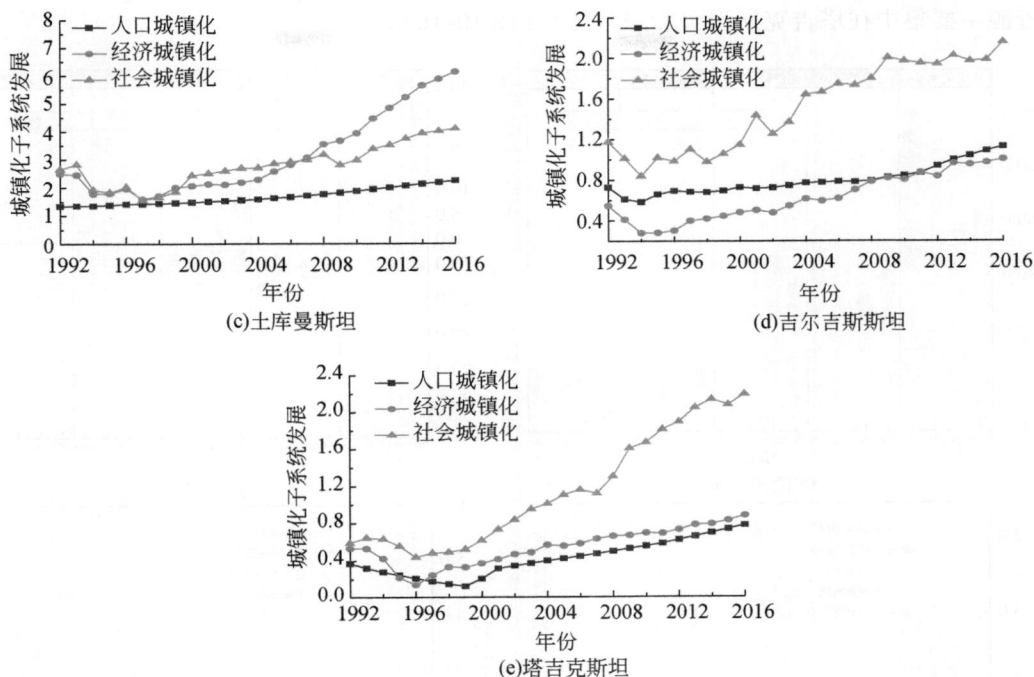

图 10-15　中亚五国人口、经济和社会子系统与综合城镇化的演化过程（1992～2016 年）

（二）中亚能源开发的主要特征

中亚能源开发整体呈"三高一低"的突出特点，即产量高、出口量高、禀赋高、自销量低，而中亚内部能源开发各异。从能源产量（开发规模）角度，受苏联解体影响，转型初期中亚地区能源产量大幅度下降，由 1992 年的 $1.825\ 98 \times 10^8$ 吨油当量降至 1998 年的 $1.398\ 56 \times 10^8$ 吨油当量。之后中亚能源产量总体开始提升，2000 年中亚能源产量已上升至 $1.822\ 86 \times 10^8$ 吨油当量。这主要得益于乌兹别克斯坦原油的大幅度开采使得能源产量大幅度上升，而中亚其他四个国家受苏联解体的重创影响，能源产量仍未恢复，哈萨克斯坦、吉尔吉斯斯坦和塔吉克斯坦的煤炭及土库曼斯坦的天然气等产量处于减产状态。2000 年以后，随着经济形势的好转，中亚能源产量整体开始提升，以哈萨克斯坦为例，油气产量开始大幅度提升，而相应地，其城镇化水平也大幅度提升，综合城镇化指数由 2000 年的 13.282 提升至 2016 年的 22.482。截至 2016 年中亚能源产量为 $2.946\ 04 \times 10^8$ 吨油当量，高度集中在哈萨克斯坦（2016 年占 55.225%）。从能源生产结构及地域分布看，中亚生产大量的煤炭、油气资源。其中中亚原油、煤炭产量主要集中在哈萨克斯坦，2016 年分别占中亚原油、煤炭产量的 84.608%、94.116%；而中亚天然气产量则主要集中在土库曼斯坦、乌兹别克斯坦（两国共占 75.955%[①]），哈萨克斯坦也有一定的分布（24.028%）；水

---

① 以下比例均为 2016 年值。

能资源主要集中在塔吉克斯坦（32.251%）（图10-16）。

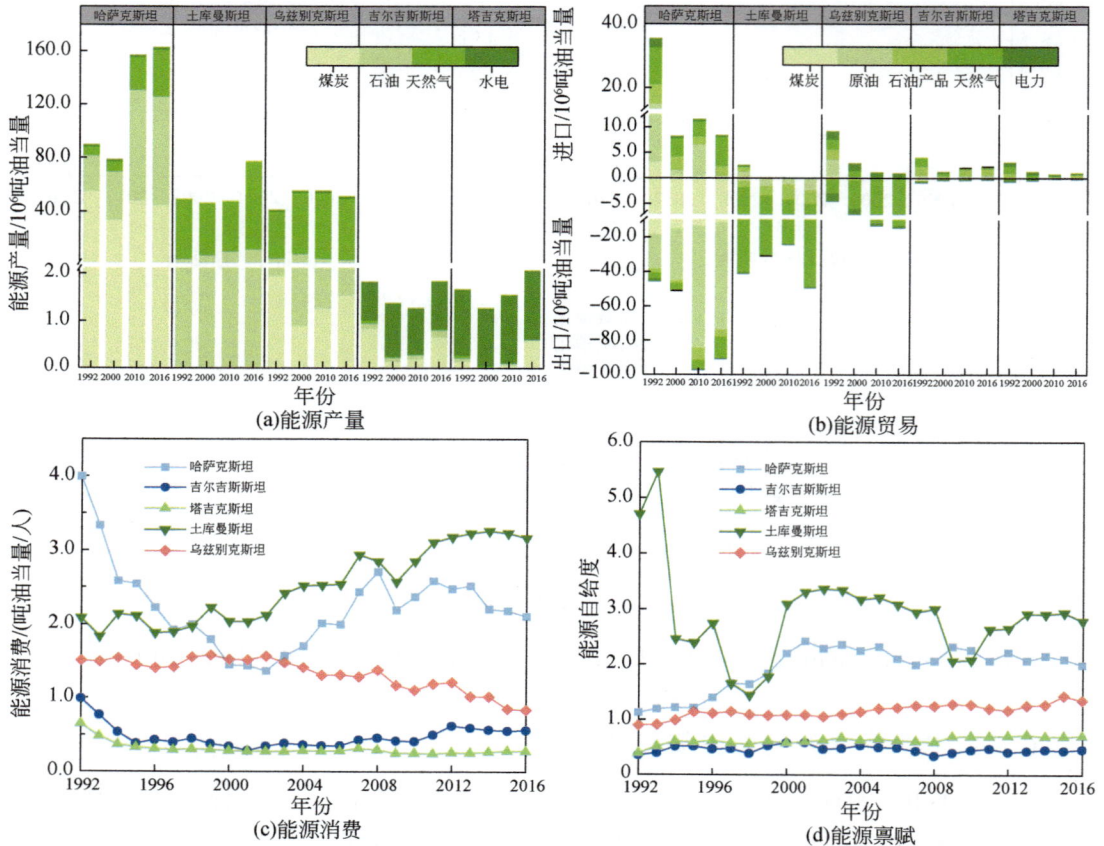

(a)能源产量

(b)能源贸易

(c)能源消费

(d)能源禀赋

图10-16　中亚五国能源发展过程（1992~2016年）

从能源禀赋角度看，中亚地区能源禀赋差异较大。土库曼斯坦、哈萨克斯坦、乌兹别克斯坦的能源禀赋相对较高，能源自给度基本大于1。其中，土库曼斯坦的能源禀赋波动相对较大，在转型初期能源自给度由1993年的5.47下跌到1998年的1.45，随后波动性上升；而哈萨克斯坦的能源自给度波动上升，由1992年的1.135上升至2016年的1.993；而乌兹别克斯坦的能源自给度变化相对较小，由1992年的0.900增加到2016年的1.356。受地理条件等的影响，中亚地区的塔吉克斯坦、吉尔吉斯斯坦却未像其他三个国家那样具有较高的能源禀赋，能源自给度处于较低水平，一直低于1，2016年其能源自给度分别为0.715、0.474。

从能源消费角度，中亚国家能源消费量较小，能源利用差异较大。其中哈萨克斯坦能源消费量最高，乌兹别克斯坦、土库曼斯坦次之。2016年三个国家能源终端消费量分别为3.766×10^7吨油当量、2.681×10^7吨油当量和1.796×10^7吨油当量，分别占其产量的23.148%、52.589%和23.313%。而对应的人均利用量分别为2.116吨油当量、0.842吨油当量和 3.171 吨油当量，其中土库曼斯坦人均能源消费波动上升，哈萨克斯坦人均能源消费波动较大，而人均能源消费处于中亚地区中等水平的乌兹别克斯坦，人均能源消费在转型期呈明显的波动下降趋势，由 1992 年的 1.505 吨油当量降至 2016 年的 0.842 吨油当量。能源禀赋处于中亚地区低水平的两个国家——塔吉克斯坦和吉尔吉斯斯坦，其人均能源消费也处于低水平，2016 年人均能源消费分别为 0.285 吨和 0.571 吨。

从能源贸易角度，中亚地区工业化程度低，能源消费量小，能源产品自销量小，大部分用于出口。中亚出口的能源主要以原油、天然气、煤炭为主，三者约占中亚出口的 80%，同时还有一定量的原油产品。2016 年中亚原油、天然气、煤炭出口量分别高达 6.5×10^7 吨油当量、6.9133×10^7 吨油当量、1.1448×10^7 吨油当量，分别占产量的 67.642%、47.382%、23.835%。而不同国家进出口的能源产品各异，其中具有丰富能源资源的哈萨克斯坦以出口煤炭、原油为主，是中亚第一大能源出口国。然后是土库曼斯坦、乌兹别克斯坦，以出口天然气为主，能源出口量分别位列中亚第二、第三。而吉尔吉斯斯坦、塔吉克斯坦由于能源禀赋较低，能源贸易以能源进口为主。

四、能源开发对城镇化的影响

为了确定能源开发和城镇化之间是否存在非线性效应，应用 LMF 测试统计来测试模型的线性和剩余非线性，结果如表 10-9 所示。由线性测试结果可以看出，所有模型中的 LMF 统计数据都拒绝零假设（H_0: $r=0$），显著水平为 5%。这表明中亚能源开发与城镇化存在明显的异质性，进一步证实了使用 PSTR 估计的准确性。虽然表 10-9 中剩余非线性测试结果显示能源开发规模模型（$m=1$ 和 $m=2$）、能源消费模型（$m=1$）、能源禀赋模型（$m=2$）不能在 5% 显著水平拒绝零假设（H_0: $r=1$），即这些模型中只有一个转换函数，然而，结果表明其余模型中存在两个转换函数。根据 AIC 和 BIC 的标准，所有这些模型中的最佳位置参数 m 可以确定为 1。最优值选择和网格搜索方法完成后，应用非线性最小二乘方法来估计模型的剩余参数。

表 10-9　计量结果

参数		能源开发规模		能源贸易		能源消费		能源禀赋	
		$m=1$	$m=2$	$m=1$	$m=2$	$m=1$	$m=2$	$m=1$	$m=2$
I	H_0: $r=0$ vs H_1: $r=1$	11.755	7.430	35.369	20.786	12.07	5.984	15.866	11.457
		(0.001)	(0.001)	(0.000)	(0.000)	(0.001)	(0.003)	(0.000)	(0.000)
	H_0: $r=1$ vs H_1: $r=2$	0.035	1.920	6.352	3.890	1.201	9.933	11.223	0.002
		(0.853)	(0.151)	(0.013)	(0.023)	(0.275)	(0.000)	(0.001)	(0.998)
	H_0: $r=2$ vs H_1: $r=3$	—	—	0.022	0.440	—	0.014	0.632	—
		—	—	(0.884)	(0.645)	—	(0.986)	(0.428)	—

参数		能源开发规模		能源贸易		能源消费		能源禀赋	
		$m=1$	$m=2$	$m=1$	$m=2$	$m=1$	$m=2$	$m=1$	$m=2$
II	AIC	−3.018	−2.979	−2.817	−2.633	−2.535	−2.351	−2.828	−2.431
	BIC	−2.927	−2.866	−2.658	−2.43	−2.445	−2.431	−2.67	−2.318

注：括号中的数字表示变量通过 t 检验的显著性水平

为了进一步刻画能源开发与中亚城镇化的关系，分别计算了中亚五国 1992～2016 年能源开发规模、能源贸易、能源消费和能源禀赋的均值，并结合 PSTR 模型中的门槛变量的参数估计值（表 10-10），计算了其相对应的关系系数值。在此基础上，绘制了中亚五国能源开发与城镇化的关系图。能源开发的 4 个子系统中，不同的能源开发对中亚城镇化的影响存在显著的差异，并且能源开发力度不断增大，逐渐促进中亚城镇化的发展，这种促进作用逐渐趋于平缓。能源开发对城镇化影响的具体转换机制如下。

表 10-10　PSTR 的参数估计结果

模型 (m, r^*)	能源开发规模 (1, 1)	能源贸易 (1, 2)	能源消费 (1, 1)	能源禀赋 (1, 2)
β_0	−0.739 **	−0.662 ***	−0.431 ***	−1.621 ***
	(−2.183)	(−4.478)	(−3.552)	(−6.382)
β_1	1.386 ***	0.865 ***	0.680 ***	2.065 ***
	(4.208)	(6.303)	(5.870)	(8.566)
β_2	—	−0.588 ***	—	−0.257 ***
	—	(−7.057)	—	(−6.293)
γ_1	4047.800	33.525	47.173	33.361
γ_2	—	−1.043	—	8.756
c_1	0.386	0.774	−1.238	0.660
c_2	—	3.042	—	3.177

、*分别表示达到 5%、1% 显著性水平

注：括号中的数字表示 t 检验的统计值

（一）能源开发规模

根据图 10-17，随着能源开发规模的不断扩大，能源开发逐渐促进中亚城镇化的发展。能源开发规模的门槛特征值为 1.471（$e^{0.386}=1.471$）$\times 10^6$ 吨油当量。$\beta_0<0$，反映低于 1.471$\times 10^6$ 吨油当量，较低的能源开发规模在一定程度上限制了城镇化的发展；$\beta_1>0$，表明当能源开发规模达到 1.471$\times 10^6$ 吨油当量以上，中亚城镇化随着能源开发规模的不断扩大而不断提升。此外，$\gamma=4047.800$，表明模型转换速度较快，趋近于简单的 PTR 两区制模型。综上，能源开发规模在一定范围约束城镇化的发展，但超过这一范围，这种约束作

用将会减弱，进而促进城镇化的发展。这主要可以归结如下。中亚地区虽是能源富集区域，但是能源分布极不平衡，其中的吉尔吉斯斯坦、塔吉克斯坦能源极度匮乏，主要依赖进口，有限的能源供给，其稀缺性对城镇化的发展会产生约束作用。近年来，下游的哈萨克斯坦、乌兹别克斯坦、土库曼斯坦三国依靠能源生产和较完整的工业体系，经济发展较快，城镇化进展较快。而上游的塔吉克斯坦、吉尔吉斯斯坦两国面对能源危机，地理条件和能源禀赋的限制让两国的发展陷入困境。开发水力资源对于塔吉克斯坦、吉尔吉斯斯坦来说是实现经济增长和城镇化发展的捷径。其中，塔吉克斯坦就是较好的案例。2016 年塔吉克斯坦的水能生产量位居中亚第一，达到 1.430×10^6 吨油当量，占据了其能源生产量的 69.519%，是中亚水能生产量的 32.251%。由于大力发展水能资源，塔吉克斯坦能源开发规模促进了其城镇化的发展，并且在持续上升。相反，吉尔吉斯斯坦目前能源开发规模较低，对城镇化的发展仍是一种约束，但这种约束在不断减弱。

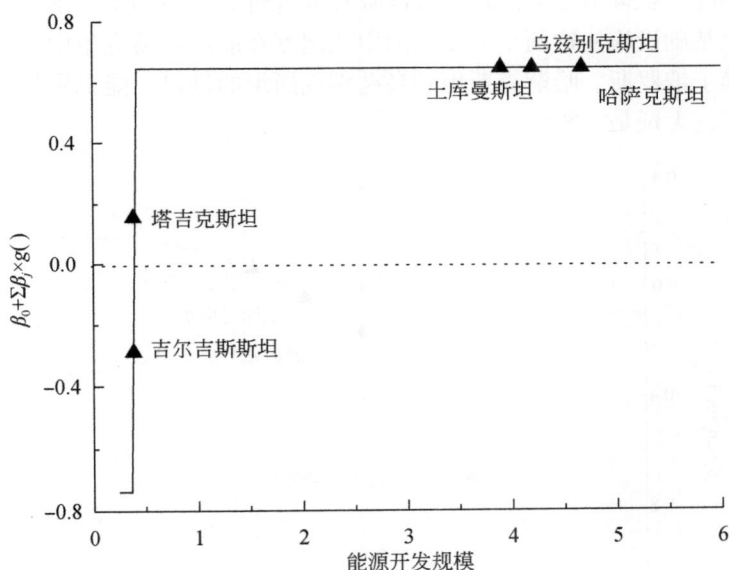

图 10-17　中亚五国能源开发规模与城镇化关系的估计系数

（二）能源贸易

自中亚各国独立以来，能源贸易是中亚地区拉动经济的重要引擎，而中亚能源分布的高度地缘性及能源供求在空间上的分离，使其能源贸易成为中亚内部及对外贸易的重要组成部分。通过能源贸易，中亚参与国际能源流通与再生产，对其城镇化的发展具有不可忽视的影响。由于各国的能源储量、能源贸易开发力度的不同，中亚能源贸易存在着极大差异。根据图 10-18，能源贸易对中亚城镇化的约束随着能源贸易的不断扩大逐渐弱化，当能源贸易量达到一定值时，能源贸易促进中亚城镇化的发展。当能源贸易量低于 2.168（$e^{0.774} = 2.168$）$\times 10^6$ 吨油当量，能源贸易对城镇化的约束较大，而当能源贸易量超过

2.168×10⁶ 吨油当量，这种约束会快速减缓。随着能源贸易量进一步扩大到 2.0947×10⁷ 吨油当量以上，能源贸易对地区城镇化的影响逐渐转换为促进作用。相对前一阶段的转换速度，此阶段更为平缓（$\gamma_1 > \gamma_2$）。产生以上现象的原因可以归结如下。目前中亚地区能源贸易表现出过度依赖俄罗斯的现状，导致中亚地区未获得能源出口利益的最大化。例如，中亚两大能源出口国——土库曼斯坦和乌兹别克斯坦，能源出口主要以天然气为主，天然气作为中亚优势能源，主要出口到俄罗斯。能源出口的单一化及能源贸易的开发力度使得乌兹别克斯坦和土库曼斯坦的能源贸易整体上尚未对城镇化的发展产生正向效应。随着两国能源贸易不断扩大，能源贸易将逐渐促进其城镇化的发展，如能源贸易对城镇化已经产生正向效应的哈萨克斯坦，拥有独特的能源优势，借助其雄厚的经济实力，大力发展基础设施，为能源贸易创造更好的条件，进而促进城镇化的发展。塔吉克斯坦随着水能的开发，能源进口量在不断减少，而吉尔吉斯斯坦近年来能源进口量不断攀升。2016 年塔吉克斯坦的能源对外依存度①为 34.062%，而吉尔吉斯斯坦达到了 58.839%，落后的经济发展水平及不完善的能源基础设施使这两个欠发达的中亚国家在能源贸易竞争中难有话语权，其石油和天然气依赖于俄罗斯、哈萨克斯坦和乌兹别克斯坦的进口，能源贸易对于这两个国家城镇化发展而言，无疑是一种约束。

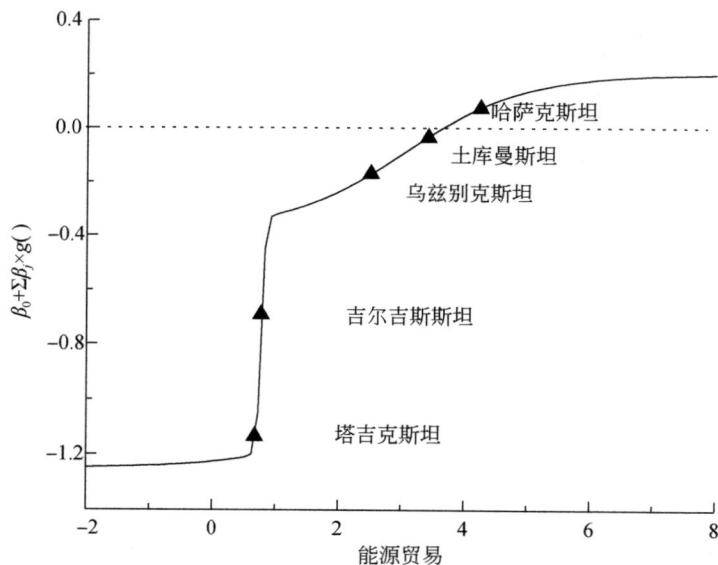

图 10-18　中亚五国能源贸易与城镇化关系的估计系数

（三）能源消费

根据图 10-19，随着中亚人均能源使用量的增加，人均能源消费对城镇化发展的约

---

① 能源对外依存度=能源进口量/能源供应量。

束逐渐弱化，当人均能源消费达到一定规模，其逐渐促进城镇化的发展。人均能源消费的门槛值为 0.290 （$e^{-1.238} = 0.290$）吨油当量。$\beta_0 < 0$，反映中亚人均能源消费低于0.290 吨油当量，较低的人均能源消费并不能促进城镇化的发展，反而约束了中亚城镇化的发展。$\beta_1 > 0$，表明当中亚人均能源消费超过 0.290 吨油当量，中亚城镇化随着能源的不断利用而得到一定的促进。快速的城镇化建设需要消耗大规模的能源，较低的能源消耗难以支撑城镇化的发展，塔吉克斯坦和吉尔吉斯斯坦就是最好的案例。同时，还发现，目前中亚能源消费对城镇化的促进效应要高于能源贸易对城镇化的促进效应。这一点并不难理解。中亚是 21 世纪的主要新兴能源基地，然而这种能源潜力只被视为仅对出口潜力做出贡献的资源。当从能源工业获得的资源可以用于经济和城镇化发展所需的生产活动与投资，并且生产可以转移到需要高技术的高附加值产业时，这些国家的能源需求将会增加，同时经济增长、城镇化进步。

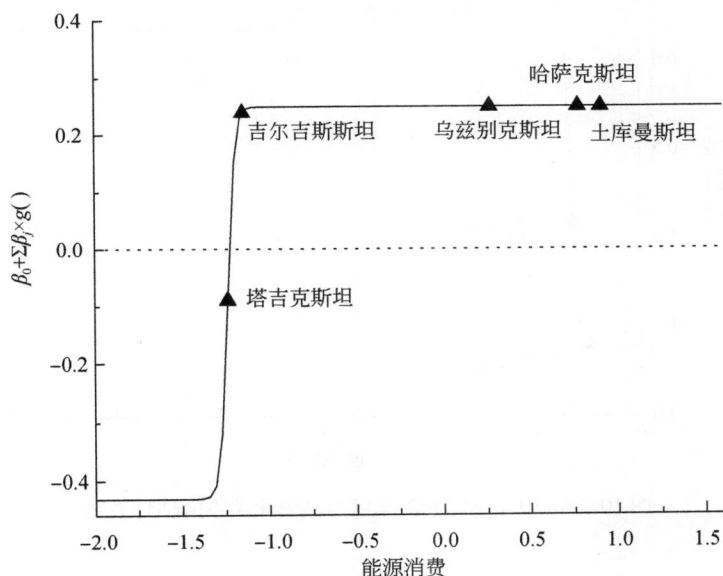

图 10-19　中亚五国能源消费与城镇化关系的估计系数

（四）能源禀赋

中亚能源禀赋对城镇化的影响存在两个门槛值，其分别为 0.660、3.177。当能源禀赋低于 0.660 时，较低的能源禀赋对城镇化的发展具有约束性；而当能源禀赋超过 0.660时，这种约束性快速消失，进而转换为促进城镇化发展的效应。而过高的能源禀赋会减缓能源禀赋对城镇化的正向效应，当能源禀赋超过 3.177 时，其对中亚城镇化发展的促进效应减弱，这是资源诅咒效应。中亚地区能源禀赋对城镇化的影响目前主要分为三种状态：第一种是"能源尾效"效应，以能源禀赋较低的吉尔吉斯斯坦、塔吉克斯坦为代表，较低的能源禀赋约束城镇化的发展。第二种是能源促进效应，以能源禀赋相对较高的乌兹别克斯坦、哈萨克斯坦为代表，由于其能源开发受到挤压，要素禀赋的比较优势目前还相对突出，加上缺乏相应的能源开发技术、人才、资金，能源禀赋对城镇化的促进作用仍具有很大的空间。第三种是资源诅咒效应，以中亚地区能源禀赋最高的土库曼斯坦为代表。坐拥丰富油气资源的土库曼斯坦，却未像海湾国家那样富有，能源的相对过剩对城镇化的发展甚至呈现资源诅咒效应。自苏联解体以来，土库曼斯坦油气出口渠道受限，油气产量大幅度下滑，在其独立初期能源禀赋由 1993 年的 5.47 下滑到 1998 年的 1.45，之后开始回升。2001~2005 年，土库曼斯坦的能源禀赋均超过能源禀赋的第二个门槛值（3.177），过高的能源禀赋并未持续拉动城镇化的发展，反而弱化了能源禀赋对城镇化的正向促进效应（图 10-20）。

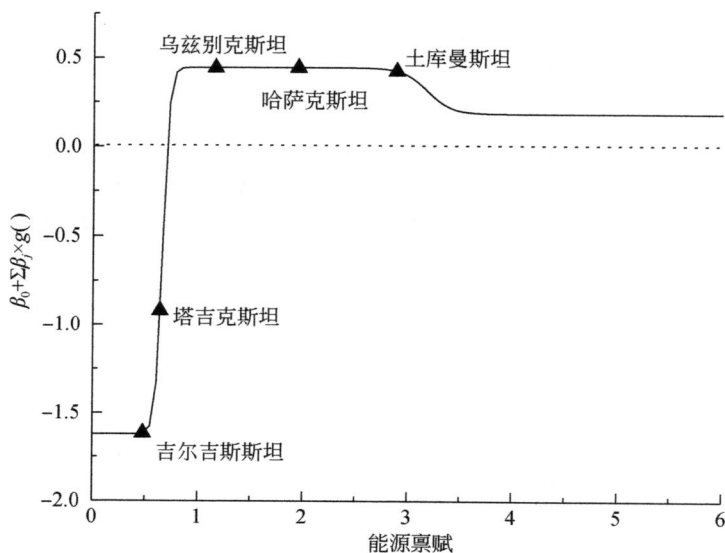

图 10-20　中亚五国能源禀赋与城镇化关系的估计系数

参 考 文 献

阿德尔 C. 2017. 中亚文明史第六卷（上）[M]. 北京：中译出版社.

阿里木江·卡斯木，唐兵，安瓦尔·买买提明. 2013. 近 50 年来中亚五国城市化发展特征研究 [J]. 干旱区资源与环境，27（1）：22-27.

阿西莫夫 M S，博斯沃斯 C E. 2017. 中亚文明史第四卷（上）[M]. 北京：中译出版社.

包毅. 2015. 中亚国家的政治转型 [M]. 北京：社会科学文献出版社.

包毅. 2016. 中亚国家政治发展进程中的政治稳定与政治危机 [J]. 俄罗斯东欧中亚研究，(1)：91-103.

鲍超. 2014. 中国城镇化与经济增长及用水变化的时空耦合关系 [J]. 地理学报，69（12）：1799-1809.

博·黑恩贝克. 1976. 石油与安全 [M]. 北京：商务印书馆.

布热津斯基. 2007. 大棋局：美国的首要地位及其地缘战略 [M]. 上海：上海人民出版社.

柴利. 2006. 中国新疆与中亚五国自然资源状况分析 [J]. 科技信息（学术版），(4)：30-31.

陈联璧. 2001. 中亚五国民族关系问题 [J]. 俄罗斯东欧中亚研究，(3)：42-47.

陈明星. 2015. 城市化领域的研究进展和科学问题 [J]. 地理研究，34（4）：614-630.

陈明星，陆大道，张华. 2009. 中国城市化水平的综合测度及其动力因子分析 [J]. 地理学报，64（4）：387-398.

陈明星，唐志朋，白永平. 2013. 城市化与经济发展的关系模式——对钱纳里模型的参数重估 [J]. 地理学报，68（6）：739-749.

陈明星，叶超，陆大道，等. 2019. 中国特色新型城镇化理论内涵的认知与建构 [J]. 地理学报，74（4）：633-647.

陈曦. 2010. 中国干旱区自然地理 [M]. 北京：科学出版社.

陈曦，姜逢清，王亚俊，等. 2013. 亚洲中部干旱区生态地理格局研究 [J]. 干旱区研究，30（3）：385-390.

陈晓红，周宏浩. 2018. 城市化与生态环境关系研究热点与前沿的图谱分析 [J]. 地理科学进展，37（9）：1171-1185.

成晨，傅文学，胡召玲，等. 2015. 基于遥感技术的近 30 年中亚地区主要湖泊变化 [J]. 国土资源遥感，27（1）：146-152.

初楠臣，张平宇，李鹤，等. 2018. 俄罗斯西伯利亚与远东地区城镇化发展水平测度及空间分异研究 [J]. 地理科学，38（7）：1069-1078.

崔功豪，马润潮. 1999. 中国自下而上城市化的发展及其机制 [J]. 地理学报，66（2）：12-21.

崔木花. 2015. 中原城市群 9 市城镇化与生态环境耦合协调关系 [J]. 经济地理，3507：72-78.

党学博，李怀印. 2013. 中亚天然气管道发展现状与特点分析 [J]. 油气储运，32（7）：692-697.

邓红兵，陈春娣，刘昕，等. 2009. 区域生态用地的概念及分类 [J]. 生态学报，29：1519-1524.

邓聚龙. 2002. 灰理论基础 [M]. 武汉：华中科技大学出版社.

邓铭江，龙爱华. 2010. 咸海流域水文资料演变与咸海生态危机出路研究 [J]. 冰川冻土，39（12）：1363-1375.

邓铭江，龙爱华．2011．中亚各国咸海流域水资源问题上的冲突与合作［J］．冰川冻土，(6)：1376-1390.

邓铭江，龙爱华，李湘权，等．2010a．中亚五国跨界水资源开发利用与合作及其问题分析［J］．地球科学进展，25 (12)：1337-1346.

邓铭江，龙爱华，章毅，等．2010b．中亚五国水资源及其开发利用评价［J］．地球科学进展，25 (12)：1347-1356.

邓秀杰．2015．中国与中亚国家油气合作的机遇与挑战研究［D］．北京：中共中央党校．

丁笃本．2010．中亚通史现代卷［M］．乌鲁木齐，北京：新疆人民出版社，人民出版社．

杜德斌，马亚华．2015．"一带一路"：中华民族复兴的地缘大战略［J］．地理研究，34 (6)：1005-1014.

范彬彬，罗格平，胡增运，等．2012．中亚土地资源开发与利用分析［J］．干旱区地理，35 (6)：928-937.

方创琳．1989．耗散结构理论与地理系统论［J］．干旱区地理，(3)：53-58.

方创琳．2003．河西走廊：绿洲支撑着城市化！——与仲伟志先生商榷［J］．中国沙漠，(3)：128-130.

方创琳，杨玉梅．2016．城市化与生态环境交互耦合系统的基本定律［J］．干旱区地理（汉文版），29 (1)：1-8.

方创琳，鲍超，乔标，等．2008．城市化过程与生态环境效应［M］．北京：科学出版社．

方创琳，等．2014．中国新型城镇化发展报告［M］．北京：科学出版社．

方创琳，毛汉英，鲍超，等．2018．丝绸之路经济带中亚能源地缘配置格局与中国合作［M］．北京：科学出版社．

菲利普·赛比耶-洛佩兹．2008．石油地缘政治［M］．北京：社会科学文献出版社．

冯玉军，丁晓星，李东．2002．俄罗斯新能源外交及其影响［J］．现代国际关系，(9)：17-22.

付颖昕，杨恕．2009．苏联时期哈萨克斯坦伊犁-巴尔喀什湖流域开发述评［J］．兰州大学学报（社会科学版），37 (4)：16-24.

高宜程，王茂军．2008．区域城镇化水平预测一种方法的讨论——基于晋城市的个案［J］．首都师范大学学报（自然科学版），(1)：92-97.

顾朝林．2010．国外城镇化主要经验启示［J］．城市，(10)：6-8.

管清友，何帆．2007．中国的能源安全与国际能源合作［J］．世界经济与政治，(11)：45-53.

郭辉，依马木阿吉·艾比布拉．2017．哈萨克斯坦各产业对经济增长的贡献度及产业转型困境［J］．俄罗斯东欧中亚研究，(6)：80-104，158-159.

郭静利，粟若杨．2016．中国与土库曼斯坦农业合作前景分析［J］．世界农业，(11)：183-187.

洪大用．2014．绿色城镇化进程中的资源环境问题研究［J］．环境保护，42 (7)：19-23.

侯培，杨庆媛，何建，等．2014．城镇化与生态环境发展耦合协调度评价研究——以重庆市 38 个区县为例［J］．西南师范大学学报（自然科学版），3902：80-86.

胡梅兴．2010．俄罗斯控制中亚能源的现状与挑战［J］．国际资料信息，(6)：4-6.

胡汝骥，姜逢清，王亚俊，等．2014．中亚（五国）干旱生态地理环境特征［J］．干旱区研究，31 (1)：1-12.

黄金川，方创琳．2003．城市化与生态环境交互耦合机制与规律性分析［J］．地理研究，22 (2)：211-220.

黄梦，肖湘．2016．中国对中亚能源投资的法律问题及对策［J］．长沙理工大学学报（社会科学版），31 (2)：160-166.

黄群．2017．浅析塔吉克斯坦三大产业存在问题［J］．北方经贸，(2)：9-10.

吉力力·阿不都外力，马龙.2015.中亚环境概论［M］.北京：气象出版社.

吉力力·阿不都外力，木巴热克·阿尤普，刘东伟，等.2009.中亚五国水土资源开发及其安全性对比分析［J］.冰川冻土，31（5）：960-968.

加文·汉布里.1994.中亚史纲要［M］.北京：商务印书馆.

姜安印，刘博.2019.资源开发和中亚地区经济增长研究——基于"资源诅咒"假说的实证分析［J］.经济问题探索，（5）：10.

蒋新卫.2007.中亚石油地缘政治与我国陆上能源安全大通道建设［J］.东北亚论坛，16（3）：62-66.

焦一强.2017."继承"还是"决裂"？——"后卡里莫夫时代"乌兹别克斯坦外交政策调整［J］.俄罗斯研究，（3）：105-131.

寇忠.2010.中亚油气资源出口新格局［J］.国际石油经济，18（5）：39-47.

兰海强，孟彦菊，张炯.2014.2030年城镇化率的预测：基于四种方法的比较［J］.统计与决策，（16）：66-70.

雷军，李建刚，段祖亮，等.2018.喀什城市圈城镇化与生态环境交互胁迫效应研究综述［J］.干旱区地理，41（6）：1358-1366.

黎夏，刘小平.2007.基于案例推理的元胞自动机及大区域城市演变模拟［J］.地理学报，62（10）：1097-1109.

李红强.2009.能源地缘政治格局的演变过程与驱动机制研究：以中亚为例［J］.世界地理研究，18（4）：56-65.

李均力，包安明，陈曦，等.2017.气候变化背景下的重压资源与环境［M］.北京：气象出版社.

李淑云.2013.中亚转型研究［M］.北京：经济科学出版社.

李双成，王羊，蔡运龙.2010.复杂性科学视角下的地理学研究范式转型［J］.地理学报，65（11）：1315-1324.

李鑫，丁建丽，王刚，等.2014.土库曼斯坦典型绿洲土地利用/覆被变化和景观格局的时空演变［J］.中国沙漠，34（1）：260-267.

李志芳，田佳妮，徐明，等.2015.吉尔吉斯斯坦农业发展概况［J］.世界农业，（4）：124-128.

刘畅，邓铭，冉春红.2017.东北地区农业现代化与新型城镇化协调发展研究［J］.中国人口·资源与环境，2706：155-162.

刘海猛，方创琳，毛汉英，等.2016.基于复杂性科学的绿洲城镇化演进理论探讨［J］.地理研究，35（2）：242-255.

刘凯，任建兰，张理娟，等.2016.人地关系视角下城镇化的资源环境承载力响应——以山东省为例［J］.经济地理，36（9）：77-84.

刘笑男，倪鹏飞，李启航，等.2018.从耦合协调度的视角看亚洲城市经济竞争力——基于亚洲566个城市数据的分析［J］.城市，（11）：7-19.

刘彦随，杨忍.2012.中国县域城镇化的空间特征与形成机理［J］.地理学报，67（8）：1011-1020.

刘耀彬.2007a.中国城市化与能源消费关系的动态计量分析［J］.财经研究，（11）：72-81.

刘耀彬.2007b.中国城市化与生态环境耦合规律与实证分析［J］.生态经济（中文版），（10）：122-126.

刘耀彬，宋学锋.2005.城市化与生态环境的耦合度及其预测模型研究［J］.中国矿业大学学报，34（1）：91-96.

刘耀彬，李任东，宋学锋.2005.中国城市化与生态耦合度分析［J］.自然科学学报，（1）：105-112.

龙爱华，邓铭江，李湘权，等.2010.哈萨克斯坦水资源及其开发利用［J］.地球科学进展，25（12）：1357-1366.

龙爱华, 邓铭江, 谢蕾, 等. 2012. 气候变化下新疆及咸海流域河川径流演变及适应性对策分析 [J]. 干旱区地理, 35 (3): 377-387.

娄芳. 2003. 从里海石油之争看俄罗斯的新能源战略 [J]. 世界经济与政治, (6): 60-65.

卢伊, 陈彬. 2015. 城市代谢研究评述: 内涵与方法 [J]. 生态学报, 35 (8): 2438-2451.

陆大道. 2013. 地理学关于城镇化领域的研究内容框架 [J]. 地理科学, 33 (8): 897-901.

陆大道, 姚士谋, 李国平, 等. 2007. 基于我国国情的城镇化过程综合分析 [J]. 经济地理, 27 (6): 883-887.

陆俊元. 2011. 中亚地缘政治新格局及其对中国的战略影响 [J]. 世界地理研究, 20 (2): 8-14.

罗培, 谌柯, 刘辉, 等. 2007. 城郊农业区土地利用变化及动因分析——以四川南充市高坪区为例 [J]. 资源科学, 29 (4): 179-186.

马凤春. 2015. 世界知识年鉴 (2014-2015) [M]. 北京: 世界知识出版社.

马海涛, 孙湛. 2018. "丝绸之路经济带" 中亚石油资源开发对中国的保障程度与风险防控建议 [J]. 中国科学院院刊, 33 (6): 594-600.

马惠兰, 张姣. 2013. 塔吉克斯坦城市化水平综合评价 [J]. 干旱区地理, 36 (4): 742-748.

马雍. 1983. 萨曼王朝与中国的交往 [J]. 学习与思考, (5): 69-75.

麦金德 H. 2013. 历史的地理枢纽 [M]. 西安: 陕西人民出版社.

毛汉英, 程占红, 张金屯. 2013. 中国与俄罗斯及中亚五国能源合作前景展望 [J]. 地理科学进展, 32 (10): 1433-1443.

米都斯. 1997. 增长的极限 [M]. 长春: 吉林人民出版社.

牛海生, 克玉木·米吉提, 徐文修, 等. 2013. 塔吉克斯坦农业资源与农业发展分析 [J]. 世界农业, (4): 119-123.

欧向军, 甄峰, 秦永东, 等. 2008. 区域城市化水平综合测度及其理想动力分析——以江苏省为例 [J]. 地理研究, 27 (5): 993-1002.

潘光. 2005. 上海合作组织与中国的海外能源发展战略 [J]. 世界经济研究, (7): 4-9.

潘志平. 2003. 中亚的地缘政治文化 [M]. 乌鲁木齐: 新疆人民出版社.

蒲开夫, 王雅静. 2008. 中亚地区的生态环境问题及其出路 [J]. 新疆大学学报 (哲学人文社会科学版), (1): 106-110.

恰赫里亚尔·阿德尔, 伊尔凡·哈比卜. 2017. 中亚文明史第五卷 (上) [M]. 北京: 中译出版社.

乔标, 方创琳, 李铭. 2005. 干旱区城市化与生态环境交互胁迫过程研究进展及展望 [J]. 地理科学进展, 25 (11): 3003-3009.

秦腾, 章恒全, 佟金萍, 等. 2017. 城镇化进程中用水量增长的门槛效应与动态作用机制分析 [J]. 中国人口·资源与环境, 27 (5): 45-53.

邱立成, 刘奎宁, 王自锋. 2016. 东道国城镇化与中国对外直接投资 [J]. 国际贸易问题, (4): 143-154.

让·雅克贝雷比. 1980. 世界战略中的石油 [M]. 北京: 新华出版社.

任群罗, 伊万·沙拉法诺夫. 2013. 中国新疆与哈萨克斯坦的产业国际竞争力比较 [J]. 新疆财经, (2): 67-74.

单卓然, 黄亚平. 2013. "新型城镇化" 概念内涵、目标内容、规划策略及认知误区解析 [J]. 城市规划学刊, (2): 16-22.

商务部. 2015. 哈萨克斯坦能源综述: 储备、开采和投资 [EB/OL]. http: //m. haiwainet. cn/middle/232591/2015/1123/content_ 29383142_ 1. html [2022-01-31].

石岚. 2008. 中亚费尔干纳: 伊斯兰与现代民族国家 [M]. 北京: 民族出版社.

石天戈, 张小雷, 杜宏茹, 等 . 2013. 中亚制造业发展的空间差异与结构特征 [J]. 干旱区地理, 36 (4): 749-756.

石小亮, 段维娜, 曹先磊, 等 . 2018. 应城市农村居民点人口和用地规模预测 [J]. 地球环境学报, 9 (1): 89-100.

史培军, 潘耀忠 . 1999. 深圳市土地利用/覆盖变化与生态环境安全分析 [J]. 自然资源学报, 14: 293-299.

释冰 . 2009. 浅析中亚水资源危机与合作——从新现实主义到新自由主义视角的转换 [J]. 俄罗斯中亚东欧市场, (1): 25-29.

宋超山, 马俊杰, 杨风, 等 . 2010. 城市化与资源环境系统耦合研究——以西安市为例 [J]. 干旱区资源与环境, 24 (5): 85-90.

宋涛, 蔡建明, 倪攀, 等 . 2013. 基于能值和 DEA 的中国城市新陈代谢效率分析 [J]. 资源科学, 35 (11): 2166-2173.

宋学锋, 刘耀彬 . 2005. 城市化与生态环境的耦合度模型及其应用 [J]. 科技导报, 23 (5): 31-33.

苏来曼·斯拉木, 泰来提·木明 . 2014. 中亚水资源冲突与合作现状 [J]. 欧亚经济, (3): 81-90, 128.

苏联科学院历史研究所 . 1997. 苏联民族-国家建设史 下册 [M]. 北京: 商务印书馆 .

苏联科学院研究所 . 1982. 苏联社会主义经济史第 3 卷 [M]. 北京: 生活·读书·新知三联书店 .

孙莉, 周可法, 张楠楠, 等 . 2008. 中亚五国矿产资源分布与现状分析 [J]. 新疆地质, (1): 71-77.

孙莉, 付琳, 沈艾彬 . 2012. 哈萨克斯坦产业结构演变分析 [J]. 新疆社会科学, (5): 76-81.

孙力 . 2016. 中国和中亚的契合与共赢——为什么需要打造服务业核心区 [J]. 新疆财经大学学报, (4): 5-10.

孙力 . 2019. 中亚——走向合作共赢 . 中亚国家发展报告 (2019) [M]. 北京: 社会科学文献出版社 .

孙霞 . 2008. 中亚能源地缘战略格局与多边能源合作 [J]. 世界经济研究, (5): 37-43, 88.

孙亚力 . 2001. 哈萨克斯坦农业发展状况 [J]. 中亚信息, (1): 4-7.

孙湛, 马海涛 . 2018. 基于 BP 神经网络的京津冀城市群可持续发展综合评价 [J]. 生态学报, 38 (12): 4434-4444.

孙志英, 吴克宁, 吕巧灵, 等 . 2007. 城市化对郑州市土壤功能演变的影响 [J]. 土壤学报, 44 (1): 21-26.

孙壮志, 苏畅, 吴宏伟 . 2004. 列国志-乌兹别克斯坦 [M]. 北京: 社会科学文献出版社 .

孙壮志, 苏畅, 吴宏伟 . 2016. 列国志-乌兹别克斯坦 [M]. 第二版 . 北京: 社会科学文献出版社 .

谈明洪, 李秀彬, 吕昌河 . 2003. 我国城市用地扩张的驱动力分析 [J]. 经济地理, 23: 635-639.

谈俊涛, 张平宇, 李静, 等 . 2015. 吉林省城镇化与生态环境协调发展的时空演变特征 [J]. 应用生态学报, 2612: 3827-3834.

唐宏, 王野, 冉瑞平, 等 . 2015. 基于景观邻接特征的绿洲生态安全变化分析——以土库曼斯坦马雷绿洲区为例 [J]. 干旱区研究, 32 (4): 637-643.

王长征, 刘毅 . 2012. 经济与环境协调研究进展 [J]. 地理科学进展, 21 (1): 58-65.

王芳, 秦鹏 . 2007. 中国新疆与中亚地区跨界环境污染问题探究 [J]. 新疆大学学报 (哲学人文社会科学版), (2): 87-92.

王海斌 . 2004. 石油安全: 中国遭遇 "马六甲困局" [J]. 地理教学, (9): 5-8.

王鹤鸣, 岳强, 陆钟武 . 2011. 中国 1998 年-2008 年资源消耗与经济增长的脱钩分析 [J]. 资源科学, 33 (9): 1757-1767.

王慧敏, 翟雪玲 . 2017. 中国与中亚五国农业合作的潜力研究 [J]. 经济研究参考, (31): 43-51.

王建廷 . 2007. 区域经济发展动力与动力机制 [M]. 上海：上海人民出版社.

王旭科 . 2008. 城市旅游发展动力机制的理论与实证研究 [D]. 天津：天津大学.

王云，马丽，刘毅 . 2018. 城镇化研究进展与趋势——基于 CiteSpace 和 HistCite 的图谱量化分析 [J]. 地理科学进展，37（2）：239-254.

王治来 . 2010a. 中亚通史（古代卷）（下）[M]. 乌鲁木齐：新疆人民出版社.

王治来 . 2010b. 中亚通史（近代卷）[M]. 乌鲁木齐：新疆人民出版社.

韦进深，汪宁 . 2012. 哈萨克斯坦对外政策中的文化因素探析 [J]. 国际展望，（2）：79-92.

维克多·皮罗仁科，高媛 . 2019. 苏联解体造成的民族冲突与被迫移民 [J]. 世界社会主义研究，4（2）：49-56，95-96.

魏冶，修春亮，孙平军 . 2013. 21 世纪以来中国城镇化动力机制分析 [J]. 地理研究，32（9）：1679-1687.

文亚妮 . 2011. 中国新疆与中亚五国产业结构高级化比较 [J]. 俄罗斯中亚东欧市场，（11）：25-33.

文亚妮，任群罗 . 2011. 中国新疆与中亚五国城市化水平比较 [J]. 俄罗斯中亚东欧市场，（4）：12-18.

吴传钧 . 2008. 人地关系地域系统的理论研究及调控 [J]. 云南师范大学学报（哲学社会科学版），40（2）：1-3.

吴巧生，成金华，王华 . 2005. 中国工业化进程中的能源消费变动——基于计量模型的实证分析 [J]. 中国工业经济，（4）：30-37.

吴晓君，王昌金 . 2005. 基于 Creator/Vega 的战场飞行视景系统的实时仿真 [J]. 系统仿真学报，17（9）：2297-2300.

吴玉鸣，张燕 . 2008. 中国区域增长与环境的耦合协调发展研究 [J]. 资源科学，（1）：25-30.

吴玉琴，严茂超 . 2011. 广州城市代谢效率的模拟分析 [J]. 资源科学，33（8）：1555-1562.

谢高地，鲁春霞，冷允法，等 . 2003. 青藏高原生态资产的价值评估 [J]. 自然资源学报，18（2）：189-196.

邢佳韵，王汶加，张若然，等 . 2015. 中国在哈萨克斯坦矿业投资区域优选评价研究 [J]. 资源科学，3705：1076-1085.

徐海燕 . 2016. 绿色丝绸之路经济带建设与中亚资源环境问题——以咸海治理和塔吉克斯坦为例 [J]. 俄罗斯东欧中亚研究，（5）：97-107，157-158.

徐建山 . 2012. 论油权——初探石油地缘政治的核心问题 [J]. 世界经济与政治，（12）：115-132.

徐亚清 . 2000. 浅议十九世纪以来俄国对中亚五国的征服 [J]. 社科纵横，（2）：70-72.

许海云，刘春江，雷炳旭，等 . 2014. 学科交叉的测度、可视化研究及应用——一个情报学文献计量研究案例 [J]. 图书情报工作，58（12）：95-101.

许学强，周一星，宁越敏 . 1997. 城市地理学 [M]. 北京：高等教育出版社.

薛凤旋，杨春 . 1997. 外资：发展中国家城市化的新动力——珠江三角洲个案研究 [J]. 地理学报，（3）：3-16.

亚洲开发银行研究院 . 2016. 中亚：对接世界经济主要经济中心 [M]. 北京：社会科学文献出版社.

杨德刚，杜宏茹，等 . 2012. 中亚经济地理概论 [M]. 北京：气象出版社.

杨建宏 . 2012. 乌兹别克斯坦优势和特色产业发展现状 [J]. 经济视角，（3）：68-70.

杨进 . 2014. 论制约中亚民主政治转型进程的诸因素 [J]. 国外理论动态，（3）：73-79.

杨立信 . 2002. 哈萨克斯坦额尔齐斯-卡拉干达运河调水工程 [J]. 水利发展研究，2（6）：45-48.

杨莉 . 2006. 中亚国家油气资源开发状况 [J]. 俄罗斯中亚东欧市场，（9）：14-18.

杨珉，雷琳 . 2014. 论纳扎尔巴耶夫的外交政策 [J]. 哈尔滨师范大学社会科学学报，（1）：39-41.

杨青生，黎夏 .2007. 多智能体与元胞自动机结合及城市用地扩张模拟［J］. 地理科学，(4)：542-548.

杨胜天，于心怡，丁建丽，等 .2017. 中亚地区水问题研究综述［J］. 地理学报，72（1）：79-93.

杨恕 .2005. 转型的中亚和中国［M］. 北京：北京大学出版社.

杨恕，李艳 .2000. 中亚市场的地缘经济分析［J］. 东欧中亚研究，(4)：55-60.

杨恕，田宝 .2002. 中亚地区生态环境问题述评［J］. 东欧中亚研究，(5)：51-55.

杨雪梅，杨太保，石培基，等 .2014. 西北干旱地区水资源-城市化复合系统耦合效应研究——以石羊河流域为例［J］. 干旱区地理，37（1）：19-29.

杨宇，刘毅，金凤君 .2015. 能源地缘政治视角下中国与中亚—俄罗斯国际能源合作模式［J］. 地理研究，34（2）：213-224.

杨宇，何则，刘毅 .2018. "丝绸之路经济带" 中国与中亚国家油气贸易合作的现状、问题与对策［J］. 中国科学院院刊，33（6）：575-584.

杨泽伟 .2016. 共建 "丝绸之路经济带" 背景下中国与中亚国家能源合作法律制度：现状、缺陷与重构［J］. 法学杂志，37（1）：18-28.

姚海娇，周宏飞，苏风春 .2013. 从水土资源匹配关系看中亚地区水问题［J］. 干旱区研究，30（3）：391-395.

姚俊强，刘志辉，张文娜，等 .2014. 土库曼斯坦水资源现状及利用问题［J］. 中国沙漠，34（3）：885-892.

姚士谋，吴楚材 .1982. 我国农村人口城市化的一种特殊形式——试论我国的亦工亦农人口［J］. 地理学报，(2)：155-163.

姚远，丁建丽，王刚，等 .2014. 土库曼斯坦穆尔加布——捷詹绿洲生态系统服务价值对土地利用变化的响应［J］. 干旱区地理，37（1）：134-143.

叶尔肯·吾扎提 .2015. 中亚地区城镇化格局、过程及动力机制研究（1992-2012）［D］. 北京：中国科学院大学.

叶尔肯·吾扎提，刘慧，刘卫东 .2014.1992-2011 年哈萨克斯坦城镇化过程及其影响因素［J］. 地理科学进展，33（2）：181-193.

尹风雨，龚波，王颖 .2016. 水资源环境与城镇化发展耦合机制研究［J］. 求索，(1)：84-88.

于敏，柏娜，姜日华 .2017. "一带一路" 背景下的中塔农业合作［J］. 中国经贸导刊，(29)：21-23.

余建华 .2011. 世界能源政治与中国国际能源合作［M］. 长春：长春出版社.

约瑟夫·奈 .2005. 理解国际冲突：理论与历史［M］. 上海：上海人民出版社.

岳健，张雪梅 .2003. 关于我国土地利用分类问题的讨论［J］. 干旱区地理，26：78-88.

昝涛 .2011. 地缘与文明：建立中国对中亚常识性认知［C］// 高全喜 . 大观 . 北京：法律出版社.

张红旗，王立新，贾宝全 .2004. 西北干旱区生态用地概念及其功能分类研究［J］. 中国生态农业学报，12：5-8.

张红旗，许尔琪，朱会义 .2015. 中国 "三生用地" 分类及其空间格局［J］. 资源科学，37：1332-1338.

张坤 .2019. 城镇化建设中生态环境保护的问题及对策研究［J］. 环境与发展，31（3）：157，164.

张来仪 .1991. 蒙古帝国与丝绸之路的复兴［J］. 甘肃社会科学，(6)：97-101.

张磊，库阿内什 .2009. 中亚五国对外战略及其地缘政治动因［J］. 国际论坛，(3)：26-31.

张陆红 .2011. 城镇化与资源环境协调发展的思考［J］. 中国管理信息化，14（23）：42-45.

张娜 .2008. 中亚 "民族划界" 及民族共和国的建立［J］. 世界民族，(2)：72-81.

张胜武，石培基，王祖静 .2012. 干旱区内陆河流域城镇化与水资源环境系统耦合分析——以石羊河流域为例［J］. 经济地理，32（8）：142-148.

张文娜，刘志辉，姚俊强，等.2013. 土库曼斯坦水土资源特征及其开发利用研究［J］. 安徽农业科学，41（24）：10081-10083，10197.

张晓彤，谭衢霖，董晓峰，等.2018.MODIS 卫星数据中亚地区生态承载力评价应用［J］. 遥感信息，33：55-63.

张新平.2006. 地缘政治视野下的中亚民族关系［M］. 北京：民族出版社.

张妍，杨志峰，何孟常，等.2005. 基于信息熵的城市生态系统演化分析［J］. 环境科学学报，25（8）：1127-1134.

张引，杨庆媛，闵婕.2016. 重庆市新型城镇化质量与生态环境承载力耦合分析［J］. 地理学报，71（5）：817-828.

张渝.2005. 中亚地区水资源问题［J］. 中亚信息，（10）：11-15.

张钰静.2018. 我国城市化与工业化关系的经济学分析［EB/OL］.http//wenku.baidu.com/view/1［2018-07-01］.

张元明，李耀明，沈冠冕.2013. 中亚植物资源及其利用［M］. 北京：气象出版社.

张周权，程朋根，叶露.2017. 基于人口与建设用地关系的建设用地规模预测——以江西省南昌市为例［J］. 湖北农业科学，56（20）：3936-3940.

章波，濮励杰，黄贤金，等.2005. 城市区域土地利用变化及驱动机制研究——以长江三角洲地区为例［J］. 长江流域资源与环境，14（1）：28-33.

赵常庆.2015. 列国志：哈萨克斯坦［M］. 北京：社会科学文献出版社.

赵景忠.2014. 哈萨克斯坦三大炼油厂现代化改造研究分析［J］. 国际工程与劳务，（5）：29-32.

赵亚博，方创琳.2014. 中国与中亚地区油气资源合作开发模式与前景分析［J］. 世界地理研究，23（1）：29-36.

郑国富.2009. 土库曼斯坦体制转轨与经济发展论析［J］. 河西学院学报，25（3）：67-72.

中国科学院地理研究所，东北师范大学.1983. 苏联经济地理（上册，总论）［M］. 北京：科学出版社.

中国科学院地理研究所，东北师范大学.1987. 苏联经济地理（下册，区域）［M］. 北京：科学出版社.

中国驻哈萨克斯坦经商参处.2013.2013 年哈萨克斯坦大型油田石油增产现状［EB/OL］. https：//china.huanqiu.com/article/9CaKrnJDHk7［2022-01-31］.

钟赛香，曲波，苏香燕，等.2014. 从《地理学报》看中国地理学研究的特点与趋势——基于文献计量方法［J］. 地理学报，69（8）：1077-1092.

钟太洋，黄贤金，王柏源.2010. 经济增长与建设用地扩张的脱钩分析［J］. 自然资源学报，（1）：18-31.

周可法，张清，陈曦，等.2006. 中亚干旱区生态环境变化的特点和趋势［J］. 中国科学（D 辑：地球科学），（S2）：133-139.

周明.2018. 乌兹别克斯坦新政府与中亚地区一体化［J］. 俄罗斯研究，211（3）：78-107.

周青，黄贤金，濮励杰，等.2004. 快速城镇化农村区域土地利用变化及驱动机制研究——以江苏省原锡山市为例［J］. 资源科学，26（1）：22-30.

周一星.1982. 城市化与国民生产总值关系的规律性探讨［J］. 人口与经济，（1）：28-33.

朱海强，贡璐，赵晶晶，等.2019. 丝绸之路经济带核心区城镇化与生态环境耦合关系研究进展［J］. 生态学报，39（14）：5149-5156.

朱会义，李秀彬.2003. 关于区域土地利用变化指数模型方法的讨论［J］. 地理学报，（5）：643-650.

邹杰，丁建丽.2019.2000—2014 年中亚地区主要植被类型水分利用效率特征［J］. 林业科学，55（3）：175-182.

Isirov M, 依希诺. 2014. 正在腾飞的吉尔吉斯斯坦产业经济 [J]. 环球市场信息导报, (41): 23.

Abdullaev I, Rakhmatullaev S. 2015. Transformation of water management in Central Asia: from state-centric, hydraulic mission to socio-political control [J]. Environmental Earth Sciences, 73 (2): 849-861.

Adnan M, Fatima B. 2015. Globalization of Central Asia [J]. Journal of Political Studies, 22 (2): 437.

Aitmatova D I. 1999. Mineral deposit development and ecological problems in Kyrgyzstan [C]. Mineral Deposits, 1161-1163.

Akaev A, Pantin V. 2018. Central Asia as the economic and geopolitical tension nexus: some implications for the world futures [J]. World Futures, 74 (1): 36-46.

Aldashev A, Dietz B. 2014. Economic and spatial determinants of interregional migration in Kazakhstan [J]. Economic Systems, 38 (3): 379-396.

Alibekov L, Alibekov D. 2008. Causes and socio-economic consequences of desertification in Central Asia [C] // Behnke R. The Socio-Economic Causes and Consequences of Desertification in Central Asia. Dordrecht: Springer.

Allan J A. 1992. Substitutes for water are being found in the Middle East and North Africa [J]. GeoJournal, 28 (3): 375-385.

An G, Becker C M. 2013. Uncertainty, insecurity, and emigration from Kazakhstan to Russia [J]. World Development, 42 (1): 44-66.

Anderson J. 2000. Creating a framework for civil society in Kyrgyzstan [J]. Europe-Asia Studies, 52 (1): 77-93.

Anderson J E, Marcouiller D. 2002. Insecurity and the pattern of trade: an empirical investigation [J]. Review of Economics and Statistics, 84 (2): 342-352.

Atamirzaev O B, Saliev A, Raimov T I. 1978. Regional particularities of settlement and urbanization in Soviet Central Asia [J]. Petermanns Geogr Mitt, 122 (4): 227-233.

Aydýn C, Esen Ö. 2017. Does too much energy consumption harm economic growth for turkish republics in the transition process? New evidence on threshold effects [J]. International Journal of Energy Economics and Policy, 7: 34-43.

Bandey A A, Rather F A. 2013. Socio-economic and political motivations of Russian out-migration from Central Asia [J]. Journal of Eurasian Studies, 4 (2): 146-153.

Becker C M, Morrison A R. 1999. Urbanization in transforming economies [J]. Handbook of Regional & Urban Economics, 3 (99): 1673-1790.

Beutels P, Musabaev E I, Damme P V, et al. 2000. The disease burden of hepatitis B in Uzbekistan [J]. Journal of Infection, 40 (3): 234-241.

Blank S. 2019. Whither the New Great Game in Central Asia? [J]. Journal of Eurasian Studies, 3 (2): 147-160.

Bobylev S. 1981. Means of improving the utilization of land resources [J]. Problems of Economic Transition, 24 (1): 78-95.

Boschma R, Marrocu E, Paci R. 2016. Symmetric and asymmetric effects of proximities: the case of M&A deals in Italy [J]. Journal of Economic Geography, 16 (2): 505-535.

Buckley C. 1998. Rural/urban differentials in demographic processes: the Central Asian states [J]. Population Research and Policy Review, 17: 71-89.

Castells M. 1999. Grassrooting the space of flows [J]. Urban Geography, 20 (4): 294-302.

Castells M. 2010. The Rise of the Network Society [M]. Volume I. Second Edition with a New Preface. Hoboken:

Wiley-Blackwell.

Chao B, Fang C L. 2007. Water resources constraint force on urbanization in water deficient regions: a case study of the Hexi Corridor, arid area of NW China [J]. Ecological Economics, 62 (3): 508-517.

Chen M. 2015. Research progress and scientific issues in the field of urbanization [J]. Geographical Research, 34 (4): 614-630.

Chen M, Huang Y, Tang Z, et al. 2014. The provincial pattern of the relationship between urbanization and economic development in China [J]. Journal of Geographical Sciences, 24 (1): 33-45.

Chen Y N, Li B F, Li Z, et al. 2016. Water resource formation and conversion and water security in arid region of Northwest China [J]. Journal of Geographical Sciences, 26 (7): 939-952.

Cooley A. 2012. Great games, local rules: the new power contest in central Asia [J]. Physical Review C, 39 (6): 2448-2451.

Cowan P J . 2007. Geographic usage of the terms Middle Asia and Central Asia [J]. Journal of Arid Environments, 69 (2): 359-363.

Cui X G, Fang C L, Liu H M, et al. 2019. Assessing sustainability of urbanization by a coordinated development index for an Urbanization-Resources-Environment complex system: a case study of Jing-Jin-Ji region, China [J]. Ecological Indicators, 96: 383-391.

Dahl C, Erdogan M. 1994. Oil demand in the developing world: lessons from the 1980s applied to the 1990s [J]. Energy Journal, 15 (1): 69-78.

Deng H, Chen Y . 2017. Influences of recent climate change and human activities on water storage variations in Central Asia [J]. Journal of Hydrology, 544: 46-57.

DiGuardo M C, Marrocu E, Paci R. 2016. The concurrent impact of cultural, political, and spatial distances on international mergers and acquisitions [J]. The World Economy, 39 (6): 824-852.

Dorian J P. 2006. Central Asia: a major emerging energy player in the 21st century [J]. Energy Policy, 34 (5): 544-555.

Elbassel N, Gilbert L, Shaw S A, et al. 2016. The Silk Road Health Project: how mobility and migration status influence HIV risks among male migrant workers in Central Asia [J]. Plos One, 11 (3): e0151278.

Fang C, Zhou C, Gu C, et al. 2017. A proposal for the theoretical analysis of the interactive coupled effects between urbanization and the eco-environment in mega-urban agglomerations [J]. Journal of Geographical Sciences, 27 (12): 1431-1449.

Fang C, Mao H, Bao C, et al. 2018. Risk and prevention suggestions of China's energy security in energy cooperation development with Central Asia in Silk Road Economic Belt [J]. Bulletion of Chinese Academy of Science, 33 (6): 554-562.

Faye M L, McArthur J W, Sachs J D, et al. 2004. The challenges facing landlocked developing countries [J]. Journal of Human Development, 5 (1): 31-68.

Fazilov F, Chen X. 2013. China and Central Asia: a significant new energy nexus [J]. European Financial Review, (4-5): 38-43.

Fischer G, Sun L X. 2001. Model based analysis of future land-use development in China [J]. Agriculture, Ecosystems and Environment, 85 (7): 163-176.

Friedman J. 1973. Urbanization, Planing and National Development [M]. London: Sage Publication.

Fulton W, Pendall R, Nguyen M, et al. 2001. Who Sprawls Most How Growth Patterns Differ Across the U. S. [M]. Washington D. C. : Brookings Institution.

George E, Natasha M. 2006. Federal transfers, environmental policy and economic growth [J]. Journal of Macromarketing, 28 (4): 680-699.

González A, Teräsvirta T, van Dijk D, et al. 2005. Panel Smooth Transition Regression Models [D]. Stockholm: Stockholm School of Economics.

Groll M, Opp C, Aslanov I . 2013. Spatial and temporal distribution of the dust deposition in Central Asia - results from a long term monitoring program [J]. Aeolian Research, 9 (Complete): 49-62.

Groll M, Opp C, Kulmatov R, et al. 2015. Water quality, potential conflicts and solutions - an upstream-downstream analysis of the transnational Zarafshan River (Tajikistan, Uzbekistan) [J] . Environment Earth Sciences, 73: 743-763.

He Q. 2016. Investigation on Climate Change in Central Asia [M]. Beijing: China Meteorological Press.

Heaven S, Ilyushchenko M A, Tanton T W, et al. 2000. Mercury in the River Nura and its floodplain, Central Kazakhstan: I. river sediments and water [J]. Science of the Total Environment, 260 (1): 35-44.

Huskey E. 2008. Foreign policy in a vulnerable state: Kyrgyzstan as military entrepot between the great powers [J]. China & Eurasia Forum Quarterly, 6 (4): 5-18.

Ievlev V M, Turaeva T L, Latyshev A N, et al. 2007. Effect of photon irradiation on the process of recrystallization of thin metallic films [J]. Physics of Metals & Metallography, 103 (1): 58-63.

Janes C R. 2010. Failed development and vulnerability to climate change in Central Asia: implications for food security and health [J]. Asia Pacific Journal of Public Health, 22 (3 Suppl): 236S.

Jiang L, Bao A, Guo H, et al. 2017. Vegetation dynamics and responses to climate change and human activities in Central Asia [J]. Science of the Total Environment, 599: 967-980.

Karthe D. 2018. Environmental changes in Central and East Asian drylands and their effects on major river-lake systems [J]. Quaternary International, 475: 91-100.

Karthe D, Chalov S, Borchardt D. 2015. Water resources and their management in Central Asia in the early 21st century: status, challenges and future prospects [J]. Environmental Earth Sciences, 73: 487-499.

Kawabata T, Wada G, Watanabe M, et al. 2008. Electrokinetic analyte transport assay for alpha-fetoprotein immunoassay integrates mixing, reaction and separation on-chip. [J]. Electrophoresis, 29 (7): 1399-1460.

Kezer K, Matsuyama H. 2010. Decrease of river runoff in the Lake Balkhash basin in Central Asia [J]. Hydrological Processes, 20 (6): 1407-1423.

Kim Y, Indeo F. 2013. The new great game in Central Asia post 2014: the US "New Silk Road" strategy and Sino-Russian rivalry [J]. Communist and Post-Communist Studies, 46: 275-286.

King H, Abdullaev B, Djumaeva S, et al. 2015. Glucose intolerance and associated factors in the Fergana Valley, Uzbekistan [J]. Diabetic Medicine, 15 (12): 1052-1062.

Kirscher B. 2000. Steel location Kazakhstan - current situation and outlook [J]. Stahlund Eisen, 120 (9): 107-112.

Klare M. 2002. Resource Wars: The New Landscape of Global Conflict [M]. Cambridge: Macmillan.

Koch N R. 2013. Kazakhstan's changing geopolitics: the resource economy and popular attitudes about China's growing regional influence [J]. Eurasian Geography & Economics, 54 (1): 110-133.

Kreutz K J, Sholkovitz E R. 2000. Major element, rare earth element, and sulfur isotopic composition of a high-elevation firn core: sources and transport of mineral dust in Central Asia [J]. Geochemistry Geophysics Geosystems, 1 (11): 1048.

Kristopher D W. 2013. Nature-society linkages in the Aral Sea region [J]. Journal of Eurasian Studies, 4 (1):

18-33.

Kukeyeva F, Shkapyak O. 2013. Central Asia's transition to democracy [J]. Procedia- Social and Behavioral Sciences, 81: 79-83.

Kumar S, Sharma P, Garg K C. 1998. Lotka's law and institutional productivity [J]. Information Processing & Management, 34 (6): 775-783.

Lenzen M, Wier M, Cohen C, et al. 2006. A comparative multivariate analysis of household energy requirements in Australia, Brazil, Denmark, India and Japan [J]. Energy, 31 (2): 181-207.

Li Z, Chen Y, Li W, et al. 2015. Potential impacts of climate change on vegetation dynamics in Central Asia [J]. Journal of Geophysical Research: Atmospheres, 120 (24): 12345-12356.

Li J X, Chen Y N, Xu C C, et al. 2019a. Evaluation and analysis of ecological security in arid areas of Central Asia based on the emergy ecological footprint (EEF) model [J]. Journal of Cleaner Production, 235: 664-677.

Li H, Zhou Y, Wei Y D. 2019b. Institutions, extreme weather, and urbanization in the Greater Mekong Region [J]. Annals of the American Association of Geographers, 109 (4): 1-24.

Limao N, Venables A J. 1999. Infrastructure, geographical disadvantage, and transport costs [R]. Policy Research Working Paper. New York: Columbia University.

Lioubimtseva E, Henebry G M. 2009. Climate and environmental change in arid Central Asia: impacts, vulnerability, and adaptations [J]. Journal of Arid Environments, 73 (11): 963-977.

Liu W D, Dunford M. 2016. Inclusive globalization: unpacking China's Belt & Road initiative [J]. Area Development and Policy, 1 (3): 323-340.

Liu H, Fang C, Miao Y, et al. 2018a. Spatio- temporal evolution of population and urbanization in the countries along the Belt and Road 1950-2050 [J]. Journal of Geographical Sciences, 28 (7): 919-936.

Liu Z, Wang T, Sonn J W, et al. 2018b. The structure and evolution of trade relations between countries along the Belt and Road [J]. Journal of Geographical Sciences, 28 (9): 1233-1248.

Louw E. 2008. Land assembly for urban transformation: the case of s-Hertogenbosch in the Netherlands [J]. Land Use Policy, 25 (1): 69-80.

McGee T G. 1971. Catalysts or cancers? The role of cities in Asian society [J]. Urbanization and National Development, 1: 157-181.

Mekonnen M M, Hoekstra Y A. 2011. The green, blue and grey water footprint of crops and derived crop products [J]. Hydrology and Earth System Sciences, 15: 1577-1600.

Mekonnen M M, Hoekstra Y A. 2012. A global assessment of the water footprint of farm animal products [J]. Ecosystems, 15: 401-415.

Micklin P. 2002. Water in the Aral Sea Basin of Central Asia: cause of conflict or cooperation? [J]. Eurasian Geography & Economics, 43 (7): 505-528.

Moomaw R L, Shatter A M. 1996. Urbanization and economic development: a bias toward large cities [J]. Journal of Urban Economics, 40: 13-37.

Musabek E N, Becker C M, Seitenova A G S, et al. 2005. The migration response to economic shock: lessons from Kazakhstan [J]. Journal of Comparative Economics, 33 (1): 107-132.

Narimonovich M G. 2007. Superficial drain from takirs of Ustyurt plateau as a source for storage of drinking water [J]. Geophysical Research Abstracts, (S1): 1.

Nederhof A J. 2006. Bibliometric monitoring of research performance in the social sciences and the humanities: a

参 考 文 献

review [J]. Scientometrics, 66 (1): 81-100.

Newman P W G. 1999. Sustainability and cities: extending the metabolism model [J]. Landscape & Urban Planning, 44 (4): 219-226.

Norling N, Swanströöm N. 2007. The virtues and potential gains of continental trade in Eurasia [J]. Asian Survey, 47 (3): 351-373.

Northam R M. 1975. Urban Geography [M]. New York: J. Wiley Sons.

Ong R. 2005. China's security interests in Central Asia [J]. Central Asian Survey, 24 (4): 425-439.

Pantin V. 2017. Central Asia as the economic and geopolitical tension nexus: some implications for the world futures [J]. World Futures, 74 (1): 1-11.

Petersen A, Barysch K. 2011. Russia, China and the Geopolitics of Energy in Central Asia [M]. London: Centre for European Reform.

Peyrouse S. 2008. The Russian minority in Central Asia: migration, politics, and language [J]. Washington D. C. : Woodrow Wilson International Center for Scholars.

Pomfret R. 2010. Trade and transport in Central Asia [J]. Global Journal of Emerging Market Economies, 2 (3): 237-256.

Qadir M, Noble A D, Qureshi A S, et al. 2010. Salt-induced land and water degradation in the Aral Sea basin: a challenge to sustainable agriculture in Central Asia [J]. Natural Resources Forum, 33 (2): 134-149.

Raballand G. 2003. Determinants of the negative impact of being landlocked on trade: an empirical investigation through the Central Asian case [J]. Comparative Economic Studies, 45 (4): 520-536.

Raballand G, Kunth A, Auty R. 2005. Central Asia's transport cost burden and its impact on trade [J]. Economic Systems, 29 (1): 6-31.

Roy O. 2007. The New Central Asia: Geopolitics and the Birth of Nations [M]. New York: New York University Press.

Rumer B Z. 2016. Central Asia at the End of the Transition [M]. New York: Routledge.

Russell M. 2018. Water in Central Asia: an increasingly scarce resource [EB/OL]. http://www. europarl. europa. eu/thinktank/en/document. html? reference=EPRS_BRI(2018)625181[2022-01-31].

Saiko T A, Zonn I S. 2000. Irrigation expansion and dynamics of desertification in the Circum- Aral region of Central Asia [J]. Applied Geography, 20 (4): 349-367.

Sanjib D, Mrinmoy M, Debasri R, et al. 2010. Determination of urbanization impact on rain water quality with the help of water quality index and urbanization index [C] //Jama B K, Majumde M. Impact of Climate Change on Natural Resource Management. Part 1. New York: Springer.

Sari Y. 2012. Foreign policy of Kyrgyzstan under Askar Akayev and Kurmanbek Bakiyev [J]. Perceptions, 17 (3): 131.

Severoglu Z, Ozyigit I I, Dogan I, et al. 2015. The usability of *Juniperus virginiana* L. as a biomonitor of heavy metal pollution in Bishkek City, Kyrgyzstan [J]. Biotechnology & Biotechnological Equipment, 29 (6): 1104-1112.

Shlomo A. 2012. Planet of Cities [M]. Cambridge: Lincoln Institute of Land Policy.

Siegfried T, Bernauer T, Guiennet R. 2012. Will climate change exacerbate water stress in Central Asia? [J]. Climatic Change, 112 (3-4): 881-899.

Starr S F. 1996. Making Eurasia stable [J]. Foreign Affairs, 75 (1): 80-92.

Thomas J C, Cobbold P R, Shein V S, et al. 1999. Sedimentary record of late Paleozoic to recent tectonism in